여가의 시대

문화사적 관점에서 본 자본주의와 여가

김문겸 · 이일래 · 인태정

일러두기

이 책의 표기에 관해서는 아래의 원칙을 따랐다.

작은따옴표 (' ') 는 강조의 경우
큰따옴표 (" ") 는 직접 대화를 나타내거나 직접 인용 및 강조의 경우
홑낫표 (「 」)는 단행본 수록 작품 및 논문의 제목 혹은 그림이나 노래 등 작품 제목
겹낫표 (『 』)는 책의 제목
소괄호 (( ))는 저자나 편집자의 보충 설명 혹은 우리말 표기와 원어 표기 병기의 경우
화살괄호 (《 》) 신문, 잡지 등 정기간행물과 영화, 연극, 방송 등 제목 및 기타 명칭

이 책은 부산대학교 기본연구지원사업(2년)에 의하여 연구되었음

목 차

들어가며

개미와 베짱이의 우화가 있다. 여름 내내 일한 개미는 겨울을 배부르고 따뜻하게 나고, 놀고 지내던 베짱이는 추위 속에 굶어 죽고 만다는 것이다. 그러나 21세기의 개미와 베짱이는 이와는 전혀 다르게 그려진다. 개미는 노역에 시달리다 허리디스크에 걸린 반면, 베짱이는 최신곡이 히트하여 잘나가고 있다. 또 어떤 베짱이는 겨울 동안 따뜻한 방에서 심심해하는 다른 곤충들에게 지난여름 동안 보고 들은 자신의 경험을 특강으로 풀어내며 삶을 즐기고 있다.[1] 이 이야기는 한 시대의 변화상을 상징적으로 압축하고 있다. 전자는 근대 산업사회를 원활하게 작동시켜왔던 근면·노동·절제라는 생활윤리를 담고 있고, 후자에는 즐거움과 여가를 추구하는 후기 산업사회의 생활논리를 함축하고 있다.

20세기 후반기부터 변화된 사회를 지칭하는 몇 가지 용어들이 등장한다. 후기산업사회, 탈산업사회, 정보화사회, 소비사회, 여가사회, 디지털사회 등등이다. 이러한 호칭의 등장은 과거와는 전혀 다른 새로운 삶의 양식이 등장했다는 것을 상징적으로 말해준다. 이 중에서 필자가 주목하고자 하는 것은 '여가사회'이다.

'여가'가 하나의 사회제도로서 자리 잡는 것은 산업사회의 탄생과 맥락을

---

1) 개미와 베짱이의 우화를 새롭게 해석한 이 내용은 다음과 같은 강내희 교수(중앙대, 영문학)의 글에서 인용한 것이다. 강내희. 1998. "노동거부의 사상: 진보를 위한 하나의 전망." 『문화과학』 제16호. 15-38쪽.

같이한다. 이것은 전통사회에 여가가 없었다는 것을 의미하지는 않는다. 이러한 관점은 여가를 '산업사회 노동'의 부산물이자, 나아가 그 자체의 특성을 갖고 새롭게 부상하는 사회제도로 보는 것을 의미한다. 공장제 기계공업이 보편화되면서 초기 산업사회에서는 밤과 낮의 경계도 분쇄되면서 유사 이래 최장 노동시간을 기록한다. 이후 1일 8시간 노동제가 채택되고, 주5일제의 도입, 휴가제도의 발달 등은 생활시간구조에 있어서 여가시간을 제도적으로 증가시켜왔다. 그리하여 20세기 중반 이후에는 '노동 및 생산 중심의 생활양식'에서 '여가 및 소비 중심의 생활양식'으로 변모한다.

이러한 변화과정에서 여가의 문제는 산업사회학과 노동사회학에 밀려 학문적으로 그렇게 주목을 받지 못했다. 그러다 20세기 중반 이후부터 여가가 새롭게 주요한 연구영역으로 부상하면서 '여가사회학'이 독립된 학문분과로 자리 잡는다. 가장 상징적인 것은 1959년에 발행된 미국 잡지 『Sociological Abstract』에 '여가사회학(Sociology of Leisure)'이 처음으로 독립된 항목으로 등장한 것이다. 이것은 필자가 부산대 도서관에 비치되어 있던 이 잡지를 약 30년에 걸친 자료를 정리하는 가운데 발견한 것이다.

* * *

필자가 개인적으로 여가 문제에 관심을 갖게 된 것은 아주 우연한 계기였다. 대학원 시절 은사이신 박재환 교수님께서 어느 날 도서관에 복사물을 하나 부탁하는데, 미국 잡지 『Social Forces』에 실린 여가에 관한 논문(여가 특집호)을 복사해 가지고 오라는 것이었다. 광주민주화항쟁이 터지고 군부독재정권이 연이어지던 1980년대 초반에 그러한 주제에 관심을 가지는 것이 저자로서는 하나의 충격이었다. 왜 이러한 주제에 관심을 가지실까?

하필이면 이러한 시점에서. 여기에 대한 의구심이 점점 커지는 가운데, 나도 모르는 사이에 나 자신에게도 이 주제에 관해 관심이 있다는 것을 어느 순간 깨닫고, '여가'라는 주제도 사회학의 연구대상이 될 수 있다는 것을 알았다.

이렇게 당시에는 아주 초보적인 수준에서 여가와 관련된 문제의식이 싹트기 시작하였는데, 그 후 이것은 지도교수이신 박재환 교수님과의 대화를 통해 점차 인간의 실존적인 삶의 문제로 인식되기 시작하고, 이를 계기로 박사학위 논문으로까지 이어진다. 그리고 1993년도에는 학위논문을 대폭 보완하여 『여가의 사회학: 한국의 레저문화』(한울, 1993)라는 단행본을 내게 되었다. 이때 4대 일간지에서 대서특필해 주었고, '여가사회학'이라는 분야를 우리나라에서 처음으로 등재했다는 점은 필자의 인생에서 가장 자긍심을 느끼게 해준 사건으로 기억된다.

* * *

한편 이 책이 나오게 된 데는 한 가지 주요한 계기가 있었다. 사실 처음에는 정년을 맞이하면서 책을 쓴다는 계획은 애초에 없었다. 왜냐하면 부산대학교에서 시행하는 기본연구지원사업(2년) 때문이었다. 예전에는 학진등재 후보지 이상의 논문만 결과물로 인정하고 책은 인정해주지 않았다. 2년 과제를 수행하면서 받는 금액은 처음에는 그 액수가 그리 많지 않다가 지금은 결코 무시할 수 없는 금액으로 상향조정 되었다. 2년 과제 수행의 결과물을 일정 기간 내에 제출하지 않으면 지금은 각서를 받고 월급에서 공제해 나간다. 필자도 이전에 수행해야 할 과제를 제때 내지 못해서 현재 매월 백만 원씩 월급에서 공제 당하고 있는 중이다. 2편의 논문을 나중에 한꺼번에 제출하면 되겠지 하는 안일함 때문에 생긴 참사였다. 제출해야 할 시한이 정해져 있다는 것을 잘 모르고 있었다. 나중에 월급이 왜 갑자기 적어졌냐는 마누라의 잔소리를 듣는 데는 몇 개월 걸리지 않았다.

그런데 몇 년 전에 기본연구지원사업(2년)의 방침이 변경되었다. 논문 이외에 책도 가능하고, 지원 금액은 반감되지만 간단한 보고서 형태를 결과물로 인정해주는 선택지가 생겼다. 이런 방침이 생기면서 책을 마지막으로 한 번 써보겠다는 생각을 가지게 되었다. 그전에는 논문만 써야 한다는 강박관념에 책 쓰는 것은 감히 엄두조차 내기 어려웠다. 책 쓰기로 맘을 먹고 어떻게 구성할까를 고민하기 시작했다. 처음에는 1993년도에 발간한 『여가의 사회학: 한국의 레저문화』를 대폭 수정·보완하여 증보판을 낼까도 생각해 보았다. 이 책은 출간 후 스테디셀러로 한동안 꾸준히 판매되었고, 한때 한울출판사 측에서 개정판을 내보면 어떻겠냐는 권유도 있었기 때문이다.

하지만 생각이 바뀌어 그동안 교수 생활을 하면서 쓴 논문과 글들을 모아 정년기념 책자를 만들려고도 해 보았다. 이러한 목적을 가지고 그동안 쓴 논문과 글 중에서 취사선택하여 업그레이드시키는 작업을 한동안 수행했다. 이 과정에서 가장 고통스러운 것은 모니터를 계속 보면서 눈을 사용해야 하는 것이었다. 국민학교(초등학교) 3학년 시절부터 안경을 쓰면서 고도근시가 된 지금은 오랜 시간 동안 모니터를 계속 보는 것은 상당히 부담이 되었다. 그래서 책 쓰는 과정에서 새로운 자료를 찾고 수집하기란 매우 어려웠다. 마지막으로 책의 제목이 정해지고 기본 골격이 구축되고 나서 또 한 번 책의 구성을 변경했다. 아무래도 책의 제목을 살리기에는 부족한 부분이 있었기 때문이다. 여가의 시대에 빠질 수 없는 것이 '여행'이다. 이 부분을 새롭게 쓰기에는 필자의 역량 부족으로 원고를 청탁하기로 하고, 필자의 글 몇 편은 삭제하기로 했다.

그리하여 이 책은 3명의 공동저자 형식으로 출간하기로 했다. '제5장 관광' 부분은 인태정이 집필했다. 그녀는 박사학위 논문을 관광여행으로 했고, 이를 바탕으로 2007년 『관광의 사회학: 한국 관광의 형성과정』(한울, 2007)이라는 책을 출간했다. 사회학 분야에서 여행을 주제로 한 최초의 박사학위 논문이고, 책이다. 이런 연유로 이 책의 한 꼭지를 부탁하게 되었다. 공동저자인 이일래는 제4장 공휴일제도와 제8장 술집 부분에서 자료수집과 신문자료 검색에 도움을 주었다. 그리고 '제2장 한국 여가문화의 변곡점'에서는 최근의 디지털 환경 시대의 여가현상 부분을 집필했다. 그리고 제10장 키덜트도 그가 집필했다. 그럼에도 불구하고 책 구성에 있어서는 많은 아쉬움이 남는다. 최근의 캠핑 열풍, 트로트 열풍, 코로나19 사태로 인한 여가생활의 변화 등은 다루어지지 못했다. 책을 쓴다는 구상을 여유 있게 하지 못해서 일어난 문제점들이다. 이는 후학들의 과제로 남겨두기로 한다.

* * *

이 책은 기본적으로는 필자가 발표한 논문들을 중심으로 구성했지만, 이 내용을 강의시간에 현실감 있게 끌고 가기 위해 인용되었던 여러 가지 역사적인 에피소드들을 첨가해서 재구성했다. 특히 공휴일제도는 필자가 박사학위 논문을 쓸 때부터 관심을 가진 주제였다. 여가 현상을 학문적 관심사로 정하면서 처음부터 명절과 축제는 당연히 주된 관심사였고, 그 구체적인 대상은 제4장에서 논의하는 '설날'이었다. 왜냐하면 크리스마스는 1949년부터 국가공휴일이었지만 석가탄신일은 1975년에, 우리의 전통 설날은 1985년에 와서야 공휴일로 지정된다. 그 이유가 참으로 궁금했다. 단편적으로나마 자료를 수집해 가는 과정에서 국가공휴일 제정에 내포된 이데올로기적 성격이 눈에 띄었다. 그리고 이것은 한국 지배엘리트의 속성과 밀접히 관련되어 있다는 사실을 알게 되었다. 이 논문은 필자가 그동안 관심을 쭉 가져오다가 교수 생활 가장 마지막으로 쓴 논문이기도 하다.

제8장 술집 부분에서 가라오케와 노래방은 필자의 직접 체험을 기반으로 한 것이다. 1982년에 시행된 '야간통행금지 해제' 조치는 한국 '밤 문화'의 판도를 완전히 바꾸어 놓았다. 지금의 세대에서는 거의 이해하기 힘들겠지만 예전에는 밤 12시 이후에는 집 밖에 나갈 수가 없었다. 필자도 야간통행금지 위반으로 하룻밤을 장전동 파출소에 잡혀간 적이 있다. 그러나 야간통행금지 해제 이후에는 세계 어느 나라에서도 찾아보기 힘든 화려한 한국의 밤 문화가 급격히 창출된다. 각종 스트립쇼가 우후죽순처럼 등장하고, 노래를 부를 수 있는 원탁 가라오케가 등장한다. 여기에 대한 반작용으로 '과소비 추방 캠페인'이 벌어지고, 급기야 1990년에는 노태우 정권에 의해 '범죄와의 전쟁'이 선포되면서, 밤 12시 이후에는 모든 업소에서 술 자체를 팔지 못 하게 한다. 가라오케는 치명타를 맞았다. 하지만 필자는 12시 이후에 영업하는 술집과 가라오케에 대한 은밀한 정보를 입수해서 일상성을 유지하는 데 별 어려움이 없었다. 그래서 당시에 필자는 '온천장 밤이슬'이라는 별칭을 가지기도 했다. 공식적인 낮의 세계가 아닌, 그때 체험한 밤무대의 이면 세계는 필자에게 많은 시사점을 주었다.

제7장 마라톤 또한 필자의 직접 체험을 바탕으로 했다. 부산대 사회학과 교수로 발령을 받고 공식적으로 첫 월급을 받으면서 "이제 내 몸을 위해 어느 정도는 돈을 써도 되겠구나"라는 생각이 들었다. 13년 정도 시간강사 생활을 하면서 가장으로서의 역할은 거의 하지 못하고, 단지 술 마시고 노래 부르며 스트레스 해소하는 게 전부였기에 나온 발상이었다. 사실 1993년 책을 출판하고 나서, 당시 불교방송국에 있던 김한길과 생방송으로 인터뷰

를 할 때 가장 당황스러운 질문이 "여가를 전공하시는 선생님은 어떻게 여가를 보내십니까"라는 질문이었다. 그때 어떻게 대답을 했는지 지금은 모르겠다. 이 질문은 그 후에 내 생활을 변화시키는 기폭제가 되었다. 처음 시도한 것이 사회대 바로 옆에 있는 테니스장에서 한 달에 5만 원을 주고 테니스를 배우기 시작한 것이다. 그러던 중 우연히 국제신문사에서 개최하는 마라톤 대회가 눈에 띄었다. 하필이면 5월에 있는 내 생일 날짜와 일치했다. "생일기념으로 한번 뛰자"라는 생각이 스쳐 지나갔다. 그래서 별로 연습도 안 하고 10Km에 도전했다. 연습도 별로 안 한 데다 페이스 조절도 실패해 도중에 걸었다. 좀 신경질이 났다. '요것도 못 뛰나'라는 생각이 들었다. 그해 가을에 또 그 행사가 있었다. 이번에는 연습해서 무난하게 걷지 않고 뛰었다. 욕심이 났다. 다음에는 하프 코스(약 21Km)에 도전했다. 걷는다는 굴욕을 당하지 않으려고 제법 연습을 했다. 출전 일주일 전, 부산대학교 대운동장 400M 트랙을 40바퀴를 뛰고 나니 마음이 뿌듯했다. 그런데 문제가 생겼다. 평소에 그리 많이 쓰지 않던 근육을 무리해서 한꺼번에 쓰니 엉치 부분이 화끈거리고 아파서 걸음도 제대로 걷지 못했다. 하지만 출전 당일 약 4Km 정도 뛰니 통증은 가신 듯이 없어졌다. 그 후로 풀코스(42.195Km)에 도전하고 8~9번 정도 뛰었다. 주된 연습 코스는 김해공항 가는 낙동강 둑길이었다. 필자의 고향이 있는 곳이기도 하고, 오후 늦게 석양을 보면서 뛰는 기분은 정말 상쾌했다. 공항 가는 둑길이라 사시사철 화단은 잘 정비 되어있었고, 자연과 호흡한다는 느낌이 정말 좋았다. 여름에는 벌어진 입으로 들어오는 날파리를 막으려고 방충망 마스크를 쓰고 뛰었다. 일주일에 6.5일은 뛰었다. 어느 날 밤늦게 뛰는데 하늘에 V자로 날아가는 기러기 떼를 보았다. 갑자기 눈에서 눈물이 주르륵 나왔다. 이러한 풍광을 언제 보았던가! 어릴 적 생각이 나서 감회에 젖었다. 그리고 스쳐 지나가는 머릿속엔 "이런 게 행복이라는 느낌이 아닐까"라는 생각이 들었다. 뛰는 순간만은 일상사가 주는 모든 강박관념에서 벗어나 "오직 이 시간만은 온전히 나 자신이 향유하는 시간이구나"라는 생각이 들었다. 이를 계기로 필자는 '행복'이란 단어를 자주 쓰게 되었다. 요즘 유행하는 '소확행'도 이런 것이라는 생각이 든다.

교통사고를 계기로 마라톤을 접고 난 이후에는 약 8년 가까이 어머니가 사 두신 외갓집 부근에 있는 땅에, 텃밭을 가꾸면서 지냈다. 외삼촌의 도움으로 비닐하우스를 짓고, 학교나 아파트에서 버리는 재활용품을 이용해 제법 그럴듯하게 안식처를 만들었다. 학교의 연구실보다 자연과 더 가까이할 수 있어서 강의 준비뿐만 아니라 거의 모든 생활을 거기서 하다시피 했다. 집에서 약 25분 거리밖에 안 되어 샤워와 면도도 거기서 하고, 밥도 해 먹는 경우가 많았다. 약간의 권태감이 찾아올 무렵 후배의 권유로 골프에 입문하게 된다. 이후로는 골프와 학교생활, 이 두 가지로 나의 생활은 단순화된다. 13년 정도 지나고 보니 어느덧 세월이 흘러 정년이 눈앞에 다가왔다.

마지막 강의 시간에 이런 말을 했다. "건강하게 정년을 맞이할 수 있다는 게 얼마나 큰 복인지 모른다. 우리 사회학과에서는 네 분의 교수님이 정년을 맞이하지 못하고 돌아가셨다. 정말 특이한 현상이다. 나는 운 좋게도 이렇게 마지막 강의까지 할 수 있으니 참 복을 많이 받았다고 생각한다." 사실 나 자신이 이렇게 무탈하게 정년까지 할 수 있는 것은 많은 사람의 음덕(陰德) 덕분이다. 하늘나라에 계신 아버님과 현재 불편한 몸으로도 아직 자식의 밥을 챙겨주시는 어머님, 그리고 한평생을 같이 살아주는 아내 송숙희(사회학과 78학번)에게 고마움을 전한다. 부산대 사회학과 첫 입학생들인 76학번 동기들도 사회학과 동창회와 학과의 여러 행사에 조력을 아끼지 않았다. 특히 박대주와 이대영, 정양숙은 솔선해서 도움을 주었다. 이 자리를 빌려 감사의 마음을 전한다. 또 친구 서윤조, 손홍익, 김규는 필자가 시간강사를 하던 어려운 시절에 따뜻한 말로 위로를 해주던 든든한 버팀목이었다.

그리고 필자가 부산대 사회학과 교수로 임용되는데 결정적 계기를 만들어 주었던 사건도 잊지 못한다. 1996년도에는 이런 일이 있었다. 학과 교수들 간의 갈등으로 교수임용에 자과 출신의 선배들이 배제되는데 학부학생들은 강력하게 항의를 했다. 반미 감정이 일어나고 서울 중심의 한국사회에 반감이 고조되는 시기였다. 한화철, 최용재, 김종헌 사회학과 91학번 삼총사는 무려 13일 동안이나 단식투쟁을 하다 병원에 실려 갔다. 그 결과 총장 직권으로 사회학과에 하나 더 배정된 TO를 결과적으로는 필자가 차지하게 되었다. 이 때문에 故 윤일성 교수는 많이 오해하기도 했다. 당시에는 학생운동의 역량이 최고조에 달했던 시기라 학과의 커리큘럼에도 학부학생들은 문제를 제기했다. 필자의 기억에는 학생들의 요구로 「사회철학」과 「국가론」이 신설되고, 「사회계층론」 과목에서는 첨예하게 대립한다. 학생들은 「사회계급론」으로 교과목명을 변경하자는 것이었다. 교수들과 타협한 결과 「사회불평등론」으로 합의를 본다. 아무튼 기존의 고착된 권위에 도전하는 당시의 치열한 상황은 교과과정 개편뿐만 아니라 교수임용 문제에까지 학생들이 개입하는 사태를 만들었다. 필자 개인적으로는 가장 달콤한 열매를 따 먹은 셈이다. 그래서 항상 마음 한 켠에는 사회학과 후배들에게 고마움과 스스로의 부족함에 마음 졸인다. 고마움을 일일이 표하자면 너무나 많다. 저를 음으로 양으로 도와주신 모든 분께 머리 숙여 감사드립니다.

특히 이 책과 관련해서 감사의 마음을 깊이 전해야 할 분이 계신다. '여가'라는 주제로 학문의 길로 인도해 주신 박재환 선생님께 고마움을 전하고 싶다. 당신은 〈일상성·일상생활연구회〉를 만들어 많은 제자에게 세상사를 보다 폭넓고 깊이 있게 볼 수 있는 안목을 심어주셨다. 이것은 부산대 사회학과 제자들에게는 큰 행운이었다. 서울 중심의 편향된 학문적 풍토에 휩쓸리지 않고 지역 차원에서 사회학 분야의 새로운 장을 개척할 수 있는 계기를 만들어 주셨다. 한국 사회학계에서 부산대 사회학과는 좀 색다른 연구 분야를 개척해 내었다는 자부심을 가질 수 있게 해 주셨다. 다시 한번 깊이 감사드립니다.

그리고 넉넉지 않은 시간 속에서도 알찬 원고를 만들어 준 인태정과, 자료 수집과 최근의 디지털 환경에서의 여가 현상을 보완해 준 이일래에게도 고마움을 전한다. 또한 어려운 출판환경에도 기꺼이 이 책의 출간을 허락해 준 호밀밭출판사 장현정 대표와 꼼꼼하게 읽고 교정을 해준 정현일에게도 고마움을 전한다.

새로운 출발을 시작하며,
아버님 靈前에 이 책을 바칩니다.

2021년 7월 1일
금정산이 보이는 연구실에서
김문겸 拜上

추천사

2020년대 우리 사회의 일상적 삶은 어떤 모습일까.

얼마 전 어느 유럽 기자가 귀국 후 유튜브에 올린 "한국인의 3狂, 1無, 1有"에 대한 글이 떠올랐다. 그에 의하면 한국인은 너나 할 것 없이 전철을 타면 바로 핸드폰에 고개를 처박고 게임이나 문자 송수신에 정신이 없으며, 국가가 준다는 공짜 돈에 미쳐 있고, 유수한 공중파 방송들이 내보내는 트로트 광풍에 빠져 있다는 것이다. 더욱이 국민 모두 아무 생각 없이 지내며 정치인이나 어설픈 지식인들의 화려한 말만 난무하고 있다고 꼬집었다.

그의 지적이 일견 과장된 듯한 느낌도 들지만 나는 현대한국인의 일상의 3가지 광풍에 스마트폰과 트로트 열풍의 2가지 여가행태가 포함되어 있는 것에 주목하지 않을 수 없었다.

우리의 일상생활은 의식주를 위한 노동활동과 생리적-사회적 필수활동 그리고 여가활동으로 이루어진다. 그리고 이러한 활동의 성격이 각 개인이나 전체사회의 삶의 질을 결정한다.

그럼에도 한 사회의 특성을 규명하기 위한 그동안의 사회학적 탐색은 대부분 사회전체의 거대구조분석에 집중되어 그 속의 구성원들의 구체적 삶에 대한 파악은 등한시되어 왔다. 구성원들의 삶에 대한 분석을 하는 경우에도 거대구조 속의 공식적 직무나 노동활동이 주된 대상이었다. 그러나 노동과 공식적 직무분석이 이루어진다고 해서 구성원들의 구체적 생활상은 드러나지 않는다. 그것은 우리의 생활이 노동으로만 이루어지는 것이 아니라 생산노동 기저에 작동하고 있는 여가와 생리적-사회적 필수활동이 더 큰 부분을 차지한다는 사실을 간과했기 때문이다.

여기에 여가의 사회학적 탐색이 필연적으로 부각될 수밖에 없다.

이 책의 주저자인 김문겸 교수는 이른바 3D업종이 유행어로 등장하던 1990년대, 그때까지만 해도 노동 연구로 일색이었던 우리 사회학계에서 여가의 중요성을 인식하고 이 분야 연구에 정진했다. 그 결과 국내 최초로 여가사회학 분야에서 박사학위를 취득하고 그 내용을 『여가의 사회학: 한국의 레저문화』(한울, 1993)로 출간했다.

이번에 출간되는 『여가의 시대』는 그동안 추적해온 여가연구를 정리하고 압축한 내용이라 할 수 있다.

이 책은 인간존재의 필수적 활동인 여가는 유사 이래로 존재해 왔지만 산업화와 자본주의의 발달에 의해 급속하게 변화했다는 점을 강조한다. 산업화가 야기한 노동의 변질은 일상적 삶을 재구성하게 하고 전통적 행태와 판이한 새로운 여가문화를 낳게 했다. 생산량을 최대화하기 위한 집약적 노동방식은 일에 대한 각종의 스트레스를 누적하게 하고 여가 행태도 이러한 긴장을 해소하기 위한 표출적이고 원초적인 활동으로 나타났다. 심한 경우 노동 자체의 가치 대신에 "게으를 수 있는 권리"를 주장하기도 했다. 이 책의 1장 프롤로그에서 이러한 여가의 변동과 여가소외가 잘 다루어지고 있다.

한편, 한국사회의 여가상황은 어떠한가. 이 책 2장 이후에서는 한국의 여가문화의 변곡점과 몇 가지 특징적 여가행태가 기술되어 있다. 흔히 지적되듯이 한국의 산업화와 자본주의의 성격은 다른 어느 나라에서 볼 수 없는 특징을 드러내고 있다. 남북분단의 상황 속에서 이루어진 국가 주도의 급속한 압축적 경제성장은 갖가지 사회문제를 야기시키고 독특한 노동과 여가문화를 형성하게 했다. 특히 1980년대의 대중소비주의 그리고 그 반대의 IMF 사태는 한국인의 일상을 송두리째 흔든 변환점이 되었다. 그 과정에 심화된 사회적 불평등은 노동은 물론 여가산업과 문화에서도 상당한 굴절과 변태를 경험하게 했다. 거기에는 자본주의의 논리와 함께 우리 사회 고유의 전통적 생활원리가 영향을 미친 것으로 파악된다.

그럼에도 또한 우리는 바로 이와 같은 한국 특유의 전통 속의 잔여문화와 국민적 기질이 역설적으로 현대의 소외된 일상을 극복하기 위한 새로운 자원으로 원용될 수 있음을 감지하게 된다. 김 교수가 새로운 여가문화로 언급한 탈정복과 느림과 무작위적 자연친화적 활동이 그중의 한 실례라 할 수 있다. 그러기에 "소유에서 존재로"의 회귀를 통한 여가소외의 극복은 더 이상 해묵은 마르크스의 이상사회에 대한 전망을 애써 원용하지 않아도 될 것이다.

이러한 맥락에서도 이 책의 출간은 시사하는 바가 매우 크다.

제1장

프롤로그:
자본주의 발달과 여가소외

제1장
프롤로그: 자본주의 발달과 여가 소외[1]

1. 전통 여가사회학의 문제

전통적으로 여가사회학자들은 여가를 자유선택, 자기결정, 창조, 자아실현 등과 연관시키는 경향이 있다. 이들은 여가를 이해하는 데 가장 중요한 변수는 노동이라고 주장하고, 여가경험이 인간화에 기여할 수 있는 잠재성을 강조하는 경향이 있다. 그러나 그들은 여가경험에 내포되어 있는 자본주의 사회의 이데올로기 문제를 간과하고 있다. 자본주의 사회에서는 이미 그 초창기부터 이데올로기적인 문제가 민중들의 여가생활에 깊숙이 개입되어 있었다.

자본주의가 원활하게 작동되기 위해서는 자유로운 임금노동자의 창출이 기본이지만, 이에 못지않게 중요한 것은 자본주의적 삶의 양식을 내면화한 노동자의 창출이다. 즉 자본주의 이행기에는 공장제 기계공업과 시장경제 체제에 순응할 수 있는 태도 및 가치관, 행위양식 등이 요구된다. 그러나 전통사회에서 농경사회의 생활습성에 젖어있는 일반 평민들의 생활세계는 그렇게 쉽게 바뀌지 않는다. 여기에 생활양식 개조정책이 시행되고 평민들의

---

1) 이 장은 2002년 광주사회연구소에서 발간한 『사회연구』 통권 제4호에 '현대사회와 여가' 특집호를 위해 청탁받은 논문 「자본주의와 여가」를 대폭 수정·보완하여 작성한 글이다.

여가생활은 개혁의 대상이 된다. 이러한 현상은 궁극적으로 부르주아의 세계관이 헤게모니를 장악해 간다는 것을 의미한다.

또한 산업혁명기 이후에는 여가의 상품화 현상이 급속도로 진행된다. 자본주의 사회는 이윤 창출이 가능한 모든 것을 상품화시키는 경향이 있다. 자본주의는 집합적 경험보다 개인적 경험에 특권을 부여하면서, 인간관계를 금전적 가치로 축소시킨다. 이것은 인간 노동의 상품화에서 극명하게 드러나지만, 여가의 상품화도 마찬가지이다. 여가의 문제에도 자본주의 사회의 이데올로기가 깊숙이 내포되어 있는 데도 전통적인 여가사회학자들은 이 문제에 대해 그렇게 중요한 의미를 두지 않는다. 단지 자본주의 사회를 변화의 가능성이 없는 소여된 사실(given facts)로 받아들이고, 여가를 진정한 경험, 해방, 탈출, 자유 등과 연관시키는 경향이 있다.

이 장은 자본주의가 여가에 미치는 영향을 비판적 입장에서 검토하고자 한다. 따라서 자본주의의 긍정적 영향에 대한 논의는 이 글의 범위를 벗어난다. 이 장의 궁극적 목적은 소외라는 주제를 심화시키기 위한 시론적 성격을 제시하는 데 있다. 종래에 소외라는 주제는 주로 노동 소외라는 범주에서 다루어져 왔다. 물론 노동 소외의 중요성은 여전히 유효하다. 그러나 노동이라는 개념 자체가 경제적 목적을 위한 직업적인 일에만 한정되는 것도 아니고, 소외의 범주는 사실상 삶의 모든 영역에서 검토될 필요가 있다. 더욱이 소비와 여가가 삶의 중요한 축으로 자리잡기 시작한 오늘날에는 여가의 영역에서 일어나는 소외의 문제를 진지하게 검토해 볼 시점에 이르렀다. 아직 여가 소외에 대한 논의는 학문적으로 그렇게 심화되지 못했다. 이 장에서는 여가문제에 자본주의적 논리가 어떻게 관철되는지를 역사적으로 개관하면서, 여가사회의 신화에 대해 비판적으로 검토하고자 한다.

이 글의 본문은 크게 네 개의 영역으로 구성된다. 첫 번째 영역에서는 초기 자본주의 시대를 두 시기로 분리하여 논의한다. 여기에서는 산업혁명이 가장 먼저 일어난 영국을 중심으로 자본주의의 이행기라고 할 수 있는 18세기 무렵 여가문화의 변화를 먼저 살펴보고, 다음에는 산업혁명기에 일어난 여가문화의 변화들을 살펴본다. 두 번째 영역에서도 두 시기로 구분하여 논의한다. 여기서는 미국을 중심으로 자본주의의 성숙기라고 할 수 있는 20세기 전반기의 여가문화를 포디즘이라는 대량생산 체제의 등장과 관련지어 논의하고, 다음에는 20세기 후반기의 소비자본주의 시대의 여가문화를 비판적으로 검토한다. 그다음에는 여가 소외에 대한 구체적인 양상들을 우리나라 사회에서 찾아보고, 마지막으로 여가사회의 신화에 대해 살펴본다.

2. 초기 자본주의와 여가[2]

1) 자본주의 이행기의 여가문화

자본주의 이행기인 18세기 무렵에 일반 평민들의 여가는 크게 보아 다음과 같은 두 가지 유형이 있었다. 첫째, 교회에 의해 때때로 농민이나 노동자의 의사에 반하면서까지 설정된 정신적 수련을 위한 일반적인 성일(聖日)이 연 84일 정도 있었다. 둘째, '질병, 혹한, 급한 용무' 때문에 일할 수 없는 날을 계산해 보면 대체로 80~100일 정도가 나와, 전체 총계로 보면 비노동일은 대체로 1년에 160~180일 이상이 된다(Dumazedier, 1967: 34). 또한 정규적으로 일하는 작업장에서는 일주일에 토요일과 일요일은 쉬는 날

---

2) 이 절의 내용은 『근대사회의 여가문화』, 13-37쪽을 재구성했다(박재환·김문겸, 1997).

이고, 월요일도 '우울한 월요일(Blue Monday)'로 불려 대체로 일이 되지 않는 날이어서, 일주일에 4일 일하는 것이 일반적인 현상이었다고 기록되고 있다. 그리고 각종 축제일과 종교적 행사도 빈번했고, 생일날도 휴무여서 연간 180일이 채 안 되기가 다반사였다(大河內一男, 1982: 74-78). 더욱이 나머지 180일도 여러 가지 사정이 겹쳐서 노동을 방해하고 있는 실정이었다.

영국의 경우 여기에 해당되는 가장 대표적인 것이 경마나 투계 같은 도박성을 띤 대중오락의 성행이었다. 이것이 어느 정도 심했는가 하는 점은 다음과 같은 데서 찾아볼 수 있다. 당시 전국 각지의 공장경영자들은 해마다 의회에 청원서를 제출하여, 경마를 금지시키거나, 그럴 수 없다면 그 횟수라도 줄여달라고 요구하고 있다. 요컨대, 경마가 열리는 기간 동안 대부분의 공장이 휴무상태가 되어 경영자로서는 생산계획에 차질이 생기고, 나아가서는 영국의 국부(國富)에 지장을 초래한다는 것이다(大河內一男, 1982: 79-82). 여기서 우리는 아직 자본주의적 임금노동 체제에 길들여지지 않은 평민들의 생활세계를 엿볼 수 있다. 즉 근대적인 시간 규율을 몸에 익히지 못한 농경사회적 생활습성이 상당 부분 지속되고 있음을 알 수 있다.

평민들의 생활습속은 그렇게 쉽게 바뀌지 않는다. 자본주의 초기 단계의 일반 평민들은 새롭게 형성되어 가는 자본주의적 생활양식에 능동적으로 대처해 나가기보다는, 불확실한 미래에 직면하여 오히려 전통적인 생활방식으로 삶의 의미를 추구하려는 경향이 있다. 이것의 대표적인 예를 평민들의 사경제(私經濟) 운영방식에서 찾아볼 수 있다. 그들은 저축을 하기보다 공적(公的)인 소비에 지나치게 많은 지출을 한다. 예컨대, 공적인 의례(결혼식, 세례식, 생일잔치, 장례식 등)와 마을 축제, 그리고 나날의 생활에서도 그들의 사경제 규모에 비해서는 과다 지출이 이루어진다. 그들은 불안정한 시기에 전통적인 상징적 의사전달 행위를 통해 품위와 체통을 지키려 했고, 이를 통해 친족과 이웃, 친구 사이의 유대를 보존하려 했다(Medick, 1982: 92). 그리고 이런 식의 생활방식 속에는 당연히 전통적인 놀이문화가 뒤따르게 마련이었다. 그러나 이러한 일반 평민들의 생활태도는 신흥중산층의 이해관계와는 상반되는 것이었다.

근대적인 합리성의 원리에 기초한 신흥중산층의 생활윤리는 자기 규제 및 사회적 책임의식과 결부되어, 사회의 진보와 개량을 지지하는 여론을 유도했다. 특히 개인의 도덕적 자각을 중시하는 복음주의는[3] 공동체에 기초를 둔 대동놀이에 대해 강한 의혹을 품었다. '도덕은 군중 사이에서는 항상 약해진다'고 봄으로써, 가정 내에서 가족과 함께 즐기는 오락이 합리적인 것이라고 추천되고 장려되었다(川島昭夫, 1992: 29). 이것은 가족애를 신봉하고 가정의 독립을 중시하는 중산층의 가치관이나, 18세기에 그들이 향유하는 가정음악이나 원예 등의 새로운 오락의 현실과 잘 맞아떨어지는 것이었다.

따라서 검약, 절제, 근면의 금욕주의 생활윤리로 무장한 신흥중산층은 전통적인 생활습속을 개조하기 위해 갖가지 캠페인을 벌인다. 이른바 생활양식 개조운동이 그것이다. 이러한 맥락 속에 전통적인 놀이문화는 통제와 탄압의 대상이 된다. 예컨대, 각종 전통적인 축제나, 구교식 종교적 행사, 전통적인 명절 등을 탄압하는 것이다. 전통적인 평민오락 중에서 탄압의 대상으로 떠오른 대표적인 놀이에는 다음과 같은 것이 있다. 유혈스포츠(bloody sport)라고 불렸던 동물끼리의 격투나 곰, 소, 닭 등을 괴롭히는 동물학대놀

---

3) 복음주의(Evangelicalism)에는 다양한 입장이 있지만 모두 성서에서 가르치는 복음에 중점을 둔다는 성서 원전주의라는 점에서는 일치한다. 18세기 감리교(Methodism)의 창시자인 존 웨슬리(J. Wesley)의 메소디스트 운동에 의해 일어난 복음주의는 교회의 부패를 반성하는 국교회 내부에서 일어난 운동이었지만, 비국교도의 범위를 넘어 도시의 중산층에게까지 크게 영향을 미친다.

이, 각종의 투기나 경주, 축제일이나 수확제의 날 집 밖에서 행해지는 댄스, 철야제의 혼란스러운 소동, 난폭한 축구경기 등은 개혁의 대상이 된다. 특히 소와 개를 싸우게 하거나 집단으로 소를 쫓아가서 괴롭히는 '동물학대놀이'는 오래전부터 마을 축제 때 매우 인기가 있었던 놀이였다.

심지어 프랑스에서는 국왕도 이런 놀이에 동참했다. 12마리에서 24마리의 고양이를 산 채로 불태우는 의식은 파리 요하네스 축제의 즐거움이었고, 이것은 아주 유명한 축제였다. 이때 왕과 궁정신하도 참석했으며, 보통 왕이나 왕세자가 불을 붙이는 영광을 차지했다(엘리아스, 1996: 385). 동물학대놀이는 전 유럽에 걸쳐 모든 사람이 즐기는 오락이었고, 이것은 오늘날까지도 스페인의 투우 경기가 흥행하는 데에서도 알 수 있다.

격렬한 싸움은 더욱더 흥분을 높이고, 여기에 뒤따르는 도박은 일순간에 자기가 운명에 대해서 승자로 있을 것 같은 기분을 맛보게 해준다. 그러나 합리성의 생활윤리로 무장한 중산층의 입장에서는 동물학대놀이는 잔혹이라는 감각을 마비시키고, 사람들을 범죄 쪽으로 쉽게 인도하는 것이라고 생각했다. 도박은 스스로 운명을 개척해야 하는 자조의 도덕률에 위배되는 것으로 생각되었다. 동물학대를 수반하는 놀이는 모든 오락 중에서 가장 격렬하게 지탄을 받았다. 특히 고해의 화요일에 행해졌던 닭을 표적으로 화살을 던져 맞추는 놀이가 비난을 모았다. 18세기 중반에 잡지를 중심으로 게재되어진 '닭 맞추기놀이 반대캠페인'은 유혈스포츠를 금지하고 억압하는 것으로 성공한 최초의 예였다. '소 학대' 놀이도 18세기 말에는 각지에서 쇠퇴의 경향을 보인다. 이러한 유혈스포츠(동물학대놀이)의 쇠퇴는 '놀이문화의 혁명'이라고 까지 불린다(川島昭夫, 1992: 29-31).

영국에서 1820년대에 개시된 '금주운동'과 '동물애호운동'은 보다 직접적으로 민중오락의 개혁을 노렸다. 그들은 '반(半)야만'의 상태로 있고, '무지'

하고 '나태하고 타락한' 하층민들을 술집으로부터 떼어놓고, 그것에 대신해서 규율 있는 '합리적인' 오락이 제공되어야 한다고 생각했다. 1860년대에 발생한 합리적 레크리에이션 운동은 이러한 맥락에서 시작되었다.[4]

신교도, 개혁자, 부르주아들은 제각기 여러 가지 동기에 기본을 두고 있었지만, 하나같이 평민들의 오락을 개선하기 위해 공동전선을 펼쳤다. 그 멤버들은 서로 중첩되는 경우도 많았다. 그들은 전체적으로 '진보의 행진'을 받드는 도시진영의 멤버로 이루어져 있었다. 그 진영이 방치할 수 없다고 생각하고 있던 것은 오랜 관습과 생활양식에 연연하는 농촌오락에 중점이 맞추어졌고, 도시환경에서 술집을 중심으로 살아남았던 전통적 오락이었다. 이 싸움은 도시의 농촌에 대한 전쟁이었다. 그것은 또한 오락을 통해 존재하는 토지귀족과 민중의 연대에 쐐기를 박는 전쟁이었다. 그러나 이 연대는 이미 과거의 환영에 불과할 뿐이고, 농촌공동체는 붕괴되어 수호할 관습조차 거의 존재하지 않았다. 농촌의 '달력(특히 교회력)에 기재된 오락'의 많은 것들이 19세기 중엽에 거의 소멸된다. 이것은 산업혁명이라는 기간을 통해 근대적 생활양식으로의 재편성이라는 전체 맥락 속에서 이루어진 것이었다. 또한 이것은 부르주아의 세계관이 일상의 생활세계를 지배해 들어가는 것을 의미한다.

---

4) 영국과 미국의 합리적 레크리에이션 운동에 대한 논의는 Yeo(1976), Cunningham(1980), Bailey(1978), Ewen(1976), Ewen and Ewen(1982)을 참조하라.

2) 산업혁명기의 여가문화[5]

부르주아를 중심축으로 이루어진 평민들의 놀이문화에 대한 탄압의 근거는 '일을 하지 않고 논다'는 것이었다. 즉 일반 평민들은 '게으르다'는 것이다. 이것은 자본주의 이행기에 초기 노동자들이 게으르고 빈둥거린다는 의미의 'the idle'로 불렸다는 데서 유추할 수 있다.[6] 18세기 중엽까지만 해도 노동자들의 여가(자유시간)를 비난하는 것은 일반적인 사회적 분위기였다.

그러나 게으름에 대한 비난은, 18세기 말 산업혁명이 본격적으로 진행되면서부터 그 필요성이 사라진다. 왜냐하면 이제 자본은 노동의 주(週) 가치를 지불하지 않음으로써, 노동자가 '경제적 강제'에 의해 일을 하지 않으면 안 되게 만들었기 때문이다. 즉 제2차 인클로저운동(enclosure movement)이 일어나고, 공장제 기계공업(factory system)이 본격적으로 도입되면서부터, 자본은 노동자를 자본주의적 질서체계로 폭력적으로 흡수한다. 이제 노동자의 '생존 본능'에다 자본의 운동 논리를 '안전'하게 맡김으로써, 자본주의적 임금노동 제도는 원활하게 작동한다.

자본은 잉여노동을 갈구하는 무제한적인 맹목적 충동(자본 자체의 가치 증식 법칙)에 의해, 노동시간을 극한으로 연장한다. 자본은 생명력을 갱신하고 강화하기 위한 수면시간까지 단축하여, 노동자의 육체를 극한까지 몰고 간다. 노동일과 관련하여 전통적으로 내려오던 풍습과 자연적인 제한, 연령과 성별에 의한 제한, 밤과 낮의 제한 등 모든 제한이 분쇄된다(맑스, 1987: 323). 예를 들어, 1820년대 및 1830년대에 직물공업에 종사하는 공

---

5) 이 절의 내용은 『여가의 사회학』 65-77쪽을 재구성한 것이다(김문겸, 1993).

6) 자본주의 이행기의 초기 노동자들은 아직 명확한 범주로 구획되지 못했기 때문에 주로 'the idle', 또는 'the industrious poor'로 불렸다.

장노동자들은 평균 14시간, 조건이 좋은 경우에는 12시간을 공장에서 보냄으로써 일주일 동안 작업시간이 70~80시간에 달했다. 더욱이 오늘날 여가 사회학에서 다시 주목받게 된, 보상받지 못하는 노동 관련 시간으로서의 통근시간 문제가 19세기의 공장제 생산에서 등장하게 되었다. 노동자들이 이용할 수 있는 근거리 교통수단이 결핍되어 있어서 작업장까지 왕래는 최소한 도보로 1시간은 걸렸으며, 심지어 도보로 2시간 내지 3시간까지 걸리는 경우도 드물지 않았다(쉬나이더, 1983: 281). 프랑스의 경우, 1848년 9월에도 하루 12시간의 노동이 합법적으로 인정되었으며, 16세 이하 소년의 하루 노동 시간이 10시간, 16세에서 18세의 청소년과 부녀자의 하루 노동 시간이 11시간으로 단축된 것도 1892년 11월 2일에 이르러서야 비로소 가능했던 것이다(Caceres, 1973: 163). 이때 아동노동이 큰 사회적 문제로 대두되고, 야간노동에 대한 개념을 규정하기 위해 밤과 낮에 대한 법률적 해석이 처음으로 등장하기까지 한다. 이런 상황 아래에서 19세기 공장노동자들의 일주일은 아주 특징적인 패턴을 취했다.

"월요일은 항상 '따분하고 김빠진' 날이고 …… 누구든지 퉁명스럽고 기운이 없어 보였다. 화요일은 가장 많은 양의, 그리고 최상의 작업을 할 수 있는 '좋은 날'이었다. '사람들은 사자처럼 일하게 마련이다'. 수요일은 작업진척이 아주 활발한 것은 아니지만, 화요일과 비슷했다. 목요일은 '지루한 날'이었다. 사람들은 피로에 지친 초췌한 모습으로 보이기 시작하고, 생산을 계속하기 위해서는 더 많은 노력이 필요하였다. 금요일 아침에 '기압계는 상당히 상승할 것이다'. 피로에 지쳤음에도 불구하고 사람들은 훨씬 더 명랑하였다. 그날이 급료 받는 날이고, 주말 이전에 하루 종일 노동하는 마지막 날이었기 때문이다. 토요일은 '최후 승리의 날'이었다. 일주일간의 전투는 거의 끝났다. 일요일에 대부분의 노동자들은 기동조차 하지 않았다. 그것이 '모든 것 중에서도 가장 미약한 최소한의 만끽'이었다. 특히 날씨가 나쁘고 습기가 차면 많은 사람들은 저녁때까지 침대 위에서 뒹굴며 때로는 월요일 아침까지 그렇게 보내는 것이었다."(해리슨, 1989: 302)

노동시간이 극한으로 연장된 결과, 노동자들의 가정생활이 붕괴된 것은 물론이고, 각종 질병과 신체발육부진, 나아가서 노동자들의 평균 수명까지 단축시키는 결과를 초래한다. 이제는 노동시간이라는 문제가 보편적인 사회문제로 떠오르게 되고, 노동자는 노동시간의 단축이라는 문제를 놓고 자본가와 격렬한 투쟁을 벌인다. 이러한 상황에서 1883년 근대사회에서 여가사회학의 효시라 할 만한 글이 나온다. 그것은 마르크스의 사위이자 호전적인 사회주의자였던 라파르그(P. Lafargue)에 의해 쓰였다. 그는 『게으름 부릴 권리』라는 역설적인 제목으로 노동자들의 여가를 찬양한다. 여기서 그는 자본주의 사회에서 사제, 경제학자, 도덕주의자들이 노동에 신성한 후광을 부여하면서 노동이 이데올로기화되는 현상을 예리하게 지적한다. 또한 개인적·사회적 불행을 제거하기 위해서는 기독교 윤리와 경제 윤리, 자유주의 윤리의 편견을 짓밟고 전 유럽의 노동자들은 게으름의 권리를 선포해야 한다고 주장한다(Lafargue, 1960: 105-118).

산업혁명기에 정착된 공장제 기계공업은 일반 민중의 생활세계를 근본적으로 변화시켰다. 그중 대표적인 것이, 산업주의의 발전과 더불어 생성된 생활시간 구조의 규격화, 표준화이다. 노동시간과 자유시간은 엄격히 분리되고, 노동의 안티 테제로서의 여가가 성립한다. 이것은 농경사회의 주된 생활방식인 자연의 계절적인 순환리듬으로부터 산업사회의 인위적인 생활 리듬으로의 변화를 의미한다. 이러한 맥락에서 근대적 여가가 탄생한다. 이 것은 전통사회의 유한계급의 여가와는 질적으로 구별되는 것이며, 노동시 간의 극한적 연장에 따른 반대급부의 산물이다.

　전통적 여가가 근대적 여가로 이행하는 과정에서는 일시적인 단절기가 형성된다. 이러한 단절기가 집약적으로 형성되는 시기가, 영국의 경우에는 대체적으로 1830년대와 1840년대이다. 이 시기를, 홉스봄(Hobsbawm) 과 브릭스(Briggs)는 노동계급 문화의 암흑기(dark age)라고 표현한다 (Bailey, 1978: 1-2, 57). 또한 베일리에 의하면, 1830년대에서 1880년대 에 걸쳐 영국의 여가문화에는 대변혁이 일어났다(Bailey, 1978: 5-6). 즉 전통적 여가문화가 대대적으로 청산되고, 새롭게 산업사회의 질서에 부합 하는 여가문화가 탄생한 것이다.

　베일리에 의하면, 1830년대에서 1880년대의 시기의 기간은 여가문제가 사회변동의 주요 첨단지대 중의 하나였다. 1850년대 이전까지 자본가와 노 동자의 여가는 그렇게 뚜렷한 특징적 차이를 보이지 않았다. 이런 점을 놓 고 그는, 자본가와 노동자는 즐거움을 추구하는데, '혼합된 대중(mingled mass)'을 이루고 있었다고 표현한다(Bailey, 1978: 56). 그러나 1850년대 이후에는, 붕괴된 전통적 여가에 대신해서 새로운 여가가 형성되기 시작한 다. 즉 1850년대와 60년대에는 축적된 부(富)를 바탕으로 중산계급(자본가 계급)의 새로운 여가문화가 창출되기 시작한다. 특히 1860년대의 자본가들 은 노동자들과 구별되는, 자본가 자신의 여가문화를 창출하기 위해 의도적 으로 노력한다. 즉 당시의 자본가들은, 이전에 노동자들과 같이해오던 '일하 는 사람의 워크숍(workingman workshop)'에의 참여도 거부하고, 노동자계급을 위한 각종 개혁 프로그램에 대한 지원을 억제하거나 보류하기도 하며, 당시에 유행하던 노동자계급의 가족을 돕기 위한 자본가계급 부인들의 바자회를 중단시키기까지 한다. 다시 말해 이제 자본가 '우리는', 노동자 '너희들'과는 생활상의 양식에서 그 '격'이 다르다는 것을 강조하기 시작한다. 이러한 현상을 놓고 당시의 신문은 '대중에 대한 거대한 배제', '거대한 혁명', '중산계급 지위의 중요한 변화'라고 표현하고 있다. 이러한 현상은 구체적으로 자본가계급의 여가양식에 반영된다. 1850년대와 60년대 변화된 부르주아 계급 여가문화의 실질적인 내용들은 다음과 같이 압축할 수 있다 (Bailey, 1978: 57-61).

먼저 대중 인쇄물의 발달로 독서문화에 커다란 변화가 일어난다. 예컨대, 일간신문이 급증하고 대중적인 통속 정기간행물과 통속소설이 크게 번창한다. 이러한 것들은 중산계급을 하나의 공중(public)으로 묶어, 그들 간의 독특한 문화적 연결고리를 제공해 준다. 그리고 철도의 발달로 이른바 철도 문화가 형성되고, 각종 인쇄물에 의한 여가에 관한 정보가 제공됨으로써 여행과 하계휴가, 연중휴가 등이 확산된다. 또한 생산기술의 발달로 피아노가 적절한 가격으로 보급됨으로써, 중산계급은 교외 별장에 피아노를 사놓고, 거기서 가정주부는 음악적 재능을 과시하는 것이 유행하였고, 중산계급 소녀에게는 피아노 연주가 교양 필수과목처럼 된다. 당시 피아노에 대한 선호도는 1840년이래 한 장으로 된 악보(cheap sheet music)가 급속도로 팔려나갔다는 점에서 찾아볼 수 있다. 당시 중산계급에는 가족 여가문화가 발달하여 소인극이나 아마추어 연극이 성행하고, 퀴즈를 비롯한 각종 놀이게임이 새롭게 고안되며, 당구가 실내 운동경기로 각광받는다. 손님을 초대해서 즐기는 각종 파티가 성행하며, 이에 따라 정원에서 즐길 수 있는 놀이문화가 발달한다. 또한 중산계급 부인들에게는 각종 바자회를 개최하는 것이 성행한다.

　그런데 당시 변화된 자본가계급의 여가양식 중 가장 대표적인 것은 스포츠 분야에서 나타난다. 당시 이 기간 동안에는 앞으로 근대스포츠에서 통용되는 기본골격이 형성되는데, 그것은 근대스포츠의 각 종목에 관한 기본적인 게임규칙이 제정되기 때문이다. 이로 인해 영국은 근대스포츠의 발상지로 손꼽히게 된다. 아마추어와 프로의 기본개념이 정립되는 것도 이 시기의 영국에서다. 새롭게 정립된 스포츠 규칙은, 당시에 보통교육의 확산과 중산계급을 중심으로 보편화된 대학교육을 바탕으로 '학교'를 중심으로 실험되고, 이것이 기성세대의 새로운 여가양식으로 확산된다. 새롭게 창안된 스포츠는 중산계급 어린이에게는 게임 룰이 숙지될 것이 기대되었고, 그것은 중산계급 구성원이란 신분과시 효과가 있었다.

　한편 영국 노동자계급의 여가양식에 전환점이 마련되는 것은 1870년대이다.[7] 이것은 노동조합의 역량이 증대함에 따라 노동시간이 감축됨으로써 가능하게 된다. 예컨대, 1870년대에 토요일이 반공일(half holiday)이 되고, 이에 따라 토요일 저녁시간은 주중 가장 활발한 여가활동이 일어나는

---

7) 홉스봄의 견해에 의하면 진정한 의미에서 영국의 노동자계급은 1880년 이후에 가서야 형성된다고 주장한다(박지향, 1989: 73-78). 계급(class)이라는 용어가 영어 단어로서 나타나는 것은 18세기 중반 무렵인데, 이것이 사회계급을 의미하는 말로써 사용되어 확고하게 자리 잡는 것은 1830년대 와서이다. 계급이라는 단어가 사회적 구분의 용어로 쓰이게 된 것은 1805년 무렵이고 1820년대와 1830년대에도 매뉴팩처(manufacturer)라는 말은 고용주와 임금노동자를 함께 칭했던 말이었다. 그러나 1830년대가 되면 이제 사람들은, 그때까지 쓰이던 신분사회의 개념인 orders나 ranks에 의해서가 아니라, class라는 개념에 의해 다른 부류의 사람들과 구분하게 된다. 그래서 톰슨(E. Thomson)은 당시 전국노동조합연맹(Grand National Consolidated Union)의 결성과 인민헌장운동(Chartist Movement)의 대두를 들어 1830년대를 영국 노동계급의 형성시기로 잡는다. 그러나 아직 당시대인들이 노동계급을 이야기할 때는, 중산계급이 포함된 'the working classes'라는 복수를 사용하였고, 오늘날에 말하는 노동자계급인 'the working class'는 19세기 말에 가서야 비로소 일반화된다. 이러한 맥락에서, 홉스봄은 1830년대에 만들어진 노동계급은 단지 물리적 존재였을 뿐이고 진정한 의미의 영국의 노동계급은 1880년 이후에 가서야 형성된다고 주장한다.

시간으로 정착된다. 그리고 1871년도에는 일반공휴일을 연 6회로 규정하는 은행 휴일 조례(Bank Holiday Act)가 제정되고, 이것이 다른 직종으로까지 파급된다. 또 1872년도에는 철도직원에게도 정규적인 유급 공휴일을 허가하게 된다. 이러한 조건 하에서 이제 노동자계급도 나름대로의 능동적인 여가양식을 가지게 된다. 그중 가장 대표적인 것이 '뮤직홀'의 대대적인 확산과 노동자클럽의 확산, 축구의 유행 등이다. 이 시기에는 노동자계급도 하계휴가 때 바캉스를 즐기는 수가 증대한다(Bailey, 1978: 80-91).

이상에서 살펴본 바와 같이 영국의 1840~1880년대까지의 시기에는 산업사회의 새로운 여가형태가 생성되었고, '계급지향적 태도(class-oriented attitude)'가 지배적이었다(Harrison & Hobsbawm, 1964: 97). 그러나 1890년대 중반에 이르면 영국의 여가문화에 또 다른 변화의 징후가 일어나기 시작한다. 그것은 1896년도에 동시에 일어난 세 가지 사건으로 압축된다. 첫째, 이탈리아인인 마르코니(Marconi)가 영국에서 무선전신에 관한 특허를 취득한 것이다. 마르코니에 의해 발명된 무선통신은 1906년 미국의 리 드포레스트(Lee de Forest)에 의한 3극 진공관의 발명된 이후 비약적으로 발전하여, 텔레비전이 등장하기 이전 시기까지는 주된 방송매체로서 대중오락의 주된 전달매체로 기능하게 된다. 둘째, 현대 대중신문의 선구로 일컬어지는 〈데일리 메일〉지가 창설된다. 이 신문은 1부에 반 페니라는 파격적인 염가판매와, 요리, 패션, 여성란 등 당시로서는 혁신적인 기사를 도입하고 철저하게 대중의 흥미를 끄는 편집방침으로 현대적 대중신문의 선구가 되었다(동아출판사백과사전부, 1983). 그리고 셋째, 이해에는 런던 서부지역에서 처음으로 상업적 영화가 상영되었다. 이와 같은 제 현상들은 1840~90년도의 시기까지는 대중오락의 보급이 주로 인쇄매체에 의존해 오던 것을 방송매체와 영상매체로 이전시키는 결과를 초래하게 된다. 그리고 다른 한편으로는 산업사회에서 새롭게 형성된 대중오락이 계급적 경계를 흐리는 무차별적인, 이른바 대중문화 시대의 서곡을 울리게 되는 것이다.

3. 자본주의의 발전과 여가
1) 포디즘과 여가문화

근대적 여가는 노동자계급의 생존을 위한 투쟁의 산물로 탄생했다. 이는 노동력 회복이라는 최소한의 생체리듬을 확보하기 위한 것이었다. 이것은 전통사회의 유한계급의 여가와는 질적으로 구별되는 것이며, 노동시간의 극한적 연장에 따른 반대급부의 산물이다. 근대적 여가의 역사에 획기적인 전환점은 1919년 국제노동기구(ILO) 제1차 총회에서 이루어진다. 여기서 드디어 1일 노동시간을 8시간, 1주 노동시간을 48시간으로 규정하는 조약이 채택된다. 물론 이것은 산업화가 진행된 선진 제국의 논리가 관철된 것이기는 하지만, 산업사회의 생활리듬을 구획하는 중요한 기준으로 작용하게 된다. 그 이후 노동시간 투쟁은 임금인상과 함께 노동운동의 가장 중요한 핵심 이슈로 정착한다.

그런데 자본주의의 발전과정에서는 생산성 극대화를 위해 노동시간의 연장뿐만 아니라 또 다른 전략도 병행해 왔다. 그것은 노동강도를 높이는 것이다. 자본주의 사회에서 자본가가 노동시장에서 구매하는 것은, 노동자들이 일을 할 수 있는 능력인 노동력(labor power)이지 노동(labor) 그 자체는 아니다. 그래서 자본가는 노동시장에서 구매한 노동력을 실질적인 생산

활동인 노동으로 전화시켜야 할 필요에 직면하게 된다. 이러한 과정에서 최대한의 효율적인 방안을 강구하게 되고, 이것은 노동통제(labor control) 방식의 발전으로 현실화된다. 초기 경쟁자본주의 시대에는 자본가의 직접적인 통제방식인 단순노동통제(simple labor control)나, 십장이나 중간 감시자를 활용하는 위계적 통제(hierarchical control)가 주축을 이루었다. 그러나 20세기 독점자본주의시대에는 노동과정에 매우 혁명적인 변화가 일어난다.

1차 산업혁명이 증기의 힘을 이용해 공장제 기계공업을 탄생시켰다면, 2차 산업혁명은 전기의 힘을 이용해 컨베이어시스템을 탄생시킨다. 정교하게 분화된 일관공정라인의 도입은 사무 자동화의 길을 열었다. 여기서 탄생한 포디즘(Fordism)은 테일러리즘(Taylorism)과 결합하면서 또 한 번 획기적인 대량생산의 시대를 개막한다. 테일러(F. W. Taylor)의 과학적 관리론(scientific management)은 시간과 동작 연구를 통해 노동효율성을 극대화시키는 목적을 추구했고, 이것은 포드(H. Ford)의 기념비적인 일관공정라인 자동차생산에 중요한 영향을 미친다.

포드시스템은 노동자들의 노동과 여가를 전체 경영체계의 부분으로 편입시켰다. 이 체계는 개별 노동자들이 협동적인 대량생산 체계 내에서 특정한 작업을 수행하도록 훈련된 헌신적인 노동력을 창조한다는 개념에 기반했다. 그것은 또한 테일러의 과학적 관리론에 입각한 경제인 모델도 받아들였다. 여기서 생성된 노동통제 방식은 일관공정작업 시스템(assembly line system)으로 표현되는 기술적 통제(technical control)이다.[8] 기술적 통제

---

8) 기술적 통제를 에드워즈는 "노동력을 노동으로 전화시키는 데 따르는 문제들을 최소화시키고, 오직 물질적인 효율성 증대의 가능성을 극대화시킬 수 있도록 고안된 기계 기술의 설비와 작업과정"이라고 규정한다(Edwards, 1979: 112).

방식은 노동과정을 기계가 통제하게끔 함으로써, 노동소외의 극치를 보인다는 비난에도 불구하고 보다 높은 임금으로 노동자를 유인한다. '하루 8시간 노동에 5달러'라는 구호는 헌신적이고 순종적인 노동자를 유인하는 포드의 별명이기도 했다. 또한 포드는 사회복지사들을 고용하여, 노동자들의 여가활동을 도덕적으로 건전하고 합리적인 공동의 기대에 일치시키려 했다(하비, 1994: 168-169).

포디즘은 첫 번째 오일쇼크가 발생한 1970년대 중반까지, 핵심 경제영역에서 주된 생산방식으로 자리 잡으면서 대량생산과 대량소비를 주도한다. 포디즘이 성공할 수 있었던 주요한 요인은 기술적 통제라는 새로운 노동통제 방식의 발전에도 있었지만, 인센티브 제도를 통한 보상체계 또한 노동력을 포섭하는 주요한 기제였다. 성과급제도는 생산성 향상을 극대화시키고, 더 많은 임금을 보장함으로써 소비문화의 확산에 기여한다. 노동자들이 일관공정라인에서 노동을 하는 동안은 불행했지만, 그들 자신과 가족들을 위해 쓸 수 있는 높은 임금이라는 보상을 받았다. 상대적으로 높은 임금은 대량생산에 선행하는 수요창출로 산정된다. 따라서 포디즘은 노동과정과 소비과정을 통합된 전체로 간주한다. 노동자가 조립라인에서 생산하는 상품은 노동자들이 소비하는 제품이며, 노동자의 여가시간을 지배하는 제품이기 때문이다. 여가행동을 포함한 모든 유형의 소비활동에 대해 공급자는 수요를 규정한다. 이러한 맥락에서 형성되는 시장은 자본주의 사회의 보편시장이다.

보편시장(universal market)이라는 개념은 브레이버만이 사용한 용어로서, 모든 국제적인 장벽과 한계를 초월한다는 의미에서 세계시장이다. 세계시장은 가격 메커니즘에 의해 규제되고, 생산은 사회적 욕구에 복속되지 않고 시장력(market forces)에 따라 움직인다. 또한 세계시장은 대중시장

(mass market)이며, 생산은 대중소비를 충족시키기 위해 표준화되고 자동화된다(로제크, 2000: 162). 이것이 여가의 영역에서는 각종 문화산업의 발전에 의해 대중여가를 지배하는 방식으로 현실화된다.

브레이버만에 의하면, 여가활동은 자본주의 보편시장의 일부이다. 그는 보편시장의 발전을 세 가지 단계로 구별한다(Braverman, 1974: 281). 첫 번째 단계는 개인적·공동체적 신뢰에 기반한 국내적이고 물물교환적인 생산체계가 상품생산체제로 변경되는 단계이다. 둘째 단계는 개인적·지역적 신뢰에 기반한 서비스체계가 상업화된 서비스체계로, 또 상업화된 오락체계로 전환하는 단계이다. 세 번째 단계는 '생산주기'의 단계로서, 이 단계에서는 새로운 재화와 서비스, 오락 등이 끊임없이 소비자들의 눈앞에 펼쳐지고, 그 결과 일반 대중들은 그런 것들이 없으면 살 수 없을 것처럼 느끼게 된다. 이러한 과정이 전개되는 데 대해 브레이버만은 다음과 같이 말하고 있다.

> "주식회사 제도는 … 모든 오락과 '스포츠'의 수단을 자본 확장을 위한 생산과정으로 변형시켰다. 자본은 너무나도 기업심이 왕성해서, 심지어 여러 부류의 사람들이 사적인 활동과 아마추어 또는 '전위적인' 혁신을 통해 자연, 스포츠, 예술로 향하는 길을 발견하려고 노력하는 곳에서조차, 그러한 활동들을 가능한 한 급속히 시장 속으로 포섭해 낸다."(Braverman, 1974: 279)

이러한 현상이 가장 활발하게 전개된 곳은 미국이었다. 유럽에 비해 전쟁의 포화에서 벗어나 있었던 미국은 20세기 초반부터 자본주의의 맹주로 부상할 확실한 기반을 다지고 있었다. 20세기 초엽 당시의 유럽은 제1차 세계 대전으로 인해 경제가 위축되고 소비시장이 얼어붙었던 반면에 미국은 풍부한 자원을 바탕으로 도약하고 있었기 때문이다.

1920년대의 미국사회는 도시화가 급진전되면서, 사회구조적으로 커다란 변동이 일어나고 있었다. 소도읍 중심의 생활방식은 쇠퇴하고, 대도시의 영향력이 전체 사회를 지배해 나가기 시작한다. 더욱이 앞으로 현대사회의 여가문화에 심대한 영향을 미치게 되는 기본 골격이 이 시기에 형성된다. 즉 포디즘의 영향 아래 대량소비의 상징인 자동차의 보급이 진전되고, 이른바 문화산업(culture industry)도 1920년대와 30년대에 걸쳐 크게 번성한다.

1920년대부터 크게 보급된 자동차는 당시의 철도여행객 수를 절반으로 줄어들게 하고, 이제 생활필수품으로 자리잡기 시작한다. 이것은 미국인의 여가 생활에도 중요한 영향을 미쳤다. 예컨대 자동차는 파티, 영화관람, 스포츠를 위한 외출, 또 여행과 드라이브에 이용되며, 자동차와 관련된 각종 여가산업을 크게 발전시켰다(新津晃一, 1986: 239-240). 또한 당시에는 영화산업과 프로 스포츠가 크게 활성화된다. 전통문화가 취약한 미국에서는 영화가 민속예술처럼 여겨질 정도로 대중의 사랑을 받는다. 유럽이 1차 세계대전에 휩싸여 영화산업이 퇴조하는 가운데 미국의 영화산업은 이 시기 이후 세계시장을 석권한다. 그리고 1920년대의 미국은 스포츠의 황금시대를 구가한다. 프로 권투, 프로 레슬링, 프로 야구, 미식축구 등이 성행하고, 이른바 스포츠의 대중 스타를 대량생산하게 된다. 이때 탄생된 영화 스타나 스포츠 스타들은 세계적으로 명성을 떨치고, 미국은 '현대 대중오락의 메카'로 자리잡기 시작한다(김문겸, 1993: 88).

그러나 이러한 현상이 본격적으로 진행된 것은 2차 세계대전 이후부터였다. 1950년대의 미국은 전쟁의 혼란에서 벗어나 경제적인 발전을 거듭하면서 자유주의 진영의 선두주자로 확고히 자리를 굳힌다. 이 시기 미국에서는 공장의 자동화가 본격적으로 추진되고 컴퓨터도 도입되면서 노동생산성이 한층 더 향상된다. 또한 이미 1930년대부터 보급되기 시작한 '주휴 이틀제'는 전쟁 때문에 일시적으로 후퇴했지만 많은 기업체에 보급되고, 휴가제도도 발달한다.

그리고 일반대중들의 생활거주지에도 커다란 변화가 일어난다. 이제까지 대도시로 집중되던 인구가 교외지역으로 분산되면서, 노동수급의 범위가 지역적으로 확산되고 도시인의 거의 절반 정도는 위성도시에 거주한다(Lanfant, 1972: 74). 이것은 이제 자동차가 생활필수품으로 확고하게 자리잡았다는 것을 의미한다. 자동차는 생활 반경을 확장시키면서 시간과 공간 개념을 전면적으로 변경시킨다. 이것은 여가생활의 범위도 확장시키고, 여가와 관련된 소비지출도 크게 증가시킨다. 1950년대에 외식산업이 본격적으로 발달하고 연극 및 음악회 관람비가 급증하는 등 상업적인 여가산업이 비약적으로 성장한 것도 자동차의 대중화와 관련이 있었다.

또한 이에 못지않게 대중여가에 혁명적인 영향을 미친 것은 TV가 주된 방송매체로 등장한 것이었다. 이에 따라 문을 닫는 영화관이 속출하고, 라디오는 급격히 퇴조한다. 1955년도에 전 미국 세대의 67%가 텔레비전을 보유하게 되고, 이 이후에 미국의 여가문화는 TV를 통해 전달되는 대중문화에 크게 영향을 받게 된다. 또한 이 시기에 청소년층을 주된 대중문화의 소비시장으로 편입시킨 미국의 음반산업은 세계시장을 석권하게 된다.

이러한 사회적 배경을 바탕으로 1950년대에 미국인의 가치관에는 획기적인 변화가 일어난다. 이것은 도시중산층의 가치관에 직접적으로 반영된다. 레크리에이션이라는 말이 크게 유행하고, 도시중산층의 생활기준으로 '건전한 오락'이라는 항목이 등장한다. 이것은 종교적 갈등으로 메이플라워

호를 탔던 선조들의 가치관과는 매우 상반되는 것이었다. 즉 초기 프로테스탄트의 금욕주의 생활윤리에 여가를 즐긴다는 것은 배제되어 있었기 때문이다. 그러나 당시의 변화된 가치관에 대해 볼펜쉬타인(Wolfenstein)은 다음과 같이 압축해서 말한다.

> "미국 문화에 있어서 최근에 나타난 현상은 우리가 '오락 도덕(fun morality)'이라고 부를 수 있는 것의 출현이다. 여기서 쾌락이란 다분히 의무적인 것으로 된다. 오늘날의 사람들은 너무 많은 쾌락을 누리는 것에 죄의식을 느끼는 대신, 오히려 충분한 쾌락을 누리지 못할 때 창피함을 느낀다."(Wolfenstein, 1960: 86)

이제 여가를 즐기지 못한다는 것은 창피하다는 느낌을 주며, 그것은 보수가 낮은 직장에 종사함으로써 즐거움을 추구할 수 없을 정도로 생존경쟁에서 뒤졌다는 의미를 지니게 된다. 그는 전후에 형성된 여가는 전전에 형성된 여가와는 다르다고 하면서, '오락 도덕'이 보편화되었다고 말한다. 그리고 마가렛 미드(M. Mead)도 이와 유사한 주장을 한다. 미드는 여가의 개념이 종래에는 노동으로부터 자유로운 시간이라는 소극적 의미를 지니고 있었다고 한다면, 이제는 여가의 개념이 '노동에 의한 정복'이라는 차원에서 '소비가능한 시간'이라는 보다 적극적인 의미로 바뀌었다고 파악한다(Mead, 1957: 10-15). 19세기 후반과 20세기 초반에는 비록 소비적이고 즐거움을 추구하는 여가생활이 상류층과 일부 중산층에 한정적이었다고 한다면, 20세기 중반에는 이제 미국의 광범위한 중산층이 이러한 생활윤리를 보편적으로 받아들이게 된다.

이제 일반 대중의 가치관은 어떻게 일하고 성취하느냐보다, 어떻게 소비하고 즐기느냐에 관심을 가지게 된다. 프로테스탄트윤리라는 어휘를 계속 사용하면서도 50년대의 미국문화는 유희와 오락, 과시, 쾌락에 관심을 둔 '여가중심적 가치관'으로 변모한다(Harrison & Hobsbawm, 1964: 100). 이러한 변모에는 대중매체의 발달과 광고 및 마케팅 전략의 발달 등이 소비와 쾌락의 생활윤리를 보급하는 데 결정적 기여를 한다. 이와 같은 현상은 자본의 운동논리에 따라 사회적 차원에서 강제되는 자본주의 사회의 본질적 현상이기도 하지만, 노동의 세기가 개막된 이후 삶의 균형을 새롭게 찾아나가는 과정이기도 하다.

근대사회 이후에 형성된 노동중심적 가치관은 노동의 이데올로기를 탄생시키고, 여기서 나아가 '일벌레' 또는 '일 중독증'을 양산한다. 삶의 모든 관심사가 사회적 지위 획득이나 경제적 성공에 치중되고, 일이 없으면 불안해지기까지 한다. 그러나 20세기 중반 대중소비사회로 접어들면서부터는 일보다 여가 및 소비를 중시하는 인구층이 크게 증가한다. 즉 20세기 들어 선진 자본주의 사회에서 일어난 가장 큰 사회·문화적 변천 중의 하나는 '노동 및 생산 중심의 생활양식'에서 '여가 및 소비 중심의 생활양식'으로 변모한 것이다. 이것은 포디즘하에서 구축된 대량생산과 대량소비라는 일반적 맥락에서 형성된 것이었다.

2) 소비자본주의와 여가문화

자본주의 사회에서 소비주의는 자본주의 사회 특유의 현상인 상업적 광고의 발달, 마케팅 전략의 발달, 할부판매 제도의 발달 등에 의해 유도된다.

이러한 것들은 사회주의 사회에서는 찾아볼 수 없는 자본주의 사회의 독특한 요소들이다. 그중에서 할부판매 제도는 가치관의 문제에 있어서 혁명적인 변혁의 요소를 내포하고 있다. 왜냐하면 할부판매 제도는 초기 자본주의 사회를 끌어온 이념적 축이었던 '금욕주의 가치관'에서 '쾌락주의 가치관'으로의 변화를 가장 상징적으로 읽어낼 수 있기 때문이다.

초기 자본주의의 생활윤리는 근면, 검소, 절제, 저축 등의 금욕주의 가치관으로 압축할 수 있다. 이러한 맥락에서 초기 자본주의의 생활윤리에 의하면, 상품 구매나 소비는 노동의 결과에 의해서만 정당화될 수 있었다. 즉 소비를 위해서는 현재의 욕구는 억제하고 땀 흘려 일 한 대가에 의해서만 소비 욕구를 충족시키는 것이 윤리적으로 정당화될 수 있었다. 이러한 맥락에서 보면, 초기 자본주의의 생활윤리로는 앞으로의 노동의 결과를 예상해서 미리 빚을 내어 상품을 구매하거나 소비를 한다는 것은 용납될 수 없는 행위이다.

그런데 자본주의의 발전과 함께 등장한 할부판매 제도는 이러한 기존의 도덕적 관습에 혁명적 변화를 초래한다. 그것은 할부판매 제도가 빚(debt)이라는 개념을 교묘하게 신용(credit)이라는 말로 순치시키는 데서 드러난다. 할부판매 제도의 요체는 앞으로의 대금납부를 기대하면서 물건을 먼저 판매하고, 그 이후에 대금을 분할해서 차차 수금하는 제도이다. 이러한 매매가 이루어지기 위해서는 먼저 구매자의 신분이 확실해야 되고 신용거래가 성립되어야 한다. 그런데 이러한 신용거래에서 이루어지는 매매는, 과거 초기 자본주의의 생활윤리에 비추어 보면, 구매자는 앞으로의 수입을 예상하여 '빚'으로 물건을 먼저 구입하는 것을 의미한다. 그리고 욕구충족의 지연이 아니라, 욕구의 즉시적 충족을 의미한다. 즉 빚을 신용이라는 개념으로 순치시킴으로써, 욕구의 즉시적 충족을 이념적으로 합리화(정당화)시킨다. 게다가 신용카드 제도의 등장은 소비욕구의 즉시적 충족을 보다 손쉽게 현실적으로 가능하게 해주고, 미국의 경우에는 1960년대 말기에 이르러 은행예금자에게는 초과 인출(마이너스 대출)까지 허용하여, 자신의 소비욕구의 충족을 지연할 필요가 없게 된다(Bell, 1980: 33, 90). 이제 신용사회를 창출한 자본주의 사회에서는 소비에 대한 유혹이 총체적으로 된 것이다. 이러한 현상은 초기 자본주의의 생활윤리인 금욕주의 가치가 소비적인 쾌락주의 윤리로 변모했음을 의미한다.

게다가 자본주의 사회 특유의 현상인 상업적인 광고술의 발달은, 소비의 세계로 인간들을 폭력적으로 몰아넣음으로써, 생산과 소비를 튼튼한 순환고리로 연결한다. 각종 인위적인 상징적 욕구가 조장되어 사회적으로 강요된 소비가 일어나고, 이것은 소비를 위한 소비, 생산을 위한 생산이라는 악순환의 고리를 만들어낸다. 그리고 사회적으로 조장된 강요된 소비는 노동의 세계로 환류(feedback)하여 더욱더 인간을 자본주의적 노동의 세계로 몰아넣는다.

이렇게 자본주의 사회에서는 새로운 상품 개발과 새로운 욕구 조장으로 일반 대중을 지속적으로 물질적 필연의 영역 속에 묶어둠으로써, 더욱 안전하고 원활하게 자본의 운동 논리를 관철한다. 자본주의 체제가 원활하게 작동할 수 있었던 것은, 노동자의 생존 및 생활상의 필수 욕구에서 자본이 운동할 수 있는 에너지를 안전하게 공급받았기 때문이다. 이러한 현상에 본격적으로 시동을 건 것은 포디즘에 의해 대량생산이 가능해지면서부터이다.

그러나 포디즘의 순조로운 항해는 1960년대 중반에 이르러 일련의 요인들에 의해 이 균형 상태에 위기를 맞는다. 당시 포디즘의 위기는 세계경제와 질서를 불안정하게 했다. 그렇지만 그것은 또한 경제적 차원에서 새로운 실험을 유발시킨다. 하비(Harvey)는 이 실험을 언급하기 위해 '유연적 축적

(flexible accumulation)'이라는 개념을 사용하고(하비, 1994), 래쉬와 어리는 '성찰적 축적(reflexive accumulation)'이라는 개념을 사용한다(Lash and Urry, 1994). 이러한 용어들은 노동과정, 노동시장, 소비제품, 소비유형 등에서 유연성의 경향이 나타나는 것을 의미한다. 이러한 용어들로 그들이 의미하고자 한 것은 현대 경제조직은 지식과 정보가 중심적이라는 것이다. 이른바 제3차 산업혁명의 시대가 도래한 것이다. 이것은 1970년대 말부터 대중적으로 보급된 컴퓨터와 인터넷에 의해 정보통신의 시대가 도래함으로써 현실화된다.

래쉬와 어리가 말한 성찰적 축적에는 미학적 요소가 중요하고, 새로운 실험과 혁신적 사고방식, 상징처리 능력이 중요하다. 광고, 상품 디자인, 마케팅 등의 부호화된 메시지는 소비자의 욕구세계에 깊숙이 침투하고, 강요된 소비와 강요된 여가를 유발한다. 금융서비스, 새로운 시장, 혁신적인 기술과 공격적인 마케팅 등은 유연적 축적과 성찰적 축적을 가능하게 하고, 이것은 자본주의에 새로운 활로를 열어준다.

그러나 새로운 축적전략은 포디즘하에서 안정적이었던 고용의 지속성을 파괴하고, 노동계급의 파편화를 유발한다. 노동, 라이프스타일, 여가소비 등에서 장벽은 사라지고, 개인은 보다 독립적이고, 보다 많은 위험을 감수해야 하게 되었다. 불확실한 노동시장의 환경에 대처해야 하고, 수많은 공산품과 여가상품의 시장에서 자기의 정체성을 능동적으로 구축해 나가야만 한다. 지식, 문화, 상징 상품에 참여하는 전문가의 숫자가 크게 증가하고, 이들은 모더니티의 상징적 위계와 장벽을 제거하는 데 일조한다. 여기에 발맞추어 지적·예술적 상품과 경험을 원하는 청중이 증대하고, 상징자본(symbolic capital)에 대한 수요가 증가한다. 요컨대 포스트모더니즘적인 감수성이 확산되고,[9] 여기에 대한 대중적인 수용의 폭이 넓어진다 (Featherstone, 1991: 125).

상품의 상징적 세계는 상품과 서비스 이상의 것을 판매한다. 그것은 세계를 이해하는 방식까지도 판매하는 것이다. 개인들은 준거가 되는 자신의 공동체를 재정립하고, 또한 상품세계의 상징적 성격을 둘러싼 차이를 정의한다. 더욱이 광고와 대중매체는 상품을 욕망의 중심점으로 진술한다. 그것들은 개인들에게 즐거움과 안락, 오락의 세계로 초대하고, 편리한 소비의 꿈나라를 제시한다(Williams, 1982: 66). 광고와 마케팅은 이른바 소비문화의 종교로서의 기능을 수행한다(Jhally, 1990: 200-203). 광고, 패션, 상품미학 등은 물질생산의 부수 현상이 아니라 그 자체의 운동논리를 가지고 꿈을 만들어내는 기제로 작동한다. 소비자본주의라는 꿈 제조기는 끊임없이 접속을 강요하며, 지속적으로 꿈의 원료를 제공한다. 소비문화의 상징적 세계는 일상의 탈출과 자기실현을 약속하는 메시지로 개인들을 자극하는 것이다. 여기에 해당하는 가장 전형적인 문화산업으로 우리는 테마파크를 들 수 있다.

테마파크(theme park)란 일정한 주제로 전체 환경을 만들면서 쇼와 이벤트로 공간 전체를 연출하는 여가시설이라고 할 수 있다. 미국의 경우 테마파크의 원조로 알려진 디즈니랜드는 로스앤젤레스 근교에 1955년도 7월에 개장한다. 그리고 1971년도에는 플로리다주의 올란도에 같은 시설의 월트 디즈니 월드가 개장하여 아이들뿐만 아니라 어른들까지도 즐길 수 있는

---

9) 포스트모더니즘의 중요한 특징은 주체의 탈중심화, 거대이론의 거부, 이성중심주의 비판, 형이상학적이고 허구적인 이원적 대립의 해체, 진보사관에 대한 비판 등으로 압축할 수 있다(전경갑, 1993: 352-359). 이러한 맥락에서 대중문화와 고급문화의 경계는 해체되고 다원주의 사회의 이데올로기가 구성된다. 포스트모던적인 감수성은 이러한 배경을 바탕으로 형성되고, 탈중심적이고 탈권위적인 다양한 개별적인 욕구의 분출로 표현된다.

여가공간을 창출한다. 그 이후 놀이시설이나 부지면적은 대대적으로 확장되면서, 미국 최고의 관광지로 명성을 떨친다. 일본의 경우에는 '동경 디즈니랜드'와 '나가사키 올란도'가 개장한 1983년도가 일본 테마파크의 원년이라고 불리고 있다.

아키라(淺田彰)는 디즈니랜드 현상을 유아적인 것으로 묘사한다. 이는 폭력과 섹스를 제거하고 '현실적인 것, 살아 있는 것, 자연적인 것의 냄새를 없애며', 귀여움이 지배적인 성인들의 유아기에 대한 환상을 제시하면서, 현실 세계의 배제를 수반하기 때문에 참으로 문제가 있다는 것이다(Akira, 1989: 275-276). 그러한 세계의 인공공간은 초현실을 농축된 형태로 대변한다. 이 '왕국'은 '구원'보다는 '망각'의 메커니즘을 효과적으로 작동시킴으로써 사람들의 시선을 잡다한 것들과 동요에 빠뜨리면서 내면적인 것을 수많은 조각으로 점차 분해한다(吉見俊哉. 1992: 306). 이 '지구상에서 가장 행복한 장소'는 자발적인 축제와 인간적 상호작용의 기회를 박탈하면서 환상, 사랑, 모험이란 미국적 상징의 패키지를 수동적으로 소비하게 해준다.

존 어리가 쓰고 있듯이, 현대 소비주의와 관광주의의 심장부에는 '새로움과 탐욕의 변증법'이 자리잡고 있다(Urry, 1990: 13). 이것은 소비시장의 획기적인 확장과 맞물리면서 자본주의에 새로운 활력소를 불어넣는다. 단조롭고 좁은 기업세계에서 성장한 일 중독증 세대의 백일몽이 갑자기 실현되었는데, 이 백일몽은 좀 더 여유 있는 공간, 극한으로까지 확대된 물질적 풍요, 그리고 세계의 온갖 부와 신비로 신속하고도 안전하게 다가갈 수 있기를 바라는 꿈의 세계라는 사실이 드러난다. 그러나 역설적으로 그러한 꿈의 경험은 오로지 엄격한 꿈의 규칙과 제약 내에서만, 그것도 일 년에 단 며칠 동안만 이루어질 수 있는 것이다. 꿈의 힘은 일상세계로부터의 단절 그 자체에 의존하며, 일상생활의 거울상(mirror image)으로서 일상생활이 지탱되게 도와주는 것이다.

현대사회는 여가를 탈출과 자유의 장으로 찬양한다(로젝, 2002: 156). 이른바 여가의 이데올로기가 생성된다. 그러나 동시에 탈출의 의지를 상업성으로 솎아내는 현실의 쇠사슬을 제련하여 여가의 이데올로기는 빛을 발하게 된다. 예컨대 '에버랜드'와 같은 테마파크는 한편으로는 일상에서의 탈출을 의미하지만, 다른 한편으로는 상품화된 여가산업의 소비시장으로 편입되는 것을 의미한다. 여행도 마찬가지다. 일상에서의 탈출을 대표하는 여행도 경로화·규격화된다. 여가의 상품화와 동질화는 현대 자본주의 사회가 탈출의 여지를 거의 허용하지 않는 체계라는 것을 의미한다. 체계에서의 탈출 시도는 체계로 다시 흡수되는 경향이 있다.

그럼에도 불구하고 코헨과 테일러에 의하면, 자본주의 사회의 속박된 삶의 양식에서 탈출하는 세 가지의 기본적인 여가형태가 있다(Cohen and Taylor, 1992: 97; 로젝, 2002: 205-206에서 재인용). 첫째, 활동고립(Activity Enclaves). 이것은 자기결정, 자유, 선택 등을 강조하기 위해 고안된 여가행위를 지칭한다. 취미, 섹스, 스포츠, 게임 등이 여기에 포함된다. 활동고립은 일상생활의 단조로움과 강제로부터 한시적으로 탈출하는 기회를 제공한다. 둘째, 조경(造景, landscape)의 변화. 이것은 일상 탈출의 환상을 실현하기 위해, 개인을 둘러싸고 있는 일상적인 주변의 환경을 바꾸는 것을 가리킨다. 휴가, 인테리어 디자인, 모험, 여행 등이 여기에 속한다. 이러한 변화는 다양성과 차이를 추구하는 우리의 욕망을 일시적으로 만족시킨다. 셋째, 심경(心境, mindscape)의 변화. 이것은 개인의 내적 자아를 바꾸거나 의식의 상태를 확장시키는 것을 의미한다. 마음의 풍경은 자아에로의 항해를 통해 우리에게 탈출을 제공한다. 마음의 빗장을 열게 됨으로써 고착된 현재적 삶의 모순을 인식하고, 깊이에 대한 욕망을 충족시킨다.

1970년대 미국에서 동양에 대한 관심의 고조와 각종 '정신건강 요법'이 성행한 것이 여기에 해당한다. 최근에 우리나라에서 유행하는 참선 수행과 각종 힐링 요법도 여기에 포함된다고 볼 수 있다. 그런데 위에서 말한 일상 탈출을 위한 세 가지 요소가 모두 종합된 보다 극적인 시도가 2004년도 이탈리아에서 일어났다.

이탈리아의 한 스키 휴양지에서 2004년 8월 초순에 '제1회 전국 게으름뱅이 회의(National Convention of the Idle)'가 열렸다. 이탈리아의 코미디 배우인 지아니 판토니(Gianni Fantoni) 등 게으름뱅이들은 케이블카를 이용, 회의장에 도착했다. 조직위는 참석자들에게 세미나가 30분을 넘지 않고 긴 낮잠시간도 준다는 다짐을 했다. 조직위 측은 또 힘들게 노력하는 수고를 피하는 법에 대한 십계명을 참석자들에게 제공했다. 십계명 중에는 '절대 남보다 먼저 행동하지 않는다.', '실행은 남들의 몫임을 명심한다.', '어떤 일에 절대 자발적으로 나서지 않는다.' 등을 포함한다. 이 회의에서는 각 연령대별 게으름 피우기 전시회와 함께 수고를 최대한 덜 수 있는 다양한 물건들도 선보였다. 이 중에는 옷과 신발, 양말이 한 벌로 된 저녁식사용 복장, 낙하장치가 부착된 쓰레기통, 손을 시리게 하지 않고도 눈을 뭉칠 수 있는 틀, 그 회의의 상징과도 같은 해먹(그물침대) 등이 눈길을 끌었다. 이 회의 주최자 중의 한 명인 지아니 판토니는 게으른 사람들은 노력하는 사람들처럼 땀을 흘리지 않고도 같은 결과를 얻어내는 현명한 방법을 찾는 만큼 게으름은 악덕이 아니라 지적 능력의 표현이라고 주장한다. 그는 또 게으름이야말로 온갖 데드라인의 스트레스에 시달리는 현대인들에게 장수를 누릴 수 있는 묘약이라고 강조한다(경향신문, 2004.8.10.; 연합뉴스, 2004.8.11.).

이와 같은 게으름뱅이 세미나 모임이 그다음 해에도 지속되었는지 필자는 알 수가 없다. 하지만 이러한 기존의 생활윤리와는 정반대되는 극적인 시도가 방송을 타고 우리에게 알려질 만큼 현대인은 일상적인 구속에 중압감을 느끼고 있다는 사실을 방증한다. 아무튼 앞에서 말한 세 가지 유형의 여가형태들이 진정한 탈출경험을 가져다줄 가능성은 배제하지 못한다. 특히 세 번째 유형의 자아환경의 변화, 심경의 변화는 더욱 그렇다. 코헨과 테일러는 어빙 고프만의 말을 인용하여, 심경의 변화가 '최상의 실재 (paramount reality)'[10] 또는 생활세계(life world)로부터[11] 빠져나가는 잘 만들어진 터널로 간주될 수도 있다고 주장한다. 그러나 그 터널의 벽은 위험하고 매 순간 함몰할 위협에 처해 있다. 그들은 여가경험이 상상된 타자와 진정성(authenticity)의 경험을 제공할 수 있는 동시에 일상으로부터의 탈출 시도는 고질적으로 방해받고 있다고 결론짓는다(Cohen and Taylor, 1992: 136; 로젝, 2002: 207에서 재인용).[12]

포스트모던적인 환경은 개인들의 인성구조에도 크게 영향을 미친다. 개개인들은 변화된 상황을 인식하고, 적응해야 하며, 유연하게 대처해야 할 필요성을 느낀다. 이것은 여가관행에서도 마찬가지이다. 윌리스는 여가관행이 전통적 산업공동체의 동질적이고 집합적인 형태들로부터 벗어나, 다양하고 불연속적인 유형들로 나아가는 경향이 있다고 지적한다(Willis, 1990: 15-17). 개인들은 자신의 외모에 더 많은 관심을 기울이고, 구시대의 집합

---

10) 고프만은 의미와 진실을 판단하게 해주는 것을 가능하게 하는 궁극적인 가정들과 믿음들의 집합체를 일컫기 위해 '최상의 실재(paramount reality)'라는 용어를 사용한다.

11) 현상학자들이 일반적으로 사용하는 '생활세계(life world)'라는 용어는 전체적인 의미의 구조를 일컫는데, 그 의미의 구조 내에는 특정한 유형들과 상징들이 자리잡고 있고, 그 의미구조로부터 사람들은 집단적으로 공유된 중요성을 이끌어낸다. 즉 주어진 사회적 상황에서 사람들이 일반적으로 기대하는 사회적 삶의 전형화(typification)를 통해 생활세계는 구조화된다. 전형화는 생활세계의 지속적인 유지를 가능하게 해준다(Berger et al., 1973: 62).

12) 이러한 결론은 일상생활이 다양한 복수적 생활세계로 구성되어 있다는 그들의 명제에 근거한다.

적 범주에 맞춘 옷 입기, 말하기, 생각하기, 행동하기에서 벗어나 타인과는 구별되는 자기 정체성을 구축하고 싶어한다. 이른바 개성추구시대, 여가의 개별화 현상이 두드러지게 부각된다. 자본주의 사회의 여가시장에서 원자화된 개인들은 계속해서 분산되고, 재결합되고, 해방되고, 통제된다. 현대사회의 여가형태들은 쾌락적이면서 심미적이고 동시에, 분열되면서도 통합되어 있고, 수동적이면서도 능동적이다(로젝, 2002: 194-195).

이러한 현대적인 여가관행에 대해 미셸 마페졸리는 '신부족주의(neo-tribalism)'라는 개념으로 표현한다. 부족적인 집단화는 그들 소수의 가치에 기초해서 응집한다. 끊임없이 서로 끌어당기고, 부딪히면서 집단으로 형성되지만, 그 경계는 매우 모호하고 유동적이다(Maffesoli, 1991: 12). 여기에 해당하는 대표적인 예는 예술축제, 축구장, 극장 등과 같이 정감적인 공동체 속에서 사람들이 일시적으로 응집하는 것이다. 또한 나이키, 맥킨토시, 닌텐도, 캘빈 클라인 등과 같은 상표명을 중심으로 사람들이 상징적인 회합을 갖는 것도 한 예가 된다. 여기에서 소비자들은 본질적으로 유랑하는 존재이면서도 부족적인 공감대를 인식한다. 신부족주의는 단지 일시적인 정서적 공동체를 이루기 때문에 매력적이다. 신부족은 오늘날 여가시장에서 최고의 공적 결사가 되었다(로젝, 2002: 279, 345).

현대 여가활동에서는 연속성이 결여되고 더 단절적이며 유연한 형태의 여가가 속속 등장한다. 고정적이고 일원적인 단일 여가형태에만 얽매이던 관행을 벗어나 더 다양한 여가양식이 발달한다. 물론 전통적 여가 유형은 여전히 지속되지만, 여기에 대립되는 여가 유형 또한 새로운 지평을 열며 등장하는 것이다. 그러나 포스트모던 문화에서 새로운 담론을 쏟아붓는 기호의 이미지 연쇄 모두에 개인이 접속할 수는 없다고 프레드릭 제임슨은 주장한다(Jameson, 1991: 3-54). 또한 짐멜도 다음과 같이 말한다.

"우리의 호기심은 계속해서 각종 새로운 전시에 의해 자극
을 받고, 이러한 전시로부터 유래하는 즐거움은 점점 커지고
중요해지는 것처럼 보인다. 그냥 지나쳐 가게 되는 대부분의
것들은 많은 놀라움과 오락이 그 안에 저장되어 있다는 인상
을 창출한다. …… 그렇지만 모든 곱고 우아한 감정들은 제
공되는 상품의 대중적 효과에 의해 혼란스럽게 되고 방해를
받는다."(Simmel, 1991: 119-120)

확장되는 여가 선택지의 홍수 앞에서, 개인은 계속해서 즐거움과 흥분에
서 배제되고 있다고 느낀다. 개인들이 고르는 각각의 여가 선택사항은 가능
한 여가 선택지 중에서 단순히 임의적인 것으로 보인다. 이러한 목적에 대
한 추구는 궁극적으로 실현되지 못한다. 왜냐하면 어느 누구도 시장이 제공
하는 상품을 무한정 소유할 수는 없고, 소비의 대상들은 끊임없이 예측할
수 없는 변동에 지배되기 때문이다.

여가는 자유로움과 충족이라는 꿈을 일시적으로 제공하지만 자본주의적
생활양식을 규정하는 불안정과 변동을 피해갈 수는 없다. 그러나 더 큰 문
제는 여가활동이 흥분 또는 탈출감을 제공할 수 없다는 데 있기보다는, 이
러한 여가 경험들이 덧없는 것이라는 데 있다(로젝, 2002: 209-210). 여가
경험에서 오는 흥분과 행복감은 엄청나게 빨리 잠잠해져 버린다. 삶의 질을
고양하는 재창조로도 잘 이어지지 않는다. 바캉스에서 생기는 정서적 고양
감 이후에는, 그것을 채 음미하기도 전에 세속적인 일상의 분위기로 재빠른
전환이 이루어진다. 또한 유행가도 반절정(半絶頂)의 감각을 남긴다. 우리에
게 주는 모든 활기와 감정의 고조는 새로운 음표의 등장과 함께 사라지고,
내면적 성장으로 이어지지 않는다. '반절정'은 우리가 온갖 흥분되는 경험에

둘러싸여 있어도, 진정으로 흥분되는 여운을 느끼지 못하는 상태를 의미한다(로젝, 2002: 208). 덧없는 기분 전환 이외에는 아무것도 제공할 수 없는 자본주의 문화 속에서, 대부분의 여가 경험은 자유, 선택, 자기 결정의 신화에 둘러싸여 있다.

4. 여가 소외의 구체적 양상

힌만은 자본주의 사회에서 여가가 소외된다고 말할 수 있는 조건을 일곱 가지로 세분화 한다(Hinman, 1978: 194-201). 이를 한국의 구체적 상황과 연계시켜 논의해 보자.

첫째, 힌만에 따르면 기본적인 생물학적 욕구 충족을 위해 노동에 함몰되어 자유로운 자기 시간을 갖는 것이 제약될 때, 여가가 소외된다고 한다. 여기에 대한 한 예로 산업혁명기 생존을 위해 극단적인 장시간 노동에 시달려야 했던 노동자 계급을 들 수 있다. 한때 한국사회는 세계 최장 노동시간을 기록했다는 점에서, 여가 소외의 가장 첫 번째 조건을 갖추고 있었다. 노동시간도 장시간일 뿐만 아니라 노동강도 또한 엄청났다. 이것은 1970년 전태일 분신자살 사건으로 극적으로 분출한다. 또한 한국의 40대 남성은 세계에서 사망률이 가장 높았다. 경제기획원이 1989년도 한 해 동안 사망한 인구를 분석한 결과, 40대 남자는 1천 명당 8.1명이 사망해 사망률 세계 1위였으며, 40대 여자 100명이 사망할 때 40대 남자가 2백 82.5명 사망하는 것으로 나타나, 여자에 비해 3배에 가까운 사망률을 보였다.[13] 이와 같은 사실은 한국인이 얼마나 급박하게 쫓기면서 살았는지를 증명한다.[14] 2020년 현재에도 코로나19 사태로 택배기사들이 과도한 노동으로 인해 사망하는 뉴스가 속출하는 실정이다. 이것은 여가 소외를 초래하는 가장 기본적 조건인 '경제적 강제'에 의해 생체리듬조차 회복하기 어려운 삶을 살아가는 현상이 지속되고 있다는 것을 의미한다.

둘째, 여가가 단지 생산의 문제에 종속된 수단이라는 가치만 지니는 경우, 그것은 소외된 여가의 한 형태이다. 이러한 생산의 문제에 복속된 여가는 일반 대중들의 삶에서 다양한 형태로 나타난다. 그중 대표적인 것이 세일즈맨이 물건을 하나라도 더 팔기 위해 손님과 술자리를 해야 하거나, 접대 골프를 치는 경우이다. 또한 회사의 승진시험에 합격하기 위해 영어 공부를 해야 하는 경우도 있고, 앞으로의 장래를 바라보며 사회적인 교제를 충실히 해야 하는 경우도 여기에 해당된다. 특히 이러한 종류의 생산의 문제에 복속됨으로써 야기되는 여가 소외는 자본주의 사회가 '경쟁의 원리'에 의해 운

---

13) 삼성생명이 1990년도 1월부터 6월까지 사망보험금을 지급한 총 4천 1백 88건을 분석한 결과에 따르면, 40대 연령층의 사망보험금 지급이 전체의 34.1%를 차지해 가장 높았으며, 특히 40대 남자는 35.6%로 여자 28.9%보다 훨씬 높았다.

14) 이와 같은 조건이 하층 노동자 계급에게는 더욱더 열악하리라는 것은 명약관화한 사실이다. 1990년도 3월 27일 자 〈한겨레신문〉에는 「울음바다 된 질식사 오누이 위령제」라는 제하에 다음과 같은 기사가 실려 있다. "25일 오후 서울 영등포구 당산동 성문 밖 교회에서는 지난 9일 엄마·아빠가 일터에 나간 사이 문이 잠긴 단칸 지하 셋방에서 불이나 질식해 숨진 권혜영(5), 용철(4) 오누이의 위령제가 열리고 있었다. 50평 남짓한 예배당 1, 2층을 빼곡히 메운 시민·여성단체회원 그리고 이들 오누이 또래의 어린이 등 4백여 참석자는 굿 대목의 '신내림'을 통해 두 넋의 '외침'이 들려오자 눈물과 흐느낌으로 무너져내렸다. … 위령제가 계속되는 동안 흐느낌은 통곡으로, 통곡은 끝내 분노로 바뀌며 죽은 오누이 또래의 아이들이 바친 국화가 차곡히 쌓인 예배당에 함성으로 메아리쳤다. '동네마다 일터마다 탁아소를 세우라!, 탁아법을 제정하라!'"(한겨레신문, 1999.3.27.) 이러한 기사에서 우리는 생존에 쫓긴 열악한 노동자 계급의 삶의 모습을 상징적으로 읽을 수 있다.

동함으로써 구조적으로 더 조장된다.

　셋째, 여가시간이 더 많은 경제적 수입을 위해 희생되어야 하는 경우이다. 이것은 사회적 생산력이 증대함에 따라 표준적인 생활양식이 상향 조정됨으로써, 자발적으로 잔업이나 특근을 해서라도 더욱 열심히 일을 하지 않으면 안 되는 경우를 실례로 들 수 있을 것이다. 보드리야르는 그의 저서 『소비의 사회』에서 데이비드 리스만이 1950년도에 발간한 『고독한 군중』에 나오는 표준적인 생활양식(the standard package)이라는 개념을 원용하여 다음과 같이 설명한다. 현대인은 사물의 밀림 속에 살고 있고, 그 사물의 라이프사이클은 매우 짧다. 변화된 새로운 표준적 생활환경에 적응하면서 살아야 하는 현대인은 주변의 분위기에 동조하면서, 진정한 향유보다는 순간적인 접속에 민감해진다. 보드리야르는 현대인의 삶을 정박할 항구 없이 정처 없이 부유(浮游)하는 것으로 비유한다. 이와 같은 현상을 보다 구체적으로 말해보면 '오늘의 사치품이 내일의 필수품'으로 전환되는 과정에서 찾아볼 수 있다. 예컨대, 한국사회에서는 1960년대에 텔레비전, 냉장고, 자가용 등이 사치품에 속했다면, 1980년대에는 생활필수품으로 자리 잡는다. 1990년대 이후에는 컴퓨터와 핸드폰이 모든 한국인의 필수품이 된다. 더욱이 시장의 힘에 의해 지속적으로 생산되는 새로운 상징들과 이미지는 우리들의 소비와 여가생활에 강요된 그 무엇으로 다가온다. 끊임없이 창출되는 표준적인 생활 조건의 변화는 새로운 상품에 대한 소비를 강요하고, 돈을 벌기 위해 노동으로 환류되면서 여가시간은 자기 자신의 자유로운 시간으로 전유되기가 어렵다.

　이상과 같은 여가 소외의 세 가지 조건은 여가시간의 양이 소외된 노동에 의해 일차적으로 규정된다는 의미를 지니고 있고, 이것은 또한 자본주의 사회의 일반적 현상인 '경제적 강제'가 여가시간을 규정한다는 점을 의미한다.

이러한 여가 소외의 세 가지 조건은 아직도 한국사회의 여가문화를 규정하는 가장 기본적 조건으로 작용하고 있다.

한편 힌만은 여가 소외의 조건을 위에서 말한 세 가지 이외에도 다음과 같은 네 가지 조건을 더 들고 있다(Hinman, 1978: 197-200). 그는 다음의 네 가지 조건이 여가시간의 양에 관한 문제에서도 부각되지만, 여가활동의 내용이 소외된 노동에 의해 영향받는다는 측면에 주목한다.

넷째 여가가 존재보다 소유에 의해 지배되는 경우에, 그것은 소외된 여가의 한 가지 형태이다. 여가가 존재보다 소유에 의해 지배되는 보다 구체적인 실례를 다음과 같은 경우에 찾아볼 수 있다. 예컨대 집에서 음악 감상을 하는데 심미적인 만족감보다는 재생되는 정교한 스테레오 시스템에 더 많은 관심이 치우칠 때다. 그러한 시스템은 자신이 감상할 수 있는 능력보다 훨씬 앞지르는 경우가 많다. 무엇이 연주되고 있는가보다는 소리가 얼마나 잘 재생되는가에 관심이 더 있다. 이러한 여가활동은 오늘날 많은 여가활동에 보편적으로 퍼져있는 도구와 장비에 대한 상품숭배로 나타나고 있다. 이것은 여가 소외의 또 다른 형태이다. 사유재산제도에 기초한 자본주의 사회에서 존재에 대한 감각이 소유의 감각에 의해 대체되는 경향을 보인다. 이러한 현상은 자그마한 야산을 오르는데 고산 등정에나 필요한 고성능 기능성 등산복을 입는다거나, 야외에서 가벼운 바비큐 파티를 하는데 고가의 캠핑도구에 더 만족감을 추구하는 등 여러 가지 측면에서 찾아볼 수 있다. 레저용품에 대한 물신숭배는 과시적 소비로 자기 존재감을 추구하도록 유도하는 시장경제 체제에서는 어떤 의미에서 매우 자연스러운 현상이기도 하다.

다섯째 여가활동이 끊임없이 조장되는 시장확장의 논리에 포섭되는 현상이다. 이러한 경우 여가활동은 시장의 힘에 의해 그 의미나 가치가 부여되고, 여가활동의 인간적 가치나 의미는 소외된다. 매스레저 산업이 이를 부추긴다. 예컨대 용인 자연농원(에버랜드)이나 롯데월드 같은 테마파크는 어린이뿐만 아니라 어른들에게도 주요한 여가활동의 장소이다. 특히 어린이날에 혼잡함을 무릅쓰고 테마파크에 인파가 몰리는 것은 자녀를 사랑하는 부모님의 마음을 여가산업의 시장확장 논리로 포섭한 대표적인 실례로 볼 수 있다. 자식 사랑의 가치를 상품화시킨 것이다. 또한 효도(孝道)라는 상징적 가치를 상품화시킨 경우도 있다. 효도관광이 그것이다. 관광업계는 광고를 통해 효도의 구체적인 실천방안을 친절하게 알려주고, 이러한 대세에 따르지 않으면 자식은 무언가 마음이 불편해진다. 이외에도 외식과 콘도미니엄, 상품화된 스키여행, 해외여행 등 새로운 여가생활도 추세에 따라가지 못하면 다른 사람에 비해 경쟁에 뒤진 것 같고, 자긍심을 손상시키는 사회적 분위기가 조성된다. 한때 서울의 중산층이 모여 사는 아파트 밀집지역에서는 자녀들이 친구를 사귀는데 아파트 평수에 따라 모이는 경우가 있었고, 자녀가 기죽지 않게 하기 위해 부모가 자가용을 교체하는 경우도 있고, 옆집에서 스키 타러 가는데 우리 집도 가지 않으면 괜히 가장으로서 책무를 다하지 못하는 것 같은 느낌이 드는 경우도 있다. 이처럼 시장의 힘에 의해 부여되는 의미와 가치가 사회적 분위기를 조성할 때, 사람들이 이에 따라가지 않고 생활하기란 쉽지가 않다.

여섯째 여가 소외의 또 한 가지 조건은 노동에서 경험된 소외가 여가에도 확대되거나 강화될 때이다. 이것은 노동 소외가 여가 소외로 이어진다는 의미를 내포하고 있는데, 이러한 입장을 견지하는 학자에는 대표적으로 블라우너(Blauner)와 아지리스(Argyris)가 있다. 블라우너는 노동 활동의 질이 여가의 질에도 영향을 미치며 노동 소외에 대한 해결책으로 여가를 강조하는 것은 사회적으로 기본적 불평등을 심화시킨다고 말한다(Blauner, 1964: 183). 또 아지리스는 한 인간이 노동과정에서 복종감, 당혹감, 갈등을 느끼면, 이 상황은 심리적 후퇴, 무관심, 냉담 등 인간으로서 가질 수 있는 긍정적 가치감(자긍심)을 상실하는 방향으로 적응해가고, 이것은 작업장 외부의 여가활동에도 나타난다고 주장한다(Argyris, 1973). 일과 여가의 관계에 관한 실증적 조사 연구에서 합일된 의견을 도출하기는 쉽지 않다. 이 분야에 관한 외국의 연구를 보면, 일과 여가의 관계는 사회 전체의 경제적 발전 정도에 따라, 특정 사회의 문화적 특수성에 따라, 한 개인이 종사하는 직종에 따라 영향을 받는다는 점이 밝혀지고 있다(Child and Macmillan, 1973; Gans, 1967; Weller, 1966).

일곱째 여가가 단순히 노동 소외로부터 도피나 보상의 의미만을 지닐 때, 그것은 소외된 여가의 한 가지 조건이다. 이러한 맥락에서 등장하는 것이 '여가 보상론'이다. 그것은 소외된 노동으로 인해 보상적 여가 추구가 생활 유관성을 지닌다는 것이다. 이러한 보상적 여가론을 해석하는 방식에는 두 가지가 있다. 그 하나는 노동소외를 긍정적 의미에서 여가에서 보상받는다는 것이고, 다른 하나는 부정적 의미에서 보상받는다는 것이다. 전자의 경우(Anderson, 1961; Kaplan, 1960; Havigurst, 1959; Murphy, 1974; Kelly, 1982; Kerr et al., 1973), 산업사회에서의 노동은 인간성의 구현과 자아개발을 위한 장이라기보다는, 단순한 돈벌이의 장이고, 일관공정라인 시스템과 같은 노동조건 하에서는 사회주의 사회에서도 어쩔 수 없이 소외된 노동을 하게 된다고 본다. 이러한 상태에서라면 어차피 노동에서 보다는 여가에서 인간 존재의 집을 찾을 수밖에 없다. 이것은 여가 경험을 규정하는 방식에 있어서도 나타난다. 예컨대, 카플란은 여가 경험을 자기결정(self-determination), 자유, 즐거움의 감정과 동일시하고 있고(Kaplan, 1975: 26), 노이링거는 그것을 인지된 자유(perceived freedom)의 상태라는 개념을 통해 여가의 문제를 접근한다(Neulinger, 1981: 21). 그리고 여가 사회에 대한 가장 극적인 묘사는 커(Kerr)에게서 찾아볼 수 있다(Kerr et al., 1973). 그는 앞으로 도래할 여가 사회에서는 각 개인의 재능과 에너지가 자유롭고도 완전하게 개발될 수 있도록 해방되고 허용됨으로써 '신 보헤미아니즘(new bohemianism)'이 여가 관행에 융성할 것이라고 언급한다. 이러한 입장에서 여가 보상론을 주장하는 학자들은 후기산업사회론이나 수렴론을 이론적 지지기반으로 삼고 있는 학자들인 경우가 많다.

한편 이러한 입장이 긍정적 의미에서의 여가 보상론이라고 한다면, 부정적 의미에서의 여가 보상론은 힌만에게서 전형적으로 찾아볼 수 있다. 즉 힌만의 기본적 입장은 소외된 노동의 도피로서 또 보상으로서의 여가는 여가 소외의 한 가지 조건이라는 것이다. 그 이유로 그는 다음과 같은 두 가지 점을 들고 있다. 첫째 현대 사회에서 일과 여가 간의 이분법은 일의 세계로부터, 자유와 놀이활동의 창조적 특징과 여가를 분리시키고, 이런 점에 의해 여가활동의 자유와 창조성의 중요성을 약화시키는 데 기여한다. 이러한 측면에서 여가의 자유는 사소한 것으로 전락된다. 둘째 자유의 우선적 영역으로서 여가를 바라봄으로써, 일이 좀 더 자유롭고 창조적이도록 변형시키려는 요구의 강도가 약화된다. 이런 점은 현 상태의 일의 소외를 강화하고, 더욱더 일 이외의 다른 곳에서 자유와 창조성, 유의미성을 추구하도록 만듦으로써 악순환의 고리를 지속시킨다.

이상과 같은 제 현상들이 자본주의 사회에서 여가 소외가 나타나는 일반적인 양상이라고 볼 수 있다. 이러한 일반적 양상들이 보다 구체적인 연구를 통해 밝혀져야겠지만, 오늘날 한국사회의 여가문화에도 대체로 관철되고 있다고 상정할 수 있다. 특히 우리가 주목해야 할 것은 힌만이 말하는 처음 세 가지 조건, 즉 여가 소외의 가장 기본적 조건이라 할 수 있는 자본주의 사회의 경제적 강제에 의한 여가시간 부족 현상이 아직도 대다수 한국인의 여가문화를 규정하고 있다는 사실이다.

5. 여가사회의 신화

인간의 필요와 욕구는 고정된 것이 아니라 변증법적 과정을 거치면서 변한다. 인간은 필요의 대상을 향유하기 위해 도구를 창조하고 노동을 한다. 필요는 도구, 자연, 타 인간 존재와 복합적인 관계를 맺으면서 노동의 동인으로 작용한다. 그런데 인간의 노동은 인간 외부의 자연뿐만 아니라 인간 내부의 자연도 변형시킨다. 즉 현존의 필요는 인간 외부의 자연을 변형시키면서, 거기서 생산된 재화에 의해 충족되고, 이것은 또다시 인간 내부의 자연으로 자리잡은 필요(욕구) 그 자체를 변형시키고 계발시킨다. 따라서 인간은 자연에서 분리될 수는 없지만, 자연으로부터 솟아 나오게 된다. 여기서 우리는 노동의 이중적 기초를 발견한다. 그 하나는 현존의 필요(욕구)를 충족시키는 것이고, 다른 하나는 그 자신이 변화시킨 새로운 필요에 의해 자극받는 것이다. 새로운 필요는 그것을 만들어낸 인간에게 반작용하여, 필요의 세계는 점차 고차원적으로 확장된다. 이러한 의미에서 르페브르는 "어떤 의미에서 볼 때 인간 역사 전체는 필요의 성장과 발전에 의해 특징지어질 수 있다"고 말한다(Lefebvre, 1988: 39). 다시 말해 사회적 생산력의 증대와 함께 계발된 새로운 욕구와 새로운 필요는 끊임없는 변증법적 과정을 거치면서 구체적 생활세계에서 자연필연성의 영역으로 포섭된다. 이러한 현상은 자본주의 사회가 도래하여 사회적 생산력이 폭발적으로 증대함에 따라, 급속도로 진전된다.

초기 자본주의에서 노동자들의 노동시간은 생물학적인 생체리듬조차 파괴될 정도로 극단적으로 연장된다. 이에 대해 마르크스는 자본론에서 '문명화된 야만'이라고 비판했다. 사실 여가의 문제가 대중적인 관심사로 등장하게 된 것은 산업사회 이후의 일이다. 예전에는 계절적인 순환리듬에 따라 일상생활이 구성되었고, 시간이라는 것 자체가 기회비용의 관점에서 기계적으로 생각되지는 않았다. 사회제도적 차원에서 여가의 문제가 대두한 것은 초기 자본주의 시기, 노동시간이 극한적으로 연장됨에 따라 여기에 대한 반작용으로 나타났다.

1919년 국제노동기구(ILO)에서 1일 8시간 노동제가 채택된 이후, 주5일제 및 유연근로시간제(flexible work place)의 도입, 휴가제도의 발달 등으로 생활시간구조에서 여가시간은 점차 증가했다. 앞으로도 여가시간이 점차 늘어날 것이라는 예측이 전통적인 여가사회학자들의 일반적인 주장이었다. 이를 근거로 현대를 여가사회로 규정하는 학자들도 많았다. '일 중심의 사회'에서 '여가 중심의 사회'로 일상생활의 축이 변화하고, 정치적 민주화뿐 아니라 문화적 민주화의 여명이 밝아온다고 믿었다. 이에 따라 여가는 자유선택과 개인적 자유의 증대가 집약되어 나타나는 영역으로서, 사회 진보의 실질적인 증거이고 자기개발, 자아실현, 자아완성을 구현할 수 있는 존재의 집으로 파악된다. 이런 주장들을 근거로 여가사회의 신화는 탄생한다.

그런데 휴가제도의 발달로 연중 휴가 기간이 점진적으로 증가해온 것은 사실이지만, 하루 중 여가시간이 상당히 증가했다는 증거를 찾아보기는 어렵다. 오히려 다음과 같은 두 가지 현상이 부각되기 시작한다. 첫째, 포스트 포디즘하에서 노동시장의 유연화로 비정규직 노동자와 실업자가 증대한다. 그들은 자유시간은 많지만, 소비자본주의에서 제공되는 여가기회에 참여하기에는 경제적 자원이 부족하다. 둘째, 노동현장에 남아 있는 사람들은 시간 부족에 시달린다. 스태판 린더(Staffan Linder)는 역설적으로 이들을 '유린된 유한계급(the harried leisure class)'이라고 명명한다. 왜냐하면 그들은 경제적 자원은 풍부하지만, 연차휴가나 가끔씩 밤에 영화나 공연을 보러 갈 때처럼 짧고 집중된 시기를 제외하고는 여가 경험을 발전시킬 시간이 부족하기 때문이다. 그러나 더욱 중요한 것은 여가시간 자체의 부족보다도, 물질만능주의에서 오는 강박적인 신경증이 현대인의 생활세계를 지배한다는 사실이다.

오늘날 경제성장은 물질적 풍요를 가져왔지만, 다른 한편으로는 물질에 대한 욕구를 증대시킨다. 사회의 평균치적인 생활을 영위해가기 위해서는, 새로운 산업제품과 여가상품을 구매하지 않으면 안 되는 외적 강제가 주어지고, 여기서 벗어나 생활할 수 있는 사람은 극히 제한되어 있다. 이러한 현상에 대해 보드리야르는 '현대인이 수동적이라고 하는 것은 옳지 않다'라고 반어적으로 표현하면서 다음과 같이 말한다.

> "현대인은 계속적인 활동을 전개하고 있으며, 또 전개하지 않으면 안 된다. 그렇지 않으면 그는 자신이 지금 가지고 있는 것으로 만족하면서 반(反)사회적인 존재가 될 위험을 무릅쓰는 것이 될 것이다."(보드리야르, 1991: 105)

자본주의 사회에서는 세련된 광고와 판매전술을 통해 과시적인 소비욕구를 부추긴다. 다양한 욕구를 충족시키기 위해서는 효율적이고 집약적으로 시간을 사용해야 한다. 이것은 매매의 대상이 되는 노동시간에서는 명백한 사실이다. 그런데 여가시간 또한 마찬가지의 논리가 적용된다. 즉 욕구와 충족을 최대화하라고 요구하는 '집단적인 오락도덕의 강제'가 있다(보드리야르, 1991: 236-237). 예컨대 겉으로는 충족을 위한 행위처럼 보이지만 의무처럼 되어버린 해변에서의 일광욕과 스키 여행, 에어로빅과 헬스로 상징되는 육체에 대한 강박관념, 똑같은 장소로 몰려드는 행락객들의 혼잡함과 표준화된 관광여행, 자녀의 의무로 보내드리는 효도관광, 부모의 의무로 자녀들과 함께 찾는 테마파크 등을 대표적인 예로 들 수 있다.

여가의 영역도 노동과 마찬가지로 똑같은 결핍과 모순을 가져온다. 사회적으로 규정된 오락도덕에 의해 목적을 달성하라는 강제 윤리가 여가에서도 나타나기 때문이다. 더욱이 여가활용 방식은 신분을 상징하는 효과가 있다. 여가에서 경쟁적으로 자기를 과시하고, 계층적 차별성을 보증받으라는 광고와 마케팅은 끊임없는 소비 기호로 우리의 눈 앞에 펼쳐진다. 여기서 자유롭기는 쉽지 않다. 왜냐하면 사회적으로 제시된 표준화된 삶의 양식, 즉 이렇게 사는 것이 즐겁게 사는 것이고 가족들이 행복한 것이라는 프로그램화된 여가소비의 기호가 강제되고 있기 때문이다. 이러한 맥락에서 보드리야르는 역설적으로 여가는 생산의 시간이라고 단언한다. 왜냐하면 여가는 단순한 소비가 아니라 사회적 지위를 생산하는 시간이기 때문이다. 여가에 내포된 자유에의 강렬한 갈망은 강제와 구속의 체계가 그만큼 크다는 것을 반증한다. 이러한 체계의 힘이 '시간'의 영역에서만큼 최대한으로 발휘되는 곳은 없다.

현대인의 생활에서 시간의 사용가치는 뒷전으로 밀려난다. 현대인은 시간에 쫓기고, 시간 부족에 시달린다. 시간 부족에 대한 반응은 시간을 효율적으로 사용하려는 태도로 이어진다. 이러한 현상을 갓비(Godbey)는 시간심화(time deepening)라는 개념으로 표현한다. 시간심화는 사람들이 시간사용에 대한 강박으로, 최대한 효율적으로 행동하려는 것을 의미한다. 그에 의하면 시간심화는 다음과 같은 네 가지 측면에서 일어난다(갓비, 2005:

118-119). 첫째, 주어진 행동을 빠르게 하려고 시도하기. 예컨대 차에서 내리지 않고 국립공원을 구경하기. 관광여행에서 재빨리 사진만 찍고 다음 장소로 이동하기. 둘째, 시간이 오래 걸리는 여가활동을 시간이 덜 걸리는 여가활동으로 대치하기. 산책이나 등산보다는 조깅으로 대체하기. 장편 드라마를 축약판으로 정주행하기 등의 예를 들 수 있다. 셋째, 한 번에 하나 이상의 활동하기. 핸드폰으로 음악을 들으며 신문을 보면서 식사하기. 넷째, 시간사용을 치밀하고 정확하게 해서 활동하기. 즉 치밀하게 계획된 시간표에 따라 시간의 낭비 없이 짜인 스케줄대로 다음 행동으로 이어가기 등이다.

전통사회가 식량기근에 시달렸다면, 현대사회는 시간기근(time-famine)에 허덕인다. 소유되고 소비되는 하나하나의 사물에서와 같이, 자유시간의 일 분 일 분 속에서도 각 개인은 자신의 욕망을 만족시키려 하거나 아니면 만족시켰다고 믿고 있다. 이른바 시간강박증이 현대인의 삶을 지배한다. 시간강박증은 지속적으로 변하는 자극의 공격에 포위된 우리 감각의 반응이다. 우리는 진정한 탈출과 만족을 찾기 위해 이것도 해보고 저것도 해본다. 그러나 탈출과 만족에 대한 감정이 충만하기도 전에 새로운 자극이 출현하고, 변화된 사회적 환경은 새로운 억압기제로 스트레스를 유발한다. 이런 맥락에서 보드리야르는 현대인의 비극을 '시간 낭비의 불가능성'에서 찾는다(보드리야르, 1991: 228-242). 사심 없이 그저 시간을 낭비할 수 있는 자유가 현대인에게는 없다는 것이다. 가속적인 사회적 환경의 변화에서 오는 자극이 우리의 욕구와 의식을 끊임없이 재구성하기 때문이다.[15] 하지만 여

---

15) 짐멜은 근대문화의 공세에 의해, 다음과 같은 두 가지 유형의 심리적 반응이 형성된다고 본다. 신경쇠약증과 인생에 대한 염증이 그것이다. 전자는 지속적인 변화로 인해 신경이 긴장으로 경직되는 것을 의미하고, 후자는 새로운 자극에 무력하게 반응할 수밖에 없는 것을 의미한다(로젝, 2002: 208-209).

기에 대한 반작용도 나타난다.

느림에 대한 미학의 출현이 그것이다. 슬로우 푸드 운동과 슬로우 라이프, 슬로우 시티의 출현 등이 대표적인 것이다. 2000년도에는 프랑스의 사회학자이자 수필가인 피에르 쌍소의 『느리게 산다는 것의 의미』가 우리나라에 번역이 되어 나왔다. 느림에 대한 사회적 욕구가 있기 때문이다. 이 책은 1999년에 프랑스에서 최대의 화제작으로 논픽션 부문 1위를 차지했다. 그는 일상의 속도를 늦춤으로써 얻을 수 있는 섬세한 삶의 풍경을 묘사한 여러 에세이를 통해 전 세계적으로 '느리게 사는 삶'에 대해 관심을 불러일으켰다. 쌍소는 "인간의 모든 불행은 단 한 가지, 고요한 방에 들어앉아 휴식할 줄 모른다는 데서 비롯한다"는 파스칼의 말을 인용하면서, 느림을 제대로 즐기기 위한 몇 가지 방안을 제시한다. '한가로이 거닐기', '듣기', '권태를 즐기기', '꿈꾸기', '기다리기', '마음의 고향 떠올리기', '글쓰기', '포도주 한 잔에 빠지기' 등등이다(피에르 쌍소, 2000).

느림의 미학은 오늘날 급부상한 '힐링'과 밀접한 관련이 있다. 힐링이라는 단어가 유행하기 전에는 웰빙이라는 단어가 크게 유행했었다. 웰빙은 물리적인 생물학적 육체와 관련된다면 힐링은 정신적인 것과 관련이 많다. 2000년도 이후에 한국사회에서도 각종 명상 프로그램이 대거 등장했다. 심지어 2013년에는 자발적으로 입소하는 사설 감옥소까지 등장한다. 2013년 4월에는 강원도 홍천군에 사설 교도소가 문을 열었다. 2,500평 터에 수감동, 관리동, 강당 및 식당동 등 건물 세 동이 운동장을 둘러싼 구조다. 수인이 머무는 수감동은 2층인데, 층마다 15명을 수용할 수 있다. 가운데 계단을 중심으로 2평짜리 독방이 ㄷ자형으로 배치돼 수감자의 동태를 한눈에 파악할 수 있다. 방에는 작은 화장실과 비교적 넓은 창이 달렸고 출입문은 밖에서 잠그는 자물쇠가 달렸다. 물론 이것은 진짜 감옥이 아니고 교도소를 표방한 명상센터이다. 전직 검사인 권용석 소장과 연극인 아내 노지향 씨가 기획한 것인데, "감옥명상은 감옥 형태의 독방에 자발적으로 감금돼 일상과 단절된 상태에서 규칙적이고 절제된 생활을 하면서 온전히 자신에게 집중할 수 있게 함으로써 내면 성찰을 극대화할 수 있는 프로그램입니다"라고 말한다. 이러한 시설의 등장은 물질적이고 세속적인 경쟁주의 사회에서 그만큼 온전한 자아를 찾기 어렵고 정신세계가 피폐해졌다는 현실을 반증한다(한겨레신문, 2013.1.16).

보다 극적인 것은 우리나라에서 열린 '멍때리기 대회'에서도 찾아볼 수 있다. 현대인의 뇌를 쉬게 하자는 의도로 진행된 행사로 2014년 서울 광장에서 처음 열렸다. 멍때리기 대회는 2014년 예술가 웁쓰양에 의해 개최되기 시작한 대회이다. 여기서 멍때리기는 아무런 생각 없이 넋을 놓고 있는 상태를 뜻하며, 대회의 규칙은 '아무것도 하지 않는 상태를 오래 유지하는 것'이다.

대회 참가자들은 심박측정기를 지닌 채 아무 말도 하지 않고 가만히 앉아 시간을 보내야 한다. 대회가 진행되는 3시간 동안 참가자들은 다음과 같은 사항이 금지된다. ① 휴대전화 확인, ② 졸거나 잠자기, ③ 시간 확인, ④ 잡담 나누기, ⑤ 주최 측 음료 외의 음식물 섭취(껌 씹기 제외), ⑥ 노래 부르기 또는 춤추기, ⑦ 독서, ⑧ 웃음 등이 금지된다. 객관적인 평가를 위해 진행요원들은 15분마다 참가자 검지에 기구를 갖다 대고 심박 수를 체크한다. 그리고 경기를 관전하는 주변 시민들은 인상적인 참가자들에게 스티커 투표를 해, 관객 투표 다득점자 중에서 가장 안정적인 심박그래프를 보인 이들이 1~3등이 된다. 대회 우승자에겐 로댕의 '생각하는 사람' 형상의 트로피와 상장이 수여되었다(pmg 지식엔진연구소, 2017). 이와 같은 멍때리기 대회는 시간기근과 시간강박증에 사로잡힌 현실사회에 대한 반작용의 산물이다.

현대인은 조우하게 되는 그 어떠한 자극에도 몰입할 수는 없지만, 그러면서도 그것들 없이는 살아갈 수 없다. TV를 볼 때 채널을 한곳에 고정하지 못하고 습관적으로 여기저기로 바꾸는 것은 어느 한 채널에 몰입하기가 쉽지 않다는 것을 의미한다. 여가상품을 소비하면서도 일상에서의 탈출에 대한 갈망이 충족되지 않았기 때문에, 새로운 자극과 흥분을 향해 끊임없는 환상을 좇아 정처 없이 항해한다. 흡족한 기분 전환은 경험하기 어렵고, 여가는 종종 단순히 시간을 죽이는 방편이 된다. 여가에서도 삶의 진정한 의미를 추구하기 어렵고, 가속적으로 변하는 사회 환경 앞에 무력한 접속은 계속된다.

이상과 같은 논의는 지나치게 비관주의에 빠져 있고, 인간을 사회구조의 수인(囚人)으로 바라봄으로써 인간의 능동적인 변증법적 구성능력을 간과한다고 비판받을 수 있다. 그러나 이러한 통찰은 현대를 여가사회로 규정하고 미래를 맹목적으로 낙관하는 전망에 제동을 걸게 한다. 앞서 말했듯이 여가사회를 규정하는 방식에서, 불과 몇 년 전까지만 하더라도 여가시간이 크게 늘어날 것이라는 데 근거해서 규정하는 학자들이 대부분이었다. 그러나 이제는 사람들이 여가를 통해 '자아정체감'을 찾으려 한다는 측면에 주목한다. 그런데 이러한 접근 방법도 조심할 필요가 있다. 프랑스의 저명한 사회학자 알랭 투렌(Alain Touraine)에 의하면, 노동자들이 의외로 여가활동을 중요하게 여기지 않는 데 놀랐다고 진술하기 때문이다(Parker, 1995: 217-218). 사실 한국에서도 아직 여가보다는 일 중시파가 더 많다.

어떤 학자들은 산업문명의 스트레스가 가중되고 물질적 소비의 즐거움에 싫증이 나기 시작하면서, '여유로운 생활'이 더 매력적으로 될 것이라는 전망을 내세우기도 한다. 그러나 중·단기적인 관점에서 볼 때, 소비 중심의 사회가 여가사회로 대체되지 않을 것이란 전망이 우세하다. 즉 더 많은 여가시간을 갖고자 하는 바람이 더 향상된 생활수준을 누리려고 하는 바람을 능가하지는 않을 것이라고 예측한다.

그러나 장기적으로 볼 때 미래사회에는 일보다 여가에서 자아정체감을 찾으려는 인구층이 증가할 것이라는 전망에는 여가사회학자들의 의견이 대체로 일치한다. 일벌레로 소문난 일본에서 일보다 여가를 중시하는 인구가 더 많아진 것도 겨우 1995년도부터이다. 그 이전에는 인생의 주된 관심사에서 '일이 더 중요하다'라고 응답하는 비율이 높았지만, 이 시기부터 역전되어 여가 중시파가 더 많아진다. 그런데 이러한 가치관의 변화가 여가사회로 진입했다는 것을 의미하지는 않는다. 여가사회에 대한 진단에는 아직 구체적인 지표들이 개발되어 있지 않다. 단지 최근에 '삶의 질'이라는 화두를 중심으로, 종합적 차원에서 인간의 삶을 재조명하는 가운데 여가라는 주제도 편입되어 있을 뿐이다.

앞으로 여가사회에 대한 진단은 여가의 의미와 경험에 어떠한 질적 변화가 일어났는가 하는 문제를 중심으로 구명(究明)되어야 한다. 그러나 이것은 결코 쉽지 않다. 왜냐하면 이것은 인간다운 삶, 인간다운 사회라는 지고한 철학적·정치적 과제와 연결되기 때문이다. 여가는 새로운 삶의 근본이다. 특히 자기계발과 자아확장의 기능을 지닌 여가는 우리의 삶에 새로운 지평을 열어주는 계기로 작용한다. 여가는 우리의 삶이 의미를 지닐 수 있도록, 우리에게 열려 있는 어떤 방향으로 어떻게 갈 것인지 선택할 기회를 제공한다. 바로 이 지점에서 여가사회의 지평이 열리게 될 것이다.

제2장

한국 여기문화의 변곡점

제2장
한국 여가문화의 변곡점[1]

1. 한국 여가문화의 대전환
1) 전통 여가문화의 쇠퇴

한국 전통 여가문화의 중요한 전환점은 일제강점기 때로 잡을 수 있다. 왜냐하면 이 시기에 한국의 전통 놀이문화는 중요한 단절의 계기를 맞게 되고, 나아가서는 식민지 정책의 영향으로 한국인의 왜곡된 감성구조가 창출되는 중대한 사태를 맞이하기 때문이다. 먼저 그 당시에 처한 한국 여가문화의 일반적 상황을 검토할 필요가 있다.

일제강점기 때는 아직 도시 중심의 사회라기보다는 대다수의 인구가 농어촌에 거주하는 농경사회였다. 그 때문에 사회경제사학자인 인정식은 당시 한국 여가문화의 일반적 상황을 농촌을 중심으로 다음과 같이 묘사하고 있다.

　　　"농촌의 노동자들 사이에 오락을 도입해야 한다고 하는 요
　　청이 근래에 높아지고 있다. 특히 조선의 농촌에서 이것은

---

1) 이 장은 1993년에 출간한 『여가의 사회학』 중의 일부 내용과, 2008년에 한울출판사에서 발간한 책, 『일상생활의 사회학적 이해』에서 필자가 쓴 부분을 대폭 수정하여 재구성한 것이다. 그리고 최신 자료의 추가와 디지털사회에서의 여가현상은 이 책의 공동저자인 이일래가 보완했다.

실로 중대한 문제의 하나이다. 단지 과도기적 현상이라고 방
치해 두기에는 사실 문제의 성질이 무척 심각하다. 옛부터
내려오는 오락은 해를 더할수록 쇠퇴하는 경향을 보이고 있
으며, 오늘날에는 그중에서 극히 일부만이 간신히 전승되고
있는 형편이다. … 오래된 오락의 쇠퇴에 반대하여 새로운
오락이 도입되어 있지 않기 때문에 농촌 생활의 현실은 오락
을 거의 상실해 버린 상태라고 할 만하다."(인정식, 1989:
125)

민속학자인 송석하도 "이와 같이 우리의 오락도 정한 시일에만 하는 연중
행사로 하게 되더니" 대략 1915년 전후부터는 "그나마도 없어지고(일부 특
수 계급은 개인적 오락을 가졌겠지만) 일반 민중은 사막 행로와 같은 고달
프고 무미한 인생의 여행을 하게 되었다"라고 말하고 있다(송석하, 1960:
305). 여기서 우리는 당시 한국 여가문화의 일반적 상황은 전통적 놀이문화
는 쇠퇴하고, 그 시대 대다수의 인구층을 구성했던 농어촌에서는 새로운 오
락문화의 필요성이 대두되고 있는 시점임을 알 수 있다.
그리하여 1935년도에 동아일보는 창간 15주년 기념으로 '농촌오락의 조
장과 정화의 구체적 방안'이라는 제목으로 원고 공모를 했다. 당시 응모자는
많았으나 채택할만한 것이 없어 동아일보사는 민속학자인 송석하에게 의뢰
하여 「농촌오락의 조장(助長)과 정화(淨化)에 대한 사견(私見): 특히 전승오
락과 장래오락의 관계에 취(就)하여」라는 원고를 받아 1935년 6월 22일부
터 7월 10일까지 동아일보에 게재했다. 이러한 사실 자체가 당시에 농촌오
락의 정화 문제가 대두되고, 바람직한 놀이문화의 창출이라는 시대적 과제
가 던져졌기 때문이라고 볼 수 있다.

송석하는 기고 논문에서 당시에 일부 사라진 놀이의 유형도 있지만, 당시 보편적으로 성행한다고 꼽은 놀이의 종류를 다음과 같은 네 가지 유형으로 분류하여 기술한다. 첫째 '종별상으로 본 오락'으로 줄다리기(索戰), 편싸움(石戰), 씨름(脚戲), 그네, 윷놀이 등이 있다. 둘째 '예술오락'으로는 산대극, 탈춤(假面舞踊), 오광대극 및 야류극(野游劇), 농악 등이 있다. 셋째 '유희 오락'으로는 놋다리밟기, 강강수월레 등이 있다. 넷째 '노작적(勞作的) 오락'으로는 두레길쌈(集團績麻), 나다리(호미씻이) 및 두래(壯元) 등이 있다고 지적한다. 이상과 같은 놀이의 유형들이 1930년대까지는 보편적으로 성행하고 있었다는 점에서 당시에는 아직 농경문화에 기초한 여가문화가 잔존하고 있음을 알 수 있다. 그런데 그가 지적한 것 중에 주목할 만한 것은 다음과 같은 것이다.

송석하는 당시에 도시를 중심으로 유입된 새로운 놀이에 대해 '신식오락(新式娛樂)'이라는 명칭으로 여러 가지 종류의 새로운 유형들을 열거하고 있다. 그것을 몇 가지 범주로 구분하여 제시해 보면 다음과 같다. 첫째 서구문화의 영향에 의해 도입된 새로운 여가 유형으로 연극, 가극, 음악회 및 음악(기악, 성악), 무용, 소셜 댄스 등이 있다. 둘째 서구의 과학기술 발전에 따라 새롭게 유입된 여가 유형으로 영화, 라디오, 축음기, 사진 등이 있다. 셋째 서구에서 도입된 스포츠 유형으로 정구, 탁구, 축구, 당구, 역도, 골프, 승마 등이 있다. 넷째 새로운 기타의 여가 유형으로 등산, 낚시, 화투, 마작, 야담, 가투(歌鬪)[2], 곡마(曲馬) 등이 있다. 그중에서도 그는 당시의 수입오락 중 가장 큰 영향을 미친 것으로서 화투와 라디오, 레코드 등을 드는데, 그중 라디오와 레코드의 영향이 매우 크다고 언급한다.

---

2) 시조나 노래를 적은 놀이딱지, 또는 그것을 가지고 하는 놀이.

그런데 우리는 이와 같은 내용에서 몇 가지 주목할 사실이 있다. 그중 가장 주목할 만한 것은 등산과 낚시가 송석하에 의해 새로운 오락으로 지적되고 있다는 사실이다. 왜냐하면 이것은 전통적인 농경사회의 몰락과 새로운 도시문명의 등장이라는 중대한 문명사적 변천이 내포되어 있기 때문이다. 즉 오늘날의 시점에는 등산과 낚시가 여가활동의 한 종목으로 보편화되어 있지만, 과거 전통사회에서는 단순한 놀이나 오락이 아니라 먹고 살기 위한 경제 행위의 한 형태라는 점이다. 특히 등산이 새로운 오락으로 편입되기 시작했다는 점은, 그만큼 인간이 자연으로부터 거리가 생기기 시작했다는 것을 의미한다. 이러한 현상이 한국사회에서는 1930년대에 이미 일어나기 시작했다는 점이 송석하에 의해 지적되고 있다.

그리고 그다음으로 주목할 만한 사실은 현재에도 한국 놀이문화의 대표적 것으로 꼽히는 화투놀이가 1930년대에는 송석하에 의해 신식오락으로 손꼽히고 있다는 점이다. 화투놀이는 당시에도 농어민층에 편재했다는 사실을 그는 다음과 같이 언급한다.[3] "다만 가장 굳센 힘으로 보편적으로 만연한 화투는 여하한 계급 여하한 직업을 막론하고 어느 때라도 하게 되는 만큼 이해양면의 영역지구가 광활하야 경솔히 단안하기 어려운 것도 있다."(송석하, 1960: 362)

또 한 가지 주목할 만한 것은 송석하에 의해 직접적으로 지적되고 있는 새로운 놀이문화 도입의 계층적 차별성이다. 이 점에 대해 그는, "… 이상으로 보면 예술적 체육적인 것이 상당히 보급된 것 같으나 그 실은 일반 농민

---

3) 송석하는 화투놀이의 영향에 대해서는 그다지 크게 언급하고 있지 않다. 왜냐하면 그것은 그의 세계관이 기본적으로 민중사관에 입각해 있기 때문이기도 하지만, 그의 주된 관심이 일차적으로는 공동체적인 집단적 놀이문화에 있기 때문이다. 그래서 그는 스스로 사행적, 개인적, 비교적 유한인테리계급의 오락은 논의에서 제외한다고 말하고 있다.

내지 어민층에는 화투, 축음기뿐이며 그 외에 1년에 한두 번 보는 영화와 곡마단 구경이 그들의 오락이요 그 외는 전부 소위 인테리 계급의 오락에 지나지 못한다"라고 말하고 있다. 여기서 우리는 한말 이후 한학 지식인(구 지식인)들이 누리던 전통적인 상층 놀이문화는 쇠퇴하고, 일본식 또는 서구식으로 교육받은 신지식인들은 서구취향적 감성구조로 물들어 가는 현상을 확인할 수 있다.

광복 이후에도 정권을 잡은 사람들은 일제의 식민지 정책으로 단절되고 왜곡되었던 전통문화와 민속놀이를 되살리는 데는 관심이 없었다. 더욱이 1960년대 시작된 경제개발정책은 근대화를 서구화로 착각하는 식민지 시대의 흔적과 맞물리면서 전통성과 근대성은 서로 배치되고 양립할 수 없는 것으로 간주되게 된다. 이것은 문교부(현재 교육부)의 교육목표 설정에서 '인간개조'라는 항목이 등장함으로써 보다 극명하게 드러난다.[4]

즉 전통적인 생활양식 속에는 미신적이고, 비합리적인 것이 많기 때문에 이러한 생활양식은 합리적이고 효율적인 방식으로 바뀌어야 하고, 이를 위해서는 인간개조까지 필요하다는 것이다. 다시 말해 전통성은 폐기되어야 마땅하고, 서구적인 합리성과 근대성이 추구되어야 한다는 것이다. 이러한 맥락에서 전통적인 세시풍속은 급격히 쇠퇴한다.

1985년도에 임옥재가 중소도시에 거주하는 국민학생 3~6학년을 대상으로 우리나라의 대표적인 세시풍속 14개[5]에 대한 인식도를 조사한 바에 따

---

4) 5.16 군사 쿠데타 이후에 1961년 6월 10일에 전국의 장학관, 교육감, 사범 계통의 직할 학교 및 초중고등학교장(지역 대표)들 650여 명을 소집해 놓고 다음과 같은 '혁명 정부의 문교 정책'을 시달한다. 첫째 간첩 침략의 분쇄, 둘째 인간 개조, 셋째 빈곤 타파, 넷째 문화 혁신 등이다(홍웅선, 1989: 21).

5) 임옥재가 조사한 14개의 세시풍속은 다음과 같은 것들이다. 설날, 입춘, 정월대보름, 삼월삼짇날, 한식, 사월초파일, 단오절, 유두, 복날, 칠월칠석, 추석, 구월구일, 시월상달, 동지 등이다.

르면, 다음과 같은 결과로 나타난다(임옥재, 1985). 응답자의 100%가 알고 있는 명절은 설날, 정월대보름, 추석 등 세 가지 명절에 불과하고, 60% 이상 알고 있는 세시풍속도 동지와 한식뿐이고, 나머지 세시풍속은 50% 이하였다. 그런데 100%가 알고 있는 명절의 경우도 그날 행하는 전래의 풍속에 대해서는 잘 모르는 것으로 나타났다. 예컨대, 설날의 경우 '세배를 한다', '떡국을 먹는다', '차례를 지낸다', '설빔을 입는다', '성묘를 간다', '윷놀이를 한다'는 정도는 대부분의 학생들이 알고 있었으나 '토정비결을 본다', '덕담을 한다'는데 대해서는 불과 7~8%만이 안다고 응답했다. 추석에 대해서는 '햇곡식으로 송편을 빚어 차례를 지낸다', '성묘를 한다', '달맞이를 한다'는 등은 잘 알고 있었으나, 추석에는 '춤추고 노래하며 동네사람들이 모여 논다'는 사실에 대해서는 잘 모르고 있었다.[6] 그리고 한국갤럽조사연구소에서 추석연휴 때 어떠한 놀이를 하고 지냈는가를 조사해 본 결과, 1989년도 조사에서는 고스톱 29.7%, 윷놀이 24.4%, 장기 9.3%, 바둑 9.2% 순으로 나타났고, 1990년도에는 고스톱 27.8%, 윷놀이 20.8%, 바둑 5.9%, 장기 5.2% 순으로 나타나 우리의 전통 민속놀이인 윷놀이는 고스톱에 의해 뒷전으로 밀려나 있었다. 이와 같은 전통 세시풍속의 퇴조는 설날의 경우에 더 극명하게 나타난다. 왜냐하면 설날은 갑오개혁 이후에 양력설과 음력설의 이중과세(二重過歲) 문제로 부각되면서 전통성과 근대성이 대립하는 이데올로기의 격전장이었기 때문이다.[7]

---

6) 그리고 14개 명절 중 반드시 지켜야 한다고 답한 것은 추석, 설날, 단오, 동지, 정월대보름 순으로 나타났고, 반면에 잘 모르겠다와 지킬 필요가 없다는 응답을 종합해 보면, 유두, 시월상달, 구월구일, 삼월삼짇날, 복날, 입춘, 칠월칠석, 한식 순으로 나타나고 있어 이들 명절은 장차 없어질 가능성도 있는 것으로 임옥재(1985)는 지적하고 있다.

7) 설날 이중과세에 대한 논의는 보다 자세히 살펴볼 필요가 있어서 이 책의 3장에서 자세히 살펴보기로 한다.

한편 1991년 2월 27일 자 〈한겨레신문〉에서는 「존 리비 수집 우리 전통 음악자료 첫선」이라는 제목으로 다음과 같은 기사를 싣고 있다.

" … 영국 에딘버러 대학에 소장되어 있는 60년대 한국 음악자료, 국립국악원이 전량 복사해 입수한 이 자료는 64년 영국인 존 리비(76년 사망)가 한국을 방문해 녹음 수집한 20여 시간 분량의 한국 음악자료와 2백 85장의 관련 슬라이드 사진 등인데, 77년부터 존 리비 컬렉션 이란 이름으로 에딘버러대학 스코틀랜드학연구소에 소장돼 왔다. … 특히 1960년대 제주도 현장에서 녹음된 제주도 칠머리 당굿의 음악과, 당시 굿을 주재했던 제주도 무속 인간문화재인 안사인 씨의 어린 시절 모습과 … 상세한 조사일지가 병기된 무속자료 등은 음악상태나 사진자료의 다양성 측면에서 매우 귀한 자료라고 국립국악원은 평가했다. … 송혜진(음악평론가.국립국악원 학예연구사) 씨는 비록 복사형태이긴 하지만, 녹음상태가 좋고 여러 장르의 음악이 고루 포함되어 있어 1960년대 전통음악계를 재조명해줄 좋은 자료라고 말했다."(한겨레신문, 1991.2.27.)

이와 같은 기사에서 과거의 것은 고사하고 1960년대 자료조차 외국인의 손을 빌어야 한다는 사실을 확인할 때, 그동안 우리의 전통문화에 대한 관심이 얼마나 소홀했는가를 여실히 알 수 있다.

전통적인 놀이문화와 여가문화의 쇠퇴는 농촌사회 구조가 해체되고 도시 중심의 경제 성장이라는 일반적 맥락에서 일어나는 현상이다. 1960년대부터 시작된 경제개발정책은 한국 사회구조를 근본적으로 개조시킨다. 도시화와 산업화가 진행되면서 농업사회에서 공업 중심의 사회로 급격히 전환된다. 자본과 기술이 부족한 한국사회는 먼저 저임금의 풍부한 노동력으로 경제발전의 목적을 달성하고자 했다. 노동자의 법적 권리는 박탈되고 살인적인 노동시간으로 노동자의 인권은 유린된다. 이러한 과정에서 서구의 경우와 마찬가지로 노동의 이데올로기가 탄생한다.

한국 사회는 1960~1970년대의 압축적 근대화 과정에서 많은 일벌레를 양산했다. 어느 유치원에서 가족을 그리라고 했더니 유독 아버지가 빠져 있었다. 이유를 물어보니 "아버지는 얼굴 보기가 힘들다"는 것이다. 잔업과 야근, 일요노동 등으로 아버지를 자주 볼 수 없었기 때문이다. 이것은 노동의 세계에 짓눌린 한국인의 삶을 상징적으로 보여준다. 일터의 영향이 가정의 범주에까지 깊숙이 침범한 것이다. 또한 가정주부들도 남편이 야근을 하고 휴일도 없이 일에 몰두하는 모습을 긍정적으로 받아들였다. 1960년대부터 시작된 경제개발이 노동의 이데올로기가 확산되는 주요한 계기를 마련했고, 심지어 40대 사망률이 급증할 정도로까지 이른바 '일벌레'가 찬미되고 양산되는 시대를 맞이했던 것이다.

이러한 삶의 방식은 일 중독을 야기하고, 이때 여가생활은 부차적인 것일 수밖에 없다. 일 중독증에 걸리면 모든 일상사가 일을 중심으로 짜이고, 여기서 헤어날 여유가 없어진다. 일이 없으면 오히려 불안해지기도 한다. 이러한 삶의 방식은 삶을 기형화시킨다. 근대화의 주역인 한국의 기성세대는 일을 삶의 중심에 놓고 살아왔기 때문에 제대로 노는 방법을 익힐 시간이 없었고, 그 결과 놀이 문화가 빈약하기 짝이 없었다. 따라서 이 세대가 즐기던 여가양식은 단순오락적인 것이 주종을 이룬다.

여가환경이 열악했던 1960년대와 1970년대의 시절에는 여가활동 자체가 매우 제한적이었다. 도시화와 산업화로 기존의 전통오락은 시의성을 상실하고 도시 환경에서 생성된 새로운 대중문화가 사람들의 여가생활을 지배하기 시작한다. 대중문화는 보편적 호기심을 촉발시키며 여가시장의 외연을 확장해간다. 그리하여 1970년대에는 대중문화에 관한 논의가 매우 활발하게 일어난다. 서정우에 의하면 1945년부터 1980년까지 대중문화에 관한 연구 논문이 모두 168편이 발표되었는데, 그중 62.9%인 104편이 1970년대에 나왔다고 한다(서정우, 1982: 113).[8]

대중매체 중에서 선두주자의 하나는 인쇄매체이다.[9] 라디오는 일제강점기 이후부터 대중매체의 선두주자로 일찍이 자리 잡고 있었지만 여기서는 신문과 책, 영화를 아우르는 작품 하나를 통해 그 당시의 시대상을 읽어보기로 하자. 1950년대부터 1970년대에 이르기까지 일반 대중들의 여가생활을 지배한 중요한 한 요소는 신문 연재소설이었다. 심지어 이 연재소설 때문에 다른 신문으로 바꾸지 못하고 특정 신문의 정기 구독자가 되는 경우도 많았다. 신문 소설에 의해 사회적으로 센세이션을 일으킨 가장 대표적인 작품은 1954년 1월부터 8월까지 〈서울신문〉에서 연재된 정비석의 「자유부인」이었다. 단행본으로도 출간되자 14만 부가 팔려나가며 대한민국 출판계

---

8) 대중문화에 대한 연구의 관심이 1970년도 초반에는 한국사회에서 대중문화의 개념을 새롭게 정의하려는 시도들이 엿보이고, 1970년대 후반에는 대중문화와 민중문화의 관계, 대중문화에 대한 경험적 연구들이 시도되었다(서정우, 1982: 117).

9) 특히 인쇄매체 가운데 주간지는 1960년대에 와서 크게 보급되었는데, 1964년도의 〈주간한국〉을 필두로 1968년에는 〈주간중앙〉, 〈주간여성〉, 〈주간조선〉, 〈선데이서울〉 등이 창간되었고, 1969년에는 〈주간경향〉이 출판되었다. 그리고 1977년도 말에는 『주간부산』과 『주간국제』가 출간된다. 이러한 주간지는 특히 70년대에 나타난 이른바 '고속도로 문화'와 '철도 문화'에 의해 더욱 넓은 시장을 확보하게 된다. 주간지의 등장과 함께 이 시기에 출판의 양적인 팽창도 두드러진다. 이 시기에 출판사의 증가 내지는 대형화, 서점의 증가, 문고판의 보급, 독서 인구의 급증, 교양·오락 출판물의 등장, 그리고 회사 기관지의 양적인 증가 등이 일어난다(서정우, 1982: 110-111).

에서 처음으로 10만 부가 넘게 팔린 베스트셀러로 기록되었다.

이 소설은 6·25전쟁 이후에 대학교수 부인과 대학생 간의 사랑을 통해 당시의 관점에서 퇴폐한 사회 풍조를 묘사하면서, 궁극적으로는 주변 인물들을 통해 가정 귀환을 이루는 줄거리로 구성된다. 특히 주변 인물인 미망인에 대한 묘사와 불륜 관련 문제에서 많은 화제를 모았던 작품이다. 미망인에 대한 묘사는 6·25 이후에 수많은 미망인의 발생했던 당시의 시대적 상황을 반영한 것이었다. 요즈음 흔히 보는 막장 드라마와는 차원이 다른 작품이고 불륜이라고 해봤자 댄스홀에 다니는 정도로 끝나지만 당시의 보수적인 윤리관에서는 허용되기가 어려웠다. 나름 선정적인 주제로 화제가 되었으며 당시 서울대학교 법대 교수였고 훗날 법무부 장관이 되는 황산덕은 이 작품을 일컬어 중공군 2개 사단(50만 명)에 필적할 만큼 사회에 위험한 요소라고 비난을 퍼부었다. 이에 작가인 정비석은 "폭력단 이상으로 무서운 무지에서 오는 폭언"이라고 반박하기도 하였다. 문제는 이 작품의 이야기가 어떤 높으신 분의 실제 가정사를 빗대었다는 소문에 휩싸였고 그런 이유로 정비석 작가 자신은 개인적으로 테러 협박도 당했다. 또 당시 이승만은 종교적으로도 문제가 있다는 이유로 특무대에 연행시키게 명령을 내렸으며 특무대 경찰관들은 그에게 김일성의 지시로 남한을 음란, 퇴폐하게 만들어 적화를 기도하지 않았느냐며 고문을 가하기도 했다. 이 때문에 일본과 대만, 북한에서까지 화제를 불러일으킨다. 인기가 높았기에 영화로도 제작되었는데, 이것 역시 문화충격이었다. 사회적 논란을 일으킨 작품답게 이 영화도 원작과 마찬가지로 비난이 쏟아졌고, 마지막 클라이맥스의 키스신을 문제시해 상영 금지 처분을 내리기도 하였다.[10] 이 때문에 초기 상영분에서

---

10) 「자유부인」은 이후에 단행본으로 14만여 권이 팔려나갔다. 영한사전류나 『명심보감』 같은 장기 베스트셀러를 제외한다면 당시로써는 드물게 잘 나간 책이었다. 이 소설은 영화로도 13만여 명이나 끌

는 키스신이 삭제되어 있었다. 그러나 불륜이라는 소재를 다루었을 뿐 실제로는 사회성이 짙은 작품이기 때문에 영화사적으로도 사회적으로도 큰 족적을 남긴 작품으로 평가된다(중앙일보, 2004.3.10; 중앙일보, 2011.9.18; 영남일보, 2020.9.10; 위키백과, 2020; 국사편찬위원회, 2021). 거의 한국 최초의 막장 영화라고 봐도 될 만큼 혁신적인 작품이라고 평가되기도 하지만, 단순히 파격적인 내용으로 사회를 들썩이게 한 것만이 아니라 시대를 앞서 나간 편집, 연출 감각으로 한국 리얼리즘 영화의 명작 중의 하나로 손꼽히며, 등록문화재 347호로도 지정된다.

한국 영화는 관객 수의 면에서 볼 때 1968년(171,341,354명)과 1969년(173,043,273명)에 최고의 전성기를 누렸던 것으로 파악된다. 그러나 그 이후부터 영화 산업은 사양길로 접어든다. 1970년도부터는 관객 수가 감소하기 시작하고, 1972년 국세청 조사에서도 극장 수입이 전년도에 비해 19% 감소한 것으로 나타난다. 그리고 국내 영화 제작도 1970년도에 288편으로 최고의 제작률을 보이다가 1971년부터는 급격한 감소 추세를 보인다. 또 외화수입에 있어서도 1973년도에 90편이던 것이 1974년에는 34편으로 급격히 수입이 감소한다(김문겸, 1993: 189-190). 이와 같이 영화산업이 사양길로 접어들게 되는 데는 무엇보다도 텔레비전의 보급과 확산이 크게 작용했다.

한국에서 텔레비전 방송의 본격적인 출발점은 1961년 국영 서울텔레비전(KBS TV)의 개국에서 찾을 수 있다.[11] 한국에서 텔레비전의 보급은

어들여 대단한 인기를 누렸다. 그렇지만 이 영화의 키스신 때문에 상영되기까지 어려움이 있었다.

11) 그 후 TBC TV가 서울과 부산에서 민간 상업방송의 형태로 1964년에 개국하고, 1969에는 MBC TV가 개국한다. 그러나 늦게 출발한 MBC TV는 1971년도에 전국 20개 지역을 연결하는 네트워크 체계를 구비하여 전국 동시 방송이 가능해짐으로써, 그 이후 KBS TV와 더불어 우리나라의 텔레비전 방송의 양대 산맥을 이루게 된다.

1969년도 이후부터 급격히 증가하여[12], 1970년도 전반기에 대중적인 보급이 이루어지기 시작한다. 그 이후 지속적으로 증가하여 1977년도에는 전국 보급률 50%를 넘어서고, 바로 그다음 해인 1978년에는 전국 보급률 70.8%로 급격히 증가한다(박기성, 1983: 270). 초기에 흑백 TV이지만 이른바 텔레비전의 전성기를 개막하는 대표적인 드라마가 하나 있다.

흑백TV시절에 전국을 강타한 가장 대표적인 인기 드라마는 〈여로(旅路)〉라는 작품이다. '여로'는 1972년 4월 3일부터 1972년 12월 29일까지 211회 방영된 한국방송공사의 일일드라마이다. 이때는 아직 텔레비전이 있는 집이 그렇게 많지 않아 TV가 있는 집에 마을 사람들이 모여, 염치 불구하고 그 집에서 시청하고는 했다. 필자도 어릴 때 우리 집에 TV가 없어서 부유한 친구 집에 가서 만화영화 〈황금박쥐〉를 본 기억이 아직도 생생하다. 〈여로〉는 작가 이남석이 연출한 드라마로서, 시청률 70% 이상으로 추정될 만큼 사회적으로 매우 큰 반향을 일으킨 작품이다. 주된 내용은 다음과 같다.

> "여주인공 분이(태현실)는 가난 때문에 유지의 집안 아들
> 이나 조금은 모자란 반편이인 영구(장욱제)의 짝으로 씨받
> 이 겸해서 팔려 오게 된다. 신랑이 지능이 모자라고 신체가
> 불편함에도 불구하고, 분이는 남편에게 온갖 정성을 다한다.
> 차차 영구도 분이를 진심으로 좋아하게 된다. 하지만 분이는
> 시집온 그날부터 시어머니(박주아)와 시누이(권미혜) 사이
> 에서 갖은 고초를 당한다. 아들 기웅(송승환)을 낳고 행복한

---

12) 텔레비전은 1968년도에 118,262대이던 것이 1969년에는 223,695대로 약 91%의 신장률을 보이면서 급속히 보급되기 시작한다.

시간도 잠깐, 분이는 술집 작부로 일한 과거의 신분이 탄로
나 남편, 아들과 이별하게 된다. 전쟁이 한창이던 1952년, 분
이와 영구는 피난지 부산에서 우연히 다시 만나게 되지만 시
어머니에 의해 헤어지게 된다. 그녀는 6·25 전쟁 기간 동안
피난지 부산에서 국밥집을 하며 큰돈을 모으고 주위 사람들
에게 선행을 베푼다. 이것도 모자라 10년이 흐른 뒤, 국밥 장
사를 해서 모은 돈을 사회에 환원해 미담 기사가 신문에 실
린다. 마침내 대전역 대합실에서 분이와 그의 가족들은 눈물
의 상봉을 하고, 분이가 사놓은 옛날 영구의 집으로 함께 가
게 된다."(위키백과, 2020b)

분이라는 인물의 저변에 깔린 것은 인내하고 가정에 순종하고 자신을 희
생하는 현모양처의 상이다. 그녀는 6·25 전쟁이라는 위기상황 때 나름의 능
동성을 발휘해 위기를 극복하고 가족 구성원을 하나로 모으는 주체적인 역
할도 하고 있다. 과거부터 여성들에게 강요되어 온 현모양처 상은 드라마의
주 시청 층인 여성들의 공감을 얻었고, 나름대로의 지혜로 스스로의 생활을
개척해 내가는 강인한 여성상의 모습은 카타르시스를 느끼게 하여 엄청난
인기몰이를 했다. 이 드라마에서 여주인공의 남편으로 등장하는 영구는 장
욱재가 연기를 했는데, 모자라는 반편이 역할을 너무나 잘해서, 그 이후에
각종 코미디나 개그 프로에 대를 이어가며 등장한다. 그의 코믹한 동작과
바보스러운 연기는 너무나 인상이 깊어서, 이후에 장욱재는 깊게 각인된 그
이미지 때문에 다른 작품에서는 성공을 하지 못했다는 일화가 전해진다.

드라마의 폭발적인 인기를 바탕으로 〈여로〉는 리메이크되어 1986년도에
극장판으로 나온다. 이 영화에서 바보스러운 영구 역은 심형래가 맡았다.

그는 1988년에 〈유머 일번지〉에서 〈여로〉를 패러디한 코너에서도 주역을 맡았는데, 심형래 특유의 슬랩스틱한 면을 매우 잘 표현하여, 이후에 바보스러운 영구 캐릭터만 위주가 되어 영화로 만들어진다. 1989년 처음 영화로 만들어져 대히트를 친 이후 무려 12탄에 걸쳐 영화로 만들어졌다. 심형래가 주연한 초기의 〈영구와 땡칠이〉 시리즈는 당시 어린이들의 마음을 온통 사로잡았으며, 비디오 시대로 접어든 당시에 가장 대여가 많이 되는 비디오 중의 하나였다. "띠리리릿띠리~♪ 영구 없~다"라는 명대사는 대부분의 어린이들이 흉내 내었고, 어른들도 따라 하면서 유머스러운 분위기를 고조시키는 소재로 애용되었다. 2010년에 상영된 〈라스트 갓파더〉는 영구 시리즈를 몰락하게 만든 마지막 작품으로 영구아트와 함께 심형래에게 사망선고를 내린 작품으로 영구는 이제 역사의 뒤안길로 퇴장한다. 1972년 처음 흑백 TV의 인기 드라마로 등장하여 2010년에 이르기까지, 영화의 흥행과는 별개로 바보스럽고 우스꽝스러운 영구 캐릭터가 얼마나 오랜 기간 동안 어린이와 대중들에게 큰 사랑을 받았는지를 알 수 있다. 이러한 영구 캐릭터가 사랑을 받은 이유는 다음과 같이 해석해 볼 수 있다. 즉 치열한 경쟁 사회에서 당시에는 진지하고 깊이 있는 캐릭터보다는 바보스럽고 우스꽝스러운 캐릭터가 오히려 카타르시스를 제공하고 마음의 평안을 주는데 선택적 친화력을 가지고 있었다고 볼 수 있다.

한편 볼거리가 부족했던 흑백 TV 시절에는 TV 드라마뿐만 아니라 프로 레슬링, 프로 권투 등이 온 국민의 관심을 집중시켰고, 그 열광이 대단했다. 세계타이틀전이 벌어진 후에 심장마비로 사망하는 사람까지 있어서 자주 뉴스거리로 등장하곤 했다. 태국의 킹스컵, 말레이시아의 메르데카컵, 우리나라의 박스컵 등 국가 대항전 아마추어 축구도 온 국민의 사랑을 받았고, 올림픽에서 첫 금메달을 딴 양정모는 국민의 영웅으로 추앙받았다. 또 국위를 선양한 스포츠 선수가 카퍼레이드를 하는 모습도 빠질 수 없는 1970년대의 풍경이었다. 그리고 고스톱도 '국민보건체조'라고 불릴 정도로 기성세대가 즐기던 가장 보편적인 놀이문화다. 이런 모습이 바람직하지 않다고 생각하여 명절 때만 되면 고스톱 추방 캠페인을 벌일 정도였다. 2차, 3차로 이어지는 술 문화도 빠질 수 없었다.

이상에서 살펴본 바와 같이 도시화와 산업화가 급진전된 1960년대와 1970년대에 한국인의 소비생활과 여가생활은 대체로 빈약하고 단조로웠다. 아직 농촌 인구가 절대다수를 차지하고, 국민소득도 낮았기 때문이다. 따라서 산업사회에서 개화하는 도시중심의 새로운 소비문화와 여가활동은 아직 초보 단계에 머물렀으며, 도시와 농촌 간의 격차도 그렇게 크지 않았다. 그러나 1980년대부터는 도·농간에 그 격차가 확연히 벌어지기 시작한다. 이것은 여가활용비 지출에 있어서 극명하게 드러난다.

〈그림 1〉 가구당 여가 활용비 지출 변천

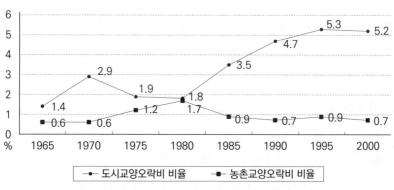

주 : 농가는 1984년 이후 문방구비를 제외.
자료 : 통계청, 각 연도, 『도시가계연보』, 『농가경제통계』, 『한국의 사회지표』.

〈그림 1〉에 나타나는 바와 같이, 1980년도까지는 도시와 농촌 간에 여

가활용비[13] 지출이 수렴하는 현상을 보인다. 하지만 그 이후에는 확연하게 그 격차가 심화되는 것을 알 수 있다. 도시가계에서는 여가활용비 비율이 1980년도만 하더라도 2% 수준을 넘지 못했으나, 1980년대 후반기에 4%를 넘어서고 1990년대에는 5%를 상회한다. 이를 통해 우리는 1980년대 이후부터 도시중심의 여가와 문화생활의 확대가 이루어짐을 알 수 있다. 반면에 농촌가구의 여가활용비 비율은 오히려 감소한다. 1980년에 1.7%이던 것이 2000년도에는 0.7%로 감소하여, 도시와 농촌 간에 생활문화의 격차가 심화된다는 것을 알 수 있다. 이러한 현상은 산업화와 도시화의 물결 속에 농촌은 쇠퇴하고, 도시중심의 생활양식이 지배함을 의미한다.

자본주의적 발전과정을 겪은 나라에서는 예외 없이 농촌은 도시화의 제물이 되었다. 한국의 경우에도 도·농간의 격차는 심화되어 여가 및 문화생활에 있어서 그 격차가 통계적 수치로 확연하게 나타나는 시기가 1980년도이고, 이때 한국인의 여가 및 문화생활에 매우 큰 전환점이 이루어진다. 도농간의 격차가 고착됨과 동시에 도시민들 간에도 불평등이 가시적인 소비문화에서 나타나기 시작한 시점이기 때문이다.

2) 대중여가 시대의 개막

1960년대와 1970년대는 아직 절대적 궁핍이 있었고 비록 경제성장은 이룩했지만 노동의 중압감이 일상생활 전체를 지배하던 때였다. 이러한 삶

---

13) 여가활용비는 신문, 도서구입비, 교양·오락용품(TV, 카메라, 피아노, 운동기구, 완구, 기타 취미용품 등) 구입비, 교양·오락서비스(각종 관람료 및 교양·오락강습료, 여행비, 스포츠 시설이용료 등) 등이 포함된다.

의 양식은 사람들의 가치관에도 반영되어 1980년대 중반에 조사한 자료에 따르면, 여가란 단지 '휴식을 취하는 것'이라는 응답이 가장 많이 나타난다 (한국관광공사, 1986). 즉 여가란 단지 노동의 재생산을 위한 수단에 불과 하다는 매우 소극적인 여가관이 일반적이었다. 그러나 한국인의 여가관은 1980년대 후반 무렵부터 변화의 조짐을 보이기 시작한다. 변화는 다른 나라의 경우와 마찬가지로 젊은 세대를 중심으로 일어났다. 이것을 우리는 당시의 변화된 사회상을 상징적으로 웅변하는 어느 일간지의 기사를 통해 확인할 수 있다. 「일요일 근무 기피 새 풍조: 공장·가게·음식점까지 '휴일이면 인력난'」이라는 제목의 이 기사에 따르면, 일요노동 기피 현상은 LPG 배달업, 중국음식점, 슈퍼마켓 등에서 대표적으로 나타났다. 이 때문에 일요일에 가스가 떨어진 가정에서는 음식을 하다가 중단하는 사태가 벌어지기도 하고(예전에는 LPG가 요일과 관계없이 24시간 배달되었다), 중국음식점에서는 일요일에 사장이 직접 배달을 해야 하는 곳도 많았다(조선일보, 1990.2.16.). 이러한 현상은 1987년 노동자대투쟁 이후에 노동조합의 결성이 활발해지고 노동자들의 의식이 상당히 고양된 데도 크게 기인한다. 여기에 변화를 추구하는 젊은 세대의 의식이 더해져 일요노동 기피 현상이 젊은 세대를 중심으로 과감하게 나타나기 시작한 것이다.

이와 같이 젊은 연령층에서 일요노동을 기피하거나 여가 선호도가 높은 것은 그들의 노동관에도 반영되어, 이른바 3D 업종과 같은 힘든 일을 기피하는 경향이 나타나고, 서비스업종이 과도하게 비대해진 현상으로 이어지기도 한다. 이것은 1960년대 이후 근대화 과정에서 기성세대가 생계문제에 급급하여 강요된 노동의 세계에 함몰되어 있었다면 새로운 젊은 세대는 '즐기는 삶'과 여가추구형의 삶 쪽으로 방향을 전환해가는 것을 의미한다. 이러한 가치관의 변화는 뒤에 가서 좀 더 자세히 살펴보겠지만 변화된 젊은 세대를 칭하는 용어로 '신세대'라는 개념이 보편화되는 데서도 드러난다.

그런데 일보다 여가를 중시하는 가치관은 문화지체 현상으로 뒤늦게 나타나지만 이미 여가행동 양식은 다양하게 일상생활에 반영되고 있었다. 이것은 젊은 세대뿐만 아니라 기성세대의 여가생활에서도 마찬가지이다. 1980년대에 들어 교통수단이 발달하고 자가용이 보편화되면서 일어난 '레저 붐'과 '관광여행의 활성화'가 그 대표적인 예다. 따라서 우리나라에서 대중여가 시대의 개막은 1980년대에 들어서 이루어졌다고 볼 수 있다. 이러한 주장의 근거를 좀 더 구체적으로 들어보면 다음과 같다. 첫째, 전기기구를 중심으로 한 내구소비재의 출현으로 생활 혁신이 이루어졌다. 둘째, 가사노동의 경감과 가사의 합리화로 가정이라는 장에 여가 관념이 침투했다. 셋째, 여가윤리를 동반한 하위문화가 출현했다. 넷째, 텔레비전과 주간지에 의해 대중매체의 영향이 크게 증대했다. 다섯째, '레저'와 '바캉스'가 유행어가 되었다. 여섯째, 대중교통수단의 발달과 자가용의 보편화로 대중여행 시대가 개막되고 일상적 생활 반경이 확장되었다. 일곱째, 생활수준의 평균화와 동질화에 수반되는 중산층 의식이 보편화되었다.

이상과 같은 현상이 1980년대에 들어 보편화되면서 한국인의 삶의 양식은 이전과는 뚜렷하게 달라진다. 이른바 여가문화가 소비주의와 접목하고, IMF 상황이 오기 전까지는 여가산업도 확장일로에 접어든다. 이제 일보다 여가에서 즐거움을 추구하는 삶도 정당성이 있다는 데 눈을 뜨기 시작한 것이다. 보다 엄밀히 말하자면 노동 편향적으로 왜곡된 삶의 방식이 해체되면서 일과 여가 간에 균형을 잡으려는 시도가 일어났다고 보아야 할 것이다.

우리나라의 여가문화는 1980년대에 매우 중요한 전환점을 맞이한다. 1980년대 초반 프로 야구를 필두로 프로 씨름, 프로 축구 등이 창설되면서 한국 여가문화에 새로운 장이 개척된다. 또한 1986년 아시안게임, 1988년 서울 올림픽을 거치면서 우리나라의 스포츠 열기는 매우 뜨거워진다. 이러한 맥락에서 레저와 스포츠가 결합된 '레포츠'라는 용어가 탄생하고, 공원과 약수터 등지에 수많은 생활체육시설이 건립된다. 그러나 무엇보다 1980년대 이후에 일어난 가장 중요한 변화는 여가문화가 대중소비주의와 접목된 것이다. 이를 이끈 가장 핵심적인 매개체는 자동차였다.[14]

자가용의 대중화는 한국 여가문화의 판도에 매우 중요한 전환점을 마련한다. 자가용의 대중화는 필연적으로 '옥외 여가활동'을 증대시킨다. 우리는 이러한 모습을 자가용과 관련된 '여행안내서'가 크게 판매되고 있다는 점에서 확인할 수 있다. 1990년도에 〈한겨레신문〉은 다음과 같이 보도한다.

> "몇 년 전만 해도 휴가철에나 팔리던 여행안내서들이 최근에는 연중 꾸준히 나가 교보문고, 종로서적 등 서울시내 대형서점들은 레저도서 코너를 따로 만들어 고객확보에 열을 올리고 있다. … 『환상의 드라이브-서울 근교』, 『환상의 드라이브-설악, 영동, 영남』, 『환상의 드라이브-호남, 제주』 등 모두 7권으로 된 『오너드라이브 백과』의 경우 첫권이 나온 1986년 이후 지금까지 모두 10만 권이 판매됐으며 여행 시즌인 요즈음 출판사에서 전국서점으로 나가는 부수가 자그마치 2천~3천 권에 이른다는 것. … 지도책으로는 『도로관광

---

14) 대중소비사회의 징표를 리스만은 어린이들의 장난감과 자동차의 대중적 보급에서 찾는다. 그리고 린드 부처는 자동차의 등장은 전통적인 '말의 문화(horse culture)'를 해체시키고, 젊은이들의 여가문화를 획기적으로 변화시켰다고 보고하고 있다. 즉 자동차는 젊은이들에게 이웃의 눈을 피해 멀리까지 댄스파티에 참석할 수 있도록 해줌으로써 모험심 강한 젊은이들이 성적인 억제를 벗어버리고 전통적으로 금욕적인 낡은 금기를 깨뜨리는 데 기여했다고 보고하고 있다. 이들은 "자동차의 보급에 따른 여가의 변혁은 영화의 영향보다 훨씬 크다"라고 말한다(Lynds, 1929: 251-254).

가이드』,『행정, 관광교통을 위한 도별지도』,『문화관광도로
도별지도』,『전국 도로관광지도』,『수도권 도로지도』,『관광
서울』,『한국 도로지도』,『전국 도별도로관광지도』,『새 한
국 도로지도』,『등산 안내지도』 등이 많이 나가는 것들이고
….."(한겨레신문, 1990.6.3.)

이렇게 자가용여행 관련 책자가 많이 팔려나간다는 것은, 필연적으로 자
가용과 관련된 여가문화를 창출하는 데 기여한다. 그중의 하나를 우리는
1980년대 들어 행락인구가 급증하는 데서 찾아볼 수 있다. 물론 행락인구
의 급증이 꼭 자가용 때문만은 아니다. 그러나 행락철이 되면 도시 근교의
산과 강에는 자가용이 즐비하고, 일요일 오후에는 도시로 진입하는 도로가
심각한 교통체증 현상을 빚는 데서 알 수 있듯이, 자가용이 행락인구를 증
대시켰다는 것은 분명한 사실이다. 당시에 한국의 산과 강은 쓰레기로 몸살
을 앓을 정도로 되고, 급기야 산의 안식년 제도를 도입하고 행락질서 캠페
인을 벌여, "산과 강에서는 고기를 구워 먹거나 음식을 해 먹지 말고 도시락
을 싸 가지고 가자"는 계몽운동을 펴야 하는 상태까지 이르게 된다. 예전에
는 산에서 텐트를 치고 숙박을 하면서 취사를 하는 것에 대해, 법적으로 규
제할 아무런 제도적 장치가 없었다. 이제는 관계 법령이 구비되어 함부러
텐트를 치거나 취사는 할 수 없게 되었다.

또한 교통수단의 발달과 자가용의 대중화로 1980년도 이후에는 국내 관
광이 매우 큰 폭으로 신장된다. 국내 1일 관광률은, 1976년에 19.3%이던
것이 1980년도에는 58.6%로 대폭 증가하고 1984년에는 65.1%에 이른
다. 국내 숙박 관광률도 1976년도에 18.8%이던 것이 1980년에는 38.8%,
1984년에는 54.4%의 증가율을 보인다. 따라서 한국인의 국내 관광여행은

1980년대에 들어 대중화의 시점으로 접어들었다고 볼 수 있다(한국관광공사, 1984: 17). 이에 따라 산과 강에서 고기 굽고, 술 마시고, 춤추고, 노래하는 행태가 전국적으로 보편화된다. 도시 인근과 계곡·하천에는 자가용 소유자를 대상으로 포괄적인 상권(商圈)까지 형성되는데, 그 대표적인 것이 외식산업과 러브호텔, 모텔 등이다. 또한 각종 온천 휴양지 및 관광지도 급속도로 번창한다.

1980년대 온천 개발 붐에 편승하여 전국적으로 유명세를 탄 대표적인 것은 경남 창녕군에서 개장한 '부곡하와이'이다.[15] 부곡온천은 1972년과 1973년도에 걸쳐 발견되었는데, 수온은 50~75도에 달했다고 한다. 부곡온천은 1977년에 국민관광지로 지정되고, 단순한 온천 휴양지로서만이 아니라, 각종 위락 시설을 갖춘 계획적인 종합 관광단지로 발달하게 되었다. 당시 국내에서는 보기 드문 극장식 공연장과 대한민국 최초의 워터파크 시설을 구비했다. 부곡하와이의 전성기 시절에는 해외여행이 자유롭지 않은 때라서 신혼여행과 수학여행의 필수코스로도 부상한다. 호황기에는 "나 이번에 하와이 다녀왔어. 부곡하와이"라는 유행어가 떠돌기도 했으며, 1980년대 트로트 가수들과 화려한 외국 댄서들이 이곳 무대에서 공연을 하기도 했다. 1980년대부터 이곳에는 연간 200만 명이 넘는 인파가 찾았을 정도로 인기가 많았다. 1990년대 이후로는 겨우 명맥을 유지하다가 2017년 5월에 38년의 역사를 간직하고 부곡하와이는 영업 종료를 선언한다. 한때 그렇게 인파들로 넘쳐나던 장소가 그 이후로는 황량한 폐허가 되면서, 지금은 쓸쓸함의

---

15) 창업주인 배종성은 재일교포 재계에서도 신격호(롯데), 서갑호(방림방적) 등과 함께 다섯 손가락 안에 들 정도로 성공한 인물로, 1976년 일본 한국인 본국투자협회 결성 이후 재일교포 기업인의 모국 진출 붐에 따라 1979년 부곡관광호텔로 문을 열었다. 부곡하와이에 대한 내용은 위키백과(2021a)을 참조했다.

추억만을 남겨주는 장소로 쇠락한다.

한편 국민 소비능력의 향상은 여가시간을 겨냥한 각종 다양한 상품의 개발을 가속화했다. 가장 대표적인 예는 대도시 중산층을 대상으로 형성된 새로운 여가양식에서 찾아볼 수 있다. 여기에는 골프, 스키, 에어로빅, 헬스, 수영 등의 스포츠 분야와 별장 및 콘도미니엄, 주말농장, 국내 및 해외여행 등이 포함된다. 이러한 새로운 여가의 소비능력을 갖춘 인구층을 대상으로 전국적으로 고급 전문 레저산업이 확산되었고, 재벌기업들의 여가산업 진출이 두드러진 것도 1980년대 이후의 특징이다.[16] 1990년도에 중앙일보는 다음과 같이 보도한다.

> "각종 레저장비를 제공하고 교육하거나 정보를 서비스하는 전문레저산업이 폭넓게 뿌리내리고 있다. 등산, 낚시, 스키, 수영 등 각종 레저정보 제공, 용품구입에서부터 시설이용 안내에 이르기까지 레저에 관한 모든 것을 취급하는 이들 레저기업 형태는 대부분 회원제. 마치 콘도미니엄 소유형태처럼 비싼 장비구입 대신 정해진 회비만 내면 각종 장비대여와 교육을 해주는가 하면 일정기간 숙박혜택까지 제공해주고 있다. 이들 레저기업들은 서울에만 이미 10여 개 이상 생겨나 성업 중이고 부산, 대구, 대전, 마산 등 지방에서도 새 유망업종으로 인기를 모으고 있다. 기업형태로 출범한 레저

---

16) 1990년 11월 말 현재 국내 재벌들이 여가산업에 진출한 현황은, 삼성, 현대, 대우 등 21개 여신관리대상 계열기업군(재벌)이 골프장, 호텔 등 관광레저시설을 모두 59개 소유하고 있다는 점에서 단적으로 드러난다. 그 내용은 호텔이 35개소, 골프장 13개소, 스포츠시설 5개소, 종합휴양시설 6개소 등이다(부산일보, 1990.12.8.).

회사는 80년대 초반까지만 해도 한국레저스쿨, 델타그룹, 셀파 정도에 불과했으나 85년도에는 코오롱이 대기업으로서는 처음으로 코오롱스포츠정보센터를 창립한 데 이어 84년 탑스, 라이프, 영동레저 등이 문을 열었고 최근 들어서는 아틀라스, 조양레저 등 전문업체들의 창설이 줄을 잇고 있다. … 이들 회사들은 레저여행도 기획, 청평, 용평, 수안보, 무주와 제주도에 자체 콘도도 마련, 숙박을 겸한 레저교육도 실시하고 있다. 이같은 회원제 레저산업은 지방으로도 확산돼 대전의 셀파가 수상레저의 명성을 유지하고 있고 대구의 에이스마린과 효성수중클럽은 스쿠버다이빙을, 마산의 '겨울바다'와 충무마리나는 윈드서핑·수상스키·모터보트를, 부산에서는 아틀라스가 자사 회원을 확대해가고 있다. 전문가들은 국내 레저시장이 이미 5천억 원 규모를 넘어섰고 전인구의 레저시대를 맞아 비용부담이 적은 회원제 레포츠인구는 더욱 급증할 것으로 내다보고 있다."(중앙일보, 1990.12.29.)

또한 소비 수준의 증대로 고가의 사치성 소비재의 수입이 증가하는 가운데, 사치성 레저용품의 수입도 증대한다. 1990년 7월 6일 관세청이 국회 재무위에 제출한 자료에 따르면, 1990년도 초에서 5월까지 주방용품, 승용차, 가구류, 골프용품, 고급가전제품 등 14개 주요 사치성 소비재의 수입실적은 모두 1억 9천 9백 19만 9천 달러로 1989년 같은 기간의 1억 3천 6백 57만 6천 달러에 비해 45.8%가 늘어난다. 그중 사치성 레저용품인 골프용품과 스키용품의 수입액도 각각 8백 95만 2천 달러, 59만 7천 달러를 기록하고 있다(동아일보, 1990.7.7.). 1990년에는 롯데상사가 대당 1억 원 내지

2억 원을 호가하는 초호화판 캠핑 트레일러를 수입하여 사회적인 물의를 빚기도 했다(부산일보, 1990.5.26.). 침실과 욕탕, 응접세트까지 갖춘 이 호화 캠핑 트레일러는 여론의 질타에 못 이겨 결국 수입한 11대 중 4대는 미국으로 도로 반환하는 사태가 일어나기도 했다(한겨레신문, 1990.11.11.).

1980년대 중반 이후 국민 여가문화는 대중소비주의와 접목하면서 폭발적인 붐을 이룬다. 여기에는 '3저 호황'이라는 경제적 변수가 중요한 영향을 미쳤고, 여가산업도 확장일로를 걸었다. 그동안 억압되었던 잠재된 욕구들이 폭발하는 시점이 바로 이 시기이다. 억압된 욕구의 폭발은 1982년도에 야간 통행금지가 해제되면서 정점을 이룬다. 야간 통행금지의 해제는 우리나라 밤 문화의 판도를 획기적으로 바꾸어놓았다. 술집과 술 기호의 고급화 추세와 함께, 이른바 향락·퇴폐업소가 폭발적으로 증가한 것이다. 이것의 가장 대표적인 실례를 카페와 퇴폐 이발소, 성인 나이트클럽의 증가에서 찾아볼 수 있다. 특히 성인들이 주로 출입하는 디스코텍이나 나이트클럽에서는 각종 형태의 퇴폐적인 쇼를 하는 곳이 우후죽순처럼 생겨난다. 그리고 1980년대 중반부터 성행하기 시작한 가라오케는 노래를 좋아하는 한국인의 기질과 맞물려 폭발적으로 늘어났다. 가라오케에서 노래방, 단란주점으로 이어지는 노래하는 술집은 '전 국민의 가수화'라는 우리나라 특유의 밤 문화를 창출한다.[17]

1980년대 후반부터 더욱 확산한 일부 부유층의 사치성 여가활동과 대도시 전반에 폭넓게 자리 잡은 향락·퇴폐업소에 대한 비난의 여론이 높아지자, 급기야 정부에서는 '과소비 추방운동'을 벌이고, 1990년도에는 '범죄와

---

17) 여기에 대해서는 제7장에서 좀 더 자세히 살펴보기로 한다.

의 전쟁'을 선포한다. 이러한 향락업소나 가라오케와 노래방,[18] 나아가 고스톱의 전국적인 열풍은 기성세대 여가문화의 한 단면을 보여준다. 그동안 경제개발과 성장의 논리에서 파생된 노동 편향적 삶은 여가향유 능력(leisure competence)을 고갈시켰고, 이는 단순오락적인 여가가 친화성을 지니게 하는 결과를 초래했다. 즉 노동의 영역에서 오는 중압감은 여가를 즐길 수 있는 기회와 훈련을 차단하고, 단지 스트레스 해소와 긴장 완화의 기능을 가진 여가를 선호할 개연성을 커지게 한다.

단순오락적인 여가를 즐기는 것은 별다른 능력을 요구하지 않는다. 특별한 재능이나 숙련을 필요로 하지 않고 주로 본능에 충실하면 된다. 대표적인 것이 도박과 음주, 섹스다. 여기에 노래도 포함할 수 있다. 특히 노래는 음주와 결합하면서 여러 사람이 함께 어우러져 스트레스 해소와 기분 전환을 하는 데 중요한 기제로 작용한다. 개별적인 여가향유 능력이 미숙할 때는 차라리 집단으로 어울리는 것이 마음이 편하고, 또 집단 엑스터시라는 새로운 차원의 즐거움도 준다. 전통사회의 여가문화에서 대동놀이가 성행한 것도 이 때문이고, 우리나라의 가라오케, 노래주점 등에서도 이를 찾아볼 수 있다. 노동 편향적인 삶이 요구되는 시기를 거치면서 감성적 욕구를 충족시킬 수 있는 다양한 훈련이 결여된 상태에서 술과 노래는 자신을 표현하는 가장 손쉬운 수단이었다.

한편 1980년대 이후에는 젊은 세대의 여가문화에도 커다란 변화가 일어

---

18) 노래방의 전신인 가라오케는 하나의 전체 공간에서 모든 손님이 중심에 있는 커다란 원탁 주변에 둘러앉아 함께 술을 마시며 자기 순번에 따라 노래를 부르는 장소였다. 이어 출현한 노래방은 원칙적으로는 술을 판매하지 못하는 장소였고, 끼리끼리 모여 개별적인 공간을 점유하며 노래를 즐기는 장소로 출발했다. 그런데 이후에 술을 판매할 수 있는 노래주점 또는 단란주점이라는 명칭을 지닌 업소에 의해 도전을 받으면서, 음성적으로 술을 판매하는 노래방이 많아졌다. 그리고 휴대전화가 대중화되면서 술뿐 아니라 도우미 여성까지 제공하는 업소도 많아졌다.

난다. 그 이전 1970년대에는 대학생들을 중심으로 확산한 장발, 청바지, 통기타로 상징되는 '청년문화'가 있었다. 1960~1970년대 당시에 서울의 명동은 젊은이들의 '문화중심지' 역할을 했다. 이때 명동 거리는 '청통맥(청바지, 통기타, 맥주)'으로 상징되는 젊은이들의 낭만이 꽃피운 시기로, 이러한 젊은이들이 유행을 주도하며 도시의 새로운 변화를 일으켰다. 명동은 '미니스커트', '장발', '통기타', '음악다방', '고고(go go)', '히피' 등의 키워드로 기억되는 자유주의 청년문화의 온상이었다(김명환 외, 2006: 72-75). 그러나 이러한 청년문화는 10대 초·중반의 청소년까지는 포괄하지는 못했고, 당시 엘리트층이라 할 수 있는 대학생의 문화에 국한된 것이었다. 그런데 1980년대에 들어오면 '신세대 신드롬'이라고 할 정도로 '신세대'라는 용어가 난무하고, 이후에 X세대, N세대 등의 용어도 등장한다.[19]

1980년대에 대중매체에서 굳이 '청소년'이나 '청년'이라는 개념을 마다하고 이 생소한 개념을 만들어낸 이유는 그들만이 갖고 있는 독특한 사고나 행동양식을 두드러지게 표현하기 위한 것이라고 볼 수 있다. 신세대를 이른바 '구세대'와 구분 짓는 가장 결정적인 지표는 아마도 그들이 우리 역사상 처음으로 물질적인 결핍을 모르고 자라난 세대라는 점일 것이다. 이들에게는 자신에게 주어진 것을 부담 없이 향유하고 즐기는 것이 남에게 해가 되지 않는 한 당연한 권리일뿐더러 자신의 능력을 나타내는 지표이기도 하다. 따라서 이와 같은 이질적인 시대적 배경 아래에서 성장한 신세대들의 의식과 행동 양태는 기성세대와는 차별성을 보이게 된다.

젊은이들만 출입할 수 있는 록카페의 등장, 오렌지족의 출현, 딩크족과 보보스족의 등장 등은 1980년대 이후 2000년대에 이르기까지 변화된 젊은

---

19) 미국에서 '10대(teenager)'라는 용어가 등장한 것은 1930년대의 일이고, 우리나라에서는 1980년대에 10대를 특정한 사회적 범주로 지칭하는 '신세대'라는 용어가 등장한다.

세대의 삶의 양식을 상징적으로 웅변한다.[20] 이들은 기성세대의 획일적이고 규격화된 노동 편향적인 삶의 양식에서 탈피하여, 자기 개성과 멋을 추구하는 정체성을 확립하면서 여가 지향적인 삶을 새로운 하위문화로 구성해 나간다. 기성세대는 결혼 후에 집 한 칸 마련하는 것을 가장 우선시했던 데 반해, 젊은 세대는 집보다 오히려 자가용을 선호하는 데서 변화된 가치관의 일면을 엿볼 수 있다. 이러한 변화는 여러 곳에서 나타나지만 여기서는 대중음악과 신세대 전용 술집을 중심으로 살펴보기로 하자. 이 두 영역에서 변화한 신세대의 가치관과 삶의 방식을 상징적으로 읽어낼 수 있기 때문이다.

이미 1970년대 후반에 우리나라 청소년의 대중음악 분야에는 획기적인 전환점이 있었다. 바로 대학가요제의 등장이다. 1978년에 MBC가 주최한 〈대학가요제〉를 필두로 이후 수많은 대학가요제가 생겨나면서 대학가요의 상업화 현상이 뚜렷하게 나타났다. 그리고 이러한 현상과 더불어 TV 방송의 쇼 프로그램에 청소년을 위한 내용이 주축을 이루면서 대중문화 시장은 비약적으로 확장된다. 이에 따라 기성세대를 위한 대중가요 프로그램은 TV 화면에서 거의 사라졌다. 이러한 변화에 중요한 역할을 한 것은 소형녹음기(워크맨)의 대중적인 보급이었다. 이러한 소형녹음기의 보급과 함께 1980년대 중반 이후 등장한 댄스음악은 한국의 10대 청소년을 대중문화 시장으로 대폭 끌어들였다. 기성세대 위주로 구성되던 대중문화의 시장이 10대 청소

---

20) 오렌지족은 부모의 부를 바탕으로 서울 강남 일대에서 소비문화를 즐기는 젊은이들을 비판적으로 칭하는 용어로 등장했다. 1970~1980년대 경제성장의 혜택을 받고 강남 지역에 뿌리내린 부유층 2세가 대부분이다. 딩크(DINK)족은 'Double Income, No Kids'에서 나온 말인데, 정상적인 부부생활을 영위하면서 의도적으로 자녀를 두지 않는 맞벌이 부부를 일컫는다. 보보스(Bobos)족은 부르주아의 물질적 실리와 보헤미안의 정신적 풍요를 동시에 누리는 미국의 새로운 상류계급으로서 1990년대의 젊은 부자를 상징하는 용어다. 오렌지족에 관한 내용은 네이버지식백과(2014)를 참조했다.

년까지 포괄하면서 큰 폭으로 확장된 것이다. 이에 따라 TV의 황금시간대는 10대를 대상으로 한 내용이 주축을 이루고, 기성세대가 선호하는 트로트는 방송에서 거의 사라지다시피 한다. 김완선, 소방차, 박남정은 댄스가수로서 인기를 독차지했고, 이후 서태지가 등장하면서 신세대의 음악이 랩이라는 새로운 장르로 정착하자 기성세대는 아예 따라 부를 수도 없게 된다.

신세대의 독특한 여가문화는 젊은 세대 전용 술집의 출현에서도 찾아볼 수 있다. 1980년대 전반기부터 나타난 가장 특징적인 술집은 과거의 고고장이 변형된 디스코텍이다. 디스코텍은 1970년대 후반과 1980년대 초반에 걸쳐 디스코 춤 열풍이 불면서 확산하기 시작한 새로운 유형의 술집이었다. 1980년대 전반기에 확산한 디스코텍은 음반이나 테이프를 재생하는 최소한의 시설을 갖춘, 비교적 저렴한 가격으로 춤을 즐길 수 있는 장소였다. 특히 10대 후반과 20대 초반의 젊은이들만 출입할 수 있는 특화된 업소가 생기면서, 20대 후반 이상으로 보이는 연령층은 입구에서부터 출입을 통제했다.

그 후 대학가를 중심으로 등장한 젊은이들의 전용 술집이 록카페다. 10대 후반, 20대 초반의 젊은이들에게 폭발적 인기를 끌었던 록카페는 확실히 새로운 형태의 문화 유형이었다. 비교적 적은 비용으로 술과 음악, 춤을 함께 즐기면서 동시에 이성과 데이트할 수 있는 공간이 이전에는 거의 없었기 때문이다. 청소년들의 마땅한 놀이터가 없던 때에 록카페는 저렴한 비용으로 마음껏 춤을 출 수 있는 장소였다. 물론 술도 팔지만 음료수를 마셔도 되었고, 무엇보다 거추장스러운 어른들의 눈길을 피할 수 있다는 것이 장점이었다. 젊은 세대 전용의 술집이 확산하자 여기에 대응하여 30, 40대 전용의 술집도 등장한다.

"이른바 '젊은 거리'에서 30대를 전후한 건전한 생활인들은 소외돼 있다. 20대 못잖게 '끼' 있는 세대지만 록카페나 나이트클럽들에는 아예 들어갈 수조차 없다. 웬만큼 잘 차려 놓았다 싶은 카페에 들어서면 막내동생뻘 되는 젊은이들뿐이어서 거북하고 눈치도 보인다. 하지만 좋아하는 음악을 들으며 친구들과 한담도 나누고, 부담없는 음주, 어쩌다 신나게 몸을 흔들며 즐기는 낭만은 20대만의 특권일 수 없다. 그래서 거꾸로 '풋내기들은 입장을 사절한다'는 '입장연령 하한제' 카페들의 '반란'이 시작됐다. 서울에서 대표적인 젊은이들의 거리 압구정동. '피자골목'으로 이름난 갤러리백화점 맞은편 골목에 있는 '신사숙녀 여러분'은 이름 그대로 신사 숙녀들을 위한 카페다. 입구에 '남자 25세, 여자 23세 이하 입장 사절'이라고 써 붙여 놓았다. 50평 남짓한 홀 한쪽에는 피아노와 통기타, 봉고들을 갖춰, 손님들이 직접 연주하며 노래를 부를 수 있게 해놓았다. "요즘 20대들에게 댄스곡과 랩이 있다면 우리에게도 포크송과 올드팝이 있었습니다. 우리에게 익숙하고 편안한 노래를 듣고 부르며, 젊은 사람들 눈치보지 않고 편안하게 즐길 수 있어서 좋습니다." 엑세서리 제조업체를 운영한다는 윤석규 씨(47)는 "이곳에서 한번 어울리고 나면 스트레스가 확 풀리는 기분"이라고 말했다. 주인 김영호 씨(45)는 "압구정동이라고 젊은 사람들만 다니는 곳이 아닌데도 30-40대가 들어가 쉴만한 곳이 없다 싶어 가게를 냈다"고 했다."(조선일보, 1992.9.7.)

이와 같이 여가 유형의 다양화는 신세대뿐만 아니라 기성세대가 즐기는 여가양식에도 반영되기 시작한다. 그것을 상징하는 것이 '7080세대'를 주고객으로 하는 술집과 1985년에 등장한 KBS의 〈가요무대〉이다. 한동안 청소년과 젊은 층의 위세에 뒷전으로 밀려났던 기성세대의 욕구가 반영된 것이라 볼 수 있다. 이러한 현상은 우리나라의 대중문화에도 다양한 스펙트럼이 형성되기 시작한 것을 의미한다.

한편 1980년대에 들어 대중소비주의와 접목한 신세대의 가장 대표적인 특징은 오렌지족의 출현에서 찾아볼 수 있다. 1992년부터 사회 전면적으로 부각된 오렌지족은 강남 압구정동 일대를 중심으로 국산 오렌지족과 해외파 수입 오렌지족으로 구성된다. 이들 오렌지족은 부모의 막강한 경제력과 사회적 지위에 힘입어 젊은 세대 중 가장 호화스러운 소비생활을 즐기게 된다. 회원만 출입이 가능한 폐쇄적인 멤버십 술집을 이용하기도 했지만, 오렌지족은 일반적으로 고급 나이트클럽을 이용했다. 젊은이 전용의 고급 나이트클럽은 1992년도에는 서울 시내에 4~5개 업소가 있었으나, 1994년도 2월 1일부터 '한국방문의 해'를 맞이하여 외국인 관광객을 위해 영업시간을 새벽 2시까지로 연장할 무렵에는 약 41개 업소에 달했다.

당시에 이곳을 취재한 기자는 이 유흥업소 대부분에서 손님은 내국인들로 20대가 주류를 이루었고, 한 병에 20만~30만 원씩 하는 양주와 한 접시에 10만 원이 넘는 안주를 시키는 것이 예사였으며, 이곳이 부유층 자녀인 오렌지족 등 일부 계층의 향락장소로 변하고 있다고 보도한다(동아일보, 1994.2.16.). 이러한 고급 나이트클럽의 출현에서 우리는 두 가지 중요한 현상을 발견할 수 있다. 그것은 술집의 계층 차별화와 연령 차별화 현상이다.

1980년대와 1990년대를 거치면서 심화된 이 두 가지 차별화 현상은 1990년대 중반기에 더욱 다양한 형태의 술집 탄생으로 이어졌다. 대표적인 예를 우리는 대학가에 등장한 신세대 카페, 칵테일 바, 편의방, 록 클럽, 재즈 클럽 등에서 찾아볼 수 있다. 그중에서도 신세대 카페와 칵테일 바의 등장은 변화된 신세대의 욕구 구조를 뚜렷하게 보여준다.

속칭 '신세대 카페'는 신세대층을 주 고객으로 주로 외제 면세품 맥주를 판매하는 술집이다. 이 술집은 어떤 의미에서 신세대의 특징을 가장 상징적으로 나타내는 술집이라고 할 수 있다. 집단주의적인 구속에서의 탈피, 전통적인 권위주의의 거부, 개성 존중, 다원주의 등 신세대의 중요한 특징이 잘 드러난다. 즉 이국풍의 실내장식에 외제 술을 선호한다는 점에서 경직된 국수주의에 대한 거부, 잔 없이 병째로 마신다는 점에서 전통적인 주도 관행의 파괴가 엿보인다. 또한 칵테일 바도 기존의 술 문화와는 대립적인 일면을 보인다. 전통적인 술 문화에서는 술은 취할 때까지 2차, 3차를 가는 것이고, 술잔은 돌려가며 마시는 것이다. 그러나 칵테일 바는 각자의 취향에 따라 술을 선택하고, 술잔은 돌릴 수 없다. 여기에는 젊은이들의 의식구조가 반영되어 있다. 다원주의 사회에서 개성을 추구하는 일면이 있다.[21]

한편 대중여가 시대로 접어든 1980년대 이후에 특히 주목해보아야 할 부분이 하나 있다. 그것은 여가양식에 있어서 사회적 불평등이 심화하고, 계층분화 현상이 더욱 뚜렷하게 나타나기 시작했다는 점이다. 단순화시켜보면 한국의 1960년대와 70년대 여가문화에서는 바캉스, 테니스, 커피, 팝송, 텔레비전 등의 요소가 사회적인 지위 상징(status symbol)의 효과를 지니고 있었다. 1980년대에는 자가용, 헬스, 에어로빅, 스키, 골프, 콘도미니엄, 해외여행 등의 요소가 지위 상징의 효과를 지닌 새로운 항목으로 등장한다. 사회 전반적으로는 소득수준의 증대로 다양한 여가활동이 전개되지만 계층

---

21) 신세대 술집에 대해서는 뒤에 제8장에서 보다 자세히 논의하기로 한다.

격차는 심화한다. 특히 부모의 부를 바탕으로 등장한 오렌지족은 상대적 박탈감을 심화시키는 데 결정적인 역할을 했다. 이에 따라 예전에는 거의 찾아볼 수 없었던 엽기적인 사회문제들이 터져 나오기 시작한다.

그 대표적인 것이 1993년~1994년에 걸쳐 벌어진 지존파 사건, 1994년의 온보현 사건, 1996년의 막가파 사건 등이다. 이 사건들은 강남의 오렌지족이 전면적으로 부상한 1992년 직후에 일어났던 사건들이라 사회적 불평등에 대한 반감이 크게 작용했다고 볼 수 있다. 실제로 서울시는 1994년 10월경 '지존파 사건'을 계기로 사회적 지탄의 대상이 되는 속칭 '야타족'이나 '오렌지족' 등 부유한 젊은 층들이 자주 출입하는 대형 나이트클럽 72곳에 대해 일제단속을 벌여 46개 업소를 적발하여 22곳은 영업정지 처분을 내렸다(경향신문, 1994.10.6.).

지존파는 5명을 연쇄살인 했는데 그야말로 당시에 엄청나게 사회적으로 큰 충격을 준 사건이었다. 그들이 엽기적인 이유는 살인을 한 사람의 숫자보다도 다음과 같은 것들 때문이다. 마을 외딴곳에 집을 마련하고 시체를 태울 수 있는 소각장까지 구비하고 범행을 저질렀다. 그들은 기본강령까지 정했다. 첫째 우리는 부자들을 증오한다. 둘째 각자 10억씩을 모을 때까지 범행을 계속한다. 셋째 배반자는 처형한다. 넷째 여자는 어머니도 믿지 말라는 등의 4개 항목을 그들의 기본강령으로 했다(위키백과, 2021c).

지존파와 같은 1994년도에 범행을 저지른 34살의 택시연쇄살인마 온보현은 "내 나이만큼 사람을 죽이려고 했다"고 진술했는데 그가 보인 행태도 엽기적이다. 그는 1994년 9월 27일 지존파를 검거하여 유명해졌던 서울 서초경찰서 입구에서 의경에게 "자수하러 왔다"라고 말하며 자수했다. 그는 경찰 조사에서 밝히기를, "지존파와 나를 비교해보고 싶다. 지존파와 같은 감방에 넣어 달라"라고 청원하였다고 한다. 1996년에 일어난 막가파 사건도 지존파를 모방하였다고 알려져 있다. '막가는 인생'이라고 하여 이름을 막가파라 지었다고 하며, 행동강령으로 첫째 배신하는 자는 죽인다, 둘째 화끈하게 살다가 멋있게 죽는다 등이다. 이 두 가지 사건은 모두 지존파 사건과 연관되어 있고 그 당시에 엄청난 충격을 주었다(위키백과, 2021b; 위키백과, 2021c).

이러한 세 가지 사건 이후에도 그동안 우리나라 사회에서는 거의 찾아볼 수 없었던 새로운 범죄의 유형들이 속출한다. 아리랑치기, 퍽치기 같은 신종 범죄가 등장하고, 도둑이 주인에게 들키면 도망가는 것이 아니라 강도로 돌변하는 경우도 생긴다. 그 외에도 아직 신용카드가 상용화되지 못해 주로 현금 거래가 이루어지는 업소를 노리는 범행도 빈번해진다. 예컨대 약국이나 주유소를 습격한다든지, 심지어 환자가 있는데도 불구하고 현금이 많은 성형외과나 치과에 칼을 들고 들어와 범행을 저지르는 경우도 있었다. 오늘날에는 이러한 유형의 범죄를 거의 찾아볼 수 없지만 한때 우리 사회를 떠들썩하게 했었다. 치안상태가 세계에서 으뜸간다고 자부할 수 있는 우리나라에서도 예전에 잠시였지만 이러한 엽기적인 범죄가 일어났었다. 1970년대까지만 하더라도 빈부격차가 생활양식에서 크게 드러나지 않았지만, 1980년대 대중소비사회로 접어들면서 그 격차가 물질적인 소비방식과 여가생활에서 확연하게 드러나고, 이에 따라 상대적 박탈감을 심화시킨 것이 주요 요인으로 작용했다고 보인다. 그리고 우리 사회에서 부(富)의 축적에 대한 정당성에 문제를 제기하는 근본적인 도전이라는 점도 유의해서 보아야 할 대목이다.

한편 21세기에 들어와서 한국의 여가문화에 가장 큰 변화를 가져온 것은 컴퓨터와 인터넷, 핸드폰의 등장이다. 이것은 라디오와 TV가 주축을 이루던 아날로그 시대에서 디지털 문화 시대로 전환하는 핵심적 요소들이다. 정보기술과 정보매체의 발달로 인해 여가문화에는 예전에는 찾아볼 수 없었던 새로운 변화가 일어난다. 흔히 정보화로 부르는 이러한 흐름은 컴퓨터의 등장에서부터 시작되었지만, 실제 평범한 사람들이 일상에서 경험할 수 있게 된 것은 개인용 컴퓨터가 등장하면서부터다. 여기서 우리가 주목해야 할 점은 '개인용'이란 용어다. 기존의 대표적인 대중매체인 TV는 가족 매체의 성격을 지닌다. 가정에서 TV는 가족의 공동공간인 거실의 중심에 위치하며, TV 시청 역시 가족과 함께 이루어지는 때가 많다. 그러나 개인용 컴퓨터, 즉 PC(personal computer)는 말 그대로 개인용이다. 물론 한 대를 두고 가족이 같이 쓰기도 하지만, 실제 이용할 때는 한 사람씩 이용하는 게 일반적이다.

이는 통신매체인 전화의 변화에서도 나타난다. 유선전화는 흔히 '집 전화'라고도 부르는데, 말 그대로 우리 집, 우리 가족의 전화다. 그러나 1990년대 중반 '삐삐'라 속칭하던 무선호출기가 유행하면서 개인화된 소통이 나타나기 시작했다. 1990년대 말 휴대전화가 대중화되면서 휴대전화는 이제 개인화된 소통의 도구일 뿐 아니라, 어떤 휴대전화를 가지고 있는지는 자신의 정체성을 드러내는 상징물이 되었다. 개인화된 매체 등이 보편화되고 중심이 되면서 이제 '가전(家電)'의 시대가 아니라 '개전(個電)'의 시대가 되었다고 할 정도다.

이러한 변화는 매체의 이용에 영향을 미친다. 사람들은 여가에서 문화콘텐츠를 소비하며 많은 시간을 보낸다. 과거 지상파가 중심이던 시절에는 TV는 심야엔 방송이 중단되는 등 제한적이었으며, 다른 가족의 눈치 등으로 자유롭게 이용하기 어려운 점도 있었다. 집 전화도 마찬가지다. 사람들의 여가생활에서 중요한 부분을 차지하고 있는 것 중 하나가 타인과 만나고 대화하는 것이다. 이를 매개하는 매체의 변화는 소통과 만남 방식의 변화와도 연결된다. 유선전화라는 매체는 기본적으로 시공간의 한계를 극복시켜 준다. 그러나 '용건만 간단히'나 심야에 집으로 전화하는 것은 전화예절에 어긋나듯 여기에는 사회적 규범의 제약이 뒤따른다. 아울러 집이나 사무실 같은 고정된 장소가 아니면 서로 소통하기 어렵다는 점에서도 공간적 제약은 존재했다. 그러나 휴대전화가 등장하면서 이러한 제약은 과거의 이야기가 되고 말았다. 사람들 간의 소통은 이제 시간과 공간에 구애받지 않고 말 그대로 언제 어디서든 이루어진다. 또한 이는 소통과 만남의 유연성을 가져온다. 통화뿐 아니라 문자를 이용하면 바빠서 지금 통화가 어렵더라도 이후 여유로울 때 메시지를 전달받을 수 있다. 그리고 만남도 미리 계획되지 않고 즉흥적으로 이루어질 수 있으며, 약속시간도 그때그때 상황에 따라 유동적으로 바꾸어갈 수 있다.

특히 인터넷이 확산하며 정보화와 관련한 현상들이 본격적으로 나타나기 시작했다. 인터넷이 대중에게 소개된 것은 1990년대 중반이었지만, 2000년을 전후로 해서 초고속 인터넷망이 빠르게 보급되면서 사람들의 삶에 실질적으로 자리 잡게 되었다. 인터넷은 시공간의 범위를 더욱 확장시켰다. 전 세계가 하나로 연결되기 때문에 국내뿐 아니라 해외의 콘텐츠를 소비하고 다른 나라 사람들과도 소통하고 놀 수 있게 되었다. 대량의 데이터를 주고받을 수 있기 때문에 문자, 그림뿐 아니라 동영상도 더욱 다양한 형태로 정보를 소통할 수 있게 되었다.

인터넷은 소통의 범위를 확장시켰을 뿐 아니라 매체를 통해 이용할 수 있는 콘텐츠를 폭발적으로 증가시켰다. 인터넷상에는 무궁무진할 정도로 다양한 콘텐츠가 있으며 이 덕분에 소수의 취향도 추구할 수 있게 되었다. 과거 지상파 TV와 같이 대중매체가 중심이던 시절에는 채널이 한정적이어서 다수가 좋아하는 콘텐츠를 중심으로 방송이 되었다. 그러나 인터넷에서는 유행이나 대중의 취향과 거리가 먼 콘텐츠도 쉽게 찾아볼 수 있으며 이를 통해 개인만의 취향을 발달시킬 수 있다. 하지만 이로 인해 사람들을 파편화하고 자신의 기호에 맞는 정보와 문화를 편식하면서 발생하는 확증편향의 우려를 낳기도 한다. 또한 인터넷을 위시한 정보매체는 양방향 소통이 가능하므로 사람들은 더 이상 콘텐츠의 소비자로서뿐 아니라 생산자로서 활동할 수 있게 되었다. UCC(User Creative Contents)나 유튜브 같은 동영상 플랫폼을 통해 시청만 하는 수신자가 아니라 제작하는 송신자가 된 것이다.

또한 디지털 문화의 발달은 새로운 여가를 부상시켰다. 바로 전자게임이다. 전자게임은 정보기술과 놀이가 접목되면서 등장한 여가다. 1980년대와 90년대 오락실과 개인용 컴퓨터 등을 통해 서서히 대중화되던 전자게임은 2000년대 인터넷의 보급과 함께 폭발적으로 확산되면서 특히 젊은층에게는 가장 중요한 여가 중 하나로 자리 잡았다. 여기에는 산업화·도시화라는 사회적 배경이 놓여 있다. 오늘날 도시공간에는 아이들이 자유롭게 뛰어놀 넓은 공터는 찾아보기 어렵다. 또한 시간부족에 쫓기는 현대인에게 정보기술을 바탕으로 무한한 가상공간에서 언제 어디서든지 그리고 사람들을 쉽게 만나 놀 수 있는 게임은 적합한 여가수단이 된다. 전자게임이 일상화되면서 '피시방'은 한국을 대표하는 새로운 여가공간으로 자리 잡았다.

2010년에 접어들면서 급격하게 보급된 스마트폰은 이러한 경향을 더욱 심화시켰다. 스마트폰은 휴대폰과 컴퓨터를 결합함으로써 언제 어디서나 컴퓨터와 인터넷을 이용하게 된 것이었다. 다시 말해 정보매체를 이용할 수 있는 시공간을 더욱 확장시킨 셈이다. 또한 스마트폰의 이용은 중장년층까지도 컴퓨터와 인터넷 그리고 게임에 익숙하도록 만들었다. 〈애니팡〉과 같은 쉬운 게임이 인기를 끌면서 사오십대도 게임에 접하도록 만든 것이었다.

이제 정보화된 여가는 특정 세대의 전유물이 아니라 전 세대를 아우르는 하나의 특징으로 부상한다. 그리하여 21세기 디지털문화 환경에서는 스마트폰이 낳은 신인류가 탄생한다. '포노 사피엔스'라는 신인류는 여가시간의 대부분을 스마트폰에 의존하면서 생활한다(최재붕, 2019). 이것은 지하철을 타보면 여실히 드러난다. 외국인들에게 이런 모습은 생소하기도 하면서 감탄을 자아낸다. 지하철에서까지 빵빵 잘 터지는 와이파이와 그 빠른 속도에 놀라움을 금치 못하는 것이다.

이상에서 살펴본 바와 같이 1980년대 이후에 일어난 여가문화 변화의 특징은 다음과 같은 몇 가지로 압축해 볼 수 있다. 첫째, 가족 지향적 가치관의 영향으로 가족 단위 레저 생활이 증가했다. 이렇게 된 데는 마이카(my car)의 실현과 리조트 산업의 발전으로 가족 동반으로 리조트에서 체재하는 형태의 여가생활이 한층 용이해졌다는 점이 중요한 요인으로 작용했다. 둘째, 생활체육 인구가 급증하고, 나아가서는 모험과 직접 체험을 적극적으로 추구하는 다양한 여가양식이 성행하게 되었다. 예컨대 래프팅, 트래킹, 스킨스쿠버 다이빙, 행글라이딩, 암벽 타기, 고산 등정 등 매우 다양한 신종 레저스포츠와 배낭여행이 등장했다. 특히 2000년대에는 조깅과 마라톤 인구가 폭발적으로 증가한다. 셋째, 자연 친화적 여가 유형이 증가했다. 여기에는 물질문명의 범람 속에서 억제되었던 자연성을 회복하고 자연과의 교류를 통해 더욱 쾌적한 삶의 질을 누리기 위한 목적이 있다. 대표적인 예로 행락·산책, 등산, 낚시, 주말농장, 삼림욕 등이 증가한다. 넷째, 젊은 층을 중심으로 극소전자 기계문명의 발달에 따른 새로운 여가 유형이 크게 확산했다. 컴퓨터와 인터넷의 대중적인 보급으로 게임산업이 크게 확장되고 각종 동호회가 활성화되었다. 그리고 케이블 TV를 시청하는 인구층도 크게 증가한다. 다섯째, 2000년대에는 디지털문화 환경에서 스마트폰이 낳은 신인류가 탄생했다. '포노 사피엔스'라는 신인류는 여가시간의 대부분을 스마트폰에 의존하면서 생활한다. 다음에는 여가문화의 변화를 상징하는 몇 가지 유형의 여가양식을 통해 그 의미를 살펴보기로 하자.

2. 몇 가지 새로운 여가양식

우리나라에서 여가양식의 다양화를 상징하는 것으로서 월드컵을 계기로 확고한 동아리로 자리 잡은 '붉은악마'를 빼놓을 수 없다. 이것은 예전에는 찾아볼 수 없었던 전혀 새로운 현상이다. 붉은악마는 젊은 세대를 중심으로 순수하게 축구를 사랑하고 축구에 관심을 가진 사람들이 모인 동호회다.[22] 2002년 6월 한 달 동안 전국을 붉게 물들였던 거리응원 준비를 '붉은악마' 홈페이지를 통해 시작했고, 거리응원 제안이 인터넷을 타고 네티즌에게 알려져 많은 시민이 이에 참여할 수 있었다. 그리고 그 물결은 해방 이후 최대라고 일컬어질 만큼 전 국민적인 축제 분위기를 연출했다.

붉은악마는 인터넷을 적극적으로 활용해 이전의 획일적인 일방향 커뮤니케이션에서 벗어났다. 자유로운 쌍방향 의견교환으로 능동적이고 통일적인 행동을 이룬 것이다. 이 동호회는 상명하달식 의사소통구조에서 벗어나 쌍방향 의사소통이 가능한 인터넷의 특성을 십분 활용했고, 소수에 이끌려가던 방식 대신 다수가 의견을 제시하고 스스로 의제를 만들어나가는 방식이 특징이었다. 동호회의 조직구조에도 기존의 조직과 같이 회장단을 비롯한

---

22) 1997년 PC통신에서 만난 젊은이들의 축구동아리를 주축으로 형성되었다.

지도부가 있었지만, 이들은 단지 조직의 효율적 운영을 위해 일하는 실무자 성격을 가질 뿐이고 대부분의 중요한 활동은 네트워크를 이용하여 조직 구성원들의 의견을 모아 이루어졌다.

이러한 동호회 활동의 확산은 한국 사회가 가진 다양성의 지표이며, 인터넷이 급속하게 보급된 결과이기도 하다. 21세기에 접어들면서 한국 사회는 획일적이고 권위주의적이며 일방적인 문화가 약화되는 가운데 상대적으로 다양하고 자유주의적이며 쌍방향적인 문화가 사회의 전면에 등장하게 되었다. 이러한 문화가 만든 첫 작품이 2002년의 경험들일 것이다.

인터넷 동호회의 활동은 특정 포털사이트의 카페나 블로그(blog) 등을 중심으로 급속하게 증가하고 있다. 사회적으로 문제가 되는 현상의 해결을 위해 즉각적으로 카페가 결성되기도 하고, 영화 및 TV 드라마 속의 주인공을 지지하거나 가수를 지원하는 팬카페 등과 같이 즉각적(real time) 대응이라는 젊은 세대의 코드에 맞추어 다양한 동호회가 결성되고 있다. 물론 자살 사이트를 비롯하여 사회문제를 야기하는 동호회도 있지만, 전체적으로 보았을 때 한국의 동호회는 개인의 취향 및 관심에만 그치지 않고 사회적 관계에서의 변화를 모색하여 인터넷이라는 사이버공간을 넘어서 현실의 광장에 적극적으로 개입하는 특성도 지니고 있다.

한편 기성세대의 여가문화에서 일어난 상징적인 변화는 조깅과 마라톤을 즐기는 인구가 증가한 데서 찾아볼 수 있다. 우리나라에서는 2000년대에 들어 조깅과 마라톤을 즐기는 인구가 급증한다. 이에 따라 마라톤 대회가 우후죽순처럼 생기고, 마라톤 동호회 또한 매우 활성화된다. 다소 차이는 있지만 마라톤 동호회에서는 비교적 짧은 시간에 회원들 간의 유대감이 돈독해진다. 필자가 보기에 그 이유는 다음과 같은 점들 때문이다.

첫째, 마라톤은 많은 땀과 인내력을 요구하기 때문에 복잡한 이성적 계산

없이 감성적으로 쉽게 동질감을 형성할 수 있다. 대부분의 만남이 이해타산을 중심으로 이루어지는 이익사회에서, 쉽게 따뜻한 정서적 동질감을 형성할 수 있는 것이 마라톤의 이점이다. 둘째, 마라톤의 활성화는 건강과 육체에 관한 관심이 증가한 시대적 요구와도 맥을 같이 한다. 몸에 관한 관심은 건강강박증이나 성형중독이라는 부정적 현상을 불러일으킬 정도로 보편화되었다. 웰빙(well-being) 열풍과 슬로우 라이프(slow life) 운동이 일어나는 가운데, 마라톤은 비교적 적은 비용으로 개인적 성취감 달성할 수 있다는 이점이 있다. 그리고 노동의 영역에서 가치 있는 삶, 창조적인 삶을 추구하기 힘든 현실에서 마라톤은 육체의 재발견을 선사한다. 즉 자신의 육체에 내재한 잠재 능력을 새삼스럽게 발견하고 나날이 향상되는 기록 속에 나르시즘적 쾌락을 만끽하게 한다. 셋째, 마라톤은 개개인이 모두 축제에 동참하는 주인공이라는 사실이다. 이는 대부분의 현대 축제가 스펙터클화되어 관람자의 입장에서 구경하는 것에 그치는 경우가 많다는 점을 감안할 때, 주체적인 참여가 가능하다는 점에서 독특한 매력이 있다. 넷째, 마라톤은 혼자 연습하면서 즐길 수 있다는 이점이 있다. 이 점은 꽉 짜인 시간표에 따라 바쁘게 살아가는 현대인에게 여가 동반자 문제를 해소해준다. 즉 서로 약속시간을 정하는 것 자체가 어려운 현실에서 자기 혼자 개인적 특성을 자유롭게 반영할 수 있다는 장점이 있다.

이러한 특성들 때문에 마라톤 동호회는 비교적 가입과 탈퇴가 자유롭고, 다소 차이는 있지만 느슨한 조직으로 운영된다. 마라톤 대회를 중심으로 강한 에피소드적 만남이 있고 여기서 동질적인 연대감을 형성한다. 이러한 점들은 탈권위와 탈중심을 지향하는 신(新)부족의 특성을 잘 드러낸다. 그런데 이러한 신부족의 특성은 마라톤 동호회에만 국한되는 것이 아니다. 인터넷상의 많은 동호회에서 이와 유사한 경향을 발견할 수 있다.

개인주의가 발달한 현대사회에서 고독과 외로움이라는 현대병은 새로운 공동체를 추구하게 만들고, 이는 필연적으로 정서적 공감대를 공유할 수 있는 각종 클럽 활동과 계모임 같은 것을 더욱 확산시킨다. 이러한 현상을 프랑스의 사회학자 미셸 마페졸리(Michel Maffesoli)는 '신부족주의(neo-tribalism)'라는 개념으로 표현한다. 신부족주의는 어떤 의미에서는 현대사회에서 새로운 공동체의 출발을 알리는 것이라고 할 수 있다.[23]

다른 한편 1990년대 이후의 여가양식에서 주목할 만한 특징은 도시성을 탈피하면서 산업주의를 지양하는 자연 친화적 여가양식이 확산된 점이다. 앞서 논의한 마라톤도 자연 친화적인 성격이 있지만 가장 대표적인 것이 주말농장이다. 서울에서는 1991년도에 텃밭 형태의 '주말농장'이라는 개념이 처음으로 도입되었으나 개장 초기에는 주말농장에 대한 인식이 부족해 주말농장을 운영하려는 농장주 자체가 그다지 많지 않았다. 그러나 정부의 농업기술센터의 확대 시책과 대도시 변두리 지역 개발 정책으로 서울시 주변에는 1993년까지 주말농장이 점차 증가했고, 이후 1997년까지 소강상태를 보였다. 그러다가 자연환경에 대한 관심과 중요성에 대한 사회적인 인식이 증가함에 따라 2000년 이후 급격히 확대 운영되고 있는 실정이다. 이러한 배경을 바탕으로 최근에는 '체재형 주말농장'까지 등장한다. 2007년 11월에 경기도는 독일의 체재형 주말농장인 '클라인가르텐'을 모방하여[24] 양평군과 연천군 두 곳에 입주자를 모집했다. 10명을 모집했지만 1,349명이 신청하여 경쟁률이 무려 135:1에 육박했다. 이것은 체재형 여가양식에 대한

---

23) 마라톤에 대한 논의는 제9장에서 독립된 글에서 더 자세히 살펴본다.

24) 클라인가르텐(Kleingarten)은 독일어로 '작은 정원'이란 뜻이지만 일반적으로는 도시에 집단적으로 조성되어 있는 농장을 의미한다. 이와 유사한 것으로 러시아의 다차, 일본의 시민농원, 핀란드의 히테 등이 있다.

수요가 그만큼 크다는 것을 단적으로 증명한다.

　이러한 현상은 다음과 같은 의미를 내포하고 있다. 인위적인 생활환경, 즉 도시성의 지배를 극복 또는 이탈하려는 자연 친화적인 여가양식이라는 점이다. 그리고 슬로우 푸드(slow food), 슬로우 라이프 운동과도 어떤 의미에서는 그 맥을 같이한다. 슬로우 라이프의 핵심은 모든 것을 빨리 해치워야 한다는 강박관념에서 탈피하여, 삶의 리듬을 늦추더라도 최고의 즐거움과 보람을 느낄 수 있도록 생활을 변화시키자는 것이다. 이 운동 역시 슬로우 푸드 운동과 마찬가지로 자연보호를 중시해 환경친화적인 삶을 권장한다. 주말농장, 나아가 체재형 주말농장을 선호하는 것도 이러한 운동과 유사한 맥락에 있다고 볼 수 있다.

3. 일상생활에서 여가의 기능과 의미

　우리의 생활시간구조는 대체로 세 가지 영역으로 구분할 수 있다. 생리적 필수시간, 노동시간, 여가시간이 그것이다. 여기서 여가는 생리적 필수시간과 노동시간을 제외한 나머지 시간으로 간주할 수 있다. 그런데 여가시간 중에서도 반드시 여가 같지 않은 시간이 있다. 그것은 사회적 의무감으로 어쩔 수 없이 시간을 할당해야만 하는 영역이 있기 때문이다. 예컨대 각종 경조사에 참석해야 하는 경우가 대표적인 예다. 종교생활도 마찬가지다. 이렇게 생각하면 여가에 대한 정의가 너무 복잡해진다.[25] 그래서 여가의 정

---

25) 강단사회학에서 가장 보편적으로 수용되는 여가의 개념은 다음과 같은 뒤마즈디에의 여가 정의이다. "여가는 개인이 자신의 직업상의 의무와 가족 및 사회적 의무를 다한 후에 휴식하거나 즐기거나,

의에 집착하기보다는 여가의 기능을 중심으로 논의를 전개해 보고자 한다.

프랑스의 여가사회학자 뒤마즈디에(J. Dumazedier)는 여가의 긍정적 기능을 휴식과 긴장 완화(relaxation), 기분 전환(entertainment), 자기계발·자아확장(personal development and ego expanding)의 세 가지로 보았다. 이 세 가지 기능은 상호 연관되기도 하지만 분석적 필요에 의해 구분해 볼 필요가 있다. 이 절에서는 각각의 기능에 해당하는 전형적인 여가행태를 중심으로 논의를 전개하기로 하자.

먼저 여가는 휴식과 긴장 완화의 기능을 한다. 여기에 해당하는 대표적인 유형은 낮잠을 자는 것이고, 텔레비전을 보거나 음악을 들으며 휴식을 취하는 것이다. 나아가 별장이나 리조트에서 휴양 체제형 여가를 즐기는 것도 여기에 해당한다. 이러한 여가행태는 삶의 리듬을 유지하기 위해서는 필수적인 것인데도 종종 '시간 죽이기'와 연관되기 때문에 비난받는다. 예컨대 휴일에 아무 생각 없이 집에서 이 채널 저 채널 바꿔가며 텔레비전을 보거나, 할 일 없이 그저 빈둥빈둥 시간을 보내는 것은 일반적으로 바람직하지 않다고 생각한다. 그러나 장시간 노동과 지나친 과로에 시달릴 때 휴식과 긴장 완화는 생체리듬 유지에 필수적이다. 어떤 의미에서 이 기능은 진부하지만 일상적 삶을 유지하게 하는 기본적 토대이다. 그렇더라도 여러 조건 때문에 집에서 텔레비전을 볼 '수밖에' 없는 상황은 문제가 된다. 즉 경제적 여건이나 시간 부족, 여가향유 능력의 결여 등의 요인 때문에 시간 죽이기와 같은 강제된 여가를 보낼 수밖에 없는 사람이 많을 때는 사회문제로 비화할 수도 있다. 이것은 특히 분배와 관련하여 사회적 불평등의 문제를

이해관계와 상관없이 자신의 지식과 기술을 늘리고 배양하거나, 혹은 공동체 생활에의 자발적 참여를 증대시키는 등, 자신의 자유의지에 따라 탐닉할 수 있는 다양한 일(業)들로 구성된다."(Dumazedier, 1960: 577)

제기하기 때문이다.

다음으로 여가의 기능 중 기분 전환 및 스트레스 해소와 관련된 부분을 살펴보자. 이 기능도 또한 일상생활을 영위하는 데 필수적이다. 하지만 여기에 해당하는 여가행태는 너무나 다양할 뿐만 아니라, 개인적 필요에 따라 스펙트럼의 편차가 너무나 크다. 이것은 제도권의 공식적인 영역에서 이루어지는 것과 비공식적인 영역에서 이루어지는 것으로 구분된다. 이 글에서는 후자의 영역에 해당하는 일탈적인 여가인 초점을 맞추어 그 의미를 살펴보기로 하자. 왜냐하면 기존의 여가사회학에서는 주로 전자에 치중하는 학문적 편식을 보여 왔기 때문이다.

기분 전환 및 스트레스 해소와 관련된 일탈적 여가의 대표적 유형은 젊은 세대의 반(反)문화와 기성세대의 매매춘 및 퇴폐적 음주문화 등에서 전형적으로 찾아볼 수 있다. 전자는 기성세대의 권위에 도전하는 청소년 문화에서 찾아볼 수 있는데, 기존 질서를 부정하지 않는 하위문화에서부터 그것을 부정하는 반문화에 이르기까지 다양하다. 서구에서는 일찍이 히피와 펑크족의 약물중독이 문제가 된 적이 있고, 우리나라에서도 청소년의 본드 흡입과 폭주족 등이 사회문제로 등장했다. 또한 매매춘과 퇴폐적 음주문화는 우리나라뿐만 아니라 인류 역사와 함께 보편적으로 있었던 문제들이다. 그러면 이와 같은 일탈적 여가는 우리의 일상생활에 어떤 의미를 지니는가?

마페졸리에 의하면 일상성은 한 개인의 삶을 지속하게 하고, 나아가서는 공식적인 사회를 존립하게 하는 부식토와 같은 것이다.[26] 여기서 우리는 그가 제시한 '숨겨진 중심성(지하의 중심성)'이라는 개념에 주목하려 한다(김무경, 2007: 167). 일탈적 여가는 공식적인 사회생활의 이면에 감추어진 지

---

26) 일상성이 '삶의 부식토'라는 개념은 2006년 부산대 사회학과 창립 30주년 기념행사의 일환으로, 해외석학 초청강연 행사에서 강연한 미셸 마페졸리의 말을 참조했다.

하세계의 중심성을 드러내는 전형적인 모습이다. 이것은 인간이 이성적이고 합리적인 측면뿐 아니라 감성적이고 비합리적인 면도 동시에 가지고 있다는 사실에 기초한다. 일상생활이 공식적인 무대에서 영위되는 부분도 있지만, 비공식적인 지하의 무대에서도 이루어진다는 점을 부정할 수 있는 사람은 거의 없을 것이다. 인간의 잠재된 욕구는 오히려 지하의 무대에서 나래를 펼친다. 이것 또한 일상생활을 지탱해주는 삶의 주요한 구성요소이기 때문이다. 앞서 살펴본 바와 같이 1980년대 야간 통행금지가 해제된 이후 각종 퇴폐적인 음주문화의 발흥이 하나의 실례다. 그리고 퇴폐 이발소와, 매매춘, 호스트바 등도 숨겨진 중심성을 보여주는 예다. 이러한 일탈적인 여가 외에도 청소년기의 음주와 흡연, 성인기의 혼외정사는 공공연한 비밀로 널리 퍼져 있는 사회현상이다. 일탈적 여가는 가치판단의 문제를 떠나 하나의 현상으로 존재하는 사회적 사실이고, 이것 또한 일상생활을 구성하는 주요 요소라는 점을 인식할 필요가 있다.

다양한 스펙트럼이 있는 긴장 완화나 기분 전환의 기능을 가진 여가는 인간의 생체리듬의 회복을 위해서는 기본적인 요소이다. 그러나 여가의 세 번째 기능인 자기계발·자아확장을 위한 여가는 전자에 비해서는 상대적으로 필수성이 떨어진다. 그러나 더 나은 삶, 바람직한 삶을 영위하기 위해서는 이러한 여가가 전자에 비해 중요성이 크다. 왜냐하면 인간이 동물과 다른 점은 바로 이 세 번째 기능의 여가에 의해 문명을 창조하는 것이기 때문이다.

인간의 욕구에는 생물학적 욕구와 사회적 욕구가 있다. 자연유기체로서의 생물학적 욕구에는 한계가 있지만, 사회적 동물로서의 욕구는 무제한적이다. 매슬로(A. Maslow)의 욕구 단계설에서 보듯이, 물질적·경제적 욕구가 충족되고 나면 문화적 욕구나 자아실현에 대한 욕구가 증대해간다. 그리고 한번 길들여진 인간의 감각은 점점 더 편안하고 세련된 것을 추구하는 경향이 있다. 이러한 현상은 역사를 통해서도 확인된다. 즉 산업화 초기의 여가는 단지 노동의 재충전이라는 생물학적 생체리듬 회복에 치중되어 있었지만, 21세기에는 삶의 질 문제와 관련하여 더 고차적인 욕구를 실현할 수 있는 장으로 인식되기 시작한다.

자기계발과 자아확장의 기능을 지닌 여가는 우리의 삶에 새로운 지평을 열어주는 계기다. 물론 이러한 기능의 여가에도 다양한 스펙트럼이 있다. 예컨대 방학이나 일과시간 후에 더 나은 직장을 구하거나 승진하기 위해 영어나 컴퓨터를 공부하는 것도 자기계발이다. 이런 유형의 여가는 사실상 노동의 세계에 종속된 여가로서 진정한 의미의 여가로 보기는 어렵다. 그리고 자신의 잠재된 능력과 소양을 배양하기 위해 다양한 취미활동을 추구하거나, 또는 명상이나 자연을 통해 영적 체험을 추구하는 것도 자기계발이나 자아확장에 해당한다. 앞서 말한 두 가지 기능의 여가에도 해당되지만 특히 이 세 번째 기능의 여가는 여가향유 능력과 밀접한 관련이 있다.

리스만(D. Riesman)에 의하면 여가향유 능력은 크게 두 가지 차원, 즉 장인재능(craftsmanship)과 소비재능(consumership)으로 구성된다 (Dumazedier, 1974: 248-254). 장인재능은 육체를 이용하여 무엇인가를 실질적으로 해낼 수 있는 숙련도를 의미한다. 예컨대 스포츠나 악기 연주, DIY 등과 같은 여가활동을 할 때 자기가 직접 할 수 있는 숙련의 정도를 말한다. 소비재능은 어떤 대상을 느끼고 감식하고 식별할 수 있는 안목을 의미한다. 예컨대 문학작품이나 음악, 미술 등의 예술작품을 읽고, 듣고, 보면서 즐길 수 있는 소비능력을 말한다. 그뿐 아니라 영화나 TV를 보더라도 그것을 소화해낼 수 있는 능력 등도 포함된다. 이러한 두 가지 여가향유 능력은 앞에서 말한 여가의 세 가지 기능과 모두 연관되지만 마지막 세 번째, 즉 자기계발과 자아확장의 기능을 가진 여가와 더욱 친화성이 있다.

앞으로는 자신의 잠재된 재능, 감성, 예술적 소양을 개발하고 개성을 세련하는 개개인이 증대할 것으로 전망된다. 이러한 추세는 단순히 생산된 문화의 소비자로서가 아니라 문화생산자로서의 위치로 올라서려는 욕구가 증가하는 데서 여실히 드러난다. 기존에는 생산된 문화를 소비(감상)한다는 차원에서 주로 문화활동에 참여했다. 그러나 이제는 그러한 차원에서 머무르지 않고 오히려 자신이 직접 문화의 창조에 참여하는 형태를 추구하고 있다. 이에 따라 창조형 여가생활이 새롭게 부상한다. 벌써 전문 직업인들과 별개로 소공예, 회화, 붓글씨, 수필, 시, 소설 등과 같은 창작물을 발표하는 일반인들의 수가 상당한 정도에 이른다. 많은 사람들이 문화의 소비자인 동시에 창조자라는 이중성을 갖게 되는 것이다. 토플러(A. Toffler)의 말을 빌리자면 문화의 '프로슈머(Prosumer)'가 증가하는 것이다. 결국 앞으로는 문화, 교양, 창조형 레저와 같이 사람들의 문화적 욕구를 충족시키고 자아실현의 목표를 달성하는 여가 유형이 더욱 관심을 모으게 될 것이다. 나아가서는 그러한 개인들이 모인 동호회나 소집단적 클럽 활동이 크게 증가할 것으로 보인다. 사실 이러한 징후는 이미 여러 분야에서 현실화되고 있다.

모든 인간은 다양한 잠재력을 가지고 태어난다. 그런데 왜 우리는 다양한 관심사를 스스로 제한하고, 자기의 잠재된 재능을 계발하지 못하는 것일까? 이것은 설문조사를 통해 여가불만족 요인을 찾아보면 금방 답이 나온다. 경제적인 여유와 시간적인 여유가 없기 때문이다. 돈과 시간, 이 두 가지 요인이 여가활동을 제약하는 가장 큰 구조적 요인이다. 그 외에도 여가시설 부족, 여가프로그램 부족, 여가정보 부족, 여가동반자 문제 등등이 있으나, 주목할 것은 여가향유 능력의 부족이다. 그런데 이것은 단지 여가의 영역에 국한되는 것이 아니라 노동의 영역에서부터 파생한다.

오랜 기간 특정 영역에서만의 탁월함을 바람직하다고 생각하는 '전문가의 신화'가 생성되어 왔다. 한 우물을 파는 '전문가'가 되어야 진리를 발견하고, 자아를 찾고, 생계를 유지할 수 있다고 믿고 있어서이다. 이러한 현상은 산업사회로 접어들면서 더욱 극적으로 나타난다. 분업이 발달하면서 이질성에 기초한 산업사회에서는 분화된 각종 다양한 전문 영역에서 각자의 사회적 성공을 추구하는 것이 보편화되기 때문이다. 따라서 개개인의 다양한 능력은 오직 한 방향으로만 숙련을 하고 완성도를 추구하게 된다. 나머지 잠재된 다양한 재능은 무시되고 간과된다. 이것이 생계문제를 해결하는 노동의 영역에서는 명백하다. 폴란드 속담에는 '직업이 7개 있는데 8번째 직업은 가난이다.' 체코 속담에는 '재주는 9개 있는데 10번째 재주는 불행이다.' 그리스 속담에는 '재주가 많은 사람은 텅텅 빈 집에서 산다.' 일본에서는 '재주가 12가지면 굶어 죽는다.'는 등의 속담이 있다. 우리나라에서도 팔방미인이라는 말이 잡학다식 한 사람을 비아냥거리는 부정적인 의미로 사용되는 경우가 많다. 하지만 전문화 시스템은 이미 시대에 뒤처진 시스템으로 창의력과 기회를 억누르고, 성장과 발전을 방해한다는 와카스 아메드(Waqas Ahmed)의 말을 경청할 필요가 있다.[27]

그는 21세기 새로운 신인류로 폴리매스(polymath)의 등장을 예견한다. 폴리매스란, 사전적 의미로는 '박식가'를 뜻한다. 그러나 그가 말하는 폴리매스는 좀 더 깊은 뜻이 담겨 있다. 폴리매스는 잡학다식과는 다르다. 어떤 분야에서 깊이가 있으면서 다양한 활동을 하는 사람. 이런 사람이 박학다식한 폴리매스다. 깊이 없이 다양한 활동만 하는 사람은 잡학다식한 사람이다. 폴리매스는 서로 연관이 없어 보이는 다양한 영역에서 출중한 재능

---

27) 유튜브 채널 〈체인지 그라운드〉에서 「한 가지 일만 하는 시대는 끝났다 (f.폴리매스)」라는 제목으로 와카스 아메드의 저작 『폴리매스』를 소개하는 내용 및 교보문고의 책 홍보내용을 참조했다(체인지 그라운드, 2020.10.5.).

을 발휘하여 방대하고 종합적인 사고와 방법론을 지닌 사람이다. 그들은 다양한 분야를 넘나들며 경계를 허물고, 연결을 통해 창의성으로 이끌며, 총체적 사고와 방법론을 사용하여 시대를 이끌어 가는 사람을 뜻한다. 오늘날 학문의 세계에서 학제 간 연구(the interdisciplinary studies)와 통섭(consilience)을 강조하는 것도 이와 같은 맥락에서이다. 아메드는 폴리매스의 한 전형으로 코미디언이자 경영컨설턴트인 스콧 애덤을 예로 든다(와카스 아메드, 2020).

아메드는 스콧 애덤의 말을 인용하여 다음과 같이 설명한다. 진정한 폴리매스가 되기 위해서는 한 분야에서 적어도 10% 안에는 들어야 한다. 잡학다식한 사람은 어떤 분야에 호기심을 느끼고 매진하다가 난관에 봉착하면 다른 분야로 옮겨 다닌다. 이런 것은 수박 겉핥기에 불과하다. 진득함이 부족하고, 인내력이 부족하다. 하지만 폴리매스는 인내심도 보유하고 있다. 10% 안에 드는 분야가 3개 내지 4개가 되었을 때 그것을 연결하게 되면 어떤 특정 분야에서 상위 1% 안에 드는 것보다 훨씬 생존력도 강하고 자아실현의 욕구를 충족시킬 수 있다. "특정 분야에서 상위 1%에 들면 엄청난 재정적 보상과 안정, 기회를 얻을 수 있지만 말 그대로 1%에 해당되는 소수일 뿐이다. 자기 분야에서 상위 1%에 들면 직업안정성을 얻는다. 하지만 이는 대단히 어려운 일이다. 반면에 서로 무관해 보이는 두, 세 가지 영역에서 종사하면서 상위 10%에 들어 이들 분야의 지식과 기술을 통합해 활용한다면 성공 확률은 훨씬 커진다"라는 스콧 애덤의 말을 인용한다.

와카스 아메드는 전 세계 사람이 다방면의 잠재력을 발휘할 수 있도록 돕는 글로벌 운동 '다빈치 네트워크'의 창립자이며 매년 폴리매스 페스티벌을 개최하고 있다. 그는 서로 연관 없어 보이는 다양한 영역에서 출중한 재능을 보이는 이들을 연구하여 강력한 영향력, 넘치는 잠재력을 토대로 변화를 일으키고 뛰어난 성과를 올리는 방법은 '다재다능함'임을 입증하고 있다. 그는 우리 스스로에 대해 단정 짓지 말고 숨은 다양한 가능성을 해방하여 오늘날 21세기를 충만하게 살아갈 방법을 제시한다.

그런데 이것은 노동과 직업의 영역에만 국한되지는 않는다. 오히려 여가의 영역에 더 적합성이 있다. 왜냐하면 먹고 사는 경제적 문제는 기본적인 사회생활을 영위하기 위해서는 구속력이 크다. 하지만 상대적으로 여가의 영역은 자유로이 개개인의 삶을 구성해 나갈 수 있는 선택지가 다양하게 열려있기 때문이다. 비록 여러 가지 구조적인 제약이 있더라도 자기의 잠재된 재능 중에서 여가향유 능력을 키워나가는 것은 개개인의 몫이다.

대부분의 사람은 일생동안 특정한 잠재력만 개발해서 사용하고 나머지 잠재력은 무시해 버리거나 방치한다. 그래서 나를 온전히 실현하지 못한다. 그 일차적인 이유는 앞서 말했듯이 구조적이고 환경적인 문제에서 발생한다. 전문화를 추구하는 교육시스템. 산업혁명 이후에 지속적으로 추구해왔던 교육 방식이었다. 우리나라에서도 특수한 경우를 제외하고는 성장기 학창시절에 만약 예체능 분야에 몰입하면 대부분의 부모는 그것을 제지하려고 한다. 보다 좋은 대학을 가기 위해 학업에 몰두해야 하고, 치열한 경쟁을 통해 사회적으로 평판이 있는 직장을 구하도록 강요된다. 입사 뒤에는 성과를 내고 승진을 통해 더 높은 직위로 상향이동을 하고자 한다. 이러한 과정에서 대부분의 삶의 에너지는 노동 영역의 목표달성을 위해 소진되고, 자기 자신의 잠재된 재능을 찾기도 어렵고 훈련할 기회도 차단되는 게 다반사다. 여가향유 능력의 개발과 숙련은 뒷전으로 밀려난다.

아메드가 말하는 폴리매스는 지나치게 '관념적이고 비현실적이다'라고 비판할 수도 있다. 사실 몇 개의 분야에서 상위 10%에 드는 것도 그렇게 쉬운 일은 아니다. 게다가 상위 10%에 드는 몇 개의 분야가 서로 연결되어 시너지 효과를 내는 것은 더욱 어렵다. 하지만 그는 전인계발과 자아실현, 자아완성을 추구하는 삶의 지향점을 제시해 준다는 점에서는 의미가 있다. 폴리매스라는 21세기 새로운 인간형에 대한 발상은 이미 19세기 마르크스의 저작에서도 그 맹아를 찾아볼 수 있다. 일찍이 마르크스는 노동과 여가가 통합된 이상적인 삶의 모습을 다음과 같이 묘사한다.

> "공산주의 사회에서는, 어느 누구도 하나의 배타적인 활동 영역(분업화된 전문 영역: 필자 주)만을 가지는 것이 아니라, 각자는 그가 원하는 어떤 부서에서도 활동할 수 있다. 사회가 일반적인 전체 생산을 통제함으로써, 오늘은 이런 일 내일은 저런 일을 하는, 즉 아침에는 사냥하고 오후에는 고기를 잡고, 저녁에는 가축을 기르고, 저녁 식사 후에는 비평하는 것을 가능하게 한다. 내가 사냥꾼이나 어부, 양치기 또는 비평가가 되지 않더라도, 내가 마음만 먹으면 모든 것이 가능하다."(Marx and Engels, 1965: 45)

사실 이러한 모습은 유토피아이다. 이러한 삶의 기본전제는 생계를 위한 노동의 필연성이 사라져야 한다는 것이다. 또한 물질주의와 황금만능주의와 같은 세속적인 가치도 극복되어야 가능하다. 그리고 노동과 여가가 이분법적으로 엄격하게 구별되지 않는 그런 사회여야 한다. 그래서 마르크스의 초기 저작은 관념적이고 추상적이라는 비판을 받기도 한다. 하지만 앞서 말한 바와 같이 바람직하게 사는 삶의 모습과 삶의 지향점을 그려본다는 점에서는 많은 시사점을 제공해 준다. 앞으로 21세기 이후에는 일생에 오직 한 번밖에 주어지지 않는 찰나의 삶에서 자기 자신을 성찰하고, 구체적인 현실에서 온전한 자기모습을 찾아보려고 하는 사람들이 증가할 것으로 보인다. 잠재된 자기의 다양한 여가향유 능력을 찾아내어 자기계발과 자아실현을 추구하면서 삶의 복수적 형태를 실행하려는 인간형이 많아질 것으로 예측된다. 최근에 부상하는 '소확행(작지만 확실한 행복)'과 '워라벨(work-life balance)'의 등장에서 복수적 삶의 형태를 실천하려는 맹아는 이미 싹트고 있다고 보아야 할 것이다.

제3장

IMF와 소비·여가생활의 변화

제3장
IMF와 소비·여가생활의 변화[1]

1. IMF의 충격

1960년대 경제개발 이후 한국사회에서는 소득이나 소비 규모가 꾸준히 증가해왔다. 그 과정에서 소득의 증가규모는 소비의 증가규모를 앞질렀고, 한계소비성향은 지속적으로 하락한다. 여기에 힘입어 한국인의 소비와 여가생활에도 중요한 변화가 일어난다. 대중 여가시대가 개막되고, 일보다 여가에 비중을 두는 가치관이 확산되며, 중산층 의식도 크게 확산된다. 또한 OECD에 가입하고 소득 1만 불 시대를 넘어서면서 한국의 미래에 대해 낙관적인 전망을 하는 사람들도 증가한다. 그러나 이러한 낙관적 전망에 충격을 가한 것이 1997년에 일어난 IMF 외환위기였다.

IMF를 계기로 촉발된 경제위기는 많은 기업의 도산과 구조조정을 강제하며 수많은 실업자를 양산했다. 다행히 살아남은 직장인들도 10%를 넘어서는 명목소득의 삭감을 감수해야 했고, 그러고도 언제 해고될지 모른다는 불안감에 전전긍긍해야 했다. 수많은 자영업자들 역시 얼어붙은 경기로 인해

---

1) 이 장은 유네스코 한국위원회의 청탁으로 2005년 『KOREA JOURNAL』 45권 3호에 게재된 「The 1997 Financial Crisis and Changing Patterns of Consumption and Leisure in Korea」을 수정·보완하여 작성한 것이다.

가게 문을 닫아야 했다. 여기서 파생된 여파는 실로 엄청난 것이었다. IMF 체제 이후 새로운 사회적 풍속도로 자리 잡은 노숙자의 대열과 연이어 일어나는 자살이 당시의 어려운 상황을 웅변한다. 한국인의 소비생활과 여가생활이 급격하게 위축되는 것은 어쩌면 당연한 일이었다.

그러나 지나친 소비 위축은 국가 경제를 왜곡시키는 것으로 파악되어, IMF 이후에 한국 정부는 이전과는 전혀 다른 사회 캠페인까지 벌인다. 1998년에 TV를 통해 방영된 그 내용은 "무조건 줄인다고 경제가 사나요"라는 멘트와 함께, "똑똑한 소비가 경제를 살린다"는 것이었다. 이것은 지나치게 얼어붙은 소비심리를 해소하기 위한 것이었고, IMF 직전까지만 하더라도 정부가 '과소비 추방 운동'을 대대적으로 벌인 것과는 매우 큰 대조를 이룬다.[2]

사실상 IMF는 한국인의 일상성(everydayness)을 위협하는 중대한 사건이었다. 이러한 사건이 구체적인 일상생활의 영역에 어떠한 영향을 미쳤는지를 살펴보는 것은 의미 있는 일이다. 그리고 이러한 위기를 대처해 가는 데 있어서 한국적 특수성은 없을까? 여기에 대한 논의를 위해 이 글에서는 IMF 체제를 전후하여 일어난 한국인의 소비생활과 여가생활에 나타난 변화를 중심으로 살펴보기로 하자.

---

2) 한국방송광고공사에서 IMF 직전인 1996년에 벌인 캠페인은 과소비를 추방하는 것이 목적이었다. 여기에 나오는 내용은 "내가 너무 과했나", "씀씀이도 다이어트", "필요한 곳에 알맞은 소비" 등이었다.

2. IMF를 전후로 한 소비생활의 변화

1) IMF와 소득 및 소비 지출의 양극화

한국경제는 1997년 말 외환위기를 계기로 매우 큰 경제위기를 맞이한다. 1997년 11월 이후 본격화된 외환위기는 한국경제를 심각한 불황에 몰아넣어, 1998년 경제 성장률은 -5.8%로 후퇴한다. 가계소득이나 소비의 감소 또한 1980년 이후 가장 심각한 수준이었다. 그 감소 폭에서 보면 한국경제가 고도성장하기 시작한 1960년대 이래 최대였다고 할 수 있다.[3]

그러나 이러한 경제불황이 모든 계층에 걸쳐 무차별적으로 일어난 것은 아니었다. 계층별로 1997년부터 1999년까지의 소득과 소비지출을 살펴봄으로써, 소득과 그에 따른 소비지출의 격차가 어떻게 전개되었는지를 살펴보자. 〈표 1〉에서 보는 바와 같이 계층별 명목소득의 변화를 볼 때, 경제위기의 과정에서 대부분의 계층에서 소득이 감소하고 있고, 하위계층으로 갈수록 감소폭이 더 커지고 있음을 알 수 있다. 그러나 상위 20%의 경우는 외환위기를 겪으면서도 소득의 감소가 나타나지 않았다. 외환위기 이전 1997년에도 이미 하위 40%층의 명목소득은 감소함으로써 고소득층과 소득격차가 벌어졌으나 외환위기 이후는 상위 20%층을 제외한 전 계층에서 이러한 현상이 나타난다. 이러한 소득의 양극화 현상을 배경으로 '중산층(middle class)의 붕괴', '중산층의 몰락'이라는 논쟁을 불러일으키게 된다. 사실상 IMF 이후 한국사회에서는 사회적 불평등이 고착화되었다는 주장이 빈번하게 나온다. 이것은 〈표 2〉에서 나타나는 바와 같이, 1998년 이후 소득불평

---

3) 1997년부터 실질소득(real income)과 실질소비지출(real consumption expenditure)은 하락하기 시작해서, 도시근로자 가구에서는 1998년도에 각각 전년 대비 -3.2%, -6.9%가 하락한다(정건화 외, 1999: 93).

등 정도를 나타내는 지표인 지니(Gini) 계수가 IMF 이전보다 지속적으로 높은 수준을 유지하는 데 근거한다.

〈표 1〉 소득계층별 명목소득 증가지수 및 소득증가율

(단위: 1996년=100.0%)

소득별 계층	명목소득 증가지수			소득 증가율		
	97년	98년	99년	97년	98년	99년
상위 20%	120.9	127.7	132.4	20.9	5.6	3.7
20~40%	126.6	122.4	120.8	26.6	−3.3	−1.3
40~60%	104.5	100.8	98.4	4.5	−3.6	−2.3
60~80%	90.1	84.3	81.3	−9.9	−6.4	−3.6
80~100%	91.8	82.3	75.4	−8.2	−10.3	−8.4

자료: 통계청, 각 연도, 『도시가계연보』, 해당연도 1/4분기 raw data에서 작성.

〈표 2〉 도시근로자 5분위 소득배율과 소득불평등 지수

구 분	1997년	1998년	1999년	2000년	2001년	2002년	2003년
5분위 소득배율 *	4.49	5.41	5.49	5.32	5.36	5.18	5.22
소득불평등도 (GINI계수)	0.283	0.316	0.320	0.317	0.319	0.312	0.306

주 : 5분위 소득배율= 상위 20%의 소득/하위 20%의 소득.
자료 : 통계청, 각 연도, 『도시가계연보』.

한편 외환위기 이후 소득의 양극화는 당연히 소비의 양극화에도 영향을 미친다. IMF 직후에는 모든 계층의 소비지출이 급격히 감소하고, 그다음 해인 1999년에 다시 급격히 증가한다. 이것은 모든 계층에서 일어난 공통된 현상이다. 그러나 소비생활에 있어서 계층 간의 격차는 심화된다. 〈표 3〉에

서 보듯이 1998년에는 경제위기의 영향으로 소비가 크게 위축되는데, 하위
층의 소비지출 감소율이 크고, 소비가 회복되는 1999년에는 상위층의 소비
지출 증가율이 높은 것을 알 수 있다.

〈표 3〉 도시가구의 명목지출 증가지수 및 소비지출 증가율

(단위: 1996년=100.0%)

소득별 계층	명목지출 증가지수			소비지출 증가율		
	97년	98년	99년	97년	98년	99년
상위 20%	100.6	91.7	99.4	0.6	-8.8	8.4
20~40%	108.5	98.7	106.2	8.5	-9.5	8.1
40~60%	108.1	99.1	106.2	8.1	-8.3	7.1
60~80%	107.7	96.9	102.8	7.7	-10.1	6.1
80~100%	108.0	94.8	101.0	8.0	-12.2	6.5

자료: 통계청, 각 연도, 『도시가계연보』, 해당연도 1/4분기 raw data에서 작성.

그런데 여기서 주의 깊게 살펴보아야 할 점이 있다. 상위 20%의 소득층은
〈표 1〉에서 나타나듯이 IMF에도 소득이 감소하지 않았는데 불구하고 소비
지출이 급격히 감소한다. 그리고 1999년도에는 거의 예전 수준으로 회복된
다. 이것은 상위 20% 소득층의 소비 잠재력을 반증해 준다. 그럼에도 불구
하고 IMF 직후에 일어난 경제위기의 충격이 상위 20%의 소득층에까지 미
쳤다는 것은 해석하기가 그렇게 용이하지 않다. 미래에 대한 불확실성이 모
든 계층에 영향을 미쳤기 때문이라고 단순하게 해석해버릴 수도 있지만 이
것만으로는 부족하다. 필자가 보기에 이러한 현상은 상위 20%의 소득층도
사회 전반적인 분위기 속에 형성된 위기감에 편승하였다고 보인다. 즉 상류
층 나름대로의 합리적인 소비행태를 유지하기보다는 평소에 체화된 생활문
화의 영향을 받은 것으로 생각된다. 박재환은 현대 한국사회를 구성하는 일

상적인 삶의 원리 중의 하나로 '몰개성적 합일주의'를 든다.[4] 이것은 합리적인 판단보다는 주위의 분위기에 휩쓸리는 방식으로 종종 표출된다. 여기에 대한 이해를 돕기 위해 다음을 참조할 필요가 있다.

> "우리는 예로부터 남과의 연대의식이 너무나 강해 싫든 좋든 … 남과 될 수 있는 대로 행동이나 의견을 합치시키는 방향이 생활의 지혜라고 교육받아 왔다. … 그렇기 때문에 우리 사회의 유행은 다른 어느 나라보다 전국적인 돌풍을 일으킬 수 있으며 흔히 말하는 <신바람>문화라는 말에서도 유추할 수 있듯이 <바람>몰이의 행동일치가 공적, 사적 모든 영역에서 수시로 일어난다. 전 국민이 마음만 먹으면 세계를 놀라게 한 <금 모으기 운동>의 바람을 일으킬 수 있으며 평소 쓰레기 무단 투기를 일삼는 사람들도 올림픽 때처럼 일사불란하게 공공의 질서를 지킬 수 있는 것이다. 그것은 합리적 성찰에 따른 개인주의적 결정이 한 데 모인 결과라기보다 <남과 더불어 함께 하는 것>을 더 중시하는 몰개성적 합일주의의 발로인 것이다."(박재환 외, 2004: 63)

필자는 이러한 한국인의 기질이 IMF 경제위기가 준 파장에도 영향을 미쳤다고 생각한다. 즉 경제적 불안감에서 파생된 감성적 위기감이 사회 전체적 분위기로 조성되고, 이것이 소비능력을 갖춘 상류층에게까지도 급격한

---

4) 박재환은 현대 한국 사회의 일상적인 삶의 구성 원리로 다음과 같은 6가지를 들고 있다. 금전만능주의와 상품화된 일상, 성역 부재의 극단적 평등주의, 결과우선주의, 속전속결주의, 현장주의·현세주의, 몰개성적 합일주의 등이다(박재환 외, 2004: 48-64).

소비 위축을 가져오게 했다고 생각한다.

　다른 한편 또 한 가지 주목할 점은 IMF 이후에 일어난 소비의 양극화가 상위 20% 계층의 높은 소비지출과 관련이 있다는 것이다. 〈표 3〉에 나타나듯이 1999년도에 상위 20%의 소비지출 증가율은 8.4%로, 1997년도의 0.6%에 비해 비교할 수 없을 만큼 높은 증가율을 보이고 있지만 나머지 하위 80%는 97년도의 소비지출 증가율 수준도 회복하지 못하고 있다. 이러한 사실은 결과적으로 이 기간 동안 나타난 계층 간의 소비격차의 확대가 상위 소비층의 높은 지출증가와 밀접한 관련이 있음을 말해준다(정건화, 1999: 97). 여기에 대해 보다 구체적인 자료를 통해 확인해 보기로 하자.

　통계청 「도시가계조사」의 자료를 통해 보면, 소비 지니계수는 외환위기 이전인 1991년~1997년 중에는 평균 0.200이었으나 외환위기 이후 1999년~2001년에는 평균 0.206으로 높아진다. 소득 5분위 소비지출 배율[5] 역시 1991년~1997년 중에는 2.7배인데, 1999년~2001년 중에는 2.9배로 확대된다(송태정, 2002: 13). 이와 같은 소비격차의 확대는 외환위기 이후 소득 양극화가 심화되면서 소비도 양극화되고 있음을 여실히 보여주는 것이라 할 수 있다.

　소득 계층별로 소비 양극화가 진행되고 있다 하더라도 세부 품목별로는 다양성이 존재한다. 통계청 「도시가계조사」에 나타난 총 49개 세부 품목을 구체적으로 살펴보기로 하자. 1999년~2001년 중에 나타난 평균 소비격차는 0.206인데, 이것보다 격차가 더 큰 품목은 22개, 소비격차가 작은 품목은 27개로 나타났다. 가장 소비격차가 큰 품목은 가구와 장신구로서, 소비 지니계수가 각각 0.396, 0.380에 달한다. 소득 계층별로 지출을 비교해보

---

5) 소득 5분위 소득지출 배율은 소득상위 20%의 소비지출을 소득하위 20%의 소비지출로 나눈 값이다.

면 가구의 경우는 상위 20% 계층이 하위 20% 계층보다 8.7배나 더 많이 지출하고, 장신구 역시 6.8배를 더 지출하고 있다(송태정, 2002: 13). 가구와 장신구는 저가시장과 수천만 원대의 수입시장이 명확히 구분되어있고 고소득층의 과시적 소비가 가장 가시적으로 행해지는 영역이다. 따라서 고급 백화점에서 귀족 마케팅을 통해 고소득층을 겨냥한 표적 판매가 두드러지게 증가한 것도 IMF 이후에 나타난 중요한 특징이다.

한편 가구와 장신구 외에도 1999년~2001년 중에 계층 격차가 큰 항목은 잡비(0.311), 개인교통비(0.306), 가정용기기(0.301), 바깥의복(0.286), 교양오락서비스(0.273), 실내장식품(0.221) 등이다(송태정, 2002: 17). 이것들은 일상생활에 필요한 품목이면서도 자신의 스타일을 표현할 수 있는 소비재이다. 소위 명품이라고 불리는 희소가치를 지닌 것으로 인정되는 상품을 소비함으로써, 자신의 계층 지위를 확인하고 타 계층에게 과시할 수 있는 품목들이다. 그 외에도 보충교육비(0.288), 교육비(0.275)의 격차가 커서 계층이동의 중요한 수단인 교육의 영역에서도 불평등이 심화되고 있다.

경제위기 이후 계속된 경기침체 속에서 고소득층을 제외한 대다수 계층의 구매력이 현저히 떨어졌을 때, 고소득층의 과시적 소비는 그들 계층의 상징으로 더욱 돋보이게 하는 차이표시기호가 된다. 특히 고가의 명품 소비는 상류층의 소비방식을 모방하며 추격하는 중산층의 소비방식과 차별화시키는 매우 손쉬운 전략이다. 사실 우리 사회는 서구와는 달리 전통과의 단절 속에서 근대화를 이루어왔기 때문에, 제도화된 상류층의 생활문화가 부재하다. 즉 전통적으로 이어져 오는 상류층만의 소비문화가 미약하기 때문에, 풍족한 경제적 능력으로 구매할 수 있는 세계적인 명품이나 매스미디어 광고 속에서 상류층의 이미지가 부여된 상품을 구매함으로써 자신들의 계층적 지위를 가시적으로 드러낸다. 상류층의 이러한 소비행태가 보편화되는 중요한 계기가 바로 IMF를 통해서였다.

2) IMF와 소비의식의 변화

IMF 이후 소비의식은 이전에 비해 전반적으로 위축된다. 한국소비자보호원에서는 소비생활과 관련된 주요 항목에 대해 IMF 전후를 비교한 결과를 발표하였다. 〈표 4〉에 따르면,[6] IMF 이후 대형가전제품에 대한 선호도가 -0.74로 가장 크게 위축된다. 그다음이 자기주택소유의 필요성(-0.28), 충동구매 성향(-0.22), 가족동반 주말휴식(-0.17), 유명상표선호(-0.15) 등의 순으로 소비심리가 위축된다. 그리고 이것은 소득 수준과 높은 관련성을 가진다.

〈표 4〉 소비의식의 IMF 체제 전후 비교 (5점 척도 기준)

구 분	자기주택 소유의 필요성	대형가전 제품 선호	건강중시 의식	가족동반 주말휴식	충동구매 성향	유명상표 선호	편승구매 성향
IMF 이전 (A)	4.12	3.62	3.05	2.58	2.48	2.41	1.48
IMF 이전 (B)	3.93	2.88	3.08	2.41	2.26	2.26	1.49
차이 (B-A)	-0.28	-0.74	+0.03	-0.17	-0.22	-0.15	+0.01

자료: 한국소비자보호원, 1998, 『IMF 체제 전후의 소비자 의식 및 행태 비교』, 부록1, p.18.

---

6) 이 조사는 한국소비자보호원(1998)에서 했다. IMF 이전은 1997년 11월의 조사이고, IMF 이후는 1998년 2월의 조사이다. 조사대상은 전국 5대 도시에 거주하는 만 20세 이상의 남녀 1,000명이다.

월 소득과 소비의식은 조사한 모든 항목에서 통계적으로 유의(significant)하였다(〈표 5〉 참조). 우선 가장 많이 위축된 '대형가전제품 선호'를 살펴보면, 일관되게 월 소득 수준이 낮을수록 더욱 위축되는 현상을 보인다. 대형가전제품은 생활필수품이 아니라 사치재의 성격을 띠기 때문에 어쩌면 당연한 결과로 볼 수 있다. 마찬가지로 '충동구매 성향', '유명상표 선호', '편승구매 성향' 등 일상생활에서 필수적이지 않은 소비방식도 저소득층에서 더욱 위축된다.

특히 월 소득 100만 원 미만의 계층에서는 자기주택 소유의 필요성, 가족동반 주말휴식 등이 타 계층에 비해 크게 위축된다. 반면에 월 소득 300만 원 이상의 계층에서는 건강중시 의식과 가족동반 주말휴식, 유명상표 선호 등이 특히 높게 나타난다. 이러한 현상에서 우리는 다음과 같은 점을 발견할 수 있다. 저소득 계층에서는 대형가전제품이나 유명상표와 같은 사치재의 성격을 띤 재화에 대한 구매충동이 억제되는 것은 물론이고, 자기주택과 같은 필수품에 대한 욕구조차도 저하되는 현상을 발견할 수 있다. 반면에 고소득층에서는 IMF에도 불구하고 사치재라고 할 수 있는 유명상표나 개인적 웰빙에 관계되는 건강에 대한 욕구가 여전히 높다는 것을 알 수 있다. 그리고 경제적 비용이 수반되는 가족동반 주말휴식도 고소득층에서는 높은 선호도를 보이나 저소득층에서는 확연하게 그 욕구가 감소하는 현상이 발견된다. 여기서 우리는 소비의식에 있어서 이미 양극화 현상이 나타나고 있음을 확인할 수 있고, 여가생활에 있어서도 계층격차가 심화될 가능성을 감지할 수 있다.

〈표 5〉 소비의식의 IMF 체제 전후 비교 (5점 척도 기준)

구 분		자기주택 소유의 필요성	대형가전 제품 선호	건강중시 의식	가족동반 주말휴식	충동구매 성향	유명상표 선호	편승구매 성향
	전체평균	3.94	2.88	3.07	2.41	2.26	2.26	1.48
월 소 득	100만 원 미만	3.71	2.63	3.10	2.17	2.26	1.93	1.47
	100~200만	3.98	2.85	2.99	2.40	2.18	2.21	1.42
	200~300만	4.02	2.99	3.02	2.38	2.23	2.27	1.54
	300만 이상	3.94	3.12	3.43	2.73	2.54	2.81	1.60
	F (유의도)	3.002 (p<0.05)	5.592 (p<0.01)	6.405 (p<0.01)	6.099 (p<0.01)	3.576 (p<0.01)	15.482 (p<0.01)	2.792 (p<0.05)

자료: 한국소비자보호원, 1998, 『IMF 체제 전후의 소비자 의식 및 행태 비교』, 부록1, p.16.

그러면 IMF의 영향으로 실질적으로 최근에 바뀐 소비생활 행태에 대해서 살펴보기로 하자(〈표 6〉 참조). 우선 '생활비를 줄였다'는 응답이 81.3%로 가장 높았다. 그다음이 '대중교통을 이용한다'(37.7%), '적금 및 보험을 해약 했다'(23.7%), '가계부를 쓴다'(21.1%), '대출금을 조기상환했다'(11.6%) 등 의 순으로 응답했다(한국소비자보호원, 1998: 6). 그리고 이러한 소비행태 는 계층별로 차이가 있었다. 소득 계층별로 비교하여 F값을 측정해 본 결과, 4개의 항목에서 통계적으로 유의하였다. 특히 소득이 낮을수록 IMF 이후 소비생활의 변화가 보다 급격한 것으로 나타난다. 저소득층은 우선 당장의 생활비를 줄이고 있고, 대중교통을 주로 이용하며, 적금·보험을 해약하면서 까지 어려운 현실을 타개해 나가고 있었다.

<표 6> IMF 영향으로 최근에 바뀐 소비생활에 대한 소득별 비교 (단위: %/복수응답)

구 분		생활비줄임	대중교통이용	적금보험해약	가계부쓰기	대출금 조기상환
	전체평균	81.3	37.7	23.7	21.1	11.6
월 소 득	100만 원 미만	84	40	26	19	6
	100~200만	83	38	26	21	11
	200~300만	82	36	24	22	17
	300만 이상	72	37	12	22	11
	F (유의도)	3.03 (p<0.05)	2.817 (p<0.05)	3.738 (p<0.05)	0.144 (p<0.1)	4.218 (p<0.01)

자료: 한국소비자보호원, 1998, 『IMF 체제 전후의 소비자 의식 및 행태 비교』, 부록1, p.29.

IMF 이후 소비생활에서 생활비를 줄였다는 응답률이 가장 높았는데, 이 것을 보다 세부적으로 살펴보기로 하자. 생활비 중에서 가장 많이 줄인 것 은 잡비(용돈)로서 57.3%의 응답률(복수응답)을 보였다. 그다음이 외식비 (45.8%), 식료품비(38.5%), 의류비(37.1%), 교육비(28.3%), 교양오락비 (21.3%), 교제비(20.4%), 교통비(19.4%) 등의 순이었다(한국소비자보호원, 1998: 31). 이것을 소득 계층별로 비교하여 F값을 측정해 본 결과, 5개의 항목에서 통계적으로 유의하였다(<표 7> 참조). 소득수준이 낮을수록 식료 품비 지출을 줄이고, 소득수준이 높을수록 외식비 지출을 줄이고 있다. 월 100만 원 미만 소득계층은 잡비(용돈)를 줄이고, 월 100~300만 원의 소득 계층은 교육비를 줄인다. 월 300만 원 이상의 소득계층은 의류비 지출을 억 제하고 있었다(한국소비자보호원, 1998: 32).

이러한 결과에서 우리는 다음과 같은 점을 종합적으로 유추할 수 있다. 저 소득층은 IMF로 인해 생활에 가장 필수적인 식료품비까지 줄이고 있고, 잡비를 줄임으로써 일상적인 평소의 생활방식 자체를 축소시키고 있음을 알 수 있다. 반면에 고소득층은 외식비와 의류비 같은 사치재의 성격이 강한 항목에서의 지출이 가장 축소된다. 그리고 월 100~300만 원의 소득 계층에서는 평소의 생활에서 교육비에 매우 큰 부담을 느끼고 있다는 점이 발견된다. 이상과 같이 IMF는 모든 계층의 생활방식을 변화시킬 정도로 충격이 있었지만, 특히 저소득층에게는 생활의 필수적인 항목까지 축소시켜야 할 정도로 타격이 컸다는 점이 확인된다.

〈표 7〉 IMF 이후 생활비 절약에 대한 소득별 비교

구 분		잡비(용돈)	외식비	식료품비	의류비	교육비	교제비
	전체평균	1.46	1.12	0.95	0.91	0.47	0.47
	100만 원 미만	1.78	0.78	1.17	1.17	0.27	0.46
월소득	100~200만	1.39	1.07	1.03	1.03	0.53	0.44
	200~300만	1.56	1.16	0.84	0.84	0.55	0.45
	300만 이상	1.09	1.57	0.61	0.61	0.31	0.56
F (유의도)		6.512 ($p<0.01$)	8.905 ($p<0.01$)	5.692 ($p<0.01$)	2.556 ($p<0.1$)	3.908 ($p<0.01$)	0.476 ($p<0.1$)

주 : 표본 수는 3순위까지의 복수응답이며, 순위평균점수는 순위 역순에 의한 단순평균이다.
자료: 한국소비자보호원, 1998, 『IMF 체제 전후의 소비자 의식 및 행태 비교』, 부록1, p.32.

이상에서 나타난 바와 같이 소득의 양극화는 소비의 양극화로 이어지고, 소득수준이 낮을수록 IMF의 충격이 더 컸음을 알 수 있다. 소비의식뿐만 아니라 소비행태, 나아가서는 여가생활에 이르기까지 계층격차는 더욱 심화되고, 양극화 현상이 나타난다는 사실을 확인할 수 있다. 이러한 현상을 종

합적으로 설명해 주는 지표가 바로 주관적 계층 귀속의식이다. IMF 이후 자기의 계층 위치를 상층과 중간층에 속한다고 생각하는 사람은 감소하고, 반면에 하층이라고 생각하는 인구층이 급격히 증가한다. 현대경제연구원의 조사에 의하면 IMF 이후 중간층이라고 응답한 비율은 18.3% 감소하고, 하층이라고 응답한 비율은 20.4%나 증가하였다(박태일 외, 1998).[7] 이러한 점들을 통해 볼 때, IMF는 한국에서 사회적 불평등이 확대되고, 고착되는 중요한 전환점을 제공하였다고 생각된다.

3. IMF를 전후로 한 여가생활 및 가치관의 변화
1) IMF와 여가생활의 변화

경제위기는 한국인의 여가활용 방식에 있어서도 중요한 변화를 일으킨다. 당시 IMF 경제위기가 여가활동에 어떤 영향을 미쳤는지를 구체적으로 살펴보기 위해, 한국문화정책개발원은 전 국민을 대상으로 사회조사를 실시하였다. 그 결과 주말과 휴일의 여가활동 방식에 있어서 다음과 같은 변화를 찾아볼 수 있었다. 경제위기 이후에 가장 많이 증가한 여가활동은 'TV 보기'이다(+2.3%). 그다음에 신문잡지 보기(+1.9%), 독서(+0.7%), 집에서 쉰다(+0.6%), 친구만나기·모임참가(+0.5%), 가족과 대화·외식(+0.5%), 오락잡

---

7) 중산층의 위기라는 쟁점은 당시에 사회적 이슈로 부각되어 저널리즘의 주목을 받는다. 중산층 귀속의식을 IMF 이전과 이후를 비교하여, 〈한국경제신문〉은 중산층은 13.4%, 〈한겨레신문〉은 4.5%가 감소했다고 보도한다. 그리고 상대적으로 하층은 증가하는데, 전자는 14.2%, 후자는 4.7%가 증가했다고 보도한다(한국경제신문, 1998.10.13.; 한겨레신문, 1998.7.22.).

기(+0.5%), 종교활동(+0.3), 노래방가기(+0.3), 컴퓨터통신·전자오락(+0.3) 등의 순으로 여가활동이 증가하였다(〈그림 1〉 참조).

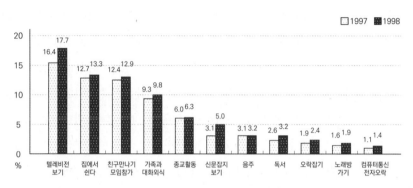

〈그림 1〉 IMF 전후 주말과 휴일의 여가활용 (증가분)

자료: 한국문화정책개발원, 1998, 『경제위기 이후 문화향수 실태조사』, p.16.

　여기서 나타난 중요한 특징은 수동적이고, 소극적이며, 저렴한 여가활동이 증가했다는 점이다. 즉 TV보기, 집에서 쉰다, 신문·잡지 보기, 독서 등과 같이 수동적인 옥내여가활동이 증가하였다. 이러한 현상은 경제적인 위기 상황에서 별다른 설명 없이도 당연한 것으로 수긍할 수 있다. 하지만 다음과 같은 현상, 즉 친구만나기·모임참가, 가족과의 대화·외식 등이 증가하였다는 점은 주목할 필요가 있다. 여기에 대해서는 다소 설명이 필요하다.

　전통적으로 사회가 급변하거나, 경제적으로 어려운 시기에 민중들이 적응하는 독특한 생활방식이 있다. 그것은 불안한 현실과 불투명한 미래에 직면해서 일차적인 인간관계(primary relationship)를 강화해서 안정감을 추구하는 것이다(김문겸, 1993: 185-186, 267). 이것은 민중들의 생활

세계에서 그들 나름의 전통적인 자구책이며, 사회보장책이기도 하다.[8] 이러한 맥락에서 허버트 갠스(H. Gans)는 노동계급은 목표지향적(object-oriented)이라기보다는 인간지향적(person-oriented)이고(Gans, 1965; 앤더슨, 1979: 177-179에서 재인용), 또 앤더슨(Anderson)도 빈민들의 문화는 미래 혹은 계획지향적(future or planning orientation)이라기보다는 현재 혹은 존재 지향적(present or existence orientation)이라고 말한다(앤더슨, 1979: 246). 일반적으로 엘리트층은 보다 나은 미래를 제시하며 민중들을 끌어가려고 하고, 일반 민중은 불확실한 미래보다는 현재적 삶에서 나름대로의 인간관계를 유지하며 품위와 체통을 지키며 살려는 경향이 있다. 이러한 맥락에서 아직 사회적 안전망이 미흡한 한국의 현실에서 IMF라는 경제위기는 가족과의 대화나 친구 만나기 등 일차적인 인간관계를 강화하는 여가활동을 증가시켰다고 해석해 볼 수 있다. 물론 경제위기는 노숙자를 양산하고 가족 해체를 유발하기도 했다. 예컨대 양육하기 어려운 자녀들을 친척집이나 고아원에 보내기도 하고, 심지어 가족 동반자살이라는 극단적인 현상도 유발했지만, 대체적으로는 IMF라는 경제위기가 일차적인 인간관계를 강화시킨 것으로 조사결과는 나타났다.

한편 〈그림 1〉에서 우리는 한국인의 독특한 여가문화의 특징을 찾아볼 수 있다. 그것은 예로부터 한국인은 음주가무를 즐긴다는 점이 재확인되기 때

---

8) 자본주의로의 이행기에 일반 평민들의 삶과 노동의 상황은 근본적으로 불확실하고 예측할 수 없었다. 그래서 그들은 금전수입을 만일을 대비해서 저축하는 데 보다는, 사람들 앞에서 과시하고 체통을 세우는 데에 훨씬 뜻있게 지출되었다. 그들은 경제재를 상징적인 의사전달 행위, 곧 사교-문화적 행위와 표현들로 바꿈으로써 그 가치를 실현했다. 이러한 종류의 지출은 무엇보다 음주문화를 통해 표현되었고, 또한 유행과 보석을 통해서, 그리고 설탕, 차, 커피, 담배와 같은 식민지 상품의 소비를 통해서도 표현되었다. 이러한 비금전적인 사회적 교환은 친족과 이웃과 친구 사이의 결속을 강화해 주었다. 그런 식으로 평민은 불행과 어려운 시기에 대처해 나름대로의 사회보장제도를 가까이에 마련해 두고 있었다고 한스 메딕은 해석한다(Medick, 1982: 92, 103-113).

문이다. 현대 한국 여가문화의 독특성은 노래방 문화에서 찾아볼 수 있는데, IMF라는 경제위기에도 불구하고 노래 부르는 것을 즐기는 여가행태는 오히려 증가한다(+0.3%). 음주행위 또한 마찬가지이다(+0.1%). 음주와 노래를 즐기는 풍습은 IMF라는 경제위기와 관계없이 지속되고 있는 것이다. 이러한 현상이 나타나는 데 대해서는 한국인의 독특한 전통문화와 관련지어 생각해 볼 필요가 있다.

경제위기는 사회적 스트레스를 증가시켜 이를 해소할 수 있는 수단이 필요하고, 그 대표적인 방식이 술 마시고 노래 부르는 것이 될 수 있다. 그러나 한국인의 대표적인 스트레스 해소방식이 음주가무라는 사실 그 자체는 IMF와 관계없이 한국인의 독특한 여가문화를 반영한다. 즉 전통적으로 음주가무를 즐기는 한국인의 독특한 민족적 특성 때문이라고 볼 수 있는 것이다.

흔히 한국 전통 민중문화의 특징을 '놀이'와 '신들림'이라는 두 가지 요소로 압축한다(조흥윤, 1990: 73). 이러한 특징은 음주가무를 즐기는 풍속으로 나타나고 오랜 역사성을 지니고 있다.[9] 고려 때 송나라에서 파견된 사신은 종교적 행사인 팔관회를 한국 고대사회에서 행해졌던 음주가무를 즐기는 제전의식과 연속 선상에서 파악하고 있다(유동식, 1978: 133-134). 또한 제정 러시아가 구한말 한반도에 대한 세력확장을 위해 정책자료로서 1900년도에 발간한 보고서에도 "한국인은 음악을 매우 즐기고, 청각이 매우 발달되어 있다"라고 적고 있다(한국정신문화연구원, 1984: 323-324). 이러한 민족적 기질은 IMF로 인해 전반적으로는 일상적인 소비생활을 줄여감에도 불구하고, 음주와 노래를 지속하고 있는 것과 무관하지 않다고 생각된다.

___

9) 한국 전통사회에서 민중들의 놀이는 대부분 대동놀이였고 그 내용은 집단신명이었다. 이러한 놀이마당에는 거의 예외 없이 음주가무가 동반되었다. 여기에 대해서는 다음을 참조하라(김문겸, 1993: 268-271; 유동식, 1978: 54-55; 신용하, 1984: 40; 한국정신문화연구원: 1984: 323-324).

그리고 경제위기 이후 컴퓨터통신과 전자오락을 즐기는 행위자가 증가한
다는 점도 한국의 독특한 상황과 관련이 있다. 그것은 컴퓨터와 인터넷 보
급률이 세계에서 최상위 그룹에 속한다는 사실이다. 전자오락과 컴퓨터통
신은 1990년대 후반기부터 한국 여가문화의 지형을 변화시키는 가장 강력
한 요소로 등장했다. 이것은 특히 젊은 세대를 중심으로 급속히 확산되고
있고, 많은 기성세대도 사이버공간에서 오락을 즐기는 경향이 증가한다. 이
러한 유형의 오락은 강화된 인터넷 통신망의 인프라 속에서 비교적 저렴한
비용으로 여가를 즐길 수 있기 때문에 IMF라는 경제위기의 상황에서 더욱
확산될 수 있는 소지가 있었다.

　　다음에는 감소한 여가활동의 유형들을 살펴보기로 하자. 주말과 휴일에
감소한 여가활동은 다음과 같은 것들이다. 비디오 감상과 등산·낚시가 각각
-1.5%, -1.4%로 가장 많이 감소하였다. 그다음에 산책·운동(-1.1%), 여행
(-1.1%), 문화예술감상(-0.6%), 라디오 듣기(-0.6%), 음악감상(-0.5%), 학
습(-0.5%), 생활취미활동(-0.4%) 등의 순으로 감소하였다(〈그림 2〉 참조).
여기서 나타난 중요한 특징은 등산·낚시, 산책·운동, 여행, 생활취미활동 등
과 같은 능동적인 여가활동이 감소하였다는 점이다.

〈그림 2〉 IMF 전후 주말과 휴일의 여가활용 (감소분)

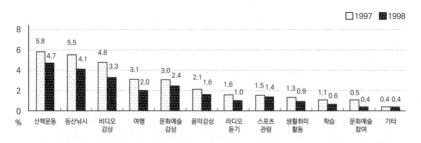

자료: 한국문화정책개발원, 각 연도, 『문화향수실태조사』, p.16.

또한 문화예술감상, 음악감상과 같은 고급 여가활동이 감소하였다는 점도 주목된다. 특이하게 수동적인 여가활동이라고 볼 수 있는 비디오감상은 1.5%나 감소했다. 여기에 대해서는 다소 조심스러운 해석이 요구된다. 단지 여기서는 다음과 같은 방식으로 추정은 해 볼 수 있다. 주말과 휴일의 여가활동에서 TV 보기가 가장 큰 폭으로 증가했는데(+2.3%), 비디오 감상을 즐기던 사람들이 더욱 저렴하고 수동적인 TV 시청으로 돌아설 가능성이 있다는 것이다.

다음에는 문화 및 예술과 관련된 여가활동에 대해 보다 구체적인 지표를 통해 살펴보기로 하자. 한국문화정책개발원에서는 문화예술행사 관람실태를 파악하기 위해 조사 시점을 기준으로 하여 지난 1년 동안 각종 문화예술 공연을 직접 관람한 경험률을 조사하였다. 그 결과 〈그림 3〉에서 나타나는 바와 같이 IMF 직후인 1998년도에는 모든 영역에서 관람률이 줄어든다. 특히 연예(쇼) 관람률이 -5.9%로 가장 감소폭이 크고, 그다음이 전통예술공연(-4.9%), 미술전시회(-4.0%), 영화(-3.8%), 클래식음악(-3.5%), 연극(-3.0%) 등의 순으로 관람률이 감소한다. 그런데 그 이후 2003년도까지 주목할 만한 현상이 일어난다. 상대적으로 고급 여가라고 할 수 있는 영역에서는 관람률이 대체로 감소하는 경향이 유지되지만, 대중적 성격을 지닌 영화나 대중가요콘서트(연예) 등은 2003년도에 급속히 회복하는 경향을 보인다는 것이다. 여기서 우리는 고급 취향을 즐기는 인구층과 대중적 취향을 즐기는 인구 층간에 양분화 현상이 진행되는 추세를 볼 수 있다.

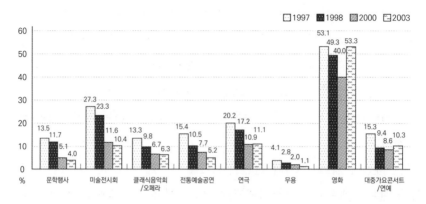

〈그림 3〉 예술행사 관람률 변천

자료: 한국문화정책개발원, 각 연도, 『문화향수실태조사』.

다음에는 여가활용 방식에 대해 어느 정도 만족하고 있는지를 살펴보기로 하자. IMF 이후에 여가생활 만족도는 크게 떨어진다. '여가생활을 거의 즐기지 못한다'는 응답의 비율이 8.6%로 크게 증가하고, '별로 즐기지 못한다'는 비율도 3.6% 정도 증가한다. 반면에 '여가생활을 어느 정도 즐기고 있다'는 비율은 -7.2%로 큰 폭으로 감소한다(〈그림 4〉 참조). 이러한 결과는 경제위기가 여가생활의 질을 크게 떨어뜨렸음을 의미하고, 이것은 어느 정도 예측 가능한 것이다. 그런데 〈그림 4〉에서 주목할 만한 현상이 하나 있다. 그것은 '여가를 충분히 즐긴다'는 비율은 오히려 0.4% 정도 증가한다는 사실이다. 여기에 대해서는 약간의 설명이 필요하다.

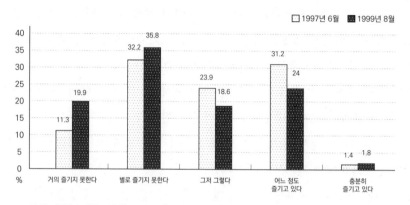

자료: 한국소비자보호원. 1997.『소비문화에 관한 연구』
한국소비자보호원. 1999.『국민소비행태 및 의식구조 조사』

경제위기가 초래한 가장 주요한 결과 중의 하나는 빈부격차를 심화시켰다는 것이다. IMF 이후에 중산층의 붕괴를 알리는 여러 가지 경제 지표가 발표되고, 이를 당시의 언론들은 앞다투어 보도했다. 그러나 다른 한편으로 고급 유흥업소는 손님이 자리를 잡기 힘들 정도로 성황을 이루었다. 여가생활에서도 계층격차가 심화된 것이다. 이러한 현상을 상징적으로 말해주는 대표적인 일화가 있다. 일부 부유층이 애용하는 당시 서울 강남의 고급 룸살롱에서는 건배 제의를 할 때 독특한 유행어를 탄생시켰다. '이대로'라는 건배 제의 구호가 바로 그것이다. IMF 경제위기의 상황이 소수의 부유한 일부 계층에게는 오히려 경제적인 부를 더욱 증대시키는 기회가 되었기 때문이다. 그 구호 속에는 IMF라는 상황이 계속 지속되기를 바라는 염원이 함축되어 있다. 이른바 명품이라고 불리는 패션 고가 브랜드 제품은 구제금융기 한파 때 대거 쏟아져 들어와, 국내 브랜드가 쓰러질 때 자본력을 갖추고 소비 타깃을 고소득층으로 표적으로 한 결과 급성장한다. 장기화된 경기침체 속에서 루이비통, 샤넬, 페라가모, 프라다 등의 패션 명품 판매는 2003년에만 전년 대비 10% 신장세를 그리고 있으며(한겨레21, 2002), VIP를 대상으로 하는 수입차 판매 또한 같은 경향을 보이고, 2003년에는 2002년에 비해 42%나 증가한다(주간조선, 2003). 이러한 상황을 감안한다면, 당시에 여가를 충분히 즐기는 소수 층의 증가에 대해 어느 정도 해석이 가능해진다. 즉 전반적으로 여가만족도는 큰 폭으로 감소하는 데 비해, 유독 여가를 충분히 즐긴다는 응답의 비율이 약간 상승한 것은 소수의 상류층의 영향에 기인한 것으로 추정된다.

이상에서 살펴본 자료를 근거로 하여, IMF를 전후로 해서 일어난 여가생활에서의 특징적인 변화를 요약하면 다음과 같다. 첫째, 능동적인 옥외 여가활동은 위축되고, 수동적인 옥내 여가활동이 증가하였다. 둘째, 저렴한 가격으로 즐길 수 있는 여가활동이 증가하였다. 셋째, 경제위기 이후 일차적인 인간관계를 강화하는 여가활동이 증가하였다. 넷째, 경제위기에도 불구하고 음주가무를 즐기는 여가행태는 여전히 지속되었다. 다섯째, 여가생활 만족도는 전반적으로 크게 떨어지지만, 극소수의 인구층에서는 여가생활 만족도가 오히려 증가한다.

2) 여가에 대한 가치관의 변화

1980년대 중반기까지만 하더라도 한국인의 여가관은 매우 수동적이었다. 당시 한국관광공사에서 전 국민을 대상으로 조사한 자료에 따르면, 여가란 단지 "휴식을 취하는 것"이라는 응답이 가장 높은 것으로 나타났다(한국관광공사, 1986). 즉 여가란 단지 노동의 재생산을 위한 수단에 불과하다는 매우 소극적인 여가관으로 표상되었던 것이다. 이것은 한때 세계 최장 노동시간을 기록하며 성장 우선주의를 채택한 정부 정책의 부산물이었다.

그러나 한국인의 여가관은 80년대 후반 무렵부터 변화의 조짐을 보이기 시작한다. 이것은 우선 절대적인 여가시간을 확보하기 위한 전쟁으로부터 시작된다. 당시의 변화된 사회상을 상징적으로 웅변하는 신문기사가 하나 있다. 당시 어느 일간지는 「일요일 근무기피 새풍조: 공장·가게·음식점까지 휴일이면 인력난」이라는 제목으로 다음과 같은 기사를 싣고 있다.

> "최근 2~3년 사이에(1990년 기준: 필자 주) 노동운동이 활기를 띠고 임금수준이 조금씩 개선되면서 공휴일만은 빼앗기지 않겠다는 노동자들이 늘어가고 있다. 일요일은 쉬는 날이라는 의식이 사회 전반적인 추세로 자리 잡아가고 있는 것이다. 4~5년 전만 해도 생각하기 힘들었던 이 같은 변화는 무엇보다 최소한 휴일만큼은 자기생활과 레저에 쓰고 싶다는 노동자들의 사고변화에 기인한다. … 서울 구로공단 내 신영섬유 노조는 지난 1월 말 노동자 1백여 명을 상대로 그간의 변화된 근로조건에 대해 설문조사를 한 결과 95%의 근로자들이 월급은 덜 받더라도 일요일 근무만은 하고 싶지 않다고 응답했다. … 일요일 근무를 기피하는 풍조는 이들 생산 공장뿐이 아니다. 중국음식점, 슈퍼마켓, 카페 등 일요일 근무가 불가피한 업소들도 일요일 근무희망자가 없어 주인들이 직접 배달하고 주문받는 등 인력난에 허덕이고 있다."(조선일보, 1990.2.16.)

젊은 세대를 중심으로 해서 일어난 일요노동 기피 현상은 당시에 노동중심적 사고방식에 젖어있던 기성세대에게는 의외의 사건이었다. 그렇지만 일상적인 여가생활에는 이미 소비주의가 깊숙이 침투하고 있었다. 앞서 살펴보았듯이 한국의 80년대는 소비와 여가의 영역에서 커다란 전환점이 이루어지는 시기였다. IMF가 오기 직전까지만 하더라도 정부가 나서서 '과소비 추방운동'을 벌여야 할 만큼 소비와 여가문화는 확대되어 있었다.

이에 따라 여가에 대한 개념 자체도 변화하기 시작한다. 종래에는 생산으로부터 자유로운 시간이라는 소극적 의미를 지니고 있었다고 한다면, 이제는 노동의 대가라는 차원에서, 소비가능하고 즐기는 시간이라는 적극적 의미로 바뀌게 된다. 이제 여가를 즐기지 못한다는 것은 창피하다는 느낌을 주며, 그것은 보수가 낮은 직장에 종사함으로써 즐거움을 추구할 수 없을 정도로 생존경쟁에서 뒤졌다는 의미를 지니게 된다. 과시적인 소비와 여가문화가 보편화된다는 점에서 한국사회에서는 이전과는 전혀 다른 새로운 국면을 맞이하게 된 것이다.

그럼에도 불구하고 일과 여가에 대한 가치관의 측면에서 보면, 한국사회 전체로 볼 때, 아직도 여가보다는 일 중시파가 더 많다. 일본의 경우에도 일 중시파가 항상 많다가 여가 중시파와 역전현상이 일어나는 것은 겨우 1995년도에 와서이다.[10] '일·여가 모두 중요'(30.9%) 등의 순으로 나타났다(餘暇開發セソター, 1996).

이러한 점을 감안할 때 앞으로 한국에서도 여가 중시파가 많아질 것이라고 예측할 수 있다. 그리고 여가사회학자들도 중·단기적으로 볼 때에는 여

---

10) 1995년도의 조사에 의하면, '일과 여가의 중요도 인식'에 있어서 한국은 '일이 더 중요'(47.3%), '일·여가 모두 중요'(42.2%), '여가가 더 중요'(10.5%) 등의 순으로 나타난다(문화체육부, 1995). 그러나 동일연도인 1995년 일본의 여가백서 조사에서는 '여가가 더 중요'(34.5%), '일이 더 중요'(34.1%), '일·여가 모두 중요'(30.9%) 등의 순으로 나타났다(餘暇開發セソター, 1996).

가보다 일을 통해 소득을 높이려는 경향이 지속될 것이지만, 장기적으로는 여가 중시파가 더 많아질 것이라는 전망에 의견이 일치하고 있다.

이러한 전망에도 불구하고 IMF 경제위기는 여가보다는 일을 중시하는 경향을 강화한다. 이것은 다음과 같은 설문 조사를 통해 확인된다. "보수가 적더라도 여가시간이 많은 직장이 바람직하다"는 의견에 대해 어떻게 생각하는지를 질문해 본 결과, 98년에는 97년에 비해 '동의한다'의 비율이 5.9% 감소되었고, '동의하지 않는다'의 비율이 7.9% 증가하여, 경제위기의 한파를 반영하고 있다(한국문화정책개발원, 1998: 56). 즉 IMF는 여가시간보다는 보수가 많은 직장을 선호하도록 하는 결과를 가져왔다. 이를 통해 IMF 경제위기는 여가 중시파보다 일 중시파를 증가시켰다고 해석할 수 있다. 이러한 현상이 일시적인지 아닌지는 보다 자세한 조사를 통해 입증되어야 하겠지만, IMF를 통해 증폭된 직업의 불안정성은 그 이후에도 여가보다는 일과 직장에 대한 선호도를 높이는 경향을 보이게 된다.

4. IMF의 후과와 국민성

근대사회 이후에 형성된 노동중심적 가치관은 노동의 이데올로기를 탄생시키고, 여기서 나아가 '일벌레' 또는 '일 중독증'을 양산한다. 삶의 모든 관심사가 사회적 지위 획득이나 경제적 성공에 치중되고, 일이 없으면 불안해지기까지 한다. 그러나 20세기 중반 대중소비사회로 접어들면서부터는 일보다 여가 및 소비를 중시하는 인구층이 크게 증가한다. 한국의 경우에도 1980년대가 '노동과 생산 중심의 생활양식'에서 '여가와 소비 중심의 생활양식'으로 변모하기 시작한 전환점이었다.

한국사회에서는 1960년대와 70년대까지만 하더라도 소비와 여가의 영역에서 계층 격차가 그다지 가시적인 것은 아니었다. 각종 가전제품이나 소비재가 매우 제한된 범위 내에서 공급되고 있었고, 장시간 노동으로 인해 여가시간 자체를 가지기가 힘들었기 때문이다. 또한 생활 가치관도 개인주의보다는 공동체 의식이 강해, 경제적인 부를 밖으로 드러내기보다는 자제하는 겸양의 미덕이 지배하였다.

그러나 80년대 이후 시작된 대중소비주의와 대중여가시대의 개막은 점차 사람들의 생활방식과 가치관도 크게 변화시킨다. 근대화의 과정에서 생활윤리로 자리 잡았던 근검절약의 금욕주의 가치보다는, 현재의 욕구를 즉각적으로 충족시키는 쾌락주의 가치관이 지배하기 시작한 것이다. 중산층 의식 또한 크게 확산되고, 여가와 소비생활에서 개인적인 가치를 추구하는 과시적인 소비행태도 급속도로 확산된다. 이제 성공적인 사회적 삶은 소비와 여가생활을 통해 확인되는 것이었다. 이에 따라 계층적 차별성이 소비와 여가의 영역에서 가시적으로 드러나게 된다.

IMF는 이러한 계층적 차별화가 정착되는 결정적인 계기를 제공한다. 특히 IMF 이후에 시행된 고금리 정책은 상류층에게 매우 큰 불로소득을 가져다주었고, 상류층 소비를 급증시킨 중요한 요인이었다. 반면에 중산층 의식은 급속히 붕괴되고 하층민이라고 생각하는 인구층은 크게 증가한다. 본문에서 살펴보았듯이 소득의 양극화는 소비의 양극화로 이어지고, 여가생활에 있어서도 계층적 차별화가 심화된다. IMF는 이러한 양극화의 과정을 심화시키는 핵심적인 변수였다. 특히 이러한 과정에서 나타난 고소득층의 과시적 소비는 전통성의 결여에서 오는 상층문화의 부재에도 원인이 있다. 전통성을 배척하며 진행된 한국의 근대화는 과도한 물질주의와 천민자본주의가 쉽게 확산될 수 있는 토양을 제공하였고, 이것은 한국의 상류층에게도 적용된다.

한편 IMF를 통해 우리는 다음과 같은 한국적 특수성도 발견할 수 있었다. IMF로 인해 일어난 급격한 소비 위축이 소득이 감소하지 않는 상위 20%의 소득계층에서도 나타났다는 점이다. 하위 80%의 계층에서 일어난 소비 위축은 소득도 감소하고, 앞으로도 경제적 곤란이 지속될 것이란 예상 하에 가계경제의 차원에서 초긴축생활을 했기 때문이다. 그러나 IMF 직후 상위 20%의 소득층에서 일어난 급격한 소비위축은 그 이후에 일어난 폭발적인 소비 증가를 볼 때 쉽게 해석하기가 어렵다. 물론 이러한 현상이 나타나는 것은 일차적으로는 미래에 대한 불확실성 때문이다. 그러나 이것은 현대 한국인의 일상적인 삶의 구성 원리 중의 하나인 몰개성적 합일주의와도 관련이 있다고 언급한 바 있다. 즉 경제적 위기가 사회 전반적인 분위기로 조성되고, 소비능력을 갖춘 상류층까지도 여기에 편승하는 경향이 나타난 것이다.

한 사회의 문화적 특징은 그 구성원들의 공통된 심리적 특성으로 내면화되고 그것은 일상의 사회관계 속에서 발현되고 강화된다. 이 공유된 심리적 특성은 흔히 '국민성'이라고 표현되기도 하고, 때로는 '전형적 퍼스낼리티'라는 말로 설명되기도 한다. 이것은 특정한 계기가 있을 때 더욱 분명하게 드러난다. IMF라는 경제위기에도 한국인에 내재된 독특한 기질이 표출되었다고 필자는 생각한다. 논리적 사고보다 감성적 직관이 두드러지는 국민적 성격과 조급성이 그것이다. 즉 경제적 불안감에서 파생된 감성적 위기감이 중간층 이하의 계층뿐만 아니라 소비능력을 갖춘 상류층에까지도 조급하게 소비 위축을 가져오게 했다는 것이다.

다른 한편 IMF라는 경제위기에도 불구하고 음주가무를 즐기는 여가행태가 지속된다는 점도 주목할 필요가 있다. 그것은 한국의 전통문화와 관련이 있기 때문이다. 한국의 전통적인 신명 나는 놀이문화는, 당시 직장생활에서도 '신바람 문화'의 중요성을 강조한 것으로 이어진다. 이것은 논리적인 사고보다 감성적인 직관을 중시하는 한국인의 기질과도 맥이 닿는다. 감성적인 커뮤니케이션을 중시하는 한국의 문화는 오랜 역사성을 지니고 있다. 이것은 소유보다는 존재지향적인 삶의 전통 속에서 형성되었고 음주가무를 즐기는 풍속으로 표상한다. 그리고 이러한 전통은 IMF라는 충격 속에서도 지속되고 있었다.

이상에서 살펴본 바와 같이 IMF 경제위기는 한국인의 소비생활과 여가생활에서 양극화 현상을 유발하고, 사회적 불평등 심화시키는 계기로 작용했다. 또한 이러한 과정에서 한국적 특수성도 몇 가지 발견할 수 있었다. 이로써 일상성을 위협하는 사건이 일어날 때, 거기에 대처하는 방식은 경제적 요인뿐만 아니라 특정 사회의 전통과 문화적 요인에 의해서도 영향을 받는다는 점을 강조하고자 한다.

제4장

공휴일제도:
양력설과 음력설의 갈등

제4장
공휴일제도: 양력설과 음력설의 갈등[1]

1. 설날 이중과세(二重過歲)

우리나라에서 설날은 근대화 과정에서 가장 수난이 많았던 전통명절이다. 양력설(新正)과 음력설(舊正)로 나뉘어 저승에 계신 조상님은 어느 날에 내려가야 할지 헷갈리게 했고, 이승에 있는 우리도 어느 날에 차례를 지내야 할지 고민하게 만들었다. 그래서 각 집안의 사정에 따라 비록 차례는 한 번만 지내지만, 양력설과 음력설 둘 다를 쇠는 이중과세(二重過歲)의 풍속이 오랫동안 지속되어 왔다. 이런 풍속이 무언가 이상하다는 것은 누구라도 느낀다. 일 년에 한 번밖에 없어야 할 설날이 두 번이나 있으니 말이다. 이러한 혼란은 단지 설날에만 적용되는 것이 아니다. 생일도 마찬가지다. 지금까지도 우리나라에는 양력 생일과 음력 생일, 이 두 가지 유형이 혼재한다. 또 조상에 대한 제사는 대부분 음력으로 지낸다. 이러한 현상은 음력에 기초한 전통적인 세시풍속에 양력이 새로운 생활원리로 도입되면서부터 일어나는 문제들이다.

한편 많은 사람이 착각하는 것이 음력설이 예전부터 공휴일이었다고 생각

---

1) 이 장은 2019년에 간행된 한국문화사회학회의 학회지 『문화와 사회』 27권 1호에 실은 글, 「설날 이중과세(二重過歲)에 내포된 사회학적 함의」를 부분적으로 수정하여 재구성한 것이다.

한다는 점이다. 정확히 공식적으로 음력설이 국가 공휴일로 처음 지정된 것은 1985년이다. 갑오개혁 이후 일제강점기를 거치면서 해방 후 대한민국 정권이 수립되었을 때도 양력설은 3일 연휴였지만 음력설은 공휴일이 아니었다. 1985년도에 와서야 비로소 '민속의 날'이라는 이름으로 처음으로 하루가 국가 공휴일로 지정된다. 크리스마스가 1949년에 공휴일로 지정되고, 석가탄신일이 1975년도에 국가 공휴일로 지정된 것에 비하면 아주 대조적이다.

국가에서 제정하는 공휴일은 그 사회가 추구하고자 하는 집단 공동체의 정체성이 가장 집약되어 나타나는 곳이다. 예컨대 북한에서는 사회주의 명절이 우리의 전통명절보다는 더 우선시 된다.[2] 사회주의라는 국가 정체성을 더 깊이 각인시키기 위한 정책적 시도가 있기 때문이다. 북한에서도 오랫동안 양력 1월 1일을 설날로 지내왔다. 북한도 음력설을 명절로 지키는 것을 금지했다가 1989년에서야 휴식일로 지정했다.[3] 남한에서도 오랫동안 양력으로 설날을 국가 공휴일로 지내다가 1985년도에 와서야 '민속의 날'이라는 이름으로 설날이 부활한다.

그러나 남한의 사람들은 음력설이 예전부터 공휴일이었다고 착각하는 사람이 많았다. 왜냐하면 그것은 공식적인 공휴일은 아니지만 실제로는 음력설에 가족·친지들이 모여서 차례를 지내는 의례를 많이 행해왔기 때문이다. 물론 양력설을 지내는 집안도 있었지만 대부분의 서민은 음력설을 쇠었다.

---

2) 북한은 민속명절 및 각종 기념일과 국경일을 모두 '명절'이라고 부르고 있는데, 이는 크게 '국가적 명절(사회주의 명절)'과 '민속 명절'로 나뉜다. 국가적 명절에는 김일성 생일(태양절), 김정일 생일, 노동계급의날, 조국 광복의날, 북한 정권 창건 기념일, 조선노동당 창건일, 사회주의 헌법절, 조선인민군 창건 기념일, 전승기념일 등이 있다. 또 민속명절에는 추석, 설날, 단오 등이 있다(pmg 지식엔진연구소, 2019).

3) 휴식일이란 그날 하루 직장이나 학교에 가지 않고 쉬기는 하지만, 가까운 일요일에 음력설 하루 쉰 것을 보충해 근무해야 한다.

공휴일이 아니기 때문에 공무원이나 금융기관 종사자들은 음력설을 쇠기가 어려웠다. 하지만 일반 회사나 공장, 자영업자들은 대부분이 하루 또는 며칠을 휴무하고 음력설을 쇠었다. 이러한 배경이 있었기 때문에 음력설이 예전부터 공휴일이었다고 착각하기 쉬웠던 것이다.

그런데 설날 이중과세(二重過歲)에 대한 연구는 의외로 부족하다. 사회학 분야에서는 설날을 주제로 진행된 연구는 거의 찾아볼 수 없다. 민속학에서는 안주영(2010)이 「일제강점기 경성의 이분화 된 설: 양력설과 음력설을 둘러싼 갈등을 중심으로」가 있고, 김명자(2010)의 「근대화에 따른 세시풍속의 변동과정」, 서종원(2014)의 「근대에 등장한 이중과세의 지속과 변용」 정도가 있다. 이들이 연구대상으로 선택한 시기는 일제강점기 이전으로 한정되어 있고, 설날 이중과세가 정착되는 과정에 주로 국한되어 있다. 음력설이 정책적으로 억압 받다가 다시 부활하는 모습은 연구의 범위에서 제외되어 있고, 거기에 내포된 함의가 무엇인지에 대한 논의는 결여되어 있다. 따라서 이 글은 설날 이중과세의 전개과정을 논의하면서, 음력설이 갖가지 정책적 탄압에도 불구하고 민족의 명절로 또다시 부활하는 과정을 살펴보고, 거기에 내포된 사회학적 함의를 추적해 보고자 한다.

2. 설날의 기원과 태양력의 도입

설날이 언제부터 우리 민족의 최대 명절로 여겨지게 되었는지에 대해서는 정확하게 알 수 없다. 단지 역사적인 기록을 통해서 설날의 유래를 추측해 볼 수 있을 뿐이다. 설날에 대한 최초의 기록은 7세기에 나온 중국의 역사서에 나온다. 『수서(隋書)』와 『당서(唐書)』의 신라에 대한 기록에는 다음과 같은 글귀가 있다. "매년 정월 원단(元旦)에 서로 경하하며, 왕이 연희를 베풀고 여러 손님과 관원들이 모인다. 이날 일월신(日月神)을 배례한다"는 기록은 국가 형태의 설날 관습이 분명하게 보이는 내용이다(한국학중앙연구원, 2010a). 이때의 정월 제사가 오늘날의 설과 관련성을 가지고 있는지에 대해서는 확인할 수 없으나, 이미 이때부터 정월에 조상에게 제사를 지냈다는 것으로 보아 오늘날의 설날과의 유사성을 짐작할 수 있다(한국콘텐츠진흥원, 2006).

또한 우리 문헌에도 설 명절의 연원과 관련된 기록이 보인다. 『삼국유사(三國遺事)』권1, 기이(紀異) 사금갑(射琴匣)조에서 설 명절에 관한 내용을 찾아볼 수 있다. 신라 21대 비처왕(소지왕) 때 궁중에서 궁주(宮主)와 중의 간통사건이 있어 이들을 쏘아 죽였다는 기록이 있는데 이후 해마다 상해(上亥)·상자(上子)·상오(上午)일에는 만사를 꺼려 근신하였다 하여 달도(怛忉)라 했다. 달도는 설의 다른 이름이기도 하므로 설의 유래로 볼 수도 있다. 또한 상해·상자·상오일은 정초 십이지일(十二支日)에 해당되는 날로 이때의 금기를 비롯한 풍속은 오늘날까지 그 잔재가 남아 있다(한국학중앙연구원. 2010a). 고려시대에는 설과 정월 대보름·삼짇날·팔관회·한식·단오·추석·중구·동지를 9대 명절로 삼았으며, 조선시대에는 설날과 한식·단오·추석을 4대 명절이라 하였으니, 이미 이 시대에는 설이 오늘날과 같이 우리 민족의 중요한 명절로 확고히 자리 잡았음을 알 수 있다(한국콘텐츠진흥원, 2006).

한편 설날은 역법(曆法)의 사용과 밀접한 관련이 있다. 우리나라에서 역법이 공식적으로 태음력에서 태양력으로 바뀌는 것은 갑오개혁 때부터이다. 1894년(고종 31) 7월 초부터 1896년 2월 초까지 약 19개월간 3차에 걸쳐 추진된 일련의 개혁운동을 말하는데 특히 을미사변을 계기로 추진된 제3차

개혁을 따로 분리하여 을미개혁이라 일컫는다. 이때 건양 연호를 사용하고 단발령도 공포함과 동시에 태양력 사용을 공식화한다. 이 당시에 제정된 공식적인 휴일은 1895년 6월 20일(7월 2일)의 규정에 따라 일요일, 왕조건립 기념일, 황제탄신일, 황제의 서약일(1월 7일), 정월 초하루이다(한국정신문화연구원, 1984a: 321). 1894년에서 1895년 개혁이 있기 전까지 공식적으로는 음력(중국력)을 사용하였으며, 당시 우리나라에는 4가지 종류의 역법이 있었다.[4]

1895년과 1897년도부터 한국에는 새로운 연대 표시 방법이 도입되었는데, 최소한 공적인 세계에서는 한국의 연대 표시 방법이 변경되었다. 1895년도에 국왕의 명령에 따라 양력의 실시와 동시에 새로운 연호가 사용되었다. 이 연호를 건양(建陽)이라 하였으며 1896년 1월 1일(음력 1895년 11월 17일)을 건양 1월 1일로 표시하기로 했다. 이어서 1897년 9월 30일 한국 왕은 중국 황제의 예를 따라 황제라는 칭호를 갖게 되는데, 그의 통치시대를 광무(光武)라는 명칭으로 명명하였다. 그리하여 1897년은 광무 1년이 되고, 1900년은 광무 4년 혹은 건양 5년으로 불리게 되었다(한국정신문화연구원, 1984b: 248).

그리하여 우리나라에서는 1896년 1월 1일부터 태양력(그리고리우스력)을 공식적으로 사용하게 된다. 태양력에 일치하게 1년을 12개월로 나누고, 달은 서구와 같은 특별한 명칭 없이 1월, 2월, 3월 등 숫자로 표시하고 주(週) 단위로 구분하였다. 요일은 일본의 영향을 받아 일요일(해의 날), 월요일(달의 날), 화요일, 수요일, 목요일, 금요일, 토요일 등으로 명명하게 되어,

---

4) 네 가지 종류의 역법은 다음과 같다. 60년을 주기로 하는 역법, 중국 황제의 통치시대에 따르는 역법, 현 조선왕조의 통치시대에 따르는 역법, 대한제국 황제의 통치시대에 따르는 역법 등이 그것이다(한국정신문화연구원, 1984b: 247).

그 전통이 오늘날에까지 이어진다(한국정신문화연구원, 1984b: 253).

공식적으로 태양력으로 역법이 개편됨에 따라 한국인의 생활풍습이 급격히 변화한 것은 아니지만 태음력 중심의 생활주기에 변화의 조짐이 나타나기 시작한다. 이러한 현상은 특히 근대 자본주의를 배경으로 급격한 도시화가 이루어진 경성에서는 눈에 띄게 변화가 진행되었다. 주로 양력의 사용은 학교, 관청, 교회 등을 중심으로 확산되기 시작하고, 초기에는 그 사용이 소수에 국한되었지만 점차 보편화된다. 그러나 역법 개정 후 1년도 채 되지 않아 조선 정부는 중요한 의례일을 음력 날짜에 재배치하게 된다. 역법 개정 문제에 세시풍속과 제사일 문제 등이 맞물리면서 한국의 역법은 기본적으로 양력과 음력의 이원적 체제로 병행하게 된다(염원희, 2014: 244). 이러한 맥락에서 음력으로 기억되는 각종 세시풍속은 월력 상에서 점차 적응력을 상실해가기 시작하지만, 달력의 이원화는 양력과 음력의 갈등을 증폭시키고, 그것은 설날의 경우에 가장 첨예하게 드러난다.

3. 설날 이중과세의 전개과정: 설날 풍속도의 변천 [5)]
1) 일제강점기 이중과세 논란

우리나라를 통치하고 있던 일본은 우리의 음력설을 부정하고 양력설만을 쓸 것을 강요했다. 이런 맥락에서 일제강점기는 어느 때보다 이중과세에 대한 논란도 많았다. 그것은 일제가 우리 전통을 말살하기 위해 정책적 차원

---

5) 이 장의 3절과 4절은 1993년도에 쓴 책『여가의 사회학』중에서 설날과 관련된 자료와 내용을 기반으로 하여 재구성한 것이다(김문겸, 1993).

에서 보다 적극적으로 그러한 정책을 시행했기 때문이다. 하지만 전통적으로 내려오는 생활풍속이 하루아침에 쉽게 바뀌지는 않는다. 일제총독부의 기관지인 〈매일신보〉 1915년 2월 14일 자에는 공식적인 설날은 양력설이지만 조선인들은 아직 음력설을 더 기쁘게 맞이한다는 내용이 실려 있다(서종원, 2014: 172). 일제의 음력설 탄압 정책과 더불어 일부 친일파들도 여기에 동조한다. 그들은 이러한 정책의 근거를 세계사적 흐름으로 정당화시키려고 했다.

> "조선의 정치문제야 어느 곳으로 어떻게 구르든지 굴러 왔던지 어째든 세계 대세에 합류되어야 문명의 첨단에 서서 사라갈면 우리는 어째든 음력을 폐지하고 양력을 택하여 쓸 것은 나 명확한 사실이다. 그것을 가지고 부질없이 이러니 저러니 정치적 색채를 가미하야 가지고 움직이는 것은 어리석은 일이다. 과세하는 문제－더욱이 음력을 바라고 양력을 쓰는데 무슨 딴 의미 딴 필요 딴 이유가 있으랴 다만 남과 같이 사라가자는 필연적 요구에서 이 가튼 개혁이 생겼을 뿐이요 이론과 실제와는 항상 거리가 잇는 관계로 이론으로 임의 적정된 일이 오래 동안 지켜 오든 습관을 차마 못 버려 음력을 아직도 소중히 여길 뿐이다. 이런 것은 구타야 애를 써서 고치려고 할 것도 업다. 임의 公用에는 전부 시행이 되고 오직 떡치고 설부임하는 명절문제에만 꼬리가 잡긴 문제이니 내버려 두면 우리의 다음에 이 땅에 생겨나는 주인에게는 강요치안아도 양력설이 보급될 것이다."(서종원, 2014: 174 재인용; 이단구, 1931)

동아일보사 사장을 지냈던 송진우도 언론을 통해서 이중과세를 폐지하고 양력설을 보급해야 한다고 주장한다.

"우리 조선 사람의 생활은 무엇이나 모순되는 생활을 많이 하지만 이 이중과세처럼 모순되는 일은 없는 것 같습니다. 학교, 은행, 회사, 신문, 잡지사, 기타관공서의 공적생활은 모도 양력과세를 지내면서도 자기 가정, 즉 사적 생활에 있어서는 의연(依然)히 음력 과세를 그대로 합니다. 그것은 지식계급이나 무식계급이나 대개가 그런 것 같습니다. 그러나 사적생활은 항상 공적 생활의 지배를 받는 까닭에 음력의 세력이 해마다 줄어 가는 것은 사실입니다. …… 지금은 양력을 표기하니까 비록 정월 일일이라도 관청은행 같은 데는 지불할 것이 있다면 그 습관을 이류로 하야 지불치 안이치 못하게 되고 학교기타 공공사무도 정월 일일에 휴무를 않은 즉역시 궁리를 아니 볼 수가 없게 되었습니다. 그리해서 자연음력 관념이 없어져 갑니다. 다만 문제는 조상제례에 관한 문제임이다. 지금이라도 음력에 지내는 제례를 양력으로 실행만 한다면 이중과세의 폐가 없어질 것 같습니다. 천도교에서는 이미 실시하야 오는 것이니까 다시 문제도 없거니와 그단체에뿐 그럴 것이 안이라 일반단체에서도 기회가 있는 대로 선전(宣傳)하고 동유(動誘)하야 일반이 음력을 폐지하게하고 또 우리 언론계에서도 이 앞으로 특별히 그 문제에 대하야 노력할 것 가트면 큰 효과가 있을까 합니다."(서종원, 2014: 177-8 재인용; 송진우. 1930)

하지만 음력설을 폐지하고 양력설을 확산시키려는 일제의 정책과 친일파들의 호응, 언론을 통한 홍보 등등의 노력에도 불구하고 전래되어온 생활풍속은 끈질긴 생명력을 유지한다. 일제강점기 당시에 나온 신문에는 정월 초하루의 풍속을 다음과 같이 그리고 있다.

> "작일은 정월 초하룻날 떡국 먹고 세배 다니는 날 세상을 몇 번 변하야 통치하는 사람들이 양력을 쓴다 하여도 수백 년 인습이 든 이 음력설을 용이히 버리지 못 하는 모양이다. 양력설에 쓸쓸하든 조선사람 많이 사는 북촌도 이 음력 설날 만은 명절다운 기분이 나도록 어른도 새 옷 입고 다례 지내고 세배를 다니려니와 암만해도 명절을 조하하고 질기는 것은 어린이들이다."(서종원, 2014: 177 재인용: 조선일보, 1928.1.24.)

즉 상기한 신문 기사는 전통과 인습의 보수성, 삶의 보수성을 언급하고 있다. 갑오개혁(을미개혁) 이후 우리나라의 근대화는 일제의 시나리오 속에서 진행된다. 물론 일제의 필요에 따라 이루어진 것이기에 진정한 의미에서 근대화인가라는 점에 대해서는 논란의 여지가 많다. 하지만 일제강점기를 거치면서 일상생활에 태양력을 사용하는 풍습이 확고하게 자리 잡기 시작한 것은 분명한 사실이다. 이로 인해 전통적인 태음력에 기반을 둔 생활풍습과는 대립과 갈등이 유발되고, 그것은 설날 이중과세의 문제에서 가장 예각적으로 드러난다.

앞서 언급했듯이 일제와 친일파 및 식자층의 음력설 폐지 노력에도 불구하고 그렇게 크게 성공하지는 못한다. 일제강점기에도 대부분의 조선인은 눈가림으로라도 음력설을 지냈다. 서종원의 조사에 따르면, 강화도와 동해시에서 만난 80세 이상의 노인들 대다수는 일제의 감시가 심했던 1930년대 후반에도 일본인들 몰래 음력설에 차례를 지내고 떡국을 먹었다는 진술을 들을 수 있었다고 한다(서종원, 2014: 176). 그리고 오늘날 복조리를 지방특산품으로 생산하는 전라남도 덕흥 마을의 한 주민은 "일제가 구정을 없애려 발버둥 쳤을 때도 이 마을에서는 항의의 표시로 복조리를 꾸준히 만들었다"고 증언하고 있다(서울신문, 1985.2.19.).

일제강점기에 일본의 의도대로 음력설이 폐지되지는 않았지만 이중과세에 대한 문제는 우리나라 사람들 간에도 적지 않은 갈등을 유발시키고, 이중과세라는 새로운 풍습이 확고하게 정착된 것으로 보인다(서종원, 2014: 179). 그리고 이러한 신풍속은 앞서 살펴본 바와 같이 계층적으로 차별성을 보인다. 학교, 은행, 교회, 회사, 신문, 잡지사, 기타관공서 등의 공적 생활에 종사하는 공무원과 회사원, 주로 서구식 고등교육을 받은 화이트칼라 지식인들을 중심으로 양력설을 쇠는 추세가 확산되어 간다는 점을 알 수 있다.

2) 해방 이후 이중과세의 전개과정

해방 후 대한민국 정부 수립 이후에도 음력설은 국가 공휴일에서 제외된다. 1949년에 정해진 국경일과 공휴일은 다음과 같다. 4대 국경일로 3·1절, 제헌절, 광복절, 개천절이 있다. 그리고 신정 3일 연휴, 식목일, 추석, 한글날, 기독탄신일이 있다. 따라서 음력설은 일제강점기 때와 마찬가지로 지속적으로 탄압의 대상이 된다. 해방 이후 정부 당국에 의해 주도된 구정 탄압의 몇 가지 방식을 보면 다음과 같은 것이 있다. 1950년대에는 정부의 정책으로, 구정 때 고의적으로 쇠고기 방출을 억제함으로써 구정을 쇠기 어렵게 만들어 신정을 쇠도록 유도하는 방식까지 동원한다. 1954년도 당시 〈동아일보〉는 「껑충 뛰어오른 고기값」이라는 제하에 다음과 같은 기사를 싣고 있다.

"구정을 계기로 시내 육가(肉價)가 폭등할 뿐 아니라 그 대부분이 암매에 의하여 거래되고 있어 당국에서 식육업자의 이러한 행위를 강력히 취체하지 않고 있는 대 대하여서 비난이 비등하고 있다. 즉 신정시에는 당국에서 인정한 우육근당 一백六十환의 가격이 보통 二백환식 암매된 바 있었는데 금번 구정에는 우육근당 三백환식 암매가 공공연하게 되고 있다. 그런대 이렇게 우육이 육쌀 가격으로 암매매가 됨에도 불구하고 실재 우육가개에는 쇠고기가 하나도 없는 것이라고 한다. 서울시 당국자가 말하는 바에 의하면 우육가격이 이렇게 암매가 성행하게 된 원인은 관 자체가 二중과세를 하지말라고 하면서 많은 도살을 허가하지 않은 대서 파생한 것이며 암매의 정체는 경찰이 가지고 있다고 지적하고 육가 암매 성행을 단속하지 않은 경찰을 비난하고 있다."(동아일보, 1954.2.4.)

그리고 당시 자유당 정권은 "문명한 나라에서는 모두 양력을 지킨다면서 특히 설 무렵에는 방앗간 문을 닫도록 해서 주부들이 오밤중에 무슨 범죄라도 저지르는 듯이 쉬쉬해 가면서 가래떡을 만들어야 했고", 또 설날에는 "상점문을 열게 해서 여기에 종사하는 이들을 마음 놓고 쉴 수 없게" 만들기도 했다(서울신문, 1985.2.16.을 재구성).

그러나 음력설을 쇠는 전통적 생활풍속은 끈질기게 살아남는다. 1956년
도 〈동아일보〉는 「풍성대는 시장(市場)-음력(陰曆)섯달금음날」이라는 제하
에 다음과 같은 기사를 싣고 있다. "신정 때는 백화점 양품점이 흥성대어 선
물용 각종 상품이 불티같이 팔리더니 이제 내일로 구정을 앞두고 이번엔 시
장이 그야말로 '대목'을 맞나 벅석거리고 있다."라고 쓰고 있다(동아일보,
1956.2.11.). 이러한 기사에서 우리는 백화점은 주로 도시 중류층 이상이
주된 고객이라는 점을 감안해 볼 때, 1950년대 한국사회에서 신정은 도시
중류층 이상의 인구층에서 확산되어 가는 모습을 읽어낼 수 있다.

그리고 1960년도 〈조선일보〉에서도 음력설을 쇠는 전래의 풍속이 유지
되고 있음을 말해주고 있다. 「신정(新正)은 관절(官節)? 구정(舊正)은 민절
(民節)?」이라는 표제로 기사를 싣고 있고(조선일보. 1960.1.26.), 1962년
도 신문에서는 「틀려버린 단일과세(單一過歲)」라는 제하에 "공무원과 그 가
족들이 솔선해서 양력과세를 했지만 아직도 농민들의 머리를 정화시킬만한
단일과세 시책은 보급되지 않았던 것이다"라는 기사를 싣고 있다(조선일보,
1962.1.2.).

그런데 구정에 대한 탄압은 1960년대부터 산업화와 공업화가 추진되면
서부터는 더욱 가속화된다. 경제개발정책을 본격적으로 추진한 제3공화국
은 증산과 수출, 성장과 발전이라는 명분을 내걸고 '구정 공휴일 불가 정책'
을 표방하며, 특히 공무원들에게는 설날 지각해도 안 되고, 더구나 결근하
면 큰일이 날 것이라고 위협하며 이날에는 암행감사반이 실태 조사를 나설
것이라는 협박까지도 한다.

"체신부에서는 1일 공무원들의 이중과세 상태를 조사하
러 나온다는 풍문이 돈 탓인지 구정날인 2일엔 장·차관을 비

롯한 모든 직원들이 평상시보다 오히려 일찍 출근했다. 우체
국 같은데선 손님들이 없어 심심하기만 하다고 직원들이 울
상….”(조선일보, 1965.2.3.)

이렇게 구정을 억압하는 방식은 1970년대 들어서는 좀 더 논리적인 설득의 방식도 동원된다. 이것은 지식인들을 동원하여 근대화 및 근검·절약 이데올로기를 주입하면서, 구정 공휴일 불가론을 펴는 것이다. 1971년도 1월 〈부산일보〉 사설에는 「구정과세(舊正過歲)를 지양(止揚)하자」라는 제하에 다음과 같은 내용이 실려 있다.

"끈덕진 현실 앞에 웬만한 근대화론자도 거의 체념해버린 상태라고나 할까. 그러나 우리는 불합리한 현실을 그대로 무기력하게 긍정하거나 체념하고만 있을 수 없다. 모든 선진국가가 신정을 쇠고 있는데 우리만이 유독 구정을 고집한다는 상식적 반대론이 아니다. 시간과 물질의 소비성에서 볼 때 이중과세의 폐단은 크다. 더구나 신정 초하루에서 구정 설날까지 약 한 달 동안 우리의 정신 속에는 묘한 공백기 같은 것이 형성된다. 신정초 하루를 맞고도 구정이라는 것이 남아있어 해가 바뀌었다는 청신한 감정이 다분히 둔화되고 만다는 것이다. 또 구정긍정론자들은 곧잘 고유의 민속적 명절이라는 것을 내세우고 조상에 대해 차례를 지내는 미덕을 강조한다. 그러나 신정이라고 해서 민속적 명절이 못된다는 이유는 없으며 차례를 못지낸다는 법은 없다. 단지 날짜를 당긴다는 지극히 간단한 절차가 있을 뿐이다."(부산일보, 1971.1.28.)

그리고 1981년 10월 26일 총무처장관 김용휴는 국회 내무위에서 '구정을 공휴일로 안하겠다'는 정부의 공식 입장을 밝히고, '앞으로 구정문제가 재론되지 않았으면 한다'는 단서까지 달아 종래에 구정 불가 정책을 견지해 온 정부 측 입장을 다음과 같이 정리해서 말하고 있다. 그는 총무처가 발표한 대로 한국인의 80%가 구정 과세를 하고 있다는 현실을 인정하면서도, 정부당국이 마련한 구정공휴일 반대의 논거를 다음과 같이 제시한다. 첫째 갑오경장 때 개혁의지로 폐지된 구정을 다시 현실화한다는 것은 86년 전으로 되돌아간다는 것이다. 둘째, 구정 과세를 공인한다는 것은 근대화·국제화 시대에 역행한다는 것이다. 셋째, 구정을 공휴일로 하면 근검·절약 정책이 저해되고, 경제적·사회적 손실이 크다는 것이다. 넷째, 우리나라에는 공휴일 수가 많을 뿐 아니라, 지금까지 공인하지 않았던 구정을 공휴일로 지정하면 정부정책의 일관성 유지에 금이 간다는 것이다(조선일보, 1981.10.28.). 여기서 우리가 주목해야 할 논리는 두 번째와 세 번째 논리다. 왜냐하면 두 번째 논리는 한국의 지배계층과 신지식인층의 '탈한국화 현상'이 반영되어 있고, 세 번째 논리는 한국 지배층의 논리로 기능해왔던 '성장과 발전 이데올로기'가 반영되어 있기 때문이다.

이러한 정부의 지속적인 구정 억압 정책과 우리의 전통문화를 백안시한 결과, 구정은 한편으로는 끈질긴 지속력을 지니면서 유지되기도 하지만, 다른 한편으로는 여러 가지 측면에서 그 풍속이 쇠퇴하는 일면도 드러난다. 1975년 2월 자 〈부산일보〉는 「구정민속이 사라져간다」라는 제하에 다음과 같은 기사를 싣고 있다.

"구정 전래의 민속놀이와 낭만이 사라져 버렸다. 12일 구정
풍경은 집안에서 조상제사를 모시는 정도의 안방설날이었고

어른들을 찾는 세배행렬마저 거의 없어 훈훈한 인정이나 낭만이 사라져가고 있음이 눈에 띄게 드러났다. 예년 같은 연날리기, 윷놀이, 널뛰기, 지신밟기, 농악놀이, 팽이치기 등의 민속놀이나 낭만은 찾아볼 수 없었고 도시의 설날을 밝혀주던 복조리장사의 발길도 끊겨버렸다. 농촌.도시 할 것 없이 설날 아침부터 줄을 잇던 이웃·친척 간의 세배행렬도 크게 줄어졌다. 이같은 현상은 경제불황이나 근검·절약풍조에서만 비롯된 것은 아닌 것 같다. 어린이들을 통한 민속놀이는 폭음탄 등의 장난감놀이로 바뀌어 버렸고 어른들은 안방에서 술과 화투놀이로 멋없는 하루를 보내기도 했다. 이같은 풍조를 본 노인네들은 사라져가는 민속·메말라가는 인정을 아쉬워하면서 『세태는 달라져도 훈훈한 세정과 건전한 민속만은 길이 이어져야한다』고 한숨짓기도 했다."(부산일보, 1975.2.13.).

이와 같이 구정과 관련된 민속놀이나 풍습이 쇠퇴하는 것은 단순히 정부의 구정 억압 정책 때문만이 아니라는 것은 상식적인 일이다. 공업화와 산업화로 인해 전통적인 농촌사회 구조가 해체되고 도시 중심의 경제 성장이라는 일반적 맥락에서 일어나는 현상이라는 것은 우리가 익히 알고 있는 바다. 그러나 우리는 설날 탄압의 정부정책에서 찾아볼 수 있듯이, 자본주의적 임노동의 세계를 창출하기 위한 국가의 개입이 설날 이중과세 문제에 크게 영향을 미치고 있음을 확인할 수 있다. 갑오개혁과 일제강점기, 그리고 해방 이후에도 일관되게 추진된 음력설 억압 정책은 그 효과를 발휘하여, 1985년 음력설이 국가 공휴일로 지정되기 직전에는 음력과세가 점차적으로 쇠퇴하는 모습을 보인다.

3) 설날 풍속의 대변혁 : 1985년 민속의 날 이후

음력설이 국가 공휴일로 되기 직전에 한국갤럽조사연구소(1981, 1983, 1984)에서 전국을 대상으로 「한국인의 설쇠기 패턴」을 연차적으로 조사한 바에 따르면, '올해에 구정을 쇠겠다'고 답한 응답률이 1981년 87.1%, 1983년 76.5%, 1984년 72.3%로 나타나, 1984년에는 1981년에 비해 구정을 쇠겠다는 응답률이 14.8%나 떨어진다(김문겸, 1993: 148). 이러한 구정 퇴조 현상을 1984년도 〈한국일보〉에서는 다음과 같은 지표를 들어 설명하고 있다. 첫째 예년에 비해 한복차림의 행인 수가 10명에 1명꼴도 채 안된다는 점. 둘째 제기상회, 제수용품가게, 떡방앗간 등의 경기가 줄어든 점. 셋째 신세계백화점의 경우 과거에는 구정과 신정의 고객 수나 매출액이 비슷했으나, 3~4년 전부터 3대 7로 구정의 고객 수와 매출액이 줄어든 점(특히 식품 및 아동복의 매출이 격감) 등을 들어 구정 퇴조 현상을 설명하고 있다(한국일보, 1984.2.3.).

그러나 1985년도에 구정이 처음으로 국가 공휴일로 지정되면서부터 우리나라의 설 풍속도는 급속도로 변모한다. 당시의 상황을 〈조선일보〉는 「첫 공휴(公休), 이번엔 구정(舊正)바람: 밀리는 대목손님에 상가(商街) 흥청, 열차, 버스 귀성표(歸省票)도 일찍 동나」라는 제하에 다음과 같이 전하고 있다.

> "총선 열기가 가시면서 구정(2월 20일)을 맞는 들뜬 분위기가 술렁이고 있다. 『민속의 날』이란 이름으로 올해 처음으로 공휴일로 지정된 구정이어서 많은 업체들이 특별 보너스와 함께 휴무일도 종전보다 더 늘려잡고 있고, 열차·고속버스 귀성예매인파도 예년보다 훨씬 더 붐비고 있다. 관광회사의

전세버스는 이미 예약이 마감된 상태이고, 구정 경기도 예년
에 없이 일찍 불붙어 백화점 등 각 상가는 벌써부터 대목을
맞아 흥청대고 있다. 구정을 6일 앞둔 14일 현재 귀성열차와
승차권 예매는 작년 구정 때의 같은 시기에 비해 10%가 증
가, 구정 전날인 19일분은 거의가 매진됐다. … 서울시내 각
백화점에는 예년보다 2~3일 일찍 구정 경기가 시작돼 각 백
화점마다 매출목표액을 늘리고 … 신세계백화점 본점은 …
매출목표액을 50억 원으로 잡고 있는데, 이는 작년 구정 때
보다 25%가 더 많은 액수이다. 영동백화점도 … 매출목표액
을 작년의 6억 원에서 8억 원으로 30%를 늘려 잡았으며 …
남대문시장에도 구정 대목 손님들이 예년보다 3~4일 일찍
몰려들어 특히 의류 생선류 자개상을 파는 가게들은 손님
들로 크게 붐비고 있다. … 서울 구로구 한국수출산업공단
내 3백 77개 업체들은 근로자들에게 평균 1백%씩의 구정 상
여금을 지급키로 했으며 1백 25개 업체의 경우 구정을 끼어
휴무일을 3일로 1백 10개 업체는 4일, 55개 업체는 5일 이상
의 휴가를 주기로 했다. … 관광회사들도 일찍부터 구정 대
목을 즐기고 있다. 예년에는 구정 20일 전부터 서서히 예약
신청이 시작됐으나 구정이 공식 공휴일로 정해진 금년에는
전세버스 잡기 경쟁이 10여 일 앞당겨 일고 있다."(조선일
보, 1985.2.15.)

이처럼 구정이 1985년도 이후 우리 고유의 명절로 부활하면서, 이제 여
타의 신문기사의 표제도 확연히 변모한다. 예컨대 구정이 민속의 날이라는

이름으로 공휴일로 지정되기 이전의 신문기사 표제는, 신정을 홍보하거나, 음력설이 쇠퇴하고 민속놀이도 사라져간다는 내용이 주종을 이룬다. 「신정(新正) 단일화는 백년대계(百年大計): 발전지향적인 가치관 정립할 때」(서울신문, 1981.12.20.), 「구정민속(舊正民俗)이 사라져간다: 세배(歲拜)다니는 미덕(美德) 줄고 연날리기 등 낭만도 식어」(부산일보, 1975.2.13.), 「구정(舊正) 혹한(酷寒) 속 분위기 주춤: 도시권에선 퇴조경향 보여, 귀성·철시(歸省.撤市)속 정상근무처도, 떡방아간·제수용품 매상 감소추세」(한국일보, 1984.2.3.)라는 기사가 실린다. 그러나 음력설이 공휴일로 지정된 85년 이후에는 「'90년 만의 설' 재현되는 세시풍속: '뿌리'찾은 설레임 구정맞이 지방표정(서울신문, 1985.2.19.)」, 「포근한 명절 즐거운 고향길: 백화점 시장선 제수품 '불티'」(스포츠서울, 1987.1.23.), 「'민속의 날' 명예회복: 고유명절로 자리잡는다」(스포츠서울, 1988.2.14.), 「'한복'인기 되살아난다: 연휴지정된 뒤 아동복 등 주문 평소 2배」(스포츠서울, 1989.1.28.) 등등의 표제가 게재되고 있다. 이와 같이 구정이 우리 고유의 명절로 부활하면서, 상대적으로 이제 신정은 위축되거나 그 풍속도가 급속히 변한다.

음력설이 처음으로 국가 공휴일로 지정된 1985년도에 〈동아일보〉는 새롭게 변모된 신정 풍속도를 다음과 같이 전한다. 「신정연휴(新正連休)풍속 달라져: 차례(茶禮)는 '구정공휴'로 모두 넘기고 온천·관광지마다 가족단위 인파」라는 제하에 다음과 같은 기사를 싣고 있다.

"올해부터 구정이 공휴일로 지정됨에 따라 이번 신정연휴는 조상을 위한 귀성보다는 가족단위의 휴가로 이용돼 온천장 등 휴양지가 예년에 비해 크게 붐볐다. 이처럼 신정연휴가 '조상을 위한 차례'보다는 '가족단위의 휴양'의 날로 바뀌어지는 현상은 해가 갈수록 더 두드러질 것으로 보인다. 특히 이런 현상과 관련, 기업체에 따라서는 연초휴가를 하루만 주고 구정휴가를 3일로 늘렸으며 보너스도 구정으로 미룬 경우가 미혼 독신 남녀를 고용하는 업체에 특히 많았었다. 연휴 3일 동안 전국의 온천, 휴양지와 설악산 제주도 등 관광지에는 지난해의 배가량인 40여만 명의 인파가 몰렸다. .... 전국의 유명 온천에는 23만 명의 인파가 몰려 곳곳에서 객실 부족사태를 빚었다. 종전 신정에 지냈던 차례를 구정연휴에 지내려는 사람이 많기 때문에 떡방앗간도 예년보다 훨씬 한산했다.”(동아일보, 1985.1.4.)

그리고 신정 퇴조 현상은 그 이후에도 계속 이어져, 1991년도에도 「신정 연휴: 명절 분위기 퇴색」(한겨레신문, 1991.1.4.), 「새해 연휴 관광지는 ‘북새통’」(부산일보, 1991.1.3.)이라는 표제로 기사가 게재되고 있다. 또 1987년 한국갤럽조사연구소가 제주도를 제외한 전국 만 20세 이상의 남녀 1천 2백 명을 대상으로 실시한 ‘한국인의 설 쇠기 실태’를 조사한 결과, 신정연휴를 ‘집에서 가족과 함께 그냥 쉬었다’가 72.2%로 가장 많다. 이와 같이 신정은 명절로서의 의미가 퇴색하고, 구정은 85년도 이후 급속도로 우리의 명절로서 복원되는 경향을 보인다.

4. 설날에 내포된 사회학적 함의

1) 음력설 억압정책과 한국의 지배 엘리트

우리나라의 설날에는 뼈아픈 한국 근현대사의 모순들이 내포되어 있다. 그것은 앞서 살펴보았듯이 이중과세의 형성과정과 그것을 둘러싼 논란에서 드러난다. 이러한 현상이 일어난 가장 일차적인 원인은 일제에 의한 영향이다. 개화기 일제의 시나리오 속에 진행된 갑오개혁 이후, 과거제도의 철폐, 양력 중심의 역법, 그리고 일제강점기에 행해진 문화정책 등이다. 특히 일제에 의한 식민지 상태로의 예속은 한국의 전통문화 단절에 결정적 계기로 작용한다. 물론 근대화의 과정은 도시화와 산업화로 인해 전통문화와의 단절은 어느 사회에서나 일어나는 보편적인 현상이다. 우리의 경우에는 일제의 식민주의라는 외재적 요인이 하나 더 첨가된다. 그러나 이것만 가지고는, 우리의 전통문화 단절 현상을 입체적으로 설명하기는 어렵다. 따라서 급격한 외래문화의 수입 현상을 보다 포괄적으로 설명하기 위해서는 한국사회 자체가 지니고 있는 '내재적 요인'에 대한 고려가 필요하다. 여기에는 한국 지배 엘리트의 형성과정이 포함된다.

한국의 초기 근대화는 1894년 러일전쟁을 계기로 조선의 조정을 거의 장악한 일제에 의해 이루어진다. 당시 일제의 강력한 영향 속에 취해진 개혁조치가 갑오경장이다. 여기에 포함된 중요한 정책 중의 하나는 '과거제도의 폐지'이다. 조선조 후기에는 빈번한 과거의 시행으로 대량으로 합격자가 배출되어 비생산적인 유식양반층(遊食兩班層)이 크게 증가했다.[6] 그런데 이러

---

6) 예컨대 고종 32년의 사마시(司馬試)의 합격자는 모두 1,262명인데, 이것은 종래의 정원 200명에 비하면 약 6배를 초과하고 있고, 고종 말년 별시문과(別試文科)에서도 종래에 20명을 넘지 않던 것이 60명 내외를, 10명 내외이던 정시(庭試)가 20명 내외를, 그리고 33명의 식년시(式年試)가 44명으로

한 과거제도의 폐지는 지배계급의 엘리트를 충원시키는 방법의 변경이라는 단순한 제도적인 개혁의 차원을 넘어, 우리 민족에게는 매우 중요한 역사적 의미를 지닌다는 점을 주목할 필요가 있다. 일정한 유예기간을 거치지 않고 일시에 폐지된 과거제도는, 조선시대 지배계층의 주된 구성원을 이루었던 전통적인 한학 지식인층(구지식인층)을 일선 정치무대로부터 일거에 폭력적으로 배제한다. 그리하여 한편으로는 구지식인층 몰락의 제도적 토대로서 기능하고, 동시에 다른 한편으로는 서구의 문물에 익숙한 신지식인층 등장의 역사적 계기를 마련한다.

한학 지식인층이 몰락하면서 전통적인 상층 지배계급의 양반문화도 급속도로 쇠퇴하기 시작하고 거기에는 급격한 '문화적 공백'이 생긴다. 그런데 그 공백이 서구와 일본의 문물에 의해서 일방적으로 채워지게 된다는 점이 우리 민족문화의 불행한 앞날을 예고하게 된다. 더욱이 한국 근대화의 기본 시나리오는 국권침탈 이전부터 일제에 의해 짜이게 되고, 그 작업의 충실한 수행은 서구와 일본을 추종하는 세력인 일부 신지식인층에 의해 주도적으로 이루어진다. 그런데 이러한 탈한국적인 신지식인층들은 단지 친일적인 세력에만 국한되는 것이 아니라, 서구의 문물을 동경하는 비친일적인 일반 지식인에까지 확산되어 있었다는 점이 중요하다. 그 예로 우리는 서구의 발전된 과학기술 문명과 서구의 종교(가톨릭 및 개신교)를 구별하지 못하고 받아들인 조선조와 일제강점기의 종교인들을 대표적인 실례로 들 수 있다.

아무튼 서구와 일본의 영향을 받은 대부분의 신지식인층들은 한국의 전통적 상층문화는 봉건적이라는 이유로 부정하고, 동시에 일반 기층민의 문화도 비합리적이고 미신적이라는 이유로 부정하게 된다(김한초, 1991:

증가한다(김영모, 1967: 139).

276). 이러한 맥락에서 한국의 예·체능 교육은 서구식으로 주입되고,[7] 1960년대 고도성장과 함께 양산된 제2세대의 신지식인들도 서구취향적 감성구조로 물들게 된다. 그리하여 우리의 민족 정서가 용해되어 있는 전통문화는 창조적 발전 가능성의 계기를 갖지 못하고, 그 공백은 서구와 일본의 문물로 급격히 채워진다.

그런데 이렇게 전통문화를 부정하는 탈한국적인 신지식인층들이 앞으로 한국사회의 지배이념을 주도해가는 이데올로그가 됨에 따라, 한국사회는 문화적 정체성(identity)의 위기까지 거론하게 되는 결과까지 낳는다. 그리고 학문의 영역에서도 전통적 요소와 연계되지 못하고, 서구와 일본의 문물에 의존하는 것이 권위를 가지는 것처럼 착각되는 풍조가 형성된다. 이와 같은 맥락에서 우리의 전통문화는 박대를 받고, 상대적으로 수입된 서구와 일본의 문화는 교양과 품위를 상징하게 된다. 이러한 서구문화의 수입은 사회적으로 고학력층과 고소득층이 주도해 나갔다. 이것은 설날을 보는 관점에서도 드러난다. 일제강점기에 양력과 음력은 독특한 상징적 의미를 획득한다. 한편으로 양력은 근대성을, 음력은 전근대성을 의미하고, 다른 한편으로 양력은 친일주의와 서구종속을, 음력은 민족주의와 전통주의라는 의미를 획득한다(이창익, 2012: 290).

한 시대의 지배이념은 지배계급의 이념이라는 말이 있듯이, 한국사회에서 이러한 신지식인들의 전통문화에 대한 부정적 태도는 일반 기층 민중의 사고방식과 생활 태도에도 크게 영향을 미치게 된다. 그리하여 우리 민족의 전통문화는 근대화 과정에서 자생적인 근대문화와 접목을 하지 못하고, 일제에 의해서 또 우리 자신의 손에 의해서도 배척되는 운명을 맞이한다. 그

---

7) 1980년대 들어와서 초등학교 음악 교과서에 우리의 전통 악기를 다루는 부분이 있는데, 이때 이것을 가르칠 수가 없어서 방학 기간에 선생님들을 모아 단기연수를 한 적도 있다.

리고 다른 한편으로는 서구와 일본의 문화적 제국주의가 원활하게 침투할 수 있는 교두보를 우리 자신의 손으로도 구축해 나가게 된다.

해방 이후에도 이들 신지식인은 미국식 교육 체제를 모방하여 제2세대의 신지식인층을 양산함으로써 우리의 전통을 우리 자신의 손으로 배척해 버리는 양태를 보여준다. 해방 후 1949년에 처음으로 정해진 국가 공휴일에 기독탄신일(크리스마스)은 있지만, 우리의 전통이 배어있는 석가탄신일은 제외된다. 이것은 한국 지배 엘리트의 속성을 가장 단적으로 보여주는 현상이다. 석가탄신일은 1975년에 공식적인 국가 공휴일로 지정된다. 기독탄신일보다 석가탄신일은 26년 뒤에나 공휴일로 지정된 것이다. 또한 1988년 서울올림픽 때 '88올림픽 공식 주제가'를 변경하는 데서도 한국 지배층의 성향이 드러난다. 처음에 공식 주제가로 선정된 것은 길옥윤이 작곡하고 김연자가 부른 「아침의 나라에서」였다. 트로트 가수가 부른 이 노래는 서울 올림픽 조직위원회와 MBC의 공동 공모를 거쳐 1986 서울 아시안 게임 때부터 공식 주제가로 사용되어 왔다(주간경향, 2018.10.8.).[8] 그러나 1988년에 와서 대외적으로는 '창법이 저속하다'고 하여 공식 주제가로서의 자격을 박탈하고, 유럽에서 활동 중이던 코리아나가 부른 「손에 손잡고」를 88올림픽 공식 주제가로 전격적으로 변경시키게 된다. 트로트에 대한 지식인들의 인식을 보여주는 한 단면이다. 또한 2011년 4월 12일 신라호텔 뷔페에서

---

8) 1988년 1월 올림픽 조직위원회는 김연자가 부른 「아침의 나라에서」는 공식 주제가의 자격을 박탈하고, 유럽에서 활동하는 한국인 그룹 코리아나가 주제가를 부르게 됐다고 발표했다. 이탈리아 작곡가 조르조 모로더가 만들고, 코리아나가 부른 「손에 손잡고」였다. 조직위원회는 주제가 제작·보급에 드는 비용을 모두 부담하며, 판매량 100만 장부터는 장당 3%의 인세를 조직위원회에 지불하겠다는 음반사 폴리도어(폴리그램)의 제안을 받아들이고 1987년 9월 계약을 체결한다. 조직위원회도 돈까지 벌 수 있으니 폴리도어의 제안을 마다할 이유가 없었다. 그 과정에서 김연자는 자본주의의 피해자가 됐다(주간경향, 2018.10.8.).

는 '한복이 위험하다'는 이유로 입장이 금지당하는 어이없는 일이 일어났다. 이 사건의 주인공인 이혜순은 한복의 아름다움을 널리 알리기 위해 20년이 넘게 매일 한복을 입고 다녔다고 하는 유명 한복 디자이너였다. 과거 기모노 입은 일본인은 출입시킨 적이 있다는 사실이 알려지면서 엄청난 비난이 쏟아졌다. 이 사건도 한국 지배층의 가지고 있는 잠재된 성향을 여실히 보여준다. 2021년에는 우리나라 기업도 아닌 미국의 '라카이코리아'가 걸그룹 시크릿 출신의 전효성을 내세워 3.1절 102주년을 맞아 미국의 한복판에서 한복을 광고했다. 라카이코리아에서 진행한 미국 뉴욕 타임스퀘어 옥외광고에 우리의 한복이 버젓이 걸린 것이다.

　근현대사를 거치면서 한국의 지배엘리트는 주로 친일파와 친미파가 주도권을 장악한다. 이들이 지닌 가치관은 근대화를 바라보는 관점에서 예각적으로 드러난다. 근대화를 서구화로 착각하고, 전통성과 근대성은 양립할 수 없는 것으로 인식한다. 즉 근대화를 위해서는 전통성을 비판하고 부정하는 입장을 취하게 된다. 이러한 맥락에서 전통적인 음력설은 해방 이후에도 지속적인 탄압의 대상이 되었고, 1985년 민속의 날로 지정되기 이전에는 국가 공휴일에서도 제외된다. 국가 공휴일의 제정에는 그 나라의 정체성과 정책목표가 집약되어 나타난다. 석가탄신일보다 크리스마스가 26년이나 앞서 1949년에 공휴일로 제정된 것은 그 당시의 정치 지형과 밀접한 관련이 있다. 이승만 시대 때 초대 내각 구성원 중 42.9%는 기독교였다. 해방 당시 남한의 개신교는 전체 인구에서 차지하는 비율이 1%에 미치지 못했다는 점을 감안하면 매우 큰 비율이다. 이승만 정권 때 역대 장차관 및 처장의 약 38%, 국회의원의 21.3%가 개신교였다(한홍구, 2019). 이런 정치적 배경이 크리스마스가 석가탄신일보다 훨씬 앞서 국가 공휴일로 지정되었던 것이고, 음력설 또한 구시대적인 것으로 치부되어 공휴일에서는 제외되었던 것이다.

한국의 현대사에서 가장 뼈아픈 것은 민족주의자들이 동서 냉전 논리와 남북 분단의 상황에서 빨갱이로 몰린 것이다. 민족주의 성향을 지닌 유력 인사는 사형을 당하거나 암살되었다. 김구 같은 경우는 차마 빨갱이로 낙인을 찍지 못해 암살했다. 그를 죽인 안두희는 정치권의 비호를 받으면서 승승장구하다가 민초가 휘두른 몽둥이(正義榜)에 맞아서 사망했다. 김구를 암살한 안두희는[9] 미국 정보부가 배후일 것이라는 수많은 추측만 남기고 끝내 그 배후를 밝히지 않고 죽었다.

절대적인 영향력을 가졌던 미국은 한국의 민족주의 발흥을 가장 경계했다. 박정희가 5.16 군사 쿠데타를 하고도 혁명 공약 1호로 내세운 것은 '반공'이었다. '여순사건'에 개입된 과거의 전력 때문에 어쩌면 불가피한 선택일지도 모른다. 하지만 5.16 쿠데타도 미국의 배후조종이 있었다는 설이 제기된다.[10] 이재봉 교수는 「5.16 쿠데타와 미국의 역할(4)」이라는 글에서 "1953년부터 1961년까지 중앙정보국장을 지낸 앨런 덜레스가 1964년 5월 BBC와 인터뷰하면서 자신이 중앙정보국장으로 일하면서 '가장 성공적인 해외 비밀공작'으로 5.16 쿠데타를 꼽은 것은 특이하다"고 말한다(이재봉, 2018). 여기에 대한 검증은 좀 더 치밀하게 실증적 자료를 통해 검토해 볼 가치가 있다.

하지만 박정희는 말년에 와서 미국의 손아귀에서 벗어나고자 몸부림쳤다.

---

9) 안두희에 관한 내용은 한국학중앙연구원(1999)을 참조했다.

10) 1960년대 초, 미국의 노벨상 수상자들을 위한 백악관 만찬에서 존 F. 케네디 대통령이 "주한미군 주둔 비용이 너무 많아 골치가 아픈데, 미국이 빠져나오고 대신, 옛날처럼 일본이 한국을 통제하는 것이 좋을 것 같습니다"고 하자, 펄벅 여사는 한국 사람들이 일본을 얼마나 싫어하는지를 모르는 대통령의 인식에 충격을 받고, "그건 마치 우리 미국이 옛날처럼 영국 지배로 돌아가라는 말과 같습니다"라고 응수했다고 한다(롯본기 김교수, 2021.4.19.).

1972년 '10월 유신'에서 표방한 '한국적 민주주의'는 민족주의적 색채를 강하게 띠고 있었다. 국방에서는 자주국방의 기치 아래 핵무기를 개발하고, 학문적으로는 한국학의 출범을 위해 한국정신문화연구원을 개원한다.[11] 특히 당시 핵 개발로 인해 야기된 한미 간의 극심한 갈등은 당시 한국을 방문한 지미 카터 미국 대통령이 한국이 제공하는 영빈관에서 자지 않고 미군 벙커에 숙소를 정하는 사태로까지 이어진다. 이러한 배경을 바탕으로 '김재규에 의해 박정희가 피살된 배후에는 미국 정보부가 있지 않았을까'라는 음모설이 한때 떠돌기도 했다. 미국으로부터 자율성을 쟁취하려는 박정희의 시도는 군사 분야에서도 나타나지만, 학문의 영역에서 더욱 선명하게 드러난다. 민족주의 이념을 강화하는 한국학의 출범을 위해 1978년도에 한국정신문화연구원을 야심 차게 개원한 것이다.

이 연구원에서는 그동안 학문적으로 서구의 학문 수용에 편향되었던 풍토에 대응하기 위해 우리의 전통적 학문과 연계성을 추구하는 '한국학' 작업의 일환으로 '한문' 공부를 필수화시킨다. 그리고 이 연구원에서 공부하는 석사, 박사에게는 파격적인 대우를 한다. 학비와 기숙사비가 무료이고, 군면제의 혜택을 주며 매달 5만 원씩 장학금을 지급했다. 그리고 방학 중에는 한 달간 해외연수도 시켜주었다. 한국정신문화연구원 원장의 직급은 국무총리와 대등한 급으로 파격적인 대우를 한다. 이런 걸 보고 어떤 사람은 박정희가 세종대왕 시대에 있었던 집현전을 재현하려고 했다고 비아냥대기도 했다. 왜냐하면 사실 정신문화연구원 설립 당시에는 사회적으로 급격히 부상하는 진보 세력의 학문적 성숙에 대처하는 목적도 내포되어 있었기 때문이다. 제3세계론, 종속이론, 해방신학 등 진보적인 학문이 대학가의 써클(동

---

11) 1978년에 개원한 한국정신문화연구원은 2005년도에 한국학중앙연구원으로 개칭된다.

아리)을 중심으로 급격히 전파되고 있었고, 학생운동권의 학문적 역량이 신장되었기 때문에, 여기에 대처하는 이데올로기를 만들고, 이데올로그를 생산해야 할 필요성도 있었기 때문이다. 어쨌든 우리나라에서 서구의 개념과 패러다임으로 점철된 학문의 영역에서 한국의 전통 학문과 연계성을 추구하려는 시도는 나름대로 의미가 있었다.

아무튼 해방 이후 한국 정치의 주도권은 친일 잔재 세력과 친미파들이 장악하면서 오랜 독재 기간을 통해 보수 우익 세력의 기반을 튼튼하게 구비하면서 지금까지도 존속하고 있다. 이러한 과정에서 전통적인 우리의 삶의 방식과 세시풍속은 경시되었으며, 이것은 음력설에 대한 억압 정책에서도 나타나고 석가탄신일이 크리스마스보다 26년이나 지나서야 국정공휴일로 제정되는 데에서도 알 수 있다.

2) 음력설 쇠퇴의 지역적·계층적 차별성

갑오개혁 이후 음력설 탄압정책에도 불구하고 음력설 퇴조가 일면적으로만 나타나는 현상은 아니다. 즉 구정 퇴조 현상이 모든 인구층에 무차별적으로 나타나는 공통적 현상은 아니다. 비록 근대 산업 문명에 밀려, 또 정부의 강압적인 억압에 눌려 구정이 퇴조하는 추세를 보여 왔지만, 한편으로는 구정이 상당 수준에 있어서는 지속되어 왔다는 측면을 간과해서는 안 된다. 즉 전통적 생활양식(전통문화)은 외부 환경의 변화(산업화·도시화)에도 불구하고 끈질기게 일상생활 속에 잔존하며 지속되는 측면이 있다는 사실을 주목할 필요가 있다. 이러한 현상은 보다 나은 미래를 약속하는 '미래지향적'인 엘리트들의 삶보다는 '현재지향적'인 일반 민중들의 삶 속에 보다 두

드러지게 나타난다. 이런 점에 대해서는 설날 이중과세의 전개과정에서도 확인해 볼 수 있다.

구정 퇴조는 서울 등 대도시에서 더욱 뚜렷한 현상을 보인다. 구정 선호도도 대도시보다 지방이 역시 더 높다. 예컨대 한국갤럽조사연구소의 조사에 따르면, 음력설이 국가 공휴일로 지정되기 직전인 1984년 현재 구정 선호도가 서울은 65.8%인데 비해 경기도 76.5%, 전라도 85.7%, 경상도 81.8%로 나타난다. 이러한 점은 과거 일제강점기부터 신정은 국가 공무원이나 신지식인층 및 중류층 이상의 집단을 중심으로 도시 지역에서 주로 확산되고, 반면에 구정은 농촌을 중심으로 한국의 기층 민중들이 지켜왔다는 점을 입증하는 하나의 자료라고 볼 수 있다. 구정 퇴조가 전통적인 생활문화의 쇠퇴와 맞물려 있다는 점은 1985년에 조사한 임옥재의 연구에서도 확인된다.

임옥재(1985)는 중소도시에 거주하는 국민학생 3~6학년을 대상으로 우리나라의 대표적인 세시풍속 14개에[12] 대한 인식도를 1985년에 조사했다. 이 연구에서는 다음과 같은 결과를 보이고 있다. 응답자의 100%가 알고 있는 명절은 설날, 정월대보름, 추석 등 세 명절에 불과하고, 60% 이상 알고 있는 세시풍속도 동지와 한식뿐이고, 나머지 세시풍속은 50% 이하였다. 또한 이 조사에서는 부모의 교육수준이 높은 가정의 어린이일수록 우리의 전통 명절이나 세시풍속에 대해 더욱 모르는 것으로 나타났다(임옥재, 1985: 227). 이러한 현상은 우리가 앞에서 살펴보았듯이 일제강점기 이래 한국의 신지식인층은 탈한국화의 성향을 지녀 왔다는 점과 무관하지 않으리라 생각된다.

그리고 앞서 말한 바와 같이 구정 쇠퇴는 지역적 특성도 반영된다. 1984년

---

12) 임옥재가 조사한 14개의 세시풍속은 다음과 같은 것들이다. 설날, 입춘, 정월대보름, 삼월삼짇날, 한식, 사월 초파일, 단오절, 유두, 복날, 칠월칠석, 추석, 구월 구일, 시월 상달, 동지 등이다.

도 〈한국일보〉에서는 "도시권에서는 구정이 퇴조한다는 경향을 여러 가지 지표를 들어 설명하면서도, 서울 등 대도시에 와서 거주하는 지방 출신 시민들이 구정에 귀성하는 경향에는 예년과 별 차이를 보이지 않았다"라는 기사를 싣고 있다(한국일보, 1984.2.3.). 구정은 퇴조하는 가운데서도, 일반 민중의 구정 선호도는 끈질기게 지속되고 있었다. 이러한 점을 해석하는 데 있어서 다음과 같은 박재환의 말을 참조해 볼 필요가 있다.

> "'발전'과 '내일'을 공식적인 슬로우건으로 삼은 서구 사회 안에서도 "표면적인 변화 아래 변화하지 않는 대중적 태도들이 있으며 … 가치관, 가정생활 등 … 한마디로 처세술 및 사는 방식에 관한 모든 것들이 놀랄 정도로 변화하지 않는다"는 것이 지적되었다. 이러한 사실은 무엇을 의미하는가? Vico의 말대로 이제 '영웅의 시대'가 지나고 민중의 시대가 왔기 때문인가. 어떤 의미에서는 그러하다. 사실 대중들은 더 이상 결정적이고 변증법적인 계기에 의해 그들을 해방시킨다는 이론이나 미래의 혁명들을 기대하지도 않았으며 결코 해방되지도 않는다는 것을 알고 있다. 그러나 그것은 엄밀한 의미에 있어서 기존 사실의 재발견일 뿐이다."(박재환, 1984: 242).

민중의 일상생활은 그 어떠한 혁명으로도 쉽게 바꿀 수는 없다. 이러한 점은 1917년 러시아 혁명 이후에 소련과 동구권에서 시행된 거대한 사회적 실험에서도 확인된다. 즉 이것은 갖가지의 탄압 속에서도 종교가 여전히 존속해 왔다는 점, 또 이타적인 사회주의적 인간형을 보편적으로 창출해 내는 데 실패했다는 점에서도 확인된다. 그리고 우리의 경우 그간 조국 근대화의 기치를 내걸며 인간 개조 교육 정책과[13] 구정 억제 정책으로 상징되는 전통적 생활양식 개조 정책도 결국 한계에 봉착하게 된 것이다. 여기서 우리는 에밀 뒤르켐의 말, 즉 '삶은 보수적이다'라는 말을 반추해 볼 만하다.[14]

일상생활이라는 영역은 한편으로는 혁명의 서곡이 울려 퍼지는 곳이기도 하지만, 다른 한편으로는 각종 혁명이 실패하는 질곡이 되기도 한다. 따라서 하나의 사회변혁을 꾀하는 데는 미래지향적인 엘리트의 논리에만 의존할 것이 아니라, 민중의 '일상적인 현재적 삶'과, 또 생활 습성으로 자리 잡은 '전통적 생활습성(풍습)'에 대한 깊은 천착이 필요하다.

3) 연휴제도와 민족대이동

음력설(민속의 날)이 하루 공휴일로 지정된 이후, 당시까지 3일 연휴였던 신정에는 새로운 풍속도가 등장한다. 앞서 살펴본 바와 같이 이러한 신정의 새 풍속도는 연휴제도와 관련이 깊다. 따라서 먼저 우리나라의 연휴제도에 대해 살펴보기로 하자. 왜냐하면 1960년대 이후 본격적인 근대화 과정에서 연휴는커녕, 일요일조차도 제대로 쉬지 못하는 날들이 지속되었기에 연휴라는 것은 당시의 사람들에게는 생소할 뿐만 아니라 매우 특별한 의미를 지니기 때문이다.

---

13) 5.16 군사 쿠데타 이후에 문교부 장관으로 취임한 문희석은 1961년 6월 10일에 전국의 장학관, 교육감, 사범 계통의 직할 학교 및 초중고등학교장(지역 대표)들 650여 명을 소집해 놓고 다음과 같은 '혁명 정부의 문교 정책'을 시달한다. 첫째 간첩 침략의 분쇄, 둘째 인간 개조, 셋째 빈곤 타파, 넷째 문화 혁신 등이다(홍웅선, 1989: 21).

14) 이 내용은 필자가 지도교수이신 박재환 교수님과의 대담을 통해 들었던 말이다.

해방 후 국가 공휴일에 최초로 연휴제도가 도입된 것은 양력설이었다. 신정연휴는 1949년부터 1989년까지 3일 연휴로 되어 오다가, 1990년에는 2일 연휴로 되고, 1999년부터는 하루가 된다. 그다음으로 연휴제도가 도입된 것은 추석이다. 추석은 해방 후 지속적으로 하루만 공휴일이었다가 1986년부터 2일 연휴가 되고 1989년부터 3일 연휴가 된다. 음력설은 1985년 민속의 날이라는 명칭으로 처음으로 하루가 국가공휴일로 지정되고, 1999년도부터 3일 연휴가 된다. 추석보다는 10년이나 늦게 된 셈이다. [15]

한국인에게 연휴라는 것은 매우 특별한 의미를 지닌다. 학창 시절에 방학이라는 긴 기간 말고는 성인이 되어 직장생활을 하면서부터는 며칠씩 쉰다는 것은 거의 불가능에 가까웠기 때문이다. 1960년대부터 노동집약적인 경공업을 필두로 진행된 근대화의 과정은 노동자들에게 살인적인 노동시간을 강요했고, 40대 사망률을 세계 랭킹 1위로 끌어올리는 비극을 초래했다. 그야말로 연휴는커녕 야간노동과 일요노동까지 동원되어, 당시까지만 해도 여름에 바캉스 시즌 말고는 연휴라는 것은 꿈같은 일이었다. 1985년 당시 아직 신정은 3일 연휴였고 구정은 하루였다. 3일간의 신정연휴는 노동에서 해방된 아주 특별한 날이었고, 차례를 지내야 하는 전통적 풍속으로부터도 자유로운 날이 된다. 이러한 구속에서 벗어나 모처럼의 해방감을 만끽한 한국인들은 새로운 신정 풍속도를 연출했다.

우리의 전통적 민속명절인 추석과 설날(음력설)의 3일 연휴제도는 예전에는 찾아보기 힘든 새로운 풍속도를 창출한다. '민족대이동'이 바로 그것이다. 물론 3일 연휴 이전에도 명절날 고향을 찾아가고자 하는 귀성객은 기차

---

15) 이렇게 추석이 먼저 3일 연휴가 된 데는 당시 탈냉전이라는 세계사적 기류 속에 남북한 간에 화해 무드 조성이라는 정치적인 지형변화도 영향을 미쳤다. 즉 남북적십자사를 통해 추석 때 남북한 이산가족 상봉이라는 정치적 사건이 있었기 때문이기도 하다.

나 비행기 표를 못 구해 발을 동동 구르고, 버스 터미널은 수많은 인파로 넘쳐났다. 당시에는 이동수단이 한정적이어서 고향 가는 걸 아예 포기하는 사람도 많았다. 하지만 3일 연휴제도가 도입되고 나서부터는 이전과는 다른 새로운 양상이 전개된다. 그것은 자가용의 대중화와 밀접한 관련이 있다.

명절날이 하루였을 때는 차표가 없어서 고향에 못 내려간다는 변명거리라도 있지만, 연휴제도가 도입되고 나서부터는 그러한 변명도 할 수 없게 되었다. 이왕에 오랜만에 고향에 가는데 도시에서 성공적인 삶도 과시하고도 싶었다. 그것은 자가용을 몰고 고향에 가는 것이었다. 1986년 처음으로 추석이 2일 연휴가 되었을 때 전국의 중고 자동차 시장은 거의 동이 나다시피 했다, 이런 현상은 3일 연휴제도가 도입되었을 때도 마찬가지였다. 그동안 산업화, 도시화로 대도시로 집중되었던 인구가 명절 때만큼은 모두가 고향으로 소개(疏開)되었다. '민족대이동'이 일어난 것이다.

1980년대 후반기 연휴제도가 도입되었을 무렵에는 명절 때 고속도로에서 무슨 일이 일어날지 아무도 몰랐다. 고속도로가 고속으로 달리는 장소가 아니라 그야말로 주차장이 되었다. 서울에서 부산까지 오는데 18~19시간 이상 걸렸다. 가다·서다가 무수히 반복되면서 시간은 흘러가고, 배도 고프고, 목도 마르고, 화장실 용무도 급박했다. 처음에는 모든 걸 참고 인내해야만 했다. 아무런 준비가 없었기 때문이다. 이런 경험을 바탕으로 이듬해 명절 때는 물과 음식을 잔뜩 준비한다. 그리고 TV 방송에서는 여성들의 용무를 위해 반드시 큰 우산을 준비하라는 충고까지 한다. 이번에는 고속도로 주변이 귀성객이 버리고 간 온갖 쓰레기로 몸살을 앓는다. 이제 TV 방송에서는 먹다 남은 쓰레기는 모두 각자가 치우자는 캠페인도 벌인다. 그런데 이때 고속도로가 막히는 양상은 지금과는 매우 달랐다. 서울에서 각 지역으로 내려가는 하행선은 주차장을 방불케 하지만, 서울로 올라가는 상행선은 텅텅 비어 있었다. 지금은 하행선과 상행선에 모두 정체 현상이 일어나지만, 1980년대 후반 무렵에는 하행선에서만 극심한 정체 현상이 일어났다. 이른바 역귀성 현상이 이제는 보편화되었다.

오늘날 민속명절 보도에 어김없이 등장하는 '민족대이동'이란 용어는 특정 신문사의 추석 기사 보도 이후에 관용구로 등장한다. 70년대 중반까지만 해도 신문의 명절 기사는 귀성객 숫자나 교통편, 차표예매 정보도 철도청이나 교통부에서 제공하는 기사를 그대로 지면에 실어주는 경우가 대부분이었다. 그러던 것이 1976년 9월 1일 〈동아일보〉 기사가 명절 귀성객 풍속도를 새롭게 전하는 분수령을 이룬다. 사회면 톱기사로 '예매 첫날 귀성표 매진'을 보도했다. 또 큼지막하게 서울역 광장의 인파사진을 실었다. 다른 신문엔 추석 차표예매나 매진, 역전 인파에 관련된 기사는 단 한 줄도 실리지 않았다. 그 후 1977년 신정과 구정부터 서울역은 차표예매만 시작되면 기자들이 몰려와 취재경쟁에 열을 올렸다. 그리고 1980년 9월 〈동아일보〉 추석 기사에 「도농(都農) 대이동」이란 표제 속에 "1년에 어김없이 한번 찾아온 '민족의 대이동' 추석"이라고 쓴 문장 이후에 '민족대이동'이란 용어는 명절 보도에 어김없이 등장하는 상용구가 된다(민병욱, 2012). 추석 연휴가 설날보다 일찍 된 관계로 이 용어는 추석 보도에 먼저 사용되었다. 그리고 설날의 인구이동은 구정과 신정으로 나뉘어 있어서 분산되었기 때문이기도 하다. 그러나 민족대이동이 모든 사람의 피부에 와 닿게끔 느끼기에는 자가용의 대중화가 결정적인 역할을 한다. 자가용이 대중화되면서 교통정보는 명절 때 핵심적인 뉴스로 등장한다.

사실 TV가 등장하면서 일제강점기 이래로 전성기를 구가하던 라디오는 그 막을 내리게 된다. 흑백TV가 대중화되었던 1970년대 후반기와 80년대 초반기에는 "이 시대에 인제 누가 라디오를 듣는가"라는 말이 나올 정도로 라디오는 일반 대중으로부터 멀어져 있었다. 하지만 자가용이 대중화 되면서 교통 정보의 필요성이 증대하고, 라디오는 제2의 전성기를 구가한다. 핸드폰과 내비게이션이 보편화되면서 다소 뒷전으로 밀려나는 감이 있지만, 사람들이 차 안에 있는 시간이 많아지면서 라디오는 다시 부활한다. 정체가 극심한 추석과 설 명절에는 라디오 청취가 대세가 된다.

4) 민족대이동의 함의와 설날의 미래

그러면 왜 민족대이동이 일어날까? 여기에는 전래되어 온 풍습이 지닌 막강한 힘이 작용한 것이라는 것을 우리는 상식적으로 안다. 이를 막스 베버는 사회적 행위 중에서 '전통적 행위'라고 명명했다. 전통적 행위가 일어나는 이유가 무엇인지에 대한 구체적인 논의는 이 글의 범위를 넘어선다. 여기서는 단지 설날에 이렇게 민족대이동이 일어나고, 일제강점기 이후 강압적인 음력설 탄압정책에도 불구하고 끈질기게 살아남아 음력설이 또다시 부활한 이유에 대해 살펴보기로 하자. 이를 위해 우리는 다음과 같은 한스 메딕(Hans Medick)의 논의를 참고할 필요가 있다.

그는 자본주의 이행기에 처한 일반 민중들의 삶의 양식(평민문화)을 분석하면서, 자본주의적 생활 질서로 재편되는 급변하는 사회 환경 속에서, 일반 민중들이 한편으로는 거기에 적응하기도 하면서, 또 다른 한편으로는 전통적인 생활풍습을 유지하는 나름대로의 주체적인 삶의 논리를 가진다는 점을 다음과 같이 말하고 있다.

"저축의 전략, 또는 나아가 소득을 최대화하는 전략은 그런 상황에서는 합리적인 것도 아니었고 가능하지도 않았다. 합리적인 것은 끊임없이 위협받고 있던 여러 가지 손해를 최소화하는 일이었다. 그것은 보통 불확실하고 불규칙적인 금전수입을 당장 써버리는 것을 뜻했다. 명절이나 운동경기나 경사 때에 선물교환을 통해, 그리고 보통 때의 일상적인 선심의 '과시'를 통해 이루어지는 '사회적 교환(social exchange)'이 그런 상황에서는, '경제적'으로 따져 보더라도 번 돈을 저축하는 것보다 더 분별있는 것이었다. 그것은 결혼식이든 세례식이든 장례식이든 상관없었다. 이 모든 공적 의례의 밑바닥에 자리잡은 그 비금전적 교환은 하부계층에 실속있는 경제적 편익을 마련해 주었다.…… 그러한 편익은 개개인의 저축과, 삶과 일에 대한 '중산계급적' 윤리를 통해서는 이루어질 수 없었을 것이다. 평민문화의 전형적 표현이었던 '사회적 교환'은 친족과 이웃과 친구 사이의 결속을 강화해 주었다. 그리하여 그것은 소생산자들이 기근과 위기와 궁핍의 시기에 아주 쉽게 의지할 수 있는 그 유대관계를 생산 또는 재생산해 주었다."(Medick, 1982: 92).

초기 자본주의 시기 신흥 중산층은 근검, 절약, 절제의 생활윤리로 사회적인 지위를 획득하고, 부의 축적을 통해 사회적 승인을 받는다. 그러나 일반 평민들의 생활윤리 속에는 품위, 체통, 탁월성 등의 가치가 그들의 의식세계를 지배한다. 이것이 평민들의 사경제에서는 저축보다는 공적인 소비에 대한 과다 지출로 나타난다.[16] 평민들의 경제규범에서는 장기적인 집안 일의 필요에 금전을 지출하는 일은 그 우선순위가 비교적 낮고, 공적인 소비에 대한 욕구는 굉장히 높았다. 자본주의로의 이행기에 일반 평민들의 삶과 노동의 상황은 근본적으로 불확실하고 예측할 수 없었다. 그래서 그들은 금전수입을 만일을 대비해서 저축하는 데 보다는, 사람들 앞에서 과시하고 체통을 세우는 데에 훨씬 뜻있게 지출되었다. 그들은 경제재를 상징적인 의사전달 행위, 곧 사교-문화적 행위와 표현들로 바꿈으로써 그 가치를 실현했다.[17] 이러한 비금전적인 사회적 교환은 친족과 이웃과 친구 사이의 결속을 강화해 주었다. 그런 식으로 평민은 불행과 어려운 시기에 대처해 나름대로의 사회보장제도를 가까이에 마련해 두고 있었다고 그는 해석한다 (Medick, 1982: 103-113). 그리고 이것은 일반 민중들의 생활 세계가 '현세적'이고 '존재 지향성'을 지닌다는 점을 의미하기도 한다.[18]

이와 같은 한스 메딕의 연구는 우리의 전통명절인 음력설이 갖가지 탄압 정책에도 불구하고 끈질기게 살아남아 다시 부활하는 모습을 해석하는데

---

16) 예컨대 공공의례(결혼식, 세례식)와 장례, 축제뿐 아니라 나날의 생활에서도 그들의 사경제 규모에 비해서는 과다 지출이 이루어진다. 이것을 한스 메딕은 평민들은 나름대로의 독특한 경제규범을 지니고 있었다고 해석한다.

17) 이러한 종류의 지출은 무엇보다 음주문화를 통해 표현되었고, 또한 유행과 보석을 통해서, 그리고 설탕, 차, 커피, 담배와 같은 식민지 상품의 소비를 통해서도 표현되었다.

18) 갠스(Gans, 1965)는 노동계급은 목표지향적(object-oriented)이라기보다는 인간지향적 (person-oriented)이라고 표현하고 있다(앤더슨, 1979: 177-179). 인간지향적이라는 말은 한 개인이 자기의 전 사회세계를 1차 집단적 관계에서 조망하며, 1차 집단적 관계의 중요성을 크게 강조하고, 타인을 목표를 위한 수단으로 보지 않고 목적으로 본다는 것을 의미한다. 인간지향성은 노동계급의 가족 중심주의와 연계되고, 목표지향성은 중류층 이상의 계층이 가지고 있는 조직체적 가치 및 경력과 사회적 이동에 대한 가치들과 연계된다. 그리고 앤더슨(Anderson)은 빈민들의 문화는 미래 혹은 계획지향성(future or planning orientation)이라기보다는 현재 혹은 존재 지향성(present or existence orientation)을 띤다고 말한다(앤더슨, 1979: 246).

다소간의 시사점을 제공한다.

사회적 동물로서 인간은 사회적 승인(social approval)에 대한 욕구가 있다. 사회적 승인을 받는 방식은 여러 가지가 있지만, 품위와 체통을 지키면서 바람직한 평판을 유지하는 것은 어떤 의미에서는 가장 기본적인 것이라고 볼 수 있다. 명절 때 부모와 친지를 찾아가서 인사를 하고 차례를 지내는 것은 유교 문화를 가지고 있는 우리 사회에서는 최소한의 도리라고 공감한다. 명절 때 부모나 웃어른을 찾아뵙지 못하면 죄책감마저 든다. 〈KBS 가요무대〉가 1985년도에 중·장년층을 대상으로 한 프로그램으로 등장하면서 초창기에 가장 많은 애창곡으로 인기를 끌었던 곡은 「불효자는 웁니다」였다. 1960년대 이후 도시화 산업화로 고향에 계시는 부모님을 자주 찾아뵙지 못하는 심정을 상징적으로 대변하는 것이라고 볼 수 있다. 하물며 명절 때도 부모님께 갈 수 없으면 최소한의 인간적 도리를 저버리는 것 같아 죄책감이 든다. 더욱이 설날과 추석이 3일 연휴가 되면서부터는 고향에 있는 부모님을 찾아가는 것은 우리나라에서는 당연시된다. 민족대이동은 혈연 중심의 유교문화를 가지고 있는 우리 사회에서는 필연적인 현상이다. 그리고 오랜 관행으로 자리 잡은 음력설 풍속은 도시보다는 농어촌에 더 남아 있었고, 이런 맥락에서 근대화 이후 도시 중심적인 생활방식이 지배적으로 되어감에도 불구하고 음력설이 부활할 수 있는 토대가 지속해서 유지되고 있었던 것이다. 그리고 국가 정책이 강압적으로 음력설을 탄압해도 그것은 국가 공무원에게만 강제력을 행사할 수 있을 뿐이었다. 일반 사기업과 자영업자에서 음력설을 쇠는 풍습은 예전처럼 그대로 유지 되어왔다. 을미개혁 이후 양력이 도입되고 일제강점기를 지나면서 해방 이후에도 지속된 음력설 탄압 정책은 결국 실패로 끝나고 음력설은 또다시 부활한다. 그동안 그렇게도 오랫동안 음력설을 폐지하려고 한 정책은 실패작으로 끝났다.

그러나 이젠 도시화 현상이 고착화됨에 따라 명절날 서울로 올라가는 역귀성 현상이 발생한다. 이제는 농어촌에 살았던 부모와 친지들은 돌아가시고 도시에서 태어나 도시에서 죽는 인구층이 점점 증가한다. 이런 맥락에서 예전에는 그렇게 많던 '고향'을 소재로 한 유행가는 오늘날에는 전혀 찾아볼 수 없게 되었다.

한편 설날과 추석 같은 민속명절에는 그 명절을 명절답게 만드는 각종 생활의례와 놀이문화가 있다. 유교적 전통 속에 차례 지내는 풍속이 가장 핵심적인 의례이다. 유교적인 조상숭배 사상, 차례 지내기, 친지·어른들에게 인사하기(장유유서 문화), 그리고 농경생활에서 유래한 각종 민속놀이 등등의 전통적 생활풍습이 자리 잡고 있었다. 그러나 근·현대사회로 접어들면서 물화(物化)된 형태로 형식은 유지되나 내용은 많이 변질된다. 전통 민속놀이문화는 쇠퇴하거나 소멸되고, 조상숭배의례가 존재하기는 하지만 내용은 달라진다. 예전에는 장남 중심의 가부장적 전통에 따라 장자·장손 집에 모든 친인척이 모여 차례를 지내는 것이 당연시되었다. 그것도 명절 하루 전날 모여 제사상에 올라갈 각종 음식을 다 같이 장만하곤 했다. 그러나 요즘에는 제사음식 대행업체가 등장하고, 심지어 1980년대 후반에는 명절날 여행지나 콘도미니엄에서 차려준 제사상으로 차례를 지내는 모습도 등장한다. 그리고 명절 연휴에는 해외로 나가는 관광객으로 국제공항은 넘쳐난다. 또한 성묘도 가족 친지가 모여서 벌초를 하는 것이 아니라 성묘 대행업체에 위탁하기도 한다. 심지어 기제사는 집에서 지내지 않고 절에 위탁하기도 한다.

그런데 전래되어 온 명절 풍습에는 오늘날의 관점에서 보면 심각한 문제가 내포되어 있었다. 그것은 가부장적인 사고방식과 생활의례이다. 여성은 차례 지내는 순서에도 뒷전으로 밀리고, 설날 음식 준비와 손님맞이에 과로하게 된다. 그 결과 오늘날에는 명절 이혼이 등장하고, 심지어 청와대에 '명절 폐지 청원' 사태까지 벌어진다. 그래서 명절이 되면 신문방송에 어김없이 등장하는 단어는 '명절 증후군'이다.

> "지난 3월부터 청와대 국민청원 게시판에는 '설 및 추석 연휴'를 폐지해달라는 국민청원이 곳곳에 등장해 관심을 모았다. 청원자들이 명절연휴 폐지를 주장하는 공통된 요지는 "핵가족 시대의 맞벌이 부부가 증가하며 온 가족이 모여 차례를 지내는 등의 의미가 퇴색됐고 가족들이 모여 형식적인 식사를 하고 헤어지는 것은 전통문화 계승과 더불어 명절의 의미를 제대로 전승할 수 없다"는 것이다. 한 청원인은 "명절만 되면 이혼율이 폭증하고 장시간 운전해야 하는 남성과 제사 음식을 준비하는 여성 간의 불화와 갈등이 높아진다"라며 "명절 연휴에는 조상에게 예를 갖추고 친지와 함께 할 수 있는 순기능도 있지만, 명절 준비로 힘들어하는 사람들이 많다"라며 전했다. 그러면서 명절 폐지를 주장한 한 청원자는 "명절만 되면 음식을 준비하는 여성들도, 장시간 운전하는 남성들도 모두 힘들어 이혼율이 증가한다"라고 말했다."(세계일보, 2018.9.22.).

그런데 우리의 전통적인 설날, 추석 명절에 가부장적 요소가 극도로 강화된 것은 일제강점기 때이다. 그것은 당시에 만들어진 '호주제도'를 통해서다. 그러나 가족법에 있어 양성평등과 민주적 가족법을 구현하기 위한 가족법 개정운동의 결과 1977년, 1990년, 2002년에 부분적 개정이 이루어졌고, 2005년에 이르러 마침내 호주제 폐지를 골자로 하는 민법개정안이 공포되며, 2008년 1월 1일부터 시행된다(한국학중앙연구원, 2010b).

유림의 결사적인 반대에도 불구하고 폐지된 호주제는 전통적인 가부장적 생활문화를 타파하는 결정적인 제도적 장치로 기능한다. 이제는 자녀가 굳이 아버지 성씨를 따르지 않아도 된다. 아버지와 어머니 성을 다 따오고 거기에 이름을 붙여 성씨가 2개이고, 이름이 총 4글자인 자녀가 오늘날 새롭게 만들어진 현상이다.

한편 가부장적 문화의 쇠퇴에 호주제 폐지가 결정적인 제도적 기반이지만, 가족의 구성 자체가 더 이상 가부장적 생활문화를 지탱하기 어렵게 만드는 측면도 있다. 1950년대 중반쯤에는 아직 정부가 주도하는 가족계획 캠페인이 본격적으로 일어나지는 않았지만 대체로 다섯 낳자는 목표로, 남자 셋, 여자 둘이 이상적인 가족구성으로 보았다. 그 후 1960년대에는 세 자녀 낳기 캠페인이 벌어졌는데, 이때는 남자 둘, 여자 한 명이 이상적인 것으로 생각했다.[19] 이러한 사고방식에는 남아선호사상이 뿌리 깊게 녹아있다는 것을 알 수 있다. 이후 1970년대에는 '딸 아들 구별 말고 둘만 낳아 잘 기르자'는 캠페인이 잠시 벌어지더니 1980년대에는 "둘도 많다, 축복 속에 자녀 하나 사랑으로 튼튼하게"라는 캠페인은 캠페인이 언제 벌어졌는지도 모를 정도로 아주 잠시였다. 이제는 인구감소가 일어나고 출산을 하지 않으려는 추세가 생기면서 출산 장려금을 지불하면서까지 출산을 종용하는 시대로 접어들었다.

이러한 과정에서 오늘날에는 아들이 하나도 없는 세대수가 크게 증가했다. 이제 남성 중심의 조상숭배의례는 더이상 지탱하기 어려운 시대로 접어든 것이다. 따라서 차례나 제사 지내는 풍습은 유지되겠지만 그 형식과 내

---

19) 가족계획 사업은 1960년대 초반에 처음에는 "알맞게 낳아서 훌륭하게 기르자"라는 구호로 시작되었는데 1960년대 중반이 되면서 "세 살 터울로 세 자녀만 35세 이전에 낳자"라는 구호로 바뀌었다.

용은 많은 변화가 생길 것이라고 예측할 수 있다. 차례나 제사를 지내는 규모도 부모와 조부모 수준으로 축소될 가능성이 많고, 가족 친지가 모이는 강도가 약화되고, 여성 주도의 추모(제사)문화가 새롭게 생성될 가능성이 많다. 특히 딸만 있는 집에서는 새로운 형태의 추도방식이 생성되리라는 것은 어렵지 않게 예측할 수 있다.

5. 우리 문화의 미래와 남북통일

음력설 억압 정책이 지속된 데는 한국 지배 엘리트들의 전통문화에 대한 부정적 편견이 크게 작용했다. 갑오개혁 때 폐지된 과거제도는 전통적인 한학 지식인을 일거에 몰아내고, 일본과 서구의 문물을 맹목적으로 추구하는 신지식인층을 한국의 지배층으로 부상시킨다. 이들은 근대성과 전통성은 양립할 수 없는 것으로 보고, 전통적인 세시풍습이나 생활풍습에 대해 비판적인 입장을 취한다. 특히 서구에서 유입된 기독교는 우리의 전통적 세시풍속과 크게 마찰을 일으킨다. 우상숭배라고 하여 차례나 제사를 지낼 때 절을 하지 않는 것이 대표적인 것이다. 가톨릭의 경우에는 처음에는 절을 하지 않다가 로마 교황청의 지시로 요즘에는 민간 세시풍속과 타협해서 명절 때 절을 하기도 한다. 그러나 개신교에서는 아직까지 절하는 것은 금기 사항으로 받아들인다. 한때 미신타파라는 명분으로 초등학교에 단군 동상을 파괴하거나, 대학교 내 장승세우기에 분쟁이 발생한 것도 일부 과격한 개신교도들의 행위에서 비롯되었다. 그러나 우리의 전통문화에 대한 부정적 편견은 신식교육을 받은 우리나라 지배층에 광범하게 퍼져있었다. 이런 맥락에서 한국의 보수 우익은 서구의 경우와는 일정한 차별성을 보인다.

일반적으로 보수 우익은 일차적으로는 자기 내집단의 이해관계를 가장 우선시하고 자기 집단의 전통에 집착하는 성향을 보인다. 이러한 현상이 서구의 경우에는 근대국가가 출범하면서 중세의 라틴 문화권에서 벗어나 각 지역의 전통문화를 민족주의와 결합해 각 민족국가의 문화적 정체성을 확립한다. 그러나 우리의 경우에는 보수 우익의 근간을 이루는 전통적인 한학 지식인이 갑오개혁 때 과거제도의 철폐로 정치적인 기능을 상실하고, 서구의 문물을 수용하는 신지식인층이 정치적 주도권을 장악한다. 이들의 대부분은 친일과 친미적 성향을 띠고 서구의 문물에 경사되어 우리의 전통적인 세시풍속과 생활문화를 경시하거나 비판적인 입장에서 바라본다. 이러한 전체적 지형이 국가 공휴일을 정하는 방식에도 반영되어 크리스마스보다 석가탄신일은 26년 뒤에나 공휴일로 지정되고, 음력설은 1985년도에 와서야 공휴일이 된다

이러한 현상을 해석하는 데 있어서, 우리는 다음과 같은 리스먼 (Riesman)의 논의를 적용해 볼 수 있다(리스먼, 1977). 리스먼의 개념으로 말하자면, 한국사회는 내부지향형 인성 구조가 사회적으로 보편화된 시점이 부재한 상태에서, 전통지향형 퍼스낼리티가 타인지향형 인성 구조로 급격히 전환되었다고 볼 수 있다. 서구의 경우에는 르네상스 이후 전통지향형 인성 구조가 서서히 청산되면서 일정하게 내부지향적 인성 구조가 형성되는 시점이 경과한 이후, 20세기 대중 소비사회에 들어와서 타인지향형 인성 구조가 보편화된다고 보는 것이 리스먼의 입장이다. 이러한 논리에 따를 것 같으면 우리의 경우, 근대국가 성립과정에서 보수 우익의 근간을 이루는 내부지향적 퍼스낼리티 구조가 사회적으로 보편화된 시점이 있었던가라는 점에 의문을 제기할 수 있다. 필자가 보기에 우리의 경우에는 이러한 시

점이 부재한 상태가, 현상적으로는 우리의 전통문화를 부정하는 데서 나아가, 외래문화를 마구잡이로 추종하는 사회적 분위기가 만연하는 데 중요 요인이 된 것처럼 보인다. 이런 맥락에서 보면 한국의 보수 우익은 적어도 전통을 바라보는 관점에 있어서는 서구와는 다른 기형적인 보수 우익이라고 볼 수 있다.[20] 이것은 한국역사에서 일제 잔재 청산의 문제가 해결되지 않은 채 내려오면서, 친일파가 반공을 명분으로 친미파로 변신하면서 한국의 지배엘리트로 기능하는 현대사가 전개되는 데 기인한 것으로 보인다. 한홍구는 여기에 기독교가 '신분 상승의 마법의 계단'이었다고 파악한다(한홍구, 2019).[21] 이러한 맥락에서 볼 때 '촛불 집회'에 대항하여 탄생한 '태극기 집회'에서 성조기와 이스라엘기가 등장하는 것이 결코 우연은 아니다.

우리나라에서 전통에 대한 인식이 정책적 차원에서 획기적으로 새롭게 재정립되는 것은 아이러니하게도 박정희 독재정권 말기 때였다. '10월 유신'에서 표방된 '한국적 민주주의'에 의해 학문의 영역에서는 한국학의 출범을 위한 기틀을 닦았다. 1978년에 개원한 한국정신문화연구원에서는 그동안 학문적으로도 서구의 학문 수용에 편향되었던 풍토에 대응해서 우리의 전통적 학문과 연계성을 추구하는 작업의 일환으로 '한문' 공부를 필수화시켰다. 한동안 한글 전용이라는 기치 아래 학교의 교과과정에서는 한자 공

---

20) 1981년 전두환 정권 때 전통적 요소를 도입한 '국풍 81'이라는 행사가 있었다. 그 당시에는 대학가에서 탈춤과 전통예술을 추구하는 써클(동아리)은 '반독재 민주화'라는 기치 속에 정당성이 결여된 당시의 정권에 저항을 하는 몸짓이 주축을 이루었다. 필자가 보기에 '국풍 81' 행사는 어떤 의미에서는 정당성이 결여된 전두환 정권이 속칭 물타기 전법으로 대학가에서 확산된 저항적 의미의 전통예술 추구를 먹거리와 볼거리로 치환시킨 행사라고 생각된다.

21) 여기에 대한 논의는 목원대학교 박사학위논문으로 나온 최태육(2015) 목사의 "남북분단과 6·25 전쟁 시기(1945-1953) 민간인집단희생과 한국기독교의 관계연구"를 참조하라. 그리고 이 논문을 바탕으로 해서 나온 저서 『어떻게 그럴 수가 있는가: 학살의 문화에 대한 어느 목회자의 수기』를 참조하라(최태육, 2018).

부를 배제하고, 일간신문에서도 한자는 사라진다. 한자를 모르고 한문을 해독하지 못하면 우리의 전통 문물은 박제화된 채 현대의 학문과는 단절된다. 이러한 문제의식 하에, 서구의 개념과 패러다임으로 점철된 학문의 영역에서 한국의 전통 학문과 연계성을 추구하려는 시도는 상당한 의미가 있었다.

'가장 지역적인 것이 가장 세계적이다'는 헤겔의 말을 굳이 인용하지 않더라도 우리의 전통문화에 대해서는 학문적으로도, 또 미학적으로도 재정립되어야 할 필요가 있다. 이 글에서는 단지 설날 이중과세의 문제에 국한하여 살펴보았지만 큰 틀에서 다시금 우리의 것을 발굴하여, 세계와 소통하는 계기들을 찾아 나가야 할 것이다. 사실상 현재 인문사회과학 전반에서 통용되는 이론과 개념은 대부분 서구에서 생성된 패러다임이다. 더욱이 현재 사회과학에서 사용하는 개념들도 상당 부분 일본의 번역을 그대로 받아들이는 경우가 많다. 또 사회현상에 접근하는 방식에 있어서도 서구에서 새로운 이론이 나오면 이를 수입해서 적용하는 데 급급하여 학문의 세계도 유행의 물결을 타고 변해왔다. 이런 상황에서 우리의 전통학문에서 현대사회의 설명에 적합한 개념과 이론을 추출하기란 매우 어렵다. 그럼에도 한국적인 학문의 토착화를 위해서는 그 시도 자체는 포기하지 말아야 할 것으로 생각된다.

중국이 동북공정에 엄청난 돈을 투입해서, 몇백 년 이후를 내려다보고 하는 작업이라는 것을 명심해야 한다. 지금 이 시대를 살고 있는 한국인들은 비록 세대별로 다르기는 하지만 남북통일이라는 문제에 그나마 관심이 있고, 한복과 아리랑, 김치와 한글이 한국의 고유한 것이라고 당연시한다. 하지만 중국은 이러한 것들을 중국 소수민족의 유산이라고 슬며시 편입시킨다. 고구려와 발해의 역사도 마찬가지다. 세월이 흘러가면서 먼 훗날에 분쟁을 촉발하거나 중국의 이해관계를 정당화하려는 기초 작업으로 보인다.

그런데 여기서 특히 주목해야 할 부분이 있다. 남북분단, 남북통일의 문제이다. 이 문제는 정말 심각하게 받아들여야 한다. 왜냐하면 국제사회에서 남북한이 통일되는 것은 어느 나라도 원치 않기 때문이다. 특히 일본은 6·25전쟁을 통해 많은 이득을 취했기도 했지만, 남북통일이 주는 시너지 효과가 두렵기도 하다. 일본은 독도가 일본 땅이라고 지속적으로 주장하며 분쟁의 소지를 이어가고 있다. 또 중국의 동북공정은 국제적으로 어떤 특수한 상황이 주어진다면 예전에 편입시킨 고구려와 발해의 역사를 근거로 북한까지도 중국 영토로 편입시키려는 의도가 있지 않을까 하는 의구심을 지울 수가 없다. 지금의 시점에서는 말도 안 되는 소리라고 할지 모르지만 몇백 년 이후를 생각해보면 심각하게 받아들여야 할 문제이다.

필자도 그리 민족주의라는 가치에 매몰되려고 하지는 않았다. 하지만 학문의 세계에 있으면서 진실이 무엇인가를 찾으려고 하는 가운데, 어쩔 수 없이 민족주의를 찾을 수밖에 없는 국제질서를 보았다. 국제사회에서는 의리도, 정의도 없는 철저하게 이해관계에 천착된 냉혹한 자국 중심의 사회였다. 서구의 민족주의가 제국주의로 나가는 발판으로 작용했다면, 지금 우리는 우리의 전통문화로 결속하는 내부적 민족주의가 필요하다. 이를 바탕으로 국제사회에서는 원치 않는 남북통일에 대한 꿈을 키워나갈 수 있을 것이다.

보다 구체적으로는 우리의 전통문화에서 멋을 찾는 문화가 필요하다. 모방하고 싶은 한국적인 삶의 전형을 찾고, 그것을 향유하는 한민족의 인구층이 증대하면서 아름다운 삶을 실천하는 가운데 국수적인 강고한 민족주의는 해체될 수 있을 것이다. 나아가서는 타민족과 융화되는 세계질서를 창출해 나갈 수도 있을 것이다.

제5장

관광: 한국 관광의 역사적 변화과정

제5장
관광: 한국 관광의 역사적 변화과정

1. 들어가며

여행 및 관광은 본능적인 생물학적 현상도 아니고 개인적인 현상도 아니다. 역사적 현상이자 사회문화적 현상이다. 여행 및 관광의 동기, 관광의 주요 주체, 주요 행태 등도 역사적, 사회적 구조에 따라 변화하게 된다.

예를 들면 인류가 지구상에 출현한 이래로 인간의 이동은 계속되고 있지만, 이동의 의미는 시대적으로 다양하다. 농경시대 이전, 주로 채집과 수렵으로 생존을 유지하던 유목사회에서는 이동 자체가 삶이고 머뭄 혹은 정착 자체가 죽음이었다. 하지만 농경생활을 시작하면서 정착하게 되고 자신의 삶터를 떠나 잠시 이동하고 주거지로 되돌아오는 행태가 시작되었다. 이후 국가가 형성되고 그에 따른 계급과 신분이 형성되면서, 노동으로부터 자유롭던 지배계층들, 왕, 귀족, 승려 등이 여가로서 자유롭게 이동을 할 수 있게 되었다. 그 외의 평민들은 농사를 지어야 하기 때문에 오랫동안 거주지를 떠날 수 없었다. 평민들 중에서 이동을 할 수 있었던 사람들은 왕과 귀족들의 하인과 하녀, 상인, 보부상, 군인 등 생계를 위해 떠돌아다녀야만 하는 집단들이었다.

근대 자본주의사회가 형성되고 물질적 재화뿐만 아니라 개인 고유의 경험이자 감성상품인 관광이 상품화되면서 특정 계층의 독점적 여가행태였던 관광도 대중적 여가형태로서 자리 잡게 되었다. 어느 정도는 관광소비의 평등화와 민주주의화가 진행된 측면도 있지만, 또 한편으로는 여전히 관광소비의 불평등이 내재해있고 그것이 더욱 확대 재생산되는 과정에 있다.

이 장의 전체 구성은 우선, 여행 및 관광의 어원과 유관개념들을 살펴보고자 한다. 그리고 한국 관광보다는 일찍 발전하고 역사가 깊은 서구의 관광역사를 살펴보고자 하는데, 서구 관광역사에서 결정적인 변화를 야기하였던 토마스 쿡(Thomas, Cook)의 사례를 들어 근대성과 관광을 고찰하고자 한다. 다음으로 탈근대사회, 혹은 포스트 포디즘(경제적 변화), 포스트모더니즘(문화적 변화 또는 사회총체적 변화를 지칭하기도 함)[1] 사회라고 지칭되는 현대사회와 그에 따른 관광의 특징과 변화양상들을 고찰할 것이다. 따라서 이러한 서구 관광의 시대적 변화를 감안하면서 한국 관광의 역사적 변천과정을 검토하고자 한다.

마지막으로, 소비, 유통, 서비스 사업, 특히 관광산업 등에 엄청난 타격과 변화를 가져온 코로나 19에 대응하기 위한 관광산업 및 관광소비에서의 전략적 방법 등을 살펴본다. 그리고 자연친화적이고, 보존적인 생태적 관광, 비대면 관광을 활성화하고자 하는 자세를 가져보는 방안을 모색해보고자 한다.

---

1) 필자는 근대 이후의 현대사회를 총체적으로 포스트모더니즘으로 지칭하고자 함.

2. 여행 및 관광의 어원과 정의

1) 여행 및 관광의 어원

먼저 동양에서 사용되고 있는 관광이라는 용어의 어원은 기원전 8세기 중국 고대 주나라 때 편찬된 역경(易經)의 관국지광(觀國之光)이란 어구에서 비롯된 것이다. 이는 나라(封建諸侯·魯·燕·齊 등)의 빛을 본다는 것으로 그 당시의 통치계급이 타국의 문물제도와 치국제도의 웅략(즉 나라의 큰일을 능률적으로 통치하기 위한 것) 등 뛰어난 성과를 참고하기 위하여 여러 나라를 순회 여행하도록 했다는 데서 유래한다.

서구에서 관광의 어원을 언어학적으로 보면, Tour는 희랍어의 ropvos(tornis), 라틴어의 Tornus(회전)에서 유래한 것으로 이는 여러 나라를 순회 여행하는 것을 가리킨다. 한편 영국에서는 일정한 주거지를 떠나 장소의 이동이란 의미를 지닌 Travelling이라는 용어를 사용했다. Travel은 실제 Trouble(걱정), Toil(고통, 힘든 일)과 같은 용어에서 파생되었다. 이러한 단어는 유럽에서 여행이 위험하고 힘들었던 암흑기 이후에 생겨난 것으로 '고통과 위험에 가득 찬 여행에서 무사히 돌아오다'의 의미이다. 이는 중세 때 종교적 순례여행의 성격을 반영하는 것이다. 별다른 기반시설이 없던 중세 유럽에서의 여행은 힘들게 먼 곳으로 떠난다는 의미와 함께, 정신적 수행이나 정신적 숭배대상, 신앙심을 추구하기 위해 힘들고 먼 길을 무릅쓰는 고행의 의미도 있었다. 한편 『New English Dictionary』에 의하면 "Tourism"은 짧은 기간의 여행을 의미하는 'Tour'의 파행어로서 '각지를 여행하고 돌아오다'라는 의미로 정의되기도 한다. 그리고 17~18세기 문예 부흥의 여파 속에서 유럽의 지식인들은 찬란한 유럽문화의 원류로서 그리스, 로마시대의 유물, 유적을 방문하던 여행 현상을 그랜드투어의 시대로 보고 "교양관광"으로 번역하기도 한다.

현대사회의 많은 학자들은 관광의 본질이 '즐거움을 위한 여행'이라고 정의하고 있다. 그러나 서구 중세 기독교 중심의 사회에서는 육체적, 감각적 쾌락을 죄악시하고 육체적 고통 속에서 피어나는 정신적 승화를 가치 있게 여겼던 반면, 현대사회는 감각적, 육체적 쾌락까지도 인간이 누려야 할 당연한 권리로서 생각한다. 따라서 관광의 정의와 의미는 특정 사회의 텔로스(목적)와 역사적 맥락에 따라 달라져 왔음을 확인할 수 있다(인태정. 2007: 19-21).

2) 여행과 관광

여행과 관광은 일상거주지를 떠나는 신체적·공간적 이동을 전제로 하는 행위이다. 그리고 여행자 및 관광객은 일시적 여행자(⟷유목민), 자발적 여행자(⟷난민, 포로), 상대적으로 긴 여행(⟷유람), 반복되지 않은 여행(⟷출근, 통학) 등의 특성을 공유한다.

그런데 여행은 관광에 비해 보다 포괄적인 의미를 가지고 있다. 여행은 뚜렷한 목적의식, 정해진 장소, 돌아올 시간 등을 예정하지 않고 정처 없이 떠돌아다니는 행위이기도 하다(물론 모든 여행이 목적의식, 정해진 장소, 돌아올 시간 등을 예정하지 않는다는 것은 아니고 관광에 비해 보다 자유로운 일정이라는 것이다). 아마 바람 부는 데로, 구름이 흘러가는 데로 홀연히 떠다니는 방랑객 김삿갓이 생각날 것이다. 반면 관광은 출발과 도착시간, 관광 일정, 뚜렷한 목적을 가지며, 보고자 하는 관광 명소, 유명한 맛집이나 카페 등을 방문한다. 그런 면에서 여행하고 조금 차이가 난다.

또한 여행과 관광의 차이는 관광객을 분류하는 용어로 사용되기도 한다. "나는 여행자, 너는 관광객, 그들은 소풍객"이라는 말이 있다. 이는 계층적 차이나 취향의 고급과 저급을 의미하는 은유적 표현이기도 하다. 시간도 자유롭고 여행경비에도 신경 쓰지 않으면서 자유롭게 여행하는 사람들을 상층 부류, 대중패키지 형태로 깃발 따라다니는 중간층 부류를 관광객, 시간과 경비에 대한 부담 때문에 멀리 가지 못하고 당일로 하루를 즐기는 사람들을 하층 부류로 소풍객이라고 지칭하면서, 각 집단의 구별짓기를 하기도 한다.

3. 한국 관광의 역사적 변화과정

한국 관광의 발전 단계는 시기에 따라 전통관광, 근대관광, 현대관광으로, 관광의 조직화 정도에 따라 소수 관광의 시대(전통관광), 대중 관광의 시대(근대관광), 개별 관광의 시대(현대 관광)로 분류할 수 있다. 관광의 일반적인 발전 단계와 한국 관광의 역사적 특수성에 따라 세부적으로 구분해보면 아래 〈표 1〉과 같다.

〈표 1〉 한국 관광의 발전단계

단계구분	시기		관광의 주요 주체	관광의 주요 유형
전통 소수관광의 시대	삼국시기-조선시기		귀족, 왕, 성직자, 특권계급과 일부 평민	자연발생적, 미조직적, 소규모적 관광형태 (원시적 관광형태)
	식민지 관광시기 (1888~1945년)		일본인과 특정 소수의 한국인	원시관광+관광사업을 통한 조직적 관광형태의 출현
근대 대중관광의 시대	국민관광의 태동기 (해방 이후-이승만 정부 시기)		한국 주둔 외국인과 특권 계층의 한국인	원시관광+관광사업을 통한 조직적 관광형태의 출현
	국민 대중관광의 형성기 (박정희 정부 시기)	대중관광의 기반 조성기 (1960년대)	대중(장애인, 노약자, 근로자 포함한 전체 국민)	조직적, 대규모 관광형태 출현
		대중관광의 발아기 (1970년대)		
	대중관광의 성장기 (1981~1988년, 전두환 정부시기)			
현대 개별관광의 시대	삼국시기-조선시기		대중(장애인, 노약자, 근로자 포함한 전체 국민)	조직적, 대규모적 관광형태 +개별관광의 혼재. 개성관광(특별 관심관광 Special Interest Tourism의 출현

자료: 인태정, 2007, 『관광의 사회학: 한국관광의 형성과정』, pp.65-70.

1) 전통 소수관광의 시대

전통 소수관광의 시대는 한국의 경우 삼국시대부터 조선시대까지이다. 이 시기 관광유형은 관광행위를 조직하는 특정 주체가 없어 자연발생적이고 조직되지 않은 소규모 여행이 주류를 이루었다. 서구에서는 교회가 관광 조직자가 되어 신전 참배와 같이 종교 활동의 성격을 띤 여행이 이루어지기도 했다. 관광 향유 주체로는 생산 활동에서 자유로웠던 특권적 지배 계급(왕, 귀족, 성직자 등)이 있었고, 피지배 계급은 지배 계급의 여행을 보조하는 역할을 하거나 생업으로서 상업을 위한 여행을 할 수 있었다. 관광의 주요 동기는 세습적인 신분질서를 정당화하는 지배 이데올로기로서 신앙심을 향상시키는 종교적 동기가 주된 것이었고, 그 외에 지배 계급의 우월성을 과시하거나 득도와 인격수양처럼 교육적, 교양적인 동기도 있었다.

전통 소수관광의 시대에 존재했던 공통적인 관광행태는 다음과 같다. 첫째, 왕의 순행이 있었다. 왕들은 일정 지역을 순회하면서 백성들의 형편을 돌아보고 어려운 사람들을 위문하고 동시에 유람여행을 하였다.

둘째, 사신들의 공무여행 또는 사행(使行)이 있었다. 사행은 여러 가지 목적의 대중국 및 일본 공무여행이다.

셋째, 교육관광이 있었다. 관광의 어원에서 볼 때도 관광은 교육을 목적으로 하는 여행이었다. 통일신라시대 최치원의 글에서 발견되는 관광의 의미는 과거를 보러 가는 것과 중국의 문물을 배운다는 두 가지 의미를 포함하고 있다. 최치원의 계원필경(桂苑筆耕) 서문에, "관광 6년에 저의 이름을 방 끝에 붙이게 되었나이다"라고 하였다. "관광 6년"이라는 말은 과거 보러 "중국에 간 지 6년 만에"라는 의미이다.

넷째, 그 당시의 사회에서도 위락을 목적으로 하는 관광(근대적 의미의 관광)이 있었다. 이는 경치가 좋은 곳이나 배를 타고 술을 마시거나 물놀이를 하며 즐겨 논 기록에서 찾아볼 수 있다. 이외에도 활쏘기, 말 경주, 씨름, 격구, 석전 등의 스포츠관광, 위락관광(누각관광, 온천관광, 섹스관광) 등이 있었다.

다섯째, 종교관광이 있었다. 그 당시 불교가 지배계급의 통치이념이 되면서 불교적 여행이 성행했었다. 불교적 여행은 불승들의 대중국 및 인도여행, 삼국 간의 여행을 말하며 또한 불교행사(연등회, 팔관회) 관람을 포함한다. 불승의 구도(求道) 여행은 유방(流芳: 아름다운 명성을 후세에 남김), 참방(流訪:참관, 방문)으로 표현되었다. 불승들의 인도여행은 중국을 경유한 멀고도 먼 구도여행이었다(인태정, 2007: 71-99).

2) 근대 대중관광의 시대

서구의 경우, 근대 대중관광의 시대는 서비스를 통해 관광사업의 토대를 마련한 시기였다. 1840년대로 거슬러 올라가 보면, 당시 근대 국민관광의 생산 주체는 주로 민간 기업이었다(Butler and Wall, 1985: 287-293; Doren and Lollar, 1985: 467-486; Towner, 1985: 297-326).

이렇게 시대를 구분하는 근거는 이윤 추구를 목적으로 관광객을 모집하고 조직하는 기업의 등장 여부이다. 세계 최초의 여행 알선업이 등장한 것은 1841년에 당일 일정의 철도 여행을 모객했던 영국의 토마스 쿡(Thomas Cook)에 의해서였다. '근대관광산업의 아버지'라고 지칭되는 토머스 쿡은 대량의 관광객을 모집해서 저렴한 가격으로 철도, 증기선, 마차 등의 수송수단+숙박(호텔)+식당을 시스템화된 관광으로 만들고 사회적으로 조직화된 여행, 상업화된 여행, 대량화된 여행으로서의 관광을 등장시켰다. 그래서 관광은 정해진 일정 하에서 특정한 목적, 장소, 돌아올 시간 등이 정해져 있다. 또한 쿡은 최고의 관광을 위해 "예의 바르고 능숙한 가이드 고용, 호텔 할인권 활용, 객실 예약제도 실시, 질병과 도둑 예방교육 실시 등 모든 편리한 수단을 동원하였다(Boorstin, 1964: 81-97)." 쿡은 여행이 위험하지 않으며, 불확실한 것이 아니라는 것을 보여주었다.

이러한 상업적 패키지 관광이야말로 근대관광의 전형이다. 앞에서 언급한 것처럼, 근대관광은 '사회적으로 조직된 관광', 즉 상업화된 관광이기 때문이다(래쉬&어리, 1998). 이러한 근대관광은 사실 어느 면에서 보면, 노동자들의 여가, 자유시간을 관리하려는 자본의 전략이었다. 즉 여가와 관광의 영역이 자본축적을 위한 새로운 영역이 되었음을, 그리고 자본주의의 지배가 심화되었음을 보여준다(Boorstin, 1964: 87-91; 래쉬&어리, 1998: 382-394). 이후 나타난 교통수단의 발달은 기차, 자동차, 선박, 항공기를 통한 단체관광의 효시가 되었으며 이는 관광의 대중화 시대를 여는 서곡이 되었다.

그러나 대중관광은 초기에는 특정 부유 계층의 소비에 한정되는 경향이 많았다. 이후 국민 소득 증가와 여가시간의 조직화라고 할 수 있는 휴가제 도입과 확대로 국민 대다수가 관광소비를 향유할 수 있게 되었으며 관광사업체도 보다 조직적이고 대규모로 발전하게 된다. 이러한 대중관광의 소비가 보편적으로 확산되면서 관광 활동은 인간의 기본적인 권리로 인식되었고, 관광으로부터 소외된 계층들을 대상으로 한 유급휴가 제도로 국내관광은 괄목할 만한 성장을 거두었다(리차드, 2000: 18).

한편 한국의 경우 근대 국민관광사업의 시초는 일제 식민지 시기로 거슬러 올라가는데, 당시 관광 생산의 주된 주체는 일본인들이었다.[2]

---

2) 한국에서 최초로 여행업이 등장한 것은 1912년 일본인에 의한 일본여행협회 조선지사의 설립이었다. 이 시기 관광 향유의 주체는 서구의 경우 특권 귀족 계급과 일부 부르주아 계급, 전문적 중간 계급이었지만 한국의 경우에는 일본인과 특정 계층의 한국인에 한정되어 있어 이 시기를 식민지 관광의 시대라고 부른다.

해방 후 이승만 정부 시기에는 한국 전쟁이라는 국난을 겪으면서 기존의 관광 생산수단을 복구·유지하는 차원에 머물렀으며, 박정희 정부 시기에 와서야 비로소 근대 국민관광이 형성되었다고 볼 수 있다. 즉, 박정희 정부 시기는 한국 근대화 과정의 획기적인 전환점을 마련했을 뿐만 아니라, 관광기반-한국 최초의 관광법 제정, 관광행정기구의 정비, 체계적인 관광단지 개발, 국민에 대한 최초의 관광정책 시행-을 조성하면서 국민관광의 형성기를 이루었다.

이 시기 관광유형은 자연발생적이고 원시적인 관광과, 서비스를 통한 조직적 관광의 초기 형태가 혼재했다. 관광을 하는 동기 역시 교육과 교양을 위한 목적에서 점차 즐거움과 오락으로 바뀌었다.

70년대에는 사람들이 명산이나 국립공원, 도립공원, 산간계곡 등으로 여행을 많이 다녔으나 도로수단과 교통망이 미비하였고 자가용 보유가구가 드물어서 주거지 가까운 지역을 택하는 경향이 많아 여행거리가 짧았다. 그러나 1966년에 전 국민의 17.2%인 1,502만 명에 불과했던 관광 참여자 수가 1974년에는 전 국민의 38.9%인 1,349만 명에 이르게 되었고, 국민 1인당 관광 횟수는 1968년에 1회를 상회하기 시작하여 1972년 1.36회, 1974년 1.64회, 1978년 2.09회로 증가하였다(문화관광부, 2002b: 35). 따라서 이 시기는 국민관광이 조금씩 움트기 시작하여 국민관광시대를 개막하는 서곡의 시기였다(인태정, 2007: 100-128).

이후 전두환 정부시기에 와서 '국민대중관광'의 성장기를 맞이하게 된다. 한국은 '1979~1980년 공황'으로 심각한 침체와 외채위기를 겪었지만, 그 후 80년대 중반부터 회복기를 거쳐 '3저(저유가, 저달러, 저금리)' 호황국면을 맞으면서 고도성장과 지속적인 국제수지흑자를 보였다. 한국경제가 흑자를 내기 시작함에 따라 미국의 대한(對韓) 개방 압력이 강화되면서 개방은 점차 확대되기 시작하였다. 그러한 개방의 기조 아래 관광정책도 변화하게 되어 1981년에는 대학생의 단기 해외연수가 허용되고 1983년에는 50세 이상, 1987년에는 40세 이상의 관광여행이 허용되었다. 이러한 개방정책은 비록 제한적이기는 했지만, 관광목적과 관광지의 다양성을 확대하는데 기여하였다.

세계호황을 계기로 1980년대 이룩했던 경제성장의 가속화는 국민 대다수를 절대적 빈곤에서 벗어나도록 했으며 금강산도 식후경이라는 옛말처럼 국민의 관심을 여가생활로 전환하게 만들었다. 이러한 현상은 개인처분가능소득의 증가와 여가활용비 지출률의 증가추세를 통해 확인할 수 있다. 개인처분가능소득은 1979년에 비해 1983년은 1.92% 증가하였고, 1988년에는 3.98% 증가하였다.[3] 도시 가구당 여가활용비 지출률을 살펴보면, 1979년에 1.9%, 1983년에 3.8%, 1988년에 4.1%로 지속적인 증가추세를 확인할 수 있다(통계청, 2002). 한편, 노동시간의 추이를 살펴보면, 1979년의 주당 평균 노동시간이 50.5시간, 1983년에는 52.5시간, 1988년에는 51.1시간으로 노동시간이 오히려 더 증가한 것을 확인할 수 있다(통계청, 1995). 이는 한국이 경제호황기를 맞이하여 소득과 노동시간이 모두 증가하였음을 나타내는 것이며 80년대의 여가생활의 진전에 직접적인 영향을 준 것은 노동시간보다는 소득증대였음을 알 수 있다.

한편 관광이 국민들에게 대중화됨으로써 관광소비유형에서도 변화가 일어났다. 이러한 변화를 고급화, (가족 단위의) 개별화, 계층화로 요약할 수 있겠다. 관광소비의 변화에서 나타난 고급화(호텔이용률, 가족 단위의 콘도 사용자), (가족 단위의) 개별화-자가용 이용 급증, 최상위 계층의 특수한 소

---

3) 한국은행(1975-1990)의 「국민계정」 통계를 토대로 증가율을 계산하였다.

비적 여가는 '귀족 스포츠'인 골프와 해외여행, 콘도미니엄과 호화별장의 소유에만 그치지 않고 고가의 사치성 레저용품의 구입으로 여론의 질타를 받기도 하였다. 한편 중산층 이상의 가정에서도 레저에 대한 욕구가 증대하면서 스키, 윈드서핑, 스쿠버 다이빙 등을 즐기는 추세가 늘어나고 있었다(인태정, 2007: 128-139).

3) 현대 개별관광의 시대

한국에서 현대 개별관광의 시대는 1989년 전 국민 해외여행이 자유화되면서 서서히 시작되었다. 전두환 정부는 국민들의 국내여행을 유도하기 위해 가족 단위의 관광 숙박시설을 개발하도록 관광숙박업에 콘도미니엄을 신설, 추가했다. 한편, 노태우 정부는 1986년 아시안게임과 1988년 올림픽 게임을 개최하면서 외국인을 상대로 호텔과 관광지를 많이 조성하였는데 그 이후에 국민들의 국내여행을 통해 소비하도록 유도하기 위해 국민들의 여행을 진흥시켰다. 그러나 노태우 정부는 관광을 소비성 산업으로 지정하면서 관광 육성에 실패하였다.

주요 경쟁 산업이었던 제조업에서 수익성이 저조하게 되고 서비스산업의 개방으로 인한 외화유출이 극심하면서 국제수지가 적자를 기록하자 이를 타파하기 위해 김영삼 정부는 관광산업을 포함한 서비스산업의 질적 향상을 적극적으로 도모하였다. 김영삼 정부는 세계화·지방화를 표방하면서 "가장 한국적인 것이 가장 세계적인 것이다"라는 구호 아래 전통민속문화자원

을 관광 상품화했다.[4]

관광산업을 소비성 서비스산업에서 국가의 전략산업으로 인식의 변화를 가져온 결정적 계기는 김영삼 정부의 정책적 노력이 아니라 1997년 IMF 사태였다. 1997년 11월 금융위기가 닥치면서 국가 자체가 부도 위기에 몰렸었다. 달러화의 환율이 급등하면서 국내의 해외여행자는 급감했고 상대적으로 외래관광객이 급증하면서 1998년에는 1960년대 이래 역대 최고 수준인 42억 달러 관광수지 흑자를 기록하였다.

이러한 배경 속에서 1998년에 출범한 김대중 정부는 대통령이 몸소 관광 홍보광고에 출연했었고 관광산업을 국가의 주력산업으로 천명하였다. 또한 '내 나라 먼저 보기' 캠페인을 펼치면서 국내관광이 곧 애국의 길임을 시사하였다.

이러한 정부정책과 아울러 현대 한국인의 관광소비는 1980년대 대중적 성장기를 거쳐 1990년대 국내 대중관광의 성숙기와 국내관광과 해외관광의 분화기를 맞이하게 되었다. 국내여행 참가자 수의 추이를 보면 아래와 같다.

〈표 2〉 국민 국내여행 총량

연도	1995	2001	2005	2010	2015	2017
국내여행 참가자 수 (천명)	31,307	36,324	36,889	30,917	38,307	40,484

자료: 한국관광공사, 1995~2008년, 「국민여행실태조사」.
한국문화관광연구원, 2009~2017년, 「국민여행실태조사」.

---

4) 구체적으로 살펴보면, 1990년에 전통 민속자원에 대한 자료조사를 바탕으로 향토문화자원 중 관광자원화가 가능한 대상을 선정하기 위하여 한국관광공사에서는 문화재, 민속행사, 전통건조물을, 한국관광협회에서는 전통음식과 토산물을 대상으로 분야별 관광상품화 심의위원회를 구성·운영하였다(한국관광공사, 1994: 225-226).

<표 3> 연도별 국민 해외여행 출국 현황(성장률)

<표 3> 연도별 국민 해외여행 출국 현황(성장률)

연도	1988	1989	1990	1995	1997	1998	1999
성장률	42.0	67.3	28.7	21.1	-2.3	-32.5	41.6
연도	2000	2005	2010	2015	2017	2018	2019
성장률	26.9	14.2	31.5	20.1	18.4	8.3	0.1

자료: 한국관광공사, 1988~2008년, 「국민여행실태조사」.
　　　한국문화관광연구원. 1999~2019년, 「국민여행실태조사」.

국내 관광에서 다양한 상품이 나오면서 국내 관광소비에도 다양화와 분화가 이루어지고 있다. 또한 1989년 국민 해외여행 전면 자유화 조치 이후로 관광지 선택에 있어 해외 관광지와 국내 관광지로 분화가 이루어졌다. 이는 통계기록을 통해서도 뒷받침된다.

그래서 현재 한국 사회는 현대 개별관광의 시대로 접어들게 되었다. 현대 개별관광의 시대는 포스트모던 관광, 또는 신관광(New Tourism) 시대로 지칭되기도 한다. 이 시기 관광의 생산양식을 보면 소품종 대량생산에서 다품종 소량생산으로 이행했고, 관광상품 역시 표준화되고 획일적인 패키지 상품에서 벗어나 연령, 교육, 개성 등의 시장 세분화를 통해 종교관광, 생태관광, 테마관광, 역사관광, 요양관광 등 다양한 여행 상품이 개발되었다. 게다가 정보통신 기술의 발달로, 관광을 조직하는 주체도 기업, 공공단체, 국가 등의 관광 사업가들뿐만 아니라 관광 소비자 스스로 프로그램을 짜고 예약을 할 수 있게 되었다. 그래서 국내관광에서 조직적, 대규모적 관광형태에서 벗어나 개별관광과 개성관광(특별관심관광:Special Interest Tourism)이 출현하게 되었다. 한편 해외여행은 1989년 해외여행 자유화로 인해 초기에는 조직적, 대규모적 관광형태인 패키지여행이 주류를 이루었으나, 점차 여행문화가 성숙함에 따라 개별관광과 개성관광이 젊은 층만이 아니라 언어소통이 가능한 중년층에게도 확산되었다.

이러한 포스트모던 관광은 근대적 특징과는 상당히 다른 양상과 특징을 보이는데, 이를 경제적 측면과 문화적 측면으로 나누어 설명하고자 한다. 우선, 관광의 경제적 변화로서 첫 번째 특징은 관광의 생산과 소비방식이 포디즘 방식에서 포스트 포디즘 방식으로 변화하였다는 것이다. 포디즘이 표준화된 소품종, 대량생산, 대량소비에 근거하였다면, 포스트 포디즘은 다양한 품종, 소량생산, 개별화된 소비에 근거하고 있다. 기존의 포디즘 방식의 관광상품 개발이 규모의 경제에 따른 가격경쟁 중심으로 이루어지면서 더욱 값싸고 표준화되고 획일적인 패키지 관광 상품이 주를 이루었다. 그러나 그러한 생산이 이미 성장한 관광소비자들의 다양하고 다변화된 욕구를 충족시키지 못하는 한계에 부딪히고 수익이 보장되지 못함으로써, 그리고 새로운 정보통신기술에 힘입어 관광의 생산, 유통 및 소비구조에서 변화가 초래되었다.

관광 생산에서 변화는 세분화, 유연화, 대각선 통합 혹은 사업의 다각화로 그 특징들을 요약할 수 있다.[5] 포디즘 시대의 주된 관광상품이 소수 품종의 대량 패키지 형태였다면, 포스트 포디즘 시대의 주된 관광 상품은 계절별, 연령별, 계층별, 목적지별(특정 국가 및 지역), 여행 동기 혹은 목적별(자연관광, 생태관광, 역사관광, 문화관광 등)로 세분화한 다양한 상품, 심지어는

---

5) 힐튼이나 쉐라톤 호텔과 같은 5성급 이상의 고급호텔은 이미 전 세계적으로 체인화되었고, 이러한 고급호텔의 브랜드로 저가 모텔까지도 흡수해서 경영하고 있다. 또한 관광과 관련된 산업, 즉 항공업, 호텔업, 레스토랑, 렌터카 등이 제휴해서 정보제공과 할인율을 적용하면서 관광객을 유치하는 데 성공하고 있다. 이를 대각선 통합 혹은 사업의 다각화라고 한다. 이에 대한 상세한 설명은 인태정(2007)의 154-158쪽에서 확인할 수 있다.

소비자 맞춤형 형태로 나타난다.[6]

　여행사의 여행상품을 예로 들면 해외여행상품에 있어서 예전에는 단순히 국가별 패키지 상품이 주된 형태였다면 현재는 자유 배낭여행, 허니문, 골프여행, 레포츠, 크루즈여행, 성지순례, 박람회 여행, 음악여행, 문학여행 등의 테마여행 등으로 다양한 상품이 제시되어 있다. 또한 동일 목적지의 허니문이라고 하더라도 다양한 일정과 형태로 제시되어 있다. 둘만의 공간인 풀빌라에서 즐기는 로맨틱 허니문, 관광과 휴양이 조화된 리조트 허니문, 신랑과 신부가 직접 디자인하는 디자인 허니문, 리조트와 풀빌라를 즐길 수 있는 혼합형 허니문, 실속형 허니문 등이 있다. 이러한 변화는 소비자의 다양한 욕구와 특성에 따라 여행시장이 고도로 세분화되었다는 것을 나타내는 것이다. 게다가 단일한 차원에서 여행시장을 세분화하는 것이 아니라 다중적이고 복합적인 욕구들을 충족시키고자 산과 바다, 장년층과 유아층, 혹은 젊은 층과 노년층의 욕구를 충족시키는 복합적인 여행조합을 이룬다. 예를 들면 일광욕에 윈드서핑, 자연관찰, 맑은 공기, 축제 등을 결합하든지, 혹은 산악여행에 자연박물관 등 교육여행, 산책, 식도락, 가족 레크리에이션 프로그램 등을 결합하기도 한다.

　관광의 유연적 생산체제는 가변적인 소비자의 욕구, 생산·유통·소비에서의 회전시간의 단축, 적시공급체계의 중요성 증가 등에 대한 대응으로서 출현하였다. 또한 세분화된 시장의 다양성과 정보통신기술의 발전으로 보다 소규모적이고 전문화된 적소시장의 개척이 가능하게 되었다. 기존에는 소비자들이 여행지, 숙박장소, 여행일정 등이 이미 고정되어 있는 표준화되고 획

---

6) 소비자 맞춤형 형태는 여행사가 개발한 상품형태뿐만 아니라 오히려 소비자들이 미리 자신들의 여행구성원, 여행목적지, 여행일정 등을 계획해서 여행사에 제시하는 형태로 나타나며 이러한 형태가 보다 대중화되고 있다.

일적인 관광상품을 구입해야 했다. 하지만 요즘에는 여행지, 숙박장소, 여행 일정의 선택, 예약, 구매 등에서 유연성과 다양성을 지닌 관광상품을 향유할 수 있게 되었다. 예를 들면, 항공권 및 여행상품 구매가 정해진 업무시간 외에 기존 여행사뿐만 아니라 인터넷을 통해 항공사, 호텔, 백화점, 카드사에서도 가능하게 되었다. 또한 동일 목적지를 방문해도 숙박장소와 형태를 다양하게 선택할 수 있고 여행일정과 코스도 소비자가 계획하고 주문해서 즐길 수 있게 되었다. 심지어는 특정 여행 국가에 도착하면 공항에서 숙소까지 왕복 픽업하는 여행 서비스, 일일 관광 혹은 특정 여행지 관광, 크루즈 관광, 식도락 관광, 차량 렌털이나 식당 예약 등을 분리해서 다양하게 선택할 수 있게 되었다. 따라서 관광의 유연화는 제품혁신의 속도를 높이고 소규모 적소시장과 주문형 생산을 가능하게 하는 생산방식이라고 할 수 있다.

이와 아울러 정보통신기술혁명에 힘입어 인터넷 홈페이지 구축, 공중통신망을 이용한 고객과의 직접 대화, 소비자 의견 및 선호도 조사 등을 통해 소비자들의 다양한 욕구들을 반영할 수 있게 되었으며 심지어는 홍보, 마케팅, 예약 및 상품 판매, 사후 관리 등의 전 과정을 컴퓨터 통신망을 이용해서 관리할 수 있게 된다. 게다가 정보통신기술의 발달에 따른 컴퓨터 예약 시스템(CRS)과 여행관리자동화가 급속히 진전되면서 관광소비자가 여행사와 같은 유통경로를 거치지 않고도 관광상품의 예약 및 가격정보, 품질정보를 직접 확인하고 호텔 객실, 자동차 임대, 관광패키지, 항공기 좌석까지도 확인할 수 있는 유통구조의 혁신을 가져왔다. 그럼으로써 여행사가 제시한 패키지 관광으로부터 비교적 자유롭게 개별관광과 다양한 관광형태를 향유할 수 있게 되었다. 또한 관광소비자 자체도 질적, 양적으로 관광경험이 풍부해지면서 새롭고 개별적인 관광경험을 추구하게 되었다(인태정, 2004: 95-96).

두 번째 특징은 관광의 세계화 현상을 들 수 있다. 관광생산과 소비의 세계화는 근대사회가 접어들기 전부터 있었다.[7] 그러나 관광 관련 기반시설의 전 세계적 연계와 확대, 국제관광 소비의 대중화가 가속화된 것은 현대적 현상이다. 관광의 세계화 현상을 관광 관련 산업을 통해 살펴보면 관광 관련 산업, 특히 항공업, 호텔업, 여행업에서 인수 및 합병, 사업의 다각화, 유관산업 간의 전략적 제휴를 통한 초국적 자본의 시장지배력과 독점력이 강화되어 가고,[8] 또 이러한 측면이 관광소비의 세계화를 촉진하고 있다. 그와 아울러 관광 과정 자체가 세계적으로 표준화, 동일화, 획일화되어가는 측면을 발견할 수 있는데, 예를 들면 공항시설, 호텔시설, 면세점, 대형쇼핑몰, 세계음식(맥도날드, KFC 등), 편의시설, 여행 장소 및 일정 등이 세계적 균질성으로 나타나는 현상에서 확인할 수 있다. 이를 리스카(Liska, 1997: 96-109)는 '맥디즈니화'라고 표현하였다.

그리고 국내관광뿐만 아니라 국제관광의 소비도 특정 국가, 특정 부유계층에 국한되지 않고 보다 많은 국가와 계층으로 대중적 확산이 이루어진다. 또한 관광소비의 주요 유인이 될 수 있는 축제나 이벤트 역시 국내외적으로 코스모폴리탄적 축제로 거듭나고 있다. 한국을 예로 들면 1990년대 후반부터 세계음식 박람회, 세계문화 전시관 등이 개최되고 있으며 지역의 전통성을 부각하는 축제로 시작했던 춘천인형극제, 이천도자기축제, 충주전통무

---

7) 근대 이전의 국제관광은 사회 특권 계층의 교육목적을 위한 여행이 주류를 이루고 있었다. 그랜드 투어(grand tour)라고 일컬어지는 이러한 여행은 17세기에 귀족계급의 자제들을 교육하는 목적으로 이루어졌다. 이 여행은 짧게는 3개월에서 길게는 몇 년 동안 한 사람의 교사가 동행하여 프랑스, 이탈리아, 독일, 스위스, 그리스 등 유럽지역을 2~3년간 여행하곤 했다. 그 후 근대관광의 시초라고 일컬어지는 토마스 쿡은 1856년에 유럽대륙을 순회하는 관광상품을, 그리고 1869년에는 최초로 중산층을 대상으로 성지순례 관광을 실시하였다(Boorstin, 1964: 77-117).

8) 항공업, 호텔업, 여행업의 세계화 현황에 대한 보다 자세한 사항은 인태정(2007: 148-174)을 참조할 것.

술축제 등이 점차 춘천국제마임축제, 이천세계도자기축제, 충주세계무술축제로 국적 불명의 세계적 축제로 변형되고 있다(인태정, 2009: 280). 요컨대, 관광 관련 산업의 세계적 확대와 연계, 관광 관련 시설 및 일정의 세계적 동질화, 관광소비의 세계화 등이 진행되면서 관광 전반적인 영역에 있어서 세계화는 보다 더 확대되어 갈 것으로 예상된다.

세 번째 특징으로는 세계가 동질화, 획일화되어가는 세계화 추세에 대한 상반된 반응으로서 독특성, 이질성에 관한 관심의 증폭이다. 공간의 장벽이 감소함에 따라 오히려 '공간적 차별화의 특성'(하비, 1994: 359)에 민감해지고 독특성, 이질성에 관한 관심이 증폭되었다. 그에 따라 각 지역의 독특성, 전통성, 이질성을 부각시켜 관광 상품화하려는 시도도 많아지고 있다. 자본가들이 세계 지리가 구성되는 '공간적 차별화의 특성'에 보다 민감해질수록 그러한 공간을 장악하고 있는 사람이나 세력들은 그러한 특성을 고도로 역동적인 자본에게 상당히 매력적인 것으로 바꿀 수 있기 때문이다.

이러한 현상은 유럽에서 발견될 수 있는데, 어떤 도시의 주력 산업이던 제조업이 소멸하여 도시가 쇠퇴하게 되자 예술과 문화 프로젝트에 대한 투자를 통해 새로운 문화관광도시를 탄생시키는 것이다. 대표적인 예로 영국의 글라스고(Glasgow), 리버풀(Liverpool), 독일의 함부르크(Hamburg) 등이다. 또한 박물관, 전시관 등 문화적 하부구조에 대한 집중투자를 통해 문화중심지로서 경쟁력을 갖춘 도시가 나타나는데 런던, 파리, 베를린, 로마, 에든버러(이 도시는 축제의 도시로 더욱 유명하다) 등이 대표적인 사례이다. 한국에서도 비슷한 현상이 나타나는데, 특히 1990년대부터 실질적인 지방자치제의 실시로 인해 각 지자체는 세계 속에서 살아남기 위한 전략들을 경쟁적으로 모색하고 있으며 지역경제 발전과 지방관광 활성화를 위해 영화제, 공연예술제, 올림픽, 스포츠행사, 국제엑스포, 세계박람회 등의 행사 유치에 주력하고 있다. 또한 지역경제의 회복을 위해 무수한 지역축제가 생산되고 있다(문화관광부, 2007: 55).

다음으로 포스트모던 관광의 문화적 변화의 특징을 언급하고자 한다. 관광의 문화적 변화로는 첫째, 교통 및 정보통신수단의 발달로 인해 시공간 감각의 변화를 들 수 있다. 초음속 대형 항공기의 개발로 전 세계 어느 곳이든 하루나 이틀 만에 도달할 수 있고 전 세계가 하나의 작은 마을과 같이 되는 시간적인 동시성과 공간적인 압축 현상이 나타난다(Giddens, 1991; 하비, 1994).

또한 전 세계를 횡단하는 항공여행은 해가 반드시 동쪽에서 떠서 서쪽으로 진다는 전통적인 시간개념에 혼란을 일으키며, 긴 하루의 여행시간을 보내도 달력에는 같은 날짜이거나 하루가 지나지 않아도 날짜가 이틀을 지나가는 시간체계의 혼란이 야기된다. 그리고 시간을 통한 공간의 괴멸, 또는 공간감각의 시간 개념으로 전환되는 현상도 경험한다. 엄청난 속도로 대륙을 횡단하는 것은 도보나 마차로 공간감각과 이동감각을 가지는 것과는 이미 질적으로 다른 경험을 제공하며, 이때 인간이 공간감각을 상실한다는 것은 과언이 아닐 것이다. 게다가 여행이란 원래 신체적 이동을 전제로 하는 것이지만, 새로운 공간으로서 사이버 공간에서 여권이나 비자 없이 세계 어느 곳을 자유롭게 여행하고 자료수집과 쇼핑과 관람을 즐길 수 있다는 점은 공간적 이동성의 의미를 감소시키고 탈공간화를 이끈다.

또한 항공여행을 통해 공간적 경험이 시간적 경험으로 대체되어 간다. 비행기는 명백하게 타임캡슐이 되는데, 즉 탑승하면 우리는 비행기가 대기 중에서 초고속으로 움직이고 있다는 사실을 깨닫지 못하는, 그 자체로 완벽한 독립적 시간영역으로 들어가게 된다. 이륙절차, 신문읽기, 음료서비스, 식사, 면세품 판매, 기내 영화 등의 친숙한 과정은 우리를 기내의 시간 틀에 가두어 버린다. 따라서 현상적으로 우리의 항공여행은 공간을 통한 여행이라기보다 (비행기 내에서의) 친숙한 시간의 경과에 따른 여행이다(톰린슨, 2004: 15-16). 한국에서 태국, 일본, 중국까지는 한 끼의 식사, 미국이나 유럽은 두 세끼의 식사, 영화 한 편, 그리고 잠 한숨 자는 정도의 거리이다. 즉 타 지역이나 타 국가의 거리에 대한 감각은 그곳에 도달하는 데 소요되는 시간에 대한 감각으로 대체되는 것이다(인태정. 2010: 205-207).

둘째, 관광의 문화적 변화의 독특한 특징으로 경계의 붕괴현상을 들 수 있다. 세계화와 교통통신수단의 발달을 통해 국가 간, 지역 간의 경계가 붕괴하는 현상을 경험할 수 있고 그 외에도 문화의 경제화, 경제의 문화화를 통해 경제와 문화의 경계붕괴를 경험할 수 있다. 여가, 경험 및 체험으로서 관광이 세계 거대산업의 대열에 오른다는 것이 과연 문화적 영역에 속한 것인지 경제적 영역에 속한 것인지가 모호해진다.

또 한편으로 포스트모더니즘 시대에 있어서 경계의 붕괴가 나타나는 중요한 현상은 실재와 가상의 경계 붕괴이다. 과학기술의 발전은 실재 및 원본을 완벽하게, 무제한으로 복제할 수 있게 됨으로써 진짜와 가짜, 원본과 복제, 실재와 가상의 구분 근거를 상실하게 만들었다. 원래의 대상과 과정을 복제, 모방 또는 확장하기 위해 기획된 모든 과정과 대상들이 사회 전반에 걸쳐 넘쳐나게 되는 시뮬라시옹(보드리야르, 1992: 9-10) 현상이 만연하게 되었다. 그러한 과학기술의 발전을 관광산업에서 상업적으로 적극적으로 활용하면서 다양한 가상공간을 창출하고 있으며 그 결과 기호와 이미지로 충만한 쇼핑센터, 박물관, 화랑, 테마공원, 역사적인 가상공간의 창출이 급속도로 증가하고 있다. 예를 들면, 고대도시, 중세의 마을, 동양의 사찰, 로마광장, 일본의 영국 동산, 미국 조지아 남동부의 스위스 산간마을, 제주도 미니미니랜드, 테마공원 등 역사적 공간이나 지역적 공간 혹은 민족문화를 이미지화시켜 가상공간으로 변형시킨 관광지들이 창조되고 있다.

맥캐널은 근대관광의 본질이 진정성을 찾고자 하는 것이라고 주장하였는데, 즉 사람들의 주요한 관광 동기가 이 세상 어딘가에 존재하는 진짜의 것, 진정성, 고유성을 추구하는 것이라고 하였다(맥캐널, 1994: 16). 그러나 이미지와 기호로 구축된 모조시설 역시 사람들의 대중적인 관광지가 되고 있으며 가짜인 줄 알면서도 사람들은 즐기고 있다는 점을 그는 간과하고 있다. 실재와 가상의 경계가 붕괴된 현실에서 사람들의 관광행위도 실재와 가상, 진짜와 가짜가 중요한 선택기준이 되고 있지 않다. 복제되기 이전의 고유한 실재에 의문을 제기하지 않고, 그 신빙성을 확인할 시간과 여유가 없으며 또한 단지 게임에 지나지 않는다고 보는 현대관광의 가상적 성격을 사람들은 충분히 즐기고 있는 것이다.[9]

셋째, 일상생활의 가속화 현상을 들 수 있다. 생산, 유통의 가속화와 더불어 진행되는 소비 부문의 가속화에 초점을 맞추면 물질적 상품의 소비보다 소비속도를 훨씬 단축시키는 문화소비, 여가소비의 상품화와 소비활동이 급증했다는 것이다. 예를 들면 자동차, 세탁기, 냉장고보다는 의류, 장신구, 장식품 등의 소비, 유행, 폐기 속도가 빠르며, 그보다는 팝뮤직, 비디오 게임, 오락, 그리고 생산과 소비가 일시에 종결되는 이벤트, 스펙타클한 행사, 축제, 박람회 등의 상품화와 소비가 폭증하였다는 것이다. 또한 관광에서도

---

9) 이러한 현상을 두고 일군의 학자들은 포스트모던 관광객의 특성으로 설명하기도 한다. 포스트모던 관광객은 대중관광을 거부하면서 보다 더 세분화되고, 스타일화된 관광상품을 선호하기도 하고(Pearce, 1989; Poon, 1989), 덜 기능적이면서 보다 미학적, 성찰적인 관광소비를 향유한다(Urry, 1995: 151). 또한 포스트모던 관광객은 굳이 집을 떠나 여행할 필요를 별로 느끼지 않으며 다양한 형태의 모방을 즐기면서 진정성이 결여되어 있으며(Feifer, 1985) 상품화, 고도로 이미지화된 기호몰이를 수용하고 오히려 더 집착하는 경향(Rojek, 1993)을 드러낸다고 한다. 필자는 이러한 변화가 관광객 자체의 속성이나 취향의 변화에 주된 원인이 있기보다는 이러한 취향을 변화시키는 물적 토대, 즉 관광산업의 변화와 관광마케팅의 변화에 있다고 본다.

자연관광이나 박물관, 성, 궁전 등의 고정된 문화유산관광에서 보다 유동적인 축제, 이벤트, 전시회, 영화제, 예술제 등의 동적인 문화관광 생산형태가 급증하게 되었다. 하비(Harvey, 1994: 347) 역시 초대형 이벤트들이 기획, 실시되는 성장속도가 점차적으로 빠른 게 현대사회의 두드러진 특징이라는 주장을 한다. 이벤트는 고정된 매력물이나 일반 상품들과는 달리 비교적 짧은 시간에 신상품을 제작할 수 있기 때문에 재방문보다 많은 소비를 유도할 수 있다는 것이다. 게다가 문화관광자원은 자연관광자원보다 장소와 계절에 덜 구속적이기 때문에 훨씬 더 폭넓은 소비를 유도할 수 있기 때문이다(인태정, 2009: 273). 생산과 유통 영역뿐만 아니라 소비영역에서 순간성, 유동성, 휘발성이 증가하면서 일상생활의 영역에 즉흥성과 순간성이 편재하는 현상이 나타난다.

넷째, 즉흥성과 순간성이 일상을 지배하는 일상생활의 가속화 과정의 결과로 향수풍조가 나타난다. 즉 개인주의적 순간성, 즉흥성이 만연한 사회에서는 공동의 가치, 안정된 것, 불변의 것 등에 대한 집착과 향수가 나타나는 것이다. 순간성이 커질수록 그 속에 내재한 어떤 유형의 불변의 진리를 찾거나 만들어야 할 필요는 점점 더 절실해지고 그에 따라 기초조직(가족이나 지역공동체)에 대한 관심의 부흥과 역사적 뿌리 찾기, 영원한 것에 대한 추구의 움직임이 활발해진다. 이는 변화하는 세계 속에서 보다 안전한 정박지나 보다 영속적인 가치를 찾고자 하는 움직임이다(Harvey, 1994: 355-356). 이러한 사회적 경향이 관광 영역에서는 문화유산산업의 급성장을 통해 부분적으로 나타난다. 헤이슨(Hewison, 1987: 135)은 영국에서 노동시장이 전반적으로 불안정해지고 기술의 분포나 신용체계에서도 안정감이 사라졌던 1970년대 초반 무렵부터 문화유산산업이 급성장했음을 지적했다. 박물관이나 전원주택, 과거 도시 하부구조들을 모방해서 지어진 복사형태들의 건물들이 영국의 도시경관을 크게 바꾸어놓았다고 하였다. 그 결과 영국의 주도산업이 상품제조로부터 역사의 제조로 옮기게 되었다고 주장했다. 헤이슨은 이러한 문화유산산업의 생산과 소비가 급증하게 된 배후 동기를 다음과 같이 설명한다.

> "과거를 보존하려는 충동은 자아를 지키려는 충동의 일부이다. 우리가 어디에 있었던가를 알지 못하고서는 우리가 어디로 가고 있는지 제대로 알기 어렵다. 과거는 개인 및 집단 정체성의 토대이며, 과거를 담고 있는 물건들은 문화적 상징으로서 의미심장함을 불러일으킨다. 과거와 현재 사이의 연속성은 도박판과도 같은 혼돈상태에서 일련의 지속감을 만들어주며, 안정스레 질서 잡힌 의미체계는 불가피한 변화의 소용돌이 속에서 혁신 및 몰락 양자에 대응할 수 있도록 해준다. 회상하고픈 충동은 위기에 적응하는 데 있어 주요한 동력이며 사회적 연화제이다."(Hewison, 1987: 135)

헤이슨은 급속하게 변화하는 사회에 대응해서 개인이나 집단의 뿌리 및 정체성에 대한 집착과 향수 풍조가 나타나며 이러한 사회적 흐름이 문화유산산업의 생산과 소비를 부추기고 있음을 언급했다.

4. 결론에 대신하여: 코로나19 이후 관광에 대한 전망

2019년 12월 중국 후베이성 우한시에서 발생한 신종감염병인 코로나바이러스감염증-19(COVID-19)는 전 세계를 공포로 몰아넣었다. 현재 코로나19는 전 세계의 정치, 경제, 문화 등 사회 전반을 위협하고 있으며 특히 관광업계는 훨씬 심각한 상황에 처해있는 것으로 보인다. 코로나19 발생 이후 유통업이 녹아내린다는 '리테일 멜트다운(Retail Meltdown)'이라는 신조어가 생겼고, 이는 미국 온라인 마켓의 성장으로 인해 주변 오프라인 유통채널이 문을 닫는 모습을 설명하는 데 쓰였다. 그런데 지금은 코로나19로 인한 오프라인 시장의 타격을 뜻하는 단어이기도 하다. 이러한 현상은 대면이 필수적인 관광업의 타격에도 어김없이 적용되었다. 아래의 자료는 관광의 수요 자체가 감소하는 모습을 보여주는 자료이다.

〈표 4〉 2018~2021년 5월 기준 방한 외래관광객

	해외관광객 (한국→해외)	방한관광객 (해외→한국)
2018	28,695,983(8.30%)	15,346,879(15.8%)
2019	28,714,247(0.06%)	17,502,756(14.05%)
2020	4,276,006(-85.11%)	2.519,118(-85.91%)
2021	375,073(-90.06%)	343,158(-83.67%)
변동률	( )의 수치는 전년도 비교 증감율	( )의 수치는 전년도 비교 증감율

자료: 한국문화관광연구원, 2021, 「관광정보시스템 통계」.

이러한 위기에 대응하여 관광의 대표기업인 항공업계는 새로운 형태의 관광인 '목적지 없는 비행상품'을 출시했다(위메이크뉴스, 2020.10.26.). 목

적지 없는 비행이란 말 그대로 목적지를 따로 정하지 않고 이륙한 뒤 공중에서 2~3시간 비행한 뒤 다시 원래의 공항에 착륙하는 비행 상품이다. 코로나19로 인해 해외 관광이 어려워져 사람들은 해외여행과 비행에 목마르게 되었고, 여행 수요가 급감해 재정난을 겪던 항공업계가 아이디어를 고안하여 만들어냈다.

또한 항공업계에 따르면 항공기의 운항 횟수를 일정 수준으로 유지해야만 시스템 정비 등을 진행할 수 있으며 항공사 소속 조종사의 비행 면허(라이선스)를 유지할 수 있다는 점 때문에 고심을 한 것으로 보인다. 비행기 내부 간격이 좁기 때문에 밀집도 부분에 대해 거리두기 문제가 제기되고, 그런 걸 누가 이용하겠냐는 비판도 있었다. 하지만 항공업계는 수요가 충분하다고 판단하여 좌석을 꽉 채우는 것이 아닌 중간중간 좌석을 비우고 앉는 것으로 밀집도와 거리두기에 대한 대책을 마련하였다.

실제로 지난 23일 제주항공은 국내 항공사 중 최초로 일반인 대상 목적지 없는 비행에 나섰다. 이날 오후 4시 3분 인천공항을 떠난 항공기에는 승객 121명이 탑승했다. 비행 도중 승무원의 마술쇼·퀴즈·게임, 행운의 추첨 이벤트 등이 다른 여행에서는 볼 수 없었던 진기한 광경이 펼쳐졌다. 제주항공의 목적지 없는 비행 상품은 인천공항을 출발해 군산·광주·여수·예천·부산·포항 등 국내 주요 도시의 하늘 위를 난 뒤 인천공항으로 돌아왔다. 요금은 일반석이 9만 9천 원, 비즈니스석은 12만 9천 원이었다. 코로나19로 사실상 중단된 해외여행에 갈증을 느끼는 소비자가 몰리며 '완판(완전 판매)' 됐다. 아시아나항공도 목적지 없는 비행상품을 선보였다. 인천공항을 출발해 강릉·포항·김해·제주 상공을 비행한 뒤 인천공항으로 돌아오는 일정이었는데, 2021년 6월 상품 판매를 시작한 당일로 매진되는 기염을 토했다.

또한, 코로나19에 대한 두려움과 관광에 대한 부정적인 인식으로 관광

욕구가 줄어들어, 여름 휴가철 관광객의 수 또한 급감할 것이라는 예측이 나왔다. 하지만, 예상과는 달리 코로나의 장기화로 심리적 피로감을 해소하기 위해 국내여행을 하는 사람들이 증가한 것으로 보인다. 다른 사람들과 접촉하지 않고 한적한 곳을 찾아 야외활동을 즐기는 여행, 도시관광보다는 인적이 드문 농촌관광, 사람들이 많이 모이는 유명관광지 대신 국립공원, 자연휴양림 등 '사회적 거리두기'를 유지하며, 자연을 즐길 수 있는 관광지를 선호하거나 '뉴노멀' 시대에 맞춰 즉흥여행, 9월 휴가, 캠핑족 등 관광에 대한 새로운 풍속도가 생기는 추세이다. 그럼으로써 국내외의 관광산업의 새로운 관광 패턴이 나올 것으로 예상된다.

코로나19는 관광에 중대한 영향을 미치고 새로운 관광의 의미와 형태를 양출했다. 가장 큰 것은 절대적 수요가 눈에 띄게 감소했다는 점이다. 수요 감소는 관광레저분야 소비 지출액 감소와 이어졌고, 그에 따라 기업경기 침체 및 일자리감소가 심각한 문제로 자리 잡게 되었다.

하지만 늘 그래왔듯 우리는 발생한 문제점을 해결하기 위한 노력을 지속적으로 하고 있다. 첫 번째로는 개인적 차원에서의 '절제의 생활화'이다 과시적 관광보다 지역의 진정성을 느낄 수 있는 상품들의 수요가 증가하고 삶의 질을 우선시하는 관광으로 변모한 점에서 그렇다고 볼 수 있다. 화려한 시설이나 많은 인구가 선호했던 장소를 물색하기보다는, 안전과 위생이 가장 중요한 기준으로 작용하여 타인과 거의 대면하지 않는 방향의 여행들이 확대되고 있다.

두 번째로는 코로나가 관광산업에 영향을 끼친 만큼, 변화하는 관광수요에 대응할 수 있는 상품들이 마련되고 있다. 기업 차원에서 힐링 관련 상품을 제공하거나, 해외보다는 국내에서의 수요가 더 많아졌으므로 국내관광 콘텐츠를 확보하여 특화된 서비스들을 제공하려는 시도가 지속되고 있다.

축제와 같은 대규모 집합 이벤트들이 지양하도록 권고되므로 온라인 마케팅을 통하여 유튜브나 VR을 이용한 콘텐츠들을 활용하는 것이 대표적이다.

세 번째로는, 국가 차원에서 한국 관광지의 위생 관련 정책들을 마련하여 '비-바이러스 관광'을 강조해서 위생정보 제공 및 청정지역 지정 등을 통해 관광수요를 극대화하기 위한 노력이 진행 중에 있다. 이처럼 코로나19 사태에 대해서 다차원적인 대응과 노력이 이어지고 있다.

하지만 코로나가 나쁜 역할 만을 한 것은 아니다. 코로나는 관광경제와 사회 등에 미치는 영향뿐만 아니라 현대인에게 보다 나은 인간과 인간, 인간과 자연의 새로운 상보적 교류, 새로운 관광 형태에 대해서 생각해 볼 수 있는 계기를 마련해주었다.

또한 코로나로 인한 여러 가지 문제들을 해결하기 위해서는 화학 백신만이 정답이 될 수는 없다. 화학 백신뿐만 아니라 사회적 거리두기인 행동 백신과 야생에서 전파되지 못하게 하는 생태 백신을 확대해 나가야 한다. 이번 코로나 사태로 인해 당장의 생태파괴로 인한 이익보다는 자연을 건드리지 않는 게 거시적 관점에서 더 좋을 수 있다는 점을 대부분이 인식하게 되었다, 코로나 이후는 포스트 코로나 시대에 안전하고 즐거운 관광을 이어나가기 위해서 자연친화적이고, 보존적인 생태적 관광, 비대면 관광을 활성화하는 것이 앞으로 중요한 관광이 마주한 과제라고 생각한다.[10]

10) '결론에 대신하여: 코로나19 이후 관광에 대한 전망'은 「관광사회학」 과목에서 "코로나가 관광에 미치는 영향"에 관해 팀 과제를 준비한 학생들의 발표문에 기초해서 작성한 것입니다. 사회학과 이남진, 장우진, 허재서, 행정학과 권순정, 영어영문학과 황재현 학생들에게 심심한 감사의 뜻을 전합니다.

제6장

축구: 근대 스포츠와
새로운 여가양식의 출현

제6장
축구: 근대 스포츠와 새로운 여가양식의 출현[1]

1. 풋볼에서 축구로

축구! 월드컵! 이것은 오늘날 우리에게 무엇을 의미하는가? 예전에는 단지 오락에 불과하던 것이 이제는 전 세계인을 열광의 도가니로 몰아넣고 있다. 경기에 졌다고 자살을 하는가 하면, 자살골을 넣은 선수를 살인까지 하기도 하고, 심지어 축구 때문에 전쟁이 일어나기도 했다. 또한 세계인의 열정이 온통 월드컵에 휩싸여 있는 것처럼 연일 우리의 매스컴은 그 분위기를 고조시키고 있다. 그러나 정작 축구와 월드컵이라는 사회적 현상에 대해 그것이 역사적으로 어떠한 의미를 지니는지에 대해서는 별로 주목하지 않는다.

오늘날 성행하는 축구는 근대화의 산물이다. 산업혁명을 가장 먼저 일으킨 영국이 근대 축구의 산실이라는 것은 익히 알고 있어도, 여타의 근대 스포츠의 기본 골격이 영국에서 만들어졌다는 사실은 그렇게 알려지지 않았다. 또한 축구가 자본주의적 삶의 양식과 연관된다는 사실도 그렇게 알려지지 않았다. 따라서 이 글에서는 영국을 중심으로 근대 축구의 탄생과정을

---

1) 이 장은 2002년 한일 월드컵을 앞두고 한국산업사회학회(現 비판사회학회)에서 축구 특집호를 발간하기 위해 청탁받은 원고를 논문집 『경제와 사회』 54호에 싣고, 이후 보다 대중적인 책으로 나온 『월드컵: 신화와 현실』(한울, 2002: 83-111)에 실린 글을 전재한 것이다.

살펴보면서, 그것이 지닌 역사적 함의를 추적하고자 한다.

이 글의 구성 방식은 다음과 같다. 먼저 근대 축구의 형성과정을 살펴보고, 대중화되고 프로화되면서 월드컵이 탄생하는 과정을 살펴본다. 그다음에는 축구를 중심으로 근대 스포츠의 탄생이 지니는 의미를 새로운 여가양식의 출현이라는 일반적 맥락에서 접근한다. 왜냐하면 근대화는 전통적인 생활양식을 근본적으로 개조하는 새로운 삶의 원리가 구성되는 가운데 이루어지기 때문이다. 따라서 근대 축구의 탄생은 필연적으로 새로운 삶의 양식과 밀접한 관련성을 가지고 있게 마련이다. 이 글에서는 근대사회의 새로운 여가양식이 지니는 의미를 다음과 같은 네 가지 범주로 나누어 논의한다. 축구를 중심으로 여가의 합리화, 온순화, 상업화 현상을 먼저 살펴보고, 여가의 정치화 현상을 스포츠 내셔널리즘 및 제국주의와 관련하여 논의한다.

혼란을 피하기 위해 먼저 풋볼의 개념에 대해 명확히 할 필요가 있다. 본문에서 자주 사용하는 풋볼의 개념은 우리가 일반적으로 알고 있는 축구와는 다르다. 이 글에서 사용하는 풋볼의 개념은 럭비 풋볼과 사커로 분화되기 이전의 공놀이 형태를 지칭한다. 이 후자의 경우, 사커가 우리가 일반적으로 사용하는 축구이다.

2. 스포츠 대중화의 서곡
1) 근대 축구의 형성과정

풋볼의 기원에 대해서는 많은 설이 있으나, 명확한 것은 없다. 여러 민족이나 지역에서 비슷한 볼 게임이 옛날부터 행해졌다는 것은 널리 알려진 사실이다. 그러나 여러 지역에서 다양한 방식으로 행해져 왔던 볼 게임을 '근대 축구'로 만들어 국제화시킨 것은 영국이었다. 영국에서도 19세기 이전에 행해졌던 민중오락으로서의 풋볼은 공간적으로도 시간적으로도 규격화된 형식이 없었고, 또 지극히 난폭한 것이었기 때문에 시합 당일 마을 전체가 소란 상태에 빠지는 것은 비교적 흔한 일이었다. 이 때문에 풋볼의 금지령이 수차례에 걸쳐 포고된다.

그러나 중세로부터 19세기의 초에 걸쳐 넓게 행해지던 민중오락으로서의 풋볼은 19세기가 진행되는 동안 점차 사라지고, 1850년대에서 1860년대에 이르러서는 거의 소멸 지경에 이른다(Walvin, 1975; Young, 1969). 풋볼뿐만이 아니라 다른 전통적인 민중오락, 피의 스포츠(bloody sport)라고 불렸던 동물끼리의 격투, 또 곰이나 소를 괴롭히는 놀이, 각종의 투기, 경주, 축제일이나 수확제의 날 집 밖에서 행해지는 댄스, 철야제의 혼란스러운 소동 등도 같은 운명에 처해졌다. 이러한 현상이 일어난 것은 산업혁명과 더불어 근대적 생활양식으로의 재편이라는 전체 맥락 속에서 이루어진 것이었다. 즉 전통적인 공동사회의 평민은 점차 해체되고, 따라서 그들이 즐기던 전통적인 오락도 함께 잃었던 것이다.

그러나 산업혁명이 진행되던 19세기에 풋볼이 완전히 사라진 것은 아니고, 학교 특히 퍼블릭 스쿨에서 존속되고 있었다.[2] 거기서는 일반 평민의 생활세계와는 다른 각도에서 새로운 발전을 하고 있었다. 풋볼은 학교교육 속에서 서서히 난폭성을 배제하고, 법칙의 성문화나 교내 대항전 형식의 정비 등을 통해 진행되고, 한편으로는 근대 체육사상에 의해서도 지지되면서 이전의 '지역축제 중심의 행사'와는 무관한 방향으로 추진되어나간다.

---

2) 스코틀랜드와 미국에서는 퍼블릭 스쿨이 공립학교 일반을 지칭하나 영국에서는 엘리트를 양산하는 사립 중등학교를 지칭한다.

퍼블릭 스쿨과 옥스브리지(Oxbridge)는 근대 스포츠사에 매우 중요한 의미를 지닌다.[3] 왜냐하면 근대 스포츠의 기본 골격이 대부분 여기서 만들어지기 때문이다. 퍼블릭 스쿨은 귀족의 스포츠 전통과 민중의 놀이 문화를 통합하는 역할을 수행함으로써, 근대 스포츠에 새로운 장을 개척한다. 전통적으로 사냥, 테니스 등과 같은 종목은 영국 국왕과 귀족들의 전유물이었고,[4] 축구와 같은 종목은 지배계급으로부터 금지를 당하던 민중들의 난폭한 놀이였다. 그러나 퍼블릭 스쿨에서는 이러한 스포츠를 통합적으로 수용한다. 즉 전통적인 봉건 특권층과 신흥 부르주아의 자제들이 함께 공부함으로써 전통적 생활양식이 전수되고, 한편으로는 민중의 스포츠를 중산계급의 문화와 교육 매체로 정착시킨다. 특히 각종 팀 스포츠가 정규 커리큘럼에 편성되는 전기를 마련함으로써 게임의 공통 규칙과 조직화의 방식을 정비하게 된다(하남길 외, 1996: 215).

그러나 이러한 과정이 진행되기까지는 전통적인 젠트리 계급과 신흥 부르주아 계급 간의 근본적인 갈등이 있었다. 왜냐하면 고전 중심의 교과과정은 부르주아의 관심사와는 상충되는 것이었고, 교육체제에 대한 불만으로 학생소요가 빈번해지면서 18세기 말부터 19세기 초에는 퍼블릭 스쿨의 학생 수가 감소하는 경향마저 보인다. 교과과정 개편이 시대적 과제로 떠오른 것이다. 이러한 문제를 퍼블릭 스쿨이나 대학들은 인지하였고, 개혁에 대한

---

3) 옥스브리지는 옥스퍼드와 케임브리지 대학의 합성어이다.

4) 스포트(sport)라는 용어는 중세의 전통과 관련이 있다. 그것은 형식의 변화를 가져온 승마, 펜싱, 마상 창시합 등이 군사적인 목적과 결부되지 않고, 귀족들의 생활양식, 즉 여가문화로 변모했을 때였다. 그들은 비생산적 유한계급으로서 여가와 기분전환을 위해 오락과 놀이에 심취했으므로, '즐긴다'는 스포트 본래의 뜻과 일치한다. 그래서 당시에 스포츠맨이라는 개념 속에는 오직 귀족층을 지칭하는 의미를 담고 있었다(하남길, 1996: 36).

요구를 수용하게 된다(Chandos, 1985: 245).[5]

이렇게 해서 1840년대에서 1870년대의 19세기 중엽은 신흥 부르주아 계급의 자제를 퍼블릭 스쿨로 흡수·포섭하는 체제가 형성된다. 특히 이 시기는 경기 스포츠, 그중에서도 크리켓, 조정, 풋볼 등의 집단 스포츠를 크리스천 젠틀맨의 양성을 위한 적극적인 교육수단으로 생각하였던 때이기도 하다. 퍼블릭 스쿨을 중심으로 일어나기 시작한 단체경기 및 경쟁적인 각종 스포츠에 대한 열광 및 숭배의 열기는 19세기 중반 '애슬레티시즘(Athleticism)'으로 불리고, 영국의 교육학자 망간(J. A. Mangan)은 이것을 영국 엘리트 교육 체계의 교육 이데올로기로 규정한다(Mangan, 1981: 120).

그러나 19세기 초까지만 해도 각 지역의 퍼블릭 스쿨에서 스포츠의 규칙은 그렇게 통일되지 않았다. 단지 게임은 학생들의 자발적인 레크리에이션 정도로 취급되었으나 점차 게임의 교육적 가치에 대한 인식이 확대되면서 경기방식의 규격화, 표준화 작업을 하게 된다. 1830~1870년에 걸쳐 운동장의 확충, 스포츠 활동의 클럽화, 기숙사 대항전이나 학교 간 경기의 성행, 통괄조직의 결성, 경기 규칙의 성문화, OB조직의 결성, 게임 교사와 코치의 등장 등과 같은 운동경기의 활성화와 관련된 일련의 변화가 일어났다(成全十次郎, 1988: 44).

더욱이 퍼블릭 스쿨 출신들이 옥스퍼드와 케임브리지 대학으로 진학함으로써 통일된 규칙에 대한 요구는 더욱 커지게 된다. 특히 두 대학 간의 정기적인 스포츠 교류는 근대 스포츠의 산실로 작용한다. 1827년 크리켓 경기와 1829년 조정 경기를 시작으로 1900년까지 라켓, 육상, 럭비, 축구, 골프, 폴

---

5) 19세기 전반, 퍼블릭 스쿨의 역사에서 종래부터 가장 중시되는 것은 이른바 토머스 아놀드(Thomas Anold)의 '럭비개혁'이다. 아놀드는 1828년부터 1842년에 걸쳐 럭비학교 교장을 역임하면서, 전통적인 지배계급이었던 젠트리 계급이 부르주아 계급의 대두에 대처하는 중요한 개혁을 이룬다.

로, 크로스컨트리, 테니스, 하키, 복싱, 펜싱, 수영, 아이스하키 등 29개 종목에 걸쳐 양 학교 간에 교환 경기가 벌어지면서 각종 게임의 조직화와 체계화는 더욱 촉진될 수밖에 없었다(하남길 외, 1996: 214).

풋볼의 경우, 비록 19세기 전반기부터 그라운드 경기 스포츠로서의 성격을 갖추게 되지만, 공동규칙을 만들려고 하는 움직임은 19세기 중엽 케임브리지 대학을 중심으로 해서 활발하게 일어났다(Rogers, 1983: 210). 1863년에 케임브리지 학생들 사이에서 정해졌던 '케임브리지 룰'은 공을 손으로 다루어서는 안 된다는 것을 정한 것으로 유명하다. 하지만 이 시기의 회합에서 이튼, 하로우, 슈르즈베리교의 졸업생과 럭비 학교 졸업생과의 해결될 수 없는 대립이 부각되고, 풋볼은 럭비 풋볼과 사커 형의 주요한 두 가지의 형태가 명확히 된다.

사커 지지파는 1863년 12월에 '풋볼협회(Football Association)'를 결성하고, 근대 축구로의 제1보를 내디딘다.[6] 이렇게 하여 생긴 공통규칙은 서서히 많은 그룹의 지지를 받게 되고, 곧 국제화의 길을 걷게 된다. 공통규칙에서 통일규칙으로 그 지지층을 확대해감으로써 축구의 대중화는 더욱 촉진되고, 그것은 이전의 풋볼과는 다른 '근대 스포츠'의 탄생을 의미하게 된다.

2) 축구의 대중화와 월드컵의 탄생

영국에 있어서 19세기 후반, 특히 1870년대 이후의 시기는 오락의 대중화와 상업화가 본격적으로 시작되던 때였다. 일반 노동자의 실질 임금의 상

---

6) 축구(soccer)라고 하는 말은 Association식의 Football을 하는 사람을 줄여서 Soc을 하는 사람(Soc+er=Soccer)에서 만든 말이다.

승과 비노동시간의 증대가[7] 레저의 대중화를 초래하고, 그것과 때를 같이 해 다양한 '매스 레저' 산업이 탄생한다. 뮤직홀 등의 도시의 오락시설, 철도를 이용한 여행, 주말에 걸쳐 도시 근교 명승지와 해수욕장의 번잡한 풍경이 이때부터 일상화된다(Mangan, 1981: 120). 특히 1860년대부터 학교를 중심으로 일기 시작한 스포츠 열기는 사회적으로 급속히 확산된다. 중산계급의 합리적인 생활양식 개선 정책의 일환으로 노동계급에도 크리켓, 축구, 럭비 등과 같은 스포츠 클럽을 지원하여 노동계급이 스포츠에 직간접으로 참여할 수 있는 길이 열리기 시작했던 것이다.

과거에는 주로 봉건 귀족들과 젠트리 계급이 민중 스포츠의 후원자로 존재했지만, 이제는 경제적 부(富)를 축적한 부르주아가 후원자로 나서게 된다. 이른바 패트론 스포츠(patron sport)의 시대가 개막된 것이다. 패트론 스포츠는 영국이 세계적으로 식민지를 개척하고 부를 축적하게 되었을 때, 귀족계급이 아닌 일반 신흥 부르주아 계급이 스포츠 후원자로 나서게 되는 제도를 의미한다(唐本國彦·上野卓郎, 1980: 56). 이렇게 됨으로써 영국에서 민중 스포츠의 확산은 가속화되고, 영국은 근대 스포츠의 발상지로 발돋움한다.

특히 19세기 말 가장 조직적인 변화를 이룩하고 스포츠의 상업화와 프로페셔널리즘의 기수로 등장한 것은 축구였다(하남길, 1996: 99). 비록 골프, 크리켓, 테니스, 럭비 풋볼 등과 같은 특정한 종목들은 중산계급의 스포츠로서 절대적인 지위를 유지했지만, 대중적인 성격을 지닌 팀 스포츠로서는 축구가 단연 압도적이었다. 민속적인 오락으로 민중 생활과 밀접한 관련을 갖고 거리에서 행해지던 풋볼이 상류계급에 침투하여 조직화된 다음, 다시

---

7) 비노동시간 증대의 대표적인 예를 들면, 1847년 이래 섬유공장의 부인, 미성년 노동자를 중심으로 확대되고 있었던 10시간 노동제, 토요 반휴제의 보급, 1870년대부터의 은행 휴일제의 시행 등이 있다.

민중의 대표적인 관중 스포츠로 등장한 것이다.

축구의 대중화는 1870년대부터 1880년대에 걸쳐 급속히 진행된다. 그것이 가장 현저하게 일어났던 지역은 공업화를 주도했던 영국 북부의 랭커셔, 요크셔, 버밍엄 지역이었다. 축구가 대중화됨에 따라, 새롭게 두 가지 중요한 사회현상이 일어났다. 그 하나는 관중의 성립이고, 다른 하나는 프로화 및 전문화의 경향이다. 이 두 가지는 서로 밀접하게 상관관계를 맺으며 상승작용을 일으킨다.

중세의 풋볼은 전문성을 결여한 채 교구 대항의 경기가 많았고, 선수와 관람객의 구분조차 명백하지 않았으며, 운동장과 심판이라는 개념도 희박했다. 그러나 근대 스포츠는 고도의 전문성을 특징으로 하고, 이 전문화가 더 높은 수준에 대한 요구와 결합하면서 프로화가 추진된다(Guttman, 1978: 39). 축구의 프로화는, 1878~1879년에 랭커셔에 있는 몇 개의 클럽이 스코틀랜드로부터 선수를 수입해서, 중요한 시합에 출장을 시키고, 그것에 대해 보수를 지급했다고 하는데, 이것이 프로화의 시작이었던 것으로 추정된다(Jamieson, 1943: 46, 63-65). 또 명망 있는 축구 클럽의 시합에 많은 관중이 모이게 된 것도 이때쯤부터였고, 이 두 가지 현상은 그 후 1880년대로부터 1890년대에 걸쳐 급격하게 전국으로 확대된다.

이와 같은 영국 내부에서의 축구 대중화와 프로화는 자연스럽게 축구 국제화의 길을 연다. 왜냐하면 1876년도에 영국 식민지의 인구는 2억 5,000만에 달했으며, 제1차 세계대전이 일어난 1914년까지 영국 식민지의 인구는 약 4억에 달했기 때문이다. 이러한 상황에서 영국의 정치, 경제, 문화, 교육 등 모든 분야의 발전은 제국주의 이데올로기의 영향권에서 벗어날 수 없었고, 교육의 한 영역이자 사회문화인 스포츠 또한 예외가 될 수는 없었다. 즉 19세기 후반에 급속히 확산되었던 교육체계의 스포츠 교육열, 애슬레티시즘은 제국주의 이데올로기와의 결합이 필연적인 것이었다(하남길, 1996: 250).

그러나 축구의 경우, 정치적인 식민지만이 스포츠 보급의 필수 조건이 아니었음을 잘 보여준다. 영국의 샤녹(Charnock) 형제가 러시아 쥬예보(Zuyevo) 면화 노동자들에게 축구를 전한 일, 토머스 쿡(T. Cook) 여행사의 니콜슨(Nicholson)이 비엔나에서 정원사들 및 채소 재배자들과 연합해 비엔나 축구 클럽을 창립한 사실, 호건(J. Hogan)이 훗날 헝가리 국가 대표팀이 된 분데르(Wunder) 팀을 코치한 일, 아르헨티나에서 영국 이민단들이 트로피 쟁탈전을 벌인 일, 브라질에서 밀러(C. Miller)가 영국의 철도원, 가스 기술자, 은행원들과 함께 축구 클럽을 조직한 일, 보시오(E. Bosio)란 상인이 1887년 영국으로부터 돌아와 이탈리아에 축구 클럽을 만든 일 등등 수많은 예가 있다. 그 외에도 주로 철도 건설업자와 직물 산업 관계자들에 의해 프랑스(1872), 덴마크(1874), 벨기에(1880), 러시아(1887), 우루과이(1891) 등지에도 축구가 전해졌다(Perkin, 1989: 149; 하남길, 1996: 235-236에서 재인용).

이렇게 축구가 전 세계적으로 파급됨에 따라 이제 국제적 차원에서 축구를 통괄하는 기구가 탄생한다. 국제축구연맹(FIFA)이 출범하는 1904년에는 이미 40여 개 나라의 축구협회가 활동하고 있었고, 유럽 축구가 제1차 세계대전의 혼란에 빠져 있는 동안 북미와 남미에서도 축구가 꽃을 피웠다. 이 여파로 유럽 나라들로만 구성됐던 FIFA가 1910년에 처음으로 바다 건너 나라들이 회원으로 가입함으로써 범 세계화의 첫발을 내디뎠다. 1910년 남아프리카 공화국에 이어 1912년에 아르헨티나와 칠레가 FIFA에 가입했다. 1913년에는 미국축구협회(United States Football Association)가 창설됐고 같은 해 FIFA에 가입했다. 그리고 1916년에는 남미축구연맹

(Federation Sudamericana de Football)이 창립된다.

그런데 당시에 축구가 국제적 게임으로 개최되는 것은 프로 선수들의 출전을 허용하지 않는 올림픽대회뿐이었다. 1896년도에 축구는 아테네 올림픽의 번외경기로 참여해 12년 후인 1908년 런던 올림픽에서 정식 종목으로 채택된다. 그러나 진정한 축구의 세계 챔피언을 가리자면 최고의 선수들이 겨루어야 하고, 그러려면 아마추어 선수들만 출전 자격이 있는 올림픽대회로부터 독립된 축구대회를 마련해야 한다는 주장이 제기된다.

1927년도 FIFA 총회에서 월드컵대회를 4년마다 개최한다는 등의 내용을 담은 안건이 상정됐다. 그리고 1928년 스위스의 취리히에서 열린 위원회에서 "1930년에 첫 대회를 시작해 4년마다 개최하고, 이름은 월드컵 축구대회로 한다. 조각작품으로 된 트로피는 우승국이 보관한다. 대회는 모든 회원국에 개방돼야 한다"는 규정을 의결했다. 25년 동안 수많은 시도 끝에 월드컵 축구대회의 밑그림이 마침내 모습을 갖추게 된다. 그리고 그 첫 대회는 우루과이의 수도 몬테비데오에서 역사적인 개막을 하게 된다.

3. 축구의 대중화와 세계화의 의미
1) 여가의 합리화: 사회화 기제로서의 축구

19세기 이전 영국의 대중적 스포츠는 황소나 곰 학대 놀이, 투견, 투계, 쥐 죽이기, 맨주먹 권투경기, 폭력적인 축구 등이 유명했다. 이처럼 매우 난폭하고 잔인한 피의 굶주림으로 상징되는 유혈스포츠인 민중들의 놀이문화는 전통 농경사회를 배경으로 성립된 것으로서 부르주아들의 눈에는 매우 거슬리는 것이었다(Perkin, 1989: 146). 따라서 19세기 전체를 통해 부르주아가 중심이 된 사회개혁세력은 경찰력을 동원해 강제로 저지시키기도 하고, 각종 캠페인을 벌이면서 생활양식 개조운동을 전개한다.

실제로 영국의 부르주아들은 1840년대에 곡물조례에 대한 반대뿐만 아니라, 봉건 특권층들이 즐기는 유혈스포츠를 비난하는 운동을 통해서도 귀족들을 공격했다(Harrison & Hobsbawm, 1964: 101). 이것은 궁극적으로는 임노동체제가 원활하게 작동할 수 있는 자본주의적인 생활양식으로 개조하는 운동의 일환이었다. 그리고 이러한 공격을 이루는 가치판단의 근거는 신흥 중산계급의 이데올로기를 지탱해주는 이성이라는 이름으로 볼 때, 그것은 비합리적인 것이었기 때문이다. 따라서 피의 스포츠의 쇠퇴는 '대중오락에 있어서 하나의 커다란 혁명'이라고까지 불리고(Bailey, 1978: 2-3), 신흥 중산층을 중심으로 새롭게 형성된 근대 스포츠는 이성과 합리성의 이름으로 체계적인 게임 규칙을 만들어내게 된다. 즉 여가의 합리화(rationalization) 현상이 일어난 것이다. 특히 축구와 같은 집단 스포츠는 근대적 생활양식을 체득하는 사회화의 기제로서 중요한 역할을 수행한다.

근대 자본주의에서 요구되는 경쟁의 원리에 기초한 합리적인 삶의 양식은 세습적인 신분제 사회에서와는 전혀 다른 방식의 삶을 요구한다. 여기에 대한 훈련이 단시간 내에 순조롭게 이루어진 것은 결코 아니다. 일차적으로는 시장경제체제의 임노동제도에 의해 강제적으로 길들여지지만, 생활양식의 총체적인 변화와 함께 경쟁의 원리는 삶에 정착된다. 여기서 근대 스포츠는 경쟁의 원리를 삶의 양식으로 체득하는 데 중요한 역할을 수행한다.

근대 스포츠의 특징은 팀 게임으로 대표된다. 여기서는 역할 분담이 이루어지고, 집단 간의 경쟁을 즐기며, 개인 간의 협력과 집단에의 충성이 존중된다. 그래서 조직적인 플레이, 팀워크가 중시됨과 동시에 스포츠맨십과 페어플레이의 경쟁 윤리가 중시된다. 더닝(Dunning)에 따르면, 단체시합은 '집단에의 충성심이나 자발적인 규칙에 따른 경쟁, 협동, 용기, 지도력 등의 바람직한 특성을 고무시켜주는 성격훈련의 도구'로서 높이 평가되었다고 말한다(Dunning, 1967: 885). 또한 브리그스(Briggs)도 "팀 스포츠는 인격 훈련의 가장 중요한 부분으로 게임 이상의 의미를 지닌다. 그러한 스포츠는 성장하는 소년들의 넘치는 에너지를 흡수하고, 신사에게 중요한 게임의 윤리를 주입시킴으로써 실생활을 위한 훈련이 된다"라고 말한다(Briggs, 1965:160). 즉 이것은 근대 스포츠가 초기 경쟁자본주의에서 요구되는 일반적인 생활규범의 내면화라는 기능을 수행했다는 것을 의미한다.

운동경기에 심판제도가 도입되었을 때도 진정한 아마추어라면 심판과 상관없이 자신의 신사다운 태도를 항상 유지하지 않으면 안 된다고 믿었다.[8] 1882년 국제시합을 위해 영국 퍼블릭 스쿨 최고의 축구선수들을 뽑는 과정에서 창설된 '코린시언 캐주얼즈(Corinthian Casuals)'는 비록 우발적인 반칙이라 해도 그 결과를 수용하지 않는 것은 잘못이라는 원칙에 입각해서 반칙이 선언된 선수들은 선발에서 제외했다(Holt, 1989: 99). 축구선수들이 성문화된 규칙 속에 그라운드에서 경쟁하는 것은, 임노동자들이 실정법의 규칙 속에 노동시장에서 생존경쟁을 벌이는 것과 유사하다. 치열한 경쟁 이후에, 그 결과에 승복하고 따라야 한다는 것은 경쟁사회에서 기존 질서를 유지하기 위해서는 필수 불가결한 것이다. 여기에 축구와 같은 팀 게임은 더 없는 훈련 도구였다.

특히 영국의 경우에는 근대 스포츠의 형성과정에 있어서 학교제도를 통해 게임 룰이 정비됨으로써, 영국인의 이상적 상(像)인 젠틀맨십과 스포츠

---

8) 1845년 영국의 이튼에서 벌어진 축구경기에 처음으로 심판이 등장했다. 그러나 이때의 심판은 레프리(referee)가 아니라 엄파이어(umpire)로서 경기장 밖에서 조정 역할만 했다.

맨십을 동일시할 정도로까지 영향을 미친다. 이러한 맥락에서 탄생된 근대 스포츠 사상이 애슬레티시즘(athleticism)이다.

이 사상은 19세기, 영국의 퍼블릭 스쿨에서 발생한 스포츠관으로서 스포츠의 교육적 기능을 중시하고, 경기 스포츠, 특히 팀 게임을 예찬하는 사상이다.[9] 이 사상은 산업혁명 이후, 자본주의 사회에서 필요한 리더십을 기르는 교육의 중요한 수단으로 공인된다. 특히, 팀 게임은 강건한 신체를 육성할 뿐만 아니라, 용맹심이나 통솔력, 충성과 자기희생의 정신, 규칙의 준수 등의 제 자질을 형성하며 애교심과 연대감을 산출하는 것이라 하여, '워털루의 전투는 이튼교의 운동장에서 승리를 쟁취한 것이다'라는 격언까지도 만들어낸다.[10] 이렇게 스포츠는 단지 오락만의 기능이 아니라 경쟁사회의 가치 있는 사회성과 인격적 덕성을 육성하고 단결을 유지하는 데 중요한 기능을 하는 것이라고 생각되었으며 영국이 자랑하는 제도로 되었다(Mangan, 1987: 245).

이 경기 스포츠 예찬의 사고, 즉 애슬레티시즘은 그 후 학교에서 사회로 확대되고, 스포츠를 정당화하는 강력한 이념으로 작용한다(스가와라, 1988: 88). 그리고 이 경향은 1870년대 이후 20세기 초에 걸쳐, 그 시기에 확산된 제국주의의 풍조와도 관계되고, 퍼블릭 스쿨을 중심으로 한 집단 스포츠가 과도할 정도로까지 숭배 열을 불러일으키는 데도 일익을 담당한다.

---

9) 애슬레티시즘에 대립되는 근대 체육사상은 '스포츠 리버럴리즘(sport liberalism)'인데, 이 사상은 스포츠 그 자체의 고유성을 인정하고, 그 자체의 활동을 목적으로 생각하는 스포츠관이다(스가와라, 1988: 93).

10) 근대 올림픽의 창시자인 피에르 드 쿠베르텡(Pierre de Coubertin)도 영국에 유학하여 이 격언을 듣고, 청소년 교육으로서 스포츠의 필요성을 인식하게 되었다고 전해진다. 그 후 그는 스포츠야말로 프랑스뿐만 아니라 온 세계 청년들의 희망이라고 믿고 1889년 '프랑스 스포츠연맹'을 조직하였으며, 1894년 국제 스포츠회의에서 그의 올림픽 제의는 만장일치로 받아들여져, 1896년 제1회 대회가 그리스의 아테네에서 개최된다.

19세기 영국 중산계급을 중심축으로 시작된 스포츠 근대화는 여러 가지 의미를 담고 있었다. 교육과 관련해서는 건강과 인격 함양을, 종교와 관련해서는 강건한 기독교주의를, 인종과 관련해서는 다원주의를, 제국주의 또는 국가주의적 측면에서는 집단의 충성심과 협동심의 배양을 추구한 것이었다. 그러나 이 모든 것이 혼합된 19세기 영국인들의 스포츠에 대한 일반적 철학은 '페어 플레이(fair play)'라는 두 단어로 집약된다(하남길, 1996: 51). 이것은 초기 경쟁자본주의에서 헤게모니적 지배를 관철시키는 중요한 이념적 축이었으며, 축구와 같은 팀 게임은 사회화의 기제로서의 역할을 충실히 수행한다.

2) 여가의 온순화: 남성다움의 근대적 양식으로서의 축구

여가의 합리화 현상은 감성구조의 재편성도 동반한다. 엘리아스의 '문명화 이론'은 500년 이상의 '장기간'에 걸친 여가 관행의 추세에서 폭력성(violence)이 점차 감소하는 현상이 뚜렷하다는 사실을 보여준다(Elias, 1978; Elias, 1982). 여가의 온순화(pacification) 현상이 바로 그것이다. 여가의 온순화란 즐거움을 추구하는 방식에 있어서 인간에게 잠재된 원초적인 감정을 임의적·충동적 방식으로서가 아니라, 통제되고 순화된 형태로 충족시키는 방식이 지배하는 경향을 말한다. 다시 말해 그 핵심적인 내용은 폭력성과 야만성의 감소이다(Elias and Dunning, 1969: 60).

중세로부터 19세기 초에 걸쳐 넓게 행해지던 민중오락으로서의 풋볼은 그 난폭성과 야만성 때문에 부르주아 세력의 탄압 속에 점차 사라지고, 1850년대와 1860년대 무렵에는 거의 소멸할 지경에 이른다. 그러나 앞서 말한 바와 같이 풋볼은 학교제도 속에 통합되고 민중오락으로서의 폭력성은 풋볼 규칙을 제정하는 데에 핵심적인 쟁점으로 떠오른다. 1863년도에 영국 풋볼협회가 탄생하면서 통일 규칙 제정을 위해 개최된 회합에서 제기된 '해킹(hacking: 정강이 걷어차기)'에 대한 논쟁이 그것이다(村岡健坎, 1992).

해킹이라고 하는 것은 이 시기에 이르기까지 풋볼의 특징적인 형태로서, 매우 중요한 쟁점으로 떠오른다. 그것은 럭비 지지파에 있어서는 일반적으로 스크럼을 해소시키는 전통적인 수단이며, 남성적 풋볼의 정수였다. 그러나 사커 지지파에 있어서 해킹은 아직껏 극복하지 못한 야만성의 정수였던 것이다. 회합은 5회에 이르지만, 양 파의 대립은 해결되지 않고, 럭비 지지파가 13대 4로 져서 이 회합에서 빠지고, 나중에 럭비풋볼 시합을 따로 결성한다.[11]

럭비 지지파의 패배는 한편으로는 아마추어리즘을 견지하려는 상류층의 엘리트주의 때문이기도 하지만, 다른 한편으로는 문명화라는 근대적 생활양식을 창출한 부르주아 생활윤리의 전면적인 승리를 뜻하기도 했다. 그리고 이것은 궁극적으로 남성다움에 대한 근대적 개념의 재정립을 의미하는 것이기도 했다.

19세기 전반까지만 해도 남성다움에 대한 관념은 지금의 기준으로 볼 때는 매우 야만적이고 폭력적인 것이었다.[12] 더욱이 퍼블릭 스쿨의 학생들은

---

11) 럭비 룰을 주장한 클럽은 그 이후의 상황이 매우 악화된다. 그것의 첫째는, 사커 형식의 전국 통괄 단체인 FA성립 이후 그 발전에 압도당했기 때문이고, 또 하나의 이유는 해킹을 야만이라고 하는 요란한 비난이 스포츠계 내외에서 급격히 고조되었기 때문이다. 런던과 그 주변의 클럽은 결국 이것에 끝까지 견디지 못하고, 1871년 럭비 학교의 OB를 중심으로 럭비풋볼유니언(RFU)을 결성하면서, 해킹의 폐지를 포함한 규약의 개정을 행하였다. 그리고 이후, RFU가 럭비의 전국적인 통괄단체가 된다.

12) 남성다움의 징표로서 결투를 해본 흔적으로 칼자국이 있는 얼굴은 서구 남성의 명예였다. 심지어 국왕도 결투로 인해 사망한 경우도 있다. 그 전통은 오랫동안 이어져 20세기 중반에도 독일의 어느 대학에서는 결투 서클을 종식시키기 위해 대학교 내에 감옥소를 만든 적도 있다. 이와 같은 서구 역사에

막강한 자치권을 확보하고 있었고 교사들의 지시에 정면으로 도전하기도 했다. 때로는 난동으로까지 연결되어 군대가 출동해 진압하기조차 했다. 이러한 상황에서 스포츠가 남아도는 젊음의 욕구가 분출되는 중요한 안전장치의 역할을 수행할 것이라는 믿음이 공감을 얻게 된다. 즉 전통적인 난폭한 남성다움의 표현을 새로운 순화된 양식으로 포섭하는 기제를 스포츠에서 찾았던 것이다. 다시 말해 스포츠를 통해 남성다움에 대한 새로운 길들이기가 근대화된 양식으로 시작된다.

19세기 말과 20세기 초에 매우 폭넓게 사용된 '남성다움(manliness)'이란 용어는 한마디로 정의하기 어려운 매우 복합적인 의미를 지닌다. 그럼에도 불구하고 남성다움에 대한 근대적 신화의 핵심에는 다음과 같은 두 가지 요소가 들어 있다. 젠틀맨십과 함께 강건한 기독교주의(muscular christianity)라는 것이 그것이다.

19세기 퍼블릭 스쿨에서 가장 자주 등장하는 캐치프레이즈는 '플레이 더 게임(play the game)'이었다. 이 말은 게임의 참여와 신사도의 육성 관계를 가장 함축적으로 나타내는 상징적인 어구다. 경기 응원가에 필수적으로 등장하는 "play up! play up! play the game"이라는 말은 "이겨라! 이겨라! 정정당당하게 이겨라"라는 의미를 지닌 것으로서, 19세기 영국 아마추어리즘을 상징하는 말이었다. 즉 '플레이 더 게임'은 경기 규칙의 준수를 강조한 것이기도 하지만 그보다는 경기에 참여하는 전반적인 태도와 신사다운 자세를 더 강조하는 포괄적인 의미를 지닌 말이었다(하남길, 1996: 51-52). 게임의 신사적인 정신은 퍼블릭 스쿨 학생들의 노랫말처럼 "분노 없는 경쟁과 적의 없는 기술(Strife without anger, art without malice)"로 표

서 남성다움의 표징은 상대적으로 '비겁한 놈', '겁쟁이'라는 욕을 가장 치욕적인 것으로 만들게 된다.

현되었다(McIntosh, 1987: 193). 젠틀맨십은 이제 전통사회의 야만적인 폭력성에 기반한 남성성이 아니라, 규칙에 따른 정정당당한 경쟁 정신으로 경기를 하는 것이었다.

또한 '강건한 기독교주의'라는 이념도 근대적인 남성성을 규정하는 중요한 축이다. 이 용어가 보편적으로 사용된 것은 19세기 후반기부터이다. 1857년도 옥스퍼드 영어사전에 이 용어가 처음 등재되었다는 사실이 이를 증명한다(하남길 외, 1996: 234). 사전에 등장한다는 의미는 이미 그 용어가 일상사에 하나의 현상으로 자리잡았음을 반증하기 때문이다.[13] 강건한 기독교주의는 종교적인 측면의 교육이념으로서 옛 기사도 정신의 계승이었다. 그것은 남성다움에 대한 근대적 신화를 구성하는 주춧돌이었으며, 자기 절제, 희생, 봉사, 책임, 인내, 결단력, 자기 신뢰, 침착, 공정 등과 같은 자재로 지어진 특유의 이념적 구성물이었다(하남길 외, 1996: 250).

이러한 맥락에서 강건한 기독교라는 개념은 1860년대부터 각종 스포츠의 조직화 추세와 함께 스파르타적 관습이라는 비난 속에도 불구하고 급속히 사회로 확산되었으며, 자연히 애슬레티시즘과 결합하게 된다(하남길 외, 1996: 235). 그중 축구는 다른 어떤 게임보다도 유용한 수준의 자질, 즉 용기, 냉철함, 침착 등과 같은 남성적인 자질을 발달시키는 것으로 인정되어 장려되었다.

그러나 축구가 프로화되고, 전형적인 노동계급의 스포츠가 됨으로써 영국인의 강인함을 상징하는 신사의 스포츠로서 축구는 경원시되고, 럭비 풋볼이 부르주아 계급에서 성행하게 된다. 그러나 더닝과 쉬어드는 럭비풋볼의 발전에 관한 연구를 통해서도, 게임의 제도화 및 전문화는 공격적인 폭발

---

13) 강건한 기독교주의와 관련된 가장 대표적인 인물은 킹즐리(Charles Kingsley), 스티븐(Leslie Stephen), 휴스(Thomas Hughes) 등과 같은 퍼블릭 스쿨의 교장들이다.

력의 뚜렷한 감소와 상관관계가 있다고 주장한다(Dunning and Sheard, 1979). 이제 남성다움은 육체적 폭력성이 지배하는 시대가 저물어감을 이 시대는 예고한다. 한층 문명화된 방식으로 인간의 원초적 공격성을 세련되게 표현해야 하는 현대로의 길목이 여기서 놓여진다. 엘리아스는 이와 같은 논지에 대해 "현대 사회에서는 임의적이고, 난폭하고, 강렬한 감정을 분출시키거나 또는 흥분을 폭발시키기 위해서는 '문명화'라는 속박 때문에 중세보다 더욱 높은 문턱을 넘어야 한다"는 내용으로 일반화시킨다(Rojek, 1985: 164-166).

3) 여가의 상업화: 산업으로서의 축구

전통적 의미에서 산업이란 공장체계에 기반을 둔 공산품 생산을 의미했다. 그러나 19세기를 지나면서 산업이라는 개념은 여타의 분야로 확장된다. 관광산업, 스포츠산업, 레저산업이라는 말이 그것이다. 이러한 현상은 상업화의 논리가 공산품의 세계뿐만 아니라 여가의 영역으로 침투함을 의미한다.

축구의 상업화는 무엇보다 프로 축구의 확산에서 대표적으로 찾아볼 수 있다. 1920년대에 이르면 영국의 프로 축구팀은 80여 개로 증가한다. 그러나 이미 1880년대부터 축구는 노동계급의 대중오락으로 자리를 잡아나가고 있었다. 그것은 관중의 입장에서는 아마추어리즘에 젖어 있는 상류층에 대한 저항의 표시이기도 했고, 또한 노동계급 출신의 축구 선수에게는 저임금의 일터보다 더 많은 수입을 보장하고, 나아가서는 대중 스타로 부상하는 기회이기도 했다.

이러한 맥락에서 1880년대부터 영국의 노동자들에게 축구는 생활의 일부가 된다. 다른 오락거리가 부재한 그들에게, 토요일 오전에 일과가 끝나고 축구 경기를 보러 가는 것은 일상적인 일이 되고, 일간지와 라디오의 보급에 따라 축구에 대한 소식은 보편적 호기심의 시장을 더욱 확대했다. 축구에 대한 소식을 모르면 일상적 대화에 소외되기 일쑤였다. 축구 팬들의 연대감은 마치 부족사회의 연대관계와 같았으며, 각 지역과 대도시는 경쟁관계의 팀을 따라 지역구조가 변하였다.

프로화의 경향을 추진하는 것은 말할 것도 없이, 입장료의 수입에 따른 인기 팀의 재정이 점점 풍부하게 되고, 선수의 선발과 선수에게 돈을 지불하는 것이 그만큼 용이하게 된다는 데에 따르고 있다. 경기가 보다 프로화되면서, 그것은 그 자체의 논리에 의해 사회경제적인 힘을 얻어간다. 예컨대 정규적인 대회 일정과 리그, 팬클럽의 형성, 관람 비용제의 도입 등이 이루어진다(Rojek, 1985: 129).

또한 축구의 대중화와 프로화에 힘입어, 이와 관련된 새로운 사업들이 번창하기 시작한다. 축구 서적, 전문잡지, 만화 등이 불티나게 팔리고, 경기를 이용한 도박이 성행한다. 축구 복권을 주관하는 사업체는 엄청나게 큰돈을 벌게 되고, 정부조차도 여기서 파생되는 간접적 수입을 노렸다. 특히 세계적인 이벤트로서 월드컵이 탄생하고 매스미디어가 발달함에 따라 20세기에는 단지 전 세계인이 즐기는 주요 스포츠로만 그치지 않고 정치, 경제, 사회 등 여러 방면으로 영향력을 강화해왔다. 무엇보다도 축구는 지역, 인종, 국가를 초월하여 그 모두를 포용해 왔다. 최근에는 전 세계적으로 약 2억 인구가 직접 발로 뛰며 즐기고 있는 축구로 성장하고, 이제 레저산업의 큰 부분을 차지하면서 상업적으로도 세계적인 시장을 형성하였다.

그런데 축구의 대중화나 상업화 현상은 단순히 자본의 운동논리에 따른 잉여가치의 창출이라는 것 이상의 의미를 지닌다. 왜냐하면 즐거움과 쾌락이라는 감정의 세계, 즉 민중 욕구의 세계까지 자본의 운동 논리가 깊숙이 침투하는 것을 의미하기 때문이다. 물론 이러한 현상은 이미 실용적 편리함을 추구하는 공산품의 시장에서 확인된다. 그러나 정확히 말해 즐거움을 추구하는 비노동시간이 본격적으로 시장의 논리에 조종되기 시작한 것은 근대사회에 들어서이다.

월드컵의 탄생은 이제 전 세계인을 공통된 관심사로 묶어낸다. 민중의 보편적 호기심을 한 덩이로 묶어, 새로운 담론의 장을 구성해내면서 거대한 시장이 개척된 것이다. 즉 자본주의의 상업적인 이윤 추구의 논리는 지역 간의 경계를 무너뜨리는 제국주의 전쟁의 형태로뿐만 아니라, 개별 인간의 감성의 경계도 무너뜨리는 속성을 드러낸다. 다시 말해 제국주의가 식민지를 개척한 것과 마찬가지로, 인간 감성의 영역도 식민지 개척하듯 상업적 문화상품의 시장으로 개척된 것이다.

스포츠나 여가문화 속에 들어 있는 유희적·쾌락적 요소는 지적 요소만큼이나 중요하다. 이러한 요소들은 어느 시대에나 있었고, 어떤 인간에게도 충족되어야 할 근본적인 욕구 체계의 한 부분이다. 그러나 이러한 쾌락과 즐거움, 오락과 유희에 대한 인간의 정서가 근대사회에서는 본격적으로 시장의 영역으로 개척된다는 점이 과거 전통사회와는 근본적으로 구별된다.

전통사회에서는 전문적인 오락제공자가 매우 한정되어 있었다. 따라서 평민들의 생활세계에서 오락과 놀이는 구경꾼이 아니라 개개인이 참여하는 대동놀이가 주축을 이루었다. 그러나 근대사회로 접어들면서부터는 그 양상이 매우 달라진다. 프로화된 놀이 전문가가 사회적으로 커다란 직업군을 형성하고, 일반 대중은 대부분 수동적인 구경꾼으로 전락한다. 이러한 현상이 한편으로는 스포츠 게임에서 경쟁을 더욱 가속화하고, 다른 한편으로는 노동대중의 능동적인 여가향유 능력을 박탈하게 된다.

스포츠에서 경쟁주의가 강화됨에 따라, 이제는 승리지상주의로 치닫는다. 여기서 주는 중압감은 교묘한 반칙의 증가는 물론 심판 매수를 통한 승부조작과 약물복용의 사태까지 유발한다. 마라도나의 약물 사건이 이를 반증한다. 축구에서 지나친 경쟁주의는 결국 1988년에 FIFA에 의해 '페어 플레이 캠페인(Fair Play campaign)'을 벌이는 상황으로까지 전개된다.

한편 축구와 여가의 상업화는 일과 여가의 분리라는 일반적 맥락 속에서 진전된다. 산업사회의 전개와 함께 역사적으로 전혀 새로운 현상으로 등장한 것은 시간표 제도와 노동의 이데올로기이다. 이것은 자본주의나 사회주의 체제를 막론하고 '일하는 것이 아름답다'라는 신화를 창출하면서 생활시간을 조직화한다. 특히 자본주의 사회의 삶의 구성 원리인 경쟁주의, 업적주의, 성취주의라는 공리주의 문화는 일을 통해 자기의 존재 가치를 경쟁적으로 확인하도록 하는 사회적 분위기를 조성함으로써 일벌레, 일 중독증을 유발한다. 이러한 현상이 다른 한편으로는 여가의 상업화를 더욱 촉진시킬 수 있는 터전을 제공한다. 왜냐하면 일의 영역에서 삶의 에너지가 소진되고, 능동적인 여가향유 능력이 감퇴함에 따라 비노동시간은 자본의 눈에는 더 없는 이윤 창출의 시장이 되기 때문이다.

치열한 경쟁 자본주의의 전개는 삶의 구성방식에서 일과 여가의 분리를 더욱 가속화하고, 일 중독증을 체계적으로 양산한다. 그리고 다른 한편으로 여가의 영역에서는 전문적인 놀이꾼이 커다란 사회적 직업군을 형성하면서 일반 대중의 여가시간을 조직화한다. 그리하여 대부분의 노동대중은 수동적인 구경꾼의 위치로 전락하고, 능동적인 여가향유 능력을 훈련할 기회를 상실하게 된다. 이러한 현상은 사회적 생산력이 증대하고 주 5일 근무제나 휴가제도가 발달하는 시점인 20세기 후반기까지는 지배적인 경향으로 나타난다.

4) 여가의 정치화: 민족주의와 축구

근대사회에 들어 부르주아 세력이 추구한 오락의 양식은 기본적으로는 집단적인 대동놀이가 아니라 소규모 가정오락이었다. 그 이유는 근대사상의 중요한 축을 이루는 개인주의와 자유주의 사상에 기반한 핵가족제도가 보편화되기 때문이다. 가톨릭의 교회력을 중심축으로 구성된 전통적인 삶의 양식은 집단적인 대동놀이가 그 주축을 이루었다. 이것은 부르주아가 추구하는 금욕주의 정신과도 맞지 않았고, 공장제 기계공업에 필요한 효율적인 임노동자의 창출에도 커다란 장애 요인이었다.

그러나 19세기를 지나면서 영국 부르주아의 일상문화에는 커다란 변혁이 일어난다. 이전에 부르주아 계급이 취했던 청교도주의는 위선적인 방패막이로 전락했다. 즉 그들이 숭배하던 검약과 절제의 정신은 뒤로하고, 쾌락과 이윤 추구의 화신으로 점차 그 마성을 드러내기 시작한 것이다. 그들 정신의 축은 여전히 신교에 바탕을 두었으나, 실제로는 식민지 민중의 착취에서 그 물적 기반을 형성한다는 사실을 은폐하고, 근대 과학의 성과를 이용해 옛 귀족들의 생활을 점차 모방해가기 시작했다.[14]

부르주아의 생활상이 부(富)의 축적과 함께 바뀌듯이 제국주의라는 자본의 운동 논리 앞에서 축구는 새로운 집단주의를 창출하는 이념적 무기로 작동한다. 즉 대영제국의 공격적 민족주의는 다윈주의와 백인우월주의 사상 속에 제국주의를 강화하는 방편으로 축구와 같은 팀 스포츠는 예찬된다.

퍼블릭 스쿨과 옥스브리지의 교육체계 속에 제국주의라는 이데올로기는

---

14) 이것은 자본주의적 삶의 양식에서는 필연적인 것이었다. 무한 경쟁에 의한 이윤 추구의 논리는 반드시 강제적 소비의 요구가 있게 마련이고, 소비생활에 익숙하지 못한 부르주아는 옛 귀족의 생활을 통해 축적한 부를 과시하고 사회적 명망을 얻으려고 했기 때문이다.

자연스럽게 용해되어 있었다. 퍼블릭 스쿨의 교장들은 '제국의 인류애', '백인 의무설'이라는 이념을 기독교적 호전성과 제국주의의 정당성, 그리고 적자생존의 원리를 직간접적으로 가르쳤다(하남길, 1996: 251). 이 과정에서 스포츠 활동은 가장 적절한 교육수단이었다. 특히 사회진화론의 주창자인 스펜서는 학교에서 스포츠 활동의 필요성을 강조하고 신체적 훈련에 대한 사회적 관심을 고조시켰다.

궁극적으로 영국의 퍼블릭 스쿨과 옥스브리지에서 학생들의 스포츠 참여를 통해 추구했던 기독교적 신사와 강건한 기독교도의 양성은 제국주의의 이념적 토대가 된 사회적 다윈주의에 입각한 것이었다. 경쟁의 원리를 정당화시키는 다윈주의는 자연생태계의 일반적인 진화 법칙일 뿐만 아니라 인간 사회에도 그대로 적용된다고 믿었다. 따라서 애슬레티시즘 속에는 적자생존의 원리에 입각한 백인우월주의와 자민족중심주의(ethnocentrism)를 강화하는 기능이 저변에 깔려 있었다. 왜냐하면 산업화와 공업화는 무엇보다 영국에서 가장 먼저 일어났고, 산업사회의 최적자로 생각했기 때문이다. 그리하여 애슬레티시즘 속에는 제국에의 충성심과 침략적인 애국심이 근본적으로 용해되어 있었다. 보이스카우트 운동의 창시자였던 베이든 포엘(R. Baden Powell)은 다음과 같이 말한다.

"축구는 자신의 탁월함을 보이기 위해서 하는 것이 아니라 팀 주장의 명령에 따라 자기가 소속된 팀의 승리를 위해서 자신의 의무를 다하는 것이다. 만약 소년 시절에 학교에서 자신의 의무를 다하는 자세를 터득하였다면 성장한 이후에도 국가와 왕을 위하여 자신의 의무를 다하는 것은 자연스러운 일이 될 것이다."(하남길, 1996: 254 재인용)

또한 스포츠는 영국의 법, 종교, 교육과 함께 식민지 지배의 효율적인 도구였다. 영국인들은 식민지에 대한 확고한 백인중심적 의무감, 야망, 국가에 대한 충성심 등과 같은 소양교육을 스포츠를 통하여 이룩하려 했을 뿐만 아니라, 현지에서도 스포츠를 문화적 결속을 위한 동화매체로 이용했다(하남길, 1996: 167).

스포츠를 식민지에 확산시킨 주체는 대체로 다음과 같은 세 가지 집단이었다. 첫째, 총독, 문관, 군인 등과 같이 행정에 직접 참여한 행정가 집단, 둘째, 식민지 교육을 담당한 교사 집단, 셋째, 선교사 집단이 그것이다. 특히 여러 제국의 총독이나 정치 문관들의 선발에는 학창시절의 스포츠 참여 경력을 매우 중시했기 때문에 식민지나 자치연방에 파견된 지도자들은 모두 스포츠맨들이었다. 때문에 그들에 의해 축구를 비롯해 각종의 영국 스포츠가 보급되는 것은 자연스러운 일이었다(하남길, 1996: 251-252).

영국의 직접적인 통치를 받던 식민지에서는 영국의 스포츠 문화가 보다 공식적이고 의도적인 성격을 띠고 전해졌지만, 영국의 지배를 받지 않는 국가에도 그들의 스포츠가 전해지기는 마찬가지였다. 19세기 말에서 20세기 초에 걸쳐 영국인들은 유니언 잭이 꽂히지 않은 세계의 구석구석까지 찾아간다. 상인, 은행가, 철도 및 광산기술자, 석유 탐광자, 목장 소유자, 선교사, 교사, 항해사들은 전 세계에 진출하여 경제적 이익의 추구나 백인중심적인 기독교를 전파하면서, 동시에 그들에 의해서도 스포츠가 전해진다(하남길, 1996: 235).

민족주의와 스포츠의 결합은 근대 국민국가의 산물이다. 운동 경기에 대한 열정이 예전에는 지역 단위의 차원에서 이루어졌지만, 이제는 국가라는 단위로 이루어지면서 애국심으로 관전하는 시대를 개막한다. 이에 따라 국제적인 스포츠 경기는 나름대로 합당한 제도적 장치를 구비하게 된다.

스포츠가 국가적 의례로 제도화된 것은 1900년 제2회 파리 올림픽 대회에서였다. 여기서 시상식 제도가 지금과 같은 국가 의례로 출범한다. 즉 금메달을 획득한 나라의 국가가 울려 퍼지는 동안 다른 메달리스트는 부동자세로 경의를 표하는 국가주의 의례가 시작된 것이다.[15] 국가 간의 경쟁을 막으려는 IOC 헌장에도 불구하고 초기 대회 때부터 올림픽조차도 국가 단위의 격전장으로 오염되기 시작한다(리뷰앤리뷰, 1996: 216).

특히 축구가 정식 종목으로 채택된 1908년 런던 올림픽은 스포츠 역사에서 중요한 의미를 지닌다. 왜냐하면 개인이나 클럽의 자격이 아니라 국가 대표팀으로 참가한 최초의 대회였기 때문이다. 예전에는 개인이나, 경기 단체 혹은 대학 체육부 선수들로 구성되었다. 그러나 이때부터 스포츠를 통한 국가 간의 경쟁은 더욱 심화되고, 승부에 대한 집착이 집요하게 증식되는 스포츠 내셔널리즘이 본격화된다(리뷰앤리뷰, 1996: 222).

축구도 월드컵이 탄생함에 따라 축구 내셔널리즘은 급속도로 확산된다. 이것은 제1회 월드컵 대회부터 이미 나타난다. 당시 우루과이 축구 대표팀 감독을 했던 온디 오비에나는 다음과 같이 말한다.

> "그건 선전포고였다. 아르헨티나와 우루과이의 결승전은 심리전으로 발전되었다. 그 때문에 경기 직후 두 나라 외교 관계에도 마찰이 일어났다. 이것은 단순한 팀 대결이 아니라 국가 간의 대결이었다. 경기장에는 못 들어간 사람과 경찰도 많았고, 마치 전쟁이라는 느낌이 들었다. 사실 축구전쟁이

---

15) 1896년에 개최된 제1회 아테네 올림픽 대회에서는 우승자와 준우승자 이외에도 모든 참가자에게 기념 메달을 주었다.

었다. 경기 자체가 전쟁이었으며, 남녀노소 관계없이 사람들 모두 길거리에 나와서 우루과이의 우승을 축하했다."[16]

  높아진 우루과이의 자존심과 국민적 감정은 다음 세대로까지 이어졌다. 축구의 정치적 자원화는 제2회 월드컵 대회인 1934년의 로마에도 이어진다. 무솔리니의 파시즘 체제는 이탈리아 팀의 우승의 열광을 자신들의 정치적 기반을 공고히 해주는 것으로 확신했던 것이다. 심지어 월드컵의 역사에서 축구 전쟁은 실제 전쟁으로까지 비화하기도 한다. 1969년 엘살바도르와 온두라스와의 축구 전쟁이 그것이다.

  우발적이 아닌 정교한 계략에 의해 스포츠 내셔널리즘을 정치적으로 자원화한 것은 히틀러의 나치 정권에서 절정에 달한다. 히틀러는 『나의 투쟁』에서 "독일 국민에게 완벽한 훈련을 받은 600만 명의 운동선수만 주어진다면, 우리는 2년 이내에 대군을 창설할 것이다"라고 했다. 실제로 이것은 1936년 베를린 올림픽 대회가 이전의 올림픽과는 달리 20세기 들어 가장 정교하게 조율된 정치적 선전 행사로 진행되는 데서 예각적으로 드러난다.

  스포츠에 대한 열광이 예전에는 지역 단위의 차원에서 이루어졌지만, 국가라는 단위로 이루어지면서 20세기에 들어 스포츠는 집단 광기를 불러일으키는 가장 효율적인 정치적 자원으로 등장한다. 이것이 영국의 경우에는 내재적인 진행과정 속에서 자연스럽게 구성되지만, 스포츠의 사회적 동원 능력은 영국뿐만 아니라 다른 나라에도 급속히 전파된다. 특히 사회주의 국

---

16) KBS, BBC 외 15개국 방송사가 제작한 〈격동의 세계사 100년 26부작 – TV로 보는 20세기 희망과 절망(원제 People's Century)〉는 1995년 12월 5일부터 매주 목요일 밤 10시 10분 KBS 2TV에서 방송되었다. 여기서 인용한 내용은 〈제6편 스포츠와 민족주의(1900–1939)〉에 있는 부분이다 (KBS·BBC·KBS 영상사업단, 1998).

가와 제3세계의 독재국가에서는 정치적 정당성을 위장하는 주요한 수단이 된다.

4. 나오면서

현대에 통용되는 축구는 영국의 퍼블릭 스쿨과 옥스브리지에서 그 룰을 획득하여, 현대적인 경기 스포츠로 발전한다. 19세기 후반기에 성립한 다른 근대 스포츠도 그렇지만 축구의 경우도 그 룰 획득에 따른 합리화, 탈야만화의 과정은 19세기에 지배적이었던 사회의 부르주아화 혹은 중류화의 산물이었다(Timothy&Chandler, 1991: 171). 그런데 그 과정이 영국에서는 사회적 엘리트인 젠틀맨을 양성하는 퍼블릭 스쿨 안에서 진행되었다고 하는 것이 중요한 의미를 지닌다. 왜냐하면 축구를 비롯한 근대 스포츠는 그 룰 획득과정에서 젠트리 계급의 특성을 각인하는 것이었고, 봉건사회의 전통성과 부르주아의 근대성이 접목하는 현상을 볼 수 있기 때문이다.

봉건 귀족이 향유하던 각종의 생활문화는 신흥 부르주아의 모방에 의해 근대사회로 계승될 뿐만 아니라, 민중문화의 예술적 승화 현상도 일어나면서 전통성과 근대성은 일정 부문 연계성을 지니게 된다. 이러한 흐름은 음악, 미술, 문학 분야뿐만 아니라 스포츠 분야에도 적용된다. 즉 각 지역의 봉건 귀족들이 즐기던 각종 스포츠는 신흥 부르주아에 의해 근대적 양식으로 계승되고, 풋볼과 같이 민중들이 즐기던 오락도 부르주아의 교육체계 속으로 포섭되면서, 전통성과 근대성은 접목하고 현대로 계승된다.

이것은 우리의 근대화 정책에서 전통성과 근대성은 양립할 수 없는 것으로 보고, 전통성을 폐기 처분한 사실과는 중요한 차이를 보인다. 우리의 예체능 분야의 교육이 그동안 어떠한 행로를 걸어왔는가 보면 이는 명확하다. 물론 일제강점기의 영향도 있고, 이를 청산하지 못한 한국의 현대정치사도 저변에 깔려 있지만, 정서적 공감대를 형성하는 놀이문화의 부재는 이제 우리의 명절에서 벌어지는 고스톱과 윷놀이의 대결 구도로 대변된다. 한국의 근대화를 주도한 신지식인층은 서구문화에 준거틀을 두었기 때문이다. 이들은 자생적인 여가양식보다는 수입 여가에 심취하고, 궁극적으로는 현대 한국의 교과과정에 전통적인 한국의 미의식(美意識)을 거의 배제했기 때문이다. 초등학교 교과과정에 우리의 전통 악기 연주에 대한 과정이 신설되었을 때, 교사들끼리 모여 새롭게 과외수업을 받았다는 사실이 이것을 웅변으로 증명한다.

지금 우리의 입장에서는 대영제국과 같은 공격적 민족주의가 아니라 방어적 의미에서의 민족주의가 절실하다. 왜냐하면 한국의 현대사에서 지배 엘리트들의 세계관은 코스모폴리탄적 세계관으로 지나치게 함몰되어 있었고, 세계화의 물결은 우리의 정체성을 심각하게 위협하기 때문이다. 이러한 맥락에서 볼 때 우리의 전통 오락과 여가문화를 선별적으로 현대적인 양식으로 복원하여 교육과정 속에 편입시키는 것은 이 시대의 과제이다. 제국주의 논리에 의한 획일적인 삶의 강요는 의도적인 방어로 대비하지 않으면 자기도 모르는 사이에 흡수·통합되어버릴 위험성이 농후하기 때문이다. 이것은 특정한 집단이 하나의 체계로서 살아남기 위한 최소한의 몸부림이고, 복수적인 삶의 형태를 통해 보편적인 인간의 삶을 구현하는 기본적인 방식이다.

한편 축구를 통해 우리는 여가의 합리화, 온순화, 상업화, 정치화라는 현상을 살펴보았다. 즉 초기 자본주의에서 경쟁의 원리를 일상화시키는 사회화 기제로서의 기능과, 폭력성 및 야만성을 순화된 방식으로 길들이는 기능이 있음을 밝혔다. 또한 대중 레저산업으로서의 축구의 성장, 제국주의 및 스포츠 내셔널리즘과의 관련성 등을 살펴보았다. 이러한 제 현상은 전통사회의 여가문화에서는 찾아볼 수 없었던 새로운 논리가 여가의 양식에 침투함을 의미한다.

이러한 변화는 일차적으로 노동과 여가가 분리된 근대적인 인위적 생활리듬이 정착됨으로써 일어나는 변화이다. 즉 표준화된 시간과 공간의 개념속에 축구는 직접 참여하던 놀이에서 수동적으로 관전하는 오락으로 변질된다. 여기서 우리는 중요한 변화를 하나 읽어낼 수 있다. 그것은 근대사회와 더불어 탄생한 새로운 여가가 노동의 경험과 관계없이, 그 자체 스스로의 운동논리로 전개되는 시대가 시작했음을 의미하기 때문이다. 동시에 이것은 즐거움을 추구하는 인간 욕구의 세계와 비노동시간이 조종과 통제의대상이 된다는 것도 포함한다. 앞에서 말한 네 가지 현상은 모두 이러한 맥락 속에서 구성된다.

사실상 인간이 자연세계뿐만 아니라 사회와 역사를 통제할 수 있다는 생각은 근대사회에 들어와서 만들어진 관념이다. 인간이 자연을 정복하고 사회를 통제한다는 것은 자연과 사회에 내재한 법칙을 구명함으로써 현실화된다. 근대 과학의 발전 속에 인간에 의한 인간의 통제 기술은 비약적으로 발전한다. 상업적 광고는 이것을 웅변으로 증명한다. 그러나 그렇다고 해서 인간의 삶이 전일적으로 통제되는 것은 결코 아니다. 또한 일반 민중의 변증법적 삶의 구성 능력이 완전히 상실되는 것도 아니다. 여가의 영역이 자본의 논리에 의해 조종되고 통제되는 경향이 지배적이지만, 주체의 성숙과 개체성의 개화는 끊임없는 삶의 에너지로 솟아오를 것이기 때문이다.

앞으로 합리화는 감성을, 온순화는 야성(野性)을, 상업화는 인간성을, 정치화는 개체성을 포용하는 시대가 전개될 것으로 기대된다. 물론 물질주의 문명이 포화 상태에 이르러서야 새로운 역사의 장이 개막될 것으로 전망되지만, 이러한 경향은 이미 도처에서 그 맹아를 보이고 있다.

제7장

마라톤:
육체의 재발견과
축제적 환희

제7장
마라톤: 육체의 재발견과 축제적 환희 [1]

1. 마라톤 시대의 개막

우리나라에서 마라톤에 대한 관심은 색다르다. 1936년 제11회 베를린 올림픽에서 손기정 선수가 쟁취한 우승은 일제 치하의 암울했던 시대 상황에서 민족적 자긍심을 드높이는 사건이었다. 이 금메달은 1976년 양정모가 레슬링에서 금메달을 따기 전까지는 유일한 것이었고, 손기정 선수는 올림픽 금메달에 목말라 하던 우리나라 국민들에게 영원한 우상이었다. [2] 그 이후에 황영조가 1992년 바르셀로나 올림픽에서 우승하고, 이봉주의 2001년 보스턴 마라톤과 2002년 아시안게임 우승으로 이어지면서 마라톤은 우리 국민에게 단순히 하나의 스포츠 종목이기에 앞서 민족사적인 의미를 지니고 있었다.

그러나 마라톤에 대한 이러한 이미지는 어디까지나 엘리트 스포츠에 한

---

1) 이 장은 2008년 부산대학교 한국민족문화연구소에서 발간한 논문집 『한국민족문화』 31호에 실린 글을 수정한 것이다. 이 글을 구성하는데 흔쾌히 자료 사용을 허락해 주신 웹사이트 〈마라톤온라인〉 운영자님께 감사드립니다.

2) 손기정 이후 서윤복은 대한민국의 마라톤 선수로서 1947년 제51회 보스턴 마라톤 대회에 출전해 세계 신기록을 세우며 우승했다. 그리고 1950년도 제54회 보스턴 마라톤 대회에서도 우리나라의 함기용 선수가 우승했을 뿐만 아니라, 송길윤, 최윤칠 선수가 차례로 2, 3위를 휩쓸면서 한국인의 저력을 만방에 떨쳤다. 이러한 사건은 일제 식민지를 경험하고 경제적으로 낙후된 한민족에게 무한한 자긍심을 심어주었고 마라톤 강국으로서의 이미지를 구축했다.

정된 것이었고, 일반인들에게는 '외로운 자기와의 *싸움*'이라는 이미지로 신성화되거나 경원시되었다. 이러한 사고방식이 붕괴되고 일반인들도 마라톤을 즐기기 시작한 것은 1990년대 후반부터이고, 2000년대 들어와서는 폭발적인 붐을 일으킨다.

1995년도에 동아일보사와 조선일보사가 주최하는 마라톤대회에 국내에서 처음으로 마스터스[3] 부문을 신설함으로써 일반인들도 마라톤대회에 참가하기 시작한다. 조선일보사가 주최한 1995년 춘천마라톤의 경우, 당시 약 400여 명 정도밖에 되지 않던 대회 참가인원이 1999년도에 오면 1만 2천여 명을 넘어서고 2001년도에는 2만 명을 넘어선다. 이때까지만 해도 풀코스 외에도 10Km 건강달리기 종목이 있었다. 그러나 그 이후에는 아예 풀코스 종목만 있게 되었고, 이러한 제약조건에도 불구하고 2003년도에는 참가자들이 너무 많아 인터넷 신청이 마비되어 접수를 연기하는 사태가 벌어질 정도였다. 2007년 현재 인터넷에서 마라톤 분야 점유율 1위를 차지하는 사이트 〈마라톤 온라인〉에 등록된 전국 마라톤 대회는 423개나 된다. 이러한 마라톤 붐이 하나의 사회현상으로 자리 잡고 있는 현실에 비해, 여기에 대한 학문적인 연구는 매우 일천하다.

마라톤에 대한 대표적인 국내 연구는 마라톤 인구가 급격히 증가한 이유를 탐색한 연구로 이재희(2002) 및 이재희·유용상(2006)의 연구가 있고, 마라톤의 참여동기를 연구한 장진우·김영범(2004)의 논문, 그리고 마라톤과 여가만족도의 관계를 연구한 장진우·손영일(2004)의 논문이 있다. 마라톤의 참여동기나 여가만족도와의 관계를 연구한 장진우·김영범(2004) 및 장

---

3) '마스터(Master)'란 어떤 분야의 대가나 명인 혹은 숙련된 기술자를 뜻하는 단어이다. 그러나 마라톤에서는 달리기를 취미 이상으로 좋아하는 '마니아'를 지칭한다. 한마디로 마라톤대회에서 마스터스는 마라톤을 좋아하는 '아마추어 풀코스 완주자'로 이해하면 된다.

진우·손영일(2004)의 논문은 설문 조사를 통해 수집한 계량적 자료를 분석한 글로써, 관련된 변인을 구명했다는 점에서 의의가 있다. 마라톤 인구가 급증한 이유를 논의한 이재희·유용상의 논문은 심층면접을 통해 수집한 질적 자료를 분석한 글로써, 보다 심도 있는 접근을 하였다. 그런데 이러한 연구들은 방법론적 틀에 구속되어 보다 의미 있는 해석을 하는 데에는 다소 미흡한 점이 있었다. 따라서 이 글에서는 마라톤 붐이 일어난 이유에 대해 해석학적인 분석을 시도하고, 또 그로부터 사회학적 함의를 도출하는 것을 주된 목적으로 한다.

한편 마라톤 대회에 참가하는 연령층은 30대 중반부터 40대 후반까지가 압도적이고, 이 연령대가 마라톤에 가장 많이 입문한다. 이런 점을 놓고 볼 때 마라톤은 중장년층이 즐기는 운동이라고 볼 수 있다. 이것은 마스터스 마라톤이라는 개념에서도 확인된다. 미국의 마라톤대회에서는 일반적으로 40~49세의 아마추어 참가자를 '마스터스', 50~59세 참가자들을 '베테랑', 60~69세 참가자들을 '시니어'라고 부르며 이들을 통칭해서 '마스터스'라고 한다. 이 글에서는 중년층의 개념을 40대와 50대를 지칭하는 용어로 사용하고자 한다.

이 글은 다음과 같이 구성된다. 우리나라 중년층의 전반적인 여가문화를 이해하기 위해 먼저 한국 여가문화의 변천사를 살펴보면서 새로운 여가양식의 등장을 개괄적으로 논의한다. 그다음에는 구체적인 통계자료를 바탕으로 중년층의 일반적인 여가행태를 살펴보면서 생활체육으로서의 조깅[4)]

---

4) 마라톤은 기본적으로 조깅(jogging: 천천히 달리기)이라는 개념을 포괄한다. 조깅이라는 개념 자체가 알려진 계기는 1979년 미국의 대통령 지미 카터가 방한했을 때를 들 수 있다. 수행원들과 함께 새벽 공기를 가르며 뛰는 모습이 언론을 통해 보도가 되면서 깊은 인상을 우리에게 심어주었고 조깅이라는 개념이 널리 알려지게 되었다.

과 마라톤의 위상을 검토한다. 다음 장에서는 마라톤에 초점을 맞추어 마라톤 인구가 급성장한 이유와 마라톤 실천의 유형을 살펴본다. 마지막 절에서는 마라톤이 지니고 있는 사회학적 함의를 살펴보기로 한다. 이 글을 쓰는데 사용된 방법은 다음과 같다.

일차적으로는 필자가 2001년부터 2005년도까지 마라톤 동호회에 참여하여 활동하면서 직접 체험한 경험과 참여관찰을 바탕으로 한다. 그리고 현재 인터넷에서 마라톤 분야의 49.5%를 점유하는 최대 규모 사이트인 〈마라톤 온라인〉에서 2001년부터 2008년에 걸쳐 조사한 설문 자료를 활용한다. 또한 심도 있는 분석을 위해 〈마라톤 온라인〉을 통해 2008년 2월 14일에서 20일까지 개방식 설문조사를 하여 보다 의미 있는 자료를 수집하였다. 이 글에서 사용되는 구체적인 자료는 다음과 같다.

◎ 〈마라톤 온라인〉의 자체 설문조사
2001년 설문조사(총응답자 수 367명): 접속자의 연령대
2001년 설문조사(총응답자 수 337명): 훈련 방식
2001년 설문조사(총응답자 수 444명): 달리기 동기
2001년 설문조사(총응답자 수 420명): 참여한 가장 먼 장거리대회
2001년 5월 설문조사(총응답자 수 645명): 달리기 경력
2001년 6월 설문조사(총응답자 수 544명): 달리기의 심취 정도
2001년 8월 설문조사(총응답자 수 590명): 접속자의 학력
2001년 8월 설문조사(총응답자 수 724명): 접속자의 직업
2001년 9월 설문조사(총응답자 수 563명): 동호회 가입 여부
2001년 10월 설문조사(총응답자 수 912명): 접속자의 연 수입
2001년 11월 설문조사(총응답자 수 779명): 일주일 훈련빈도
2001년 11월 설문조사(총응답자 수 703명): 훈련시 기록측정 여부
2004년 2월 설문조사(총응답자 수 2,041명): 달리기의 즐거움이 지니는 의미
2006년 6월 설문조사(총응답자 수 3,645명): 달리기를 시작한 연령

2007년 1월 설문조사(총응답자 수 2,872명): 달리기의 의미(달리기 생활의 화두는?)

◎ **자유게시판을 통한 개방식 설문조사**[5]

2008년 2월 14일 설문조사(총 1,363번 조회에 17명 응답): 마라톤 인구 증가 이유
2008년 2월 16일 설문조사(총 764번 조회에 10명 응답): 마라톤 이후 달라진 점
2008년 2월 16일 설문조사(총 521번 조회에 10명 응답): 마라톤 동호회 평가
2008년 2월 17일 설문조사(총 570번 조회에 9명 응답): 즐달과 기록달에 관한 의견
2008년 2월 20일 설문조사(총 759번 조회에 11명 응답): 마라톤의 상업화

인터넷 사이트를 통한 조사는 어느 정도 문제점을 안고 있다. 그 대표적인 것이 응답자의 동질성을 확보하기가 어렵다는 점이다. 그럼에도 〈마라톤 온라인〉 접속자들은 대부분 마라톤 자체에 큰 관심을 가지고 있고, 이를 통해 정보를 수집하고 의견 교환을 한다는 점에서는 어느 정도 동질적인 속성을 공유한다고 판단할 수 있다. 실제 마라톤 붐이 조성되기 시작하는 2001년도에 접속한 사람들은 거의 마니아 수준에 가까운 사람들이다. 즉 하프마라톤(38.5%)과 풀코스(37.1%)에 도전한 사람이 75.6%이며,[6] 일주일에 3번 이상의 훈련 빈도로 달리는 사람이 75.9%에 이르고,[7] 훈련시 스톱워치 등으로 기록을 측정하는 사람이 83.4%이다.[8] 또한 달리기의 심취정도로 보자면, '그냥 좋아한다'를 포함해 '중독된 편이다'까지 합하면 95.0%에 달한다.[9] 이러한 결과를 놓고 볼 때 〈마라톤 온라인〉의 접속자는 대체로 마라톤에 매우 관심이 많고 마니아 수준에 가까운 사람들이라는 것을 확인할 수

---

5) 2008년 2월 14일부터 2월 20일까지 〈마라톤 온라인〉 자유게시판을 통해 설문조사를 진행했다.
6) 〈마라톤 온라인〉, 2001년 조사.
7) 〈마라톤 온라인〉, 2001년 11월 조사.
8) 〈마라톤 온라인〉, 2001년 11월 조사.
9) 〈마라톤 온라인〉, 2001년 6월 조사.

있다. 또한 설문조사에 응답하는 사람들은 마라톤에 대해 보다 적극적인 관심을 가진 사람들이라고 유추할 수 있다.

2. 중년층의 여가문화

여가활동의 의미는 어느 정도의 빈도로, 얼마 전부터 행해지고 있는가, 어떤 사회적 조건에서 실행되고 있는가(장소, 시간, 설비, 도구 등), 또 어떤 방식으로 개인이 행하고 있는가와 같은 수많은 변수들과 연결되어 있기 때문에 이용할 수 있는 대부분의 통계자료는 극히 해석하기가 힘들다. 그럼에도 이 통계자료들은 전반적인 밑그림을 그리는 기초자료로서의 의미는 있다. 이 절에서는 『2006 여가백서』와 『2006 체육백서』를 중심으로 우리나라 중년층의 일반적인 여가행태에 대해 살펴보기로 하자.

『2006 여가백서』에서, 지난 1년간 참여해 본 여가활동 가운데, "여가시간 동안 주로 하는 여가활동"[10]을 조사한 결과에 따르면, 역시 TV시청(68.3%)이 가장 많고 그다음에 잡담/통화하기(23.6%), 게임(23.4%), 목욕/사우나(22.9%) 등의 순으로 랭킹 12위권에 속하는 여가활동의 유형은 〈표 1〉에 나타난 바와 같다. 이를 세부적으로 연령층 별로 볼 때 2006년 현재 우리나라 중년층(40대와 50대)의 여가활동은 대체로 다음과 같은 특성을 지닌다. 다른 연령층에 비해 게임, 영화보기, 인터넷 서핑이나 채팅 등에 참여하는 비율은 현저히 낮은 반면, 목욕과 사우나, 계모임 같은 사교모임에 참여

---

10) 조사 응답자는 여가시간동안 주로 하는 여가활동에 대해 개방형으로 최대 5개까지 응답하였으며, 이를 집계하여 통계적으로 계산한 것이다.

하는 비율은 현저히 높다. 그리고 음주와 신문·잡지보기, 산책 등의 비율도 높은 편이다. 이러한 특징이 나타나는 것은 중장년층이 처한 생활조건을 어느 정도 반영하고 있다고 볼 수 있다. 즉 컴퓨터에 익숙하지 않은 세대이다 보니 게임, 인터넷 서핑/채팅 등에 참여하는 비율은 낮고, 아직 왕성한 사회활동을 전개해야 하므로 음주와 신문/잡지보기의 비율이 높다. 그리고 점점 나이가 들어가면서 가깝게 지냈던 사람들을 찾게 되고, 산책이나 목욕/사우나를 통해 건강을 돌보는 것으로 해석된다. 특히 연령에 따른 여가의 목적을 보면 40대 이후의 연령층에서 '건강 유지'는 매우 높은 비중을 차지하고 있다(〈표 2〉 참조).

〈표 1〉 연령별 여가활동 참여도 (단위 : %)

연령별 여가활동	전체 (3,000)	10대 (493)	20대 (623)	30대 (631)	40대 (528)	50대 (331)	60대 이상 (394)
TV시청/라디오청취	68.3	70.4	50.9	67.2	70.3	78.2	83.8
잡담/통화하기	23.6	27.8	20.5	21.9	20.3	22.7	31.2
게임	23.4	59.2	33.9	21.1	9.8	3.3	0.8
목욕 사우나	22.9	15.4	11.4	20.3	27.8	31.4	40.9
음주	22.1	2.0	23.0	25.7	28.4	27.5	26.9
신문/잡지보기	20.5	3.2	12.7	25.5	30.9	27.2	26.9
영화보기	20.4	25.4	42.7	23.8	10.6	4.2	0.5
계/동창회/사교모임	18.3	0.8	4.0	18.2	29.0	34.4	35.3
쇼핑	17.7	9.5	21.2	24.7	15.7	15.4	15.7
산책	16.9	4.5	9.1	16.0	19.7	27.2	33.8
낮잠	16.1	14.2	8.7	10.0	15.3	22.1	36.3
인터넷 서핑/채팅	15.5	30.2	29.1	15.4	5.9	2.4	–

자료: 문화관광부 한국문화관광정책연구원. 2006, 『2006 여가백서』, p.103.

〈표 2〉 연령에 따른 여가의 목적 (단위 : %)

		응답자수	개인 즐거움	스트레스 해소	건강	대인관계 /교제	일의 능률향상	새로운지식 /정보습득	자아 실현
연 령 별	10대	(493)	47.9	25.6	9.5	7.9	1.6	5.9	1.6
	20대	(623)	37.1	24.2	10.0	11.4	6.4	4.5	6.3
	30대	(631)	37.4	25.7	14.6	7.0	5.2	5.5	3.8
	40대	(582)	31.4	25.6	21.0	8.0	5.5	3.6	4.5
	50대	(331)	29.0	19.3	32.9	9.4	3.9	3.3	1.8
	60대 이상	(394)	30.7	15.7	38.1	8.4	3.6	1.8	1.8

자료: 문화관광부 한국문화관광정책연구원, 2006, 『2006 여가백서』, p.43.

그러나 여가시간 동안 주로 하는 여가활동의 종목과 그 활동에 대한 선호도는 별개의 문제다. 실제 또 다른 조사에서는 실행하는 여가활동 중에서 가장 선호하는 것은 '운동 및 스포츠'이고, 2006년도에는 20.5%로 TV시청(18.1%)과 역전되는 현상까지 발생한다(〈표 3〉 참조).

〈표 3〉 연령별 여가활동 참여도 (단위 : %)

연도별	운동 스포츠	음악 영화감상	경기 관람	장기 바둑	여행	인터넷 PC게임	TV시청	독서	집안 정리	단순휴식 낮잠	기타
1991	14.8	16.7	-	-	-	-	29.5	7.7	17.3	-	14.0
1994	13.4	10.7	-	-	-	-	28.9	13.6	11.0	-	22.4
1997	14.4	14.8	-	-	-	-	25.8	4.8	13.4	-	26.8
2000	12.2	9.8	-	-	-	9.8	37.2	-	11.9	-	19.1
2003	19.2	10.9	0.4	1.2	2.0	19.2	19.7	3.6	7.9	14.2	1.7
2006	20.5	8.2	0.7	2.5	2.5	13.7	18.1	3.8	8.7	16.0	5.3

자료: 문화관광부 체육국, 2007, 『2006 체육백서』, p.75.

한편 〈표 1〉에서는 '지난 1년간 여가시간 동안에 주로 하는 여가활동'을 개방형으로 조사함으로 인해 보다 다양하고 구체적인 여가활동의 실태는 나타나지 않는다. 이를 보완하기 위해 우리는 좀 더 포괄적인 자료를 살펴볼 필요가 있다. 116개의 여가활동의 항목을 제시하고 '지난 1년간 1번 이상 참여한 경험이 있는 경우를 모두 표시'하게 한 결과 TV시청이 93.1%로 1위를 차지하였다.[11] 그다음이 목욕/사우나(79.6%), 외식(73.7%), 낮잠(67.0%), 잡담/통화하기(66.1%), 신문/잡지보기(61.1%), 쇼핑(60.0%), 노래방가기(58.0%), 산책(57.5%) 등의 순으로 나타난다. 이 글의 목적상 우리는 116개의 항목 중에서 '스포츠 참여활동' 부문에 한정해서 그 순위를 살펴보기로 하자. 스포츠 참여활동 부문에서는 42개의 항목이 제시되었는데 줄넘기(18.7%), 축구(18.3%), 헬스(17.4%), 맨손체조(17.0%), 마라톤/조깅/속보(16.8%) 등의 순으로 나타나 걷기와 달리기를 하는 인구층이 매우 두텁다는 것을 확인할 수 있다(〈표 4〉 참조).

〈표 4〉 여가활동 중 스포츠참여활동 (1년동안, 10세이상)

(N=3,000, 단위: %)

순위	활동내용	퍼센트	순위	활동내용	퍼센트
1	줄넘기	18.7	6	수영	12.9
2	축구	18.3	7	배드민턴	12.4
3	헬스(보디빌딩)	17.4	8	볼링	9.1
4	맨손체조	17.0	9	농구	9.0
5	마라톤/조깅/속보	16.8	10	인라인스케이트	8.4

자료: 문화관광부 한국문화관광정책연구원, 2006, 『2006 여가백서』, p.46.

---

11) 『2006 여가백서』에서 여가활동의 내용은 모두 6개의 분야에서 116개의 항목으로 조사되었다. 문화예술 관람활동(9개 항목), 문화예술 참여활동(9개 항목), 스포츠 참여활동(42개 항목), 스포츠 관람활동(2개 항목), 관광활동(18개 항목), 취미오락활동(24개 항목), 휴식활동(6개 항목), 기타 사회활동(7개 항목) 등이다(문화관광부 체육국, 2007).

걷기와 달리기를 즐기는 인구가 많아지면서 자연히 이와 관련한 동호회의 수도 증가한다. 2006년 현재 육상/조깅/마라톤 동호회는 1,404개로 기존에 있는 생활체육동호회 중에서 랭킹 15위를 차지하고 있으며, 회원수는 46,374명에 달한다(〈표 5〉 참조). 그런데 이 수치는 단지 등록된 동호회와 거기에 가입된 회원에 한정된 것으로 실제로는 더 많은 마라톤 동호회와 속칭 '달림이'들이 있을 것으로 추정된다. 왜냐하면 조깅과 마라톤은 혼자 하는 경우가 많기 때문이다.

〈표 5〉 종목별 생활체육동호인 현황

(2006.12월말 기준)

순위	종목	클럽수	회원수	순위	종목	클럽수	회원수
1	축구	13,972	464,085	11	생활체조	2,399	138,671
2	볼링	9,182	220,003	12	야구	2,114	48,025
3	테니스	6,917	219,928	13	배구	2,012	43,772
4	게이트볼	5,607	112,399	14	낚시	1,633	43,580
5	배드민턴	3,595	136,960	15	육상/조깅/마라톤	1,404	46,374
6	등산	3,348	166,380	16	에어로빅	1,315	60,867
7	족구	3,218	57,714	17	합기도	1,246	57,924
8	농구	2,651	35,842	18	단학기공/법륜궁	1,209	43,682
9	탁구	2,611	64,813	19	검도	1,184	2,701,736
10	태권도	2,502	150,803	20	수영	1,109	46,070

자료: 문화관광부 체육국, 2007, 『2006 체육백서』, pp.110-112에서 재구성.

3. 중년층과 마라톤

이 절에서는 〈마라톤 온라인〉에서 2001년부터 2008년에 걸쳐 자체 조사한 통계 자료와, 이 사이트를 통해 현재 마라톤을 실천하고 있는 사람들을 개방식 설문으로 조사하여 보다 더 구체적인 의미를 살펴보았다.

1) 마라톤 인구의 급성장

마라톤에 처음 입문하는 연령대를 볼 때 마라톤은 중년층이 즐기는 운동이라는 것을 알 수 있다. 2006년도에 조사한 〈마라톤 온라인〉의 결과에 의하면, 처음 달리기를 시작했을 때의 나이는 만41~45세가 27.9%로 가장 많고, 그다음이 만36~40세(25.7%), 만 46~50세(15.9%), 만31~35세(14.2%) 등의 순으로 나타난다.[12] 즉 30대 후반에서 50세까지가 69.5%를 차지한다. 마라톤 입문 자체가 이러한 연령층이 대다수를 차지한다고 볼 때 마라톤은 중년층이 즐기는 운동이라는 것을 확인할 수 있다.

선진국의 경우 마라톤 인구는 대체로 국민소득 1만 달러를 기점으로 급격히 증가한다고 한다. 일본의 경우에는 1970년대 후반에 일어난 조깅 붐을 시작으로 1980년대 후반에 들어와서 마라톤이 매우 유행한다. 우리의 경우에는 1990년대 후반부터 시작하여 2000년대 이후에 조깅과 마라톤을 즐기는 인구가 급증한다. 이에 따라 마라톤 대회가 우후죽순처럼 생기고, 마라톤 동호회 또한 크게 활성화된다. 〈마라톤 온라인〉에 의하면, 2002년 1월 당시까지 집계된 풀코스 마라톤 대회는 약 20개 정도였다. 그런데 2007년도에 오면 풀코스는 99개 대회가 개최되고, 나아가 100Km 울트라 마라톤 대회도 29개의 대회가 개최된다.

---

12) 〈마라톤 온라인〉에서는 2006년 6월에 "처음 달리기를 시작했을 때 여러분의 나이는?"이라는 질문을 던졌는데 3,645명이 응답을 했고, 본문에서 제시한 순위 그다음에는 만21세~30세(7.0%), 만51세~55세(5.4%), 만20세 이하(1.5%), 만56세~60세(1.3%), 만61세 이상(0.6%) 등의 순으로 나타난다.

국내 일반인 마라톤의 초창기라고 할 수 있는 2001년도에 국내 최대 규모를 자랑하는 마라톤 전문 사이트인 〈마라톤 온라인〉이 자체 조사한 바에 따르면, 당시에 이 전문 사이트를 애용하는 달림이들은 대체로 다음과 같은 인구학적 특성을 지니고 있었다. 접속자 연령층은 40대(41.9%)와 30대(36.7%)가 주축을 이루고,[13] 학력 수준은 대학교 졸업 이상이 79.2%였다.[14] 연 수입은 2천만 원~4천만 원이 56.5%로 가장 많았고 4천만 원 이상은 26.9%를 차지하였다.[15] 그리고 직업은 회사원(42.5%)과 공무원(20.9%)이 주축을 이루고 있었다.[16] 이러한 인구학적 특성을 통해 볼 때 마라톤은 중산층의 운동이라는 것을 확인할 수 있다.

2001년 당시 〈마라톤 온라인〉을 애용하는 사람들은 달리기를 시작한 지 2년 이하가 되는 사람들이 73.6%로 대부분이었으며,[17] 달리기 동호회에 가입한 사람은 45.2%였지만,[18] 주로 혼자 연습하는 사람이 81%로 대부분을 차지하였다.[19] 이들이 마라톤에 심취한 정도는 '달리기에 중독된 편이다'(21.6%)를 포함하여, 달리기를 좋아한다는 응답까지 합하면 95.0%에 이른다.[20]

그리고 이들이 달리기를 시작한 동기는 '자신에 도전해보기 위해서'가 37.3%로 가장 많고, '체중조절을 위해서'가 26.3%이고, '현재의 건강을 유

---

13) 〈마라톤 온라인〉, 2001년 조사.

14) 〈마라톤 온라인〉, 2001년 8월 조사.

15) 〈마라톤 온라인〉, 2001년 10월 조사.

16) 〈마라톤 온라인〉, 2001년 8월 조사.

17) 〈마라톤 온라인〉, 2001년 5월 조사.

18) 〈마라톤 온라인〉, 2001년 9월 조사.

19) 〈마라톤 온라인〉, 2001년 조사.

20) 〈마라톤 온라인〉, 2001년 6월 조사.

지하기 위해서'가 23.1%의 순으로 나타났다.[21] 체중조절도 건강과 관련된 다고 볼 때 마라톤을 하는 가장 큰 이유를 전체적으로 볼 때는 건강이 가장 큰 비중을 차지한다는 것을 알 수 있다. 이 점은 〈마라톤 온라인〉의 2004년 도의 또 다른 조사에서 확인된다. "여러분에게 있어 달리기의 즐거움이란?" 설문조사에서 '건강유지 및 증진'이 32%로 가장 많고, 그다음이 '자기자신 의 향상 및 도전'(23.6%), '목표를 향한 노력'(13.6%), 스트레스 해소(7.9%) 등의 순으로 나타난다.[22] 그러나 '자신에 대한 도전'이라는 이유가 상당한 비중을 차지한다는 것은 주목할 필요가 있다.

특정한 여가활동이 등장하고, 그것을 즐기는 인구층이 증가하는 데에는 여러 가지 이유가 있을 수 있다. 마라톤 인구가 증가하는 이유를 개방형으 로 설문조사 해 본 결과 여러 가지 중복된 응답이 있었지만 다음의 응답이 가장 잘 정리되고 압축된 것이었다.

> 분○ : "마라톤 인구가 느는 이유 중에 다른 운동과 겹치
> 는 이유를 제외한다면, 다음과 같은 이유가 있을 수 있다.
> ★마라톤의 주 연령층이 30대 후반~70대까지라는 전제하에
> 1. 중년부터 노년층에 이른 세대가 과거와 달리 경제적 여유
> 가 있는 층이 두터워짐에 따라 적극적이고 도전적이면서도
> 상대적으로 안전한 마라톤을 선택한다. 2. 개인화되어가는
> 현대 정서 속에서 남들과 갈등할 필요가 없는 방향으로 원한
> 다. 3. 상급자 수준이 아니라면 비교적 단순한 기술을 요하는
> 쪽으로 쏠린다. 4. 타 종목에 비해 비용이 조금 드는 것도 무

---

21) 〈마라톤 온라인〉, 2001년 조사.
22) 〈마라톤 온라인〉, 2004년 2월 조사.

시할 수 없다. 5. 비교적 짧은 기간과 적은 노력으로도 상대적으로 큰 성취감을 느낄 수 있는 종목이 달리기만 한 게 없다. 6. 선진국 문화를 직간접적으로 접하게 되면서 과거 세대와는 달리 중년 이후를 준비하게 되는데, 이때 역시 달리기 생활만큼 접근이 쉬운 것이 없다. 7. 기본적으로 달리기가 지니고 있는 매력을 늦게서야 깨닫고 기존에 해 오던 종목을 바꾸어 집중적으로 매달리는 경우도 많음. 8. 달리기가 동물의 기본적인 욕구라고 볼 때 다른 종목에 비해 남들이 뛰는 모습을 대하면 자기도 모르게 뛰고 싶게 만드는 효과도 무시 못함." [23]

이 중에서 우리는 몇 가지 부문에 주목할 필요가 있다. 다른 스포츠에 비해 저렴한 비용으로 별다른 훈련 없이 쉽게 입문할 수 있다는 것. 비교적 짧은 기간에 적은 노력으로 큰 성취감을 얻을 수 있다는 것. 중장년기에 능동적으로 도전할 수 있는 새로운 목표가 생긴다는 것.[24] 개인주의가 지배하는 현실에서 타인과 갈등하지 않고 즐길 수 있는 종목이라는 것 등으로 요약할 수 있다.

선택한 특정 여가활동에 부여하는 의미에는 다양한 스펙트럼이 존재한다. 단지 다른 무언가로의 관심거리 정도의 의미를 지니는 것에서부터 자기 자신을 정의하는 중심적 원천으로까지 다양한 의미를 지닐 수 있다. 2007년

---

23) 〈마라톤 온라인〉, 2008년 2월 14일 조사.
24) 진○○: "…… 마라톤은 희망을 가져다 준다. 왜냐하면 마라톤을 하다보면 나름대로 다양한 목표 중의 하나를 갖게 되고 그것은 자신에게 희망으로 돌아오기 때문이다. 희망을 갖게되면 행복하다. 희망이 없어 불행한, 불쌍한 사람들을 우리 주위에서 보아 오지 않았는가 ……."(〈마라톤 온라인〉, 2008년 2월 14일 조사)

〈마라톤 온라인〉에는 다음과 같은 설문조사가 있다. "2007년 여러분 달리기 생활의 화두(키워드)는?" 여기에 2,872명이 응답하였는데 '향상·발전·약진'이 30%로 가장 많았다. 그다음이 건강(24.6%), 즐김(12.6%), 모험·도전(8.7%), 마이페이스(8.3%), 노력(4.4%), 부활(3.9%), 상쾌·쾌조(3.5%), 현상유지·후퇴·휴식(2.2%), 시동·개시(0.6%), 기타(0.5%) 등의 순으로 나타났다.[25]

필자는 2008년도에 개방식으로 '마라톤 이후에 달라진 점'에 대해 질문을 던져보았다. 먼저 건강 상태가 좋아졌다는 응답이 많았는데, 이는 육체적 건강뿐만 아니라 정신적 건강도 포함된다는 점에 주목할 필요가 있다. 즉 체력 향상, 체중 감량, 부부관계 개선, 금주/금연 등 육체적인 것 외에도 긍정적인 정신상태 증가, 정신적인 여유 등이 있었다.

흠○ : "부부관계가 훨씬 좋아진다. 그 덕분에 연습시간을 조금 더 뺄 수 있다. 긍정적 정신상태를 유지할 수 있다. 목표를 향해 달려가는 것이 나의 정신건강에 엄청시리 좋은 영향을 준다. 즐겁다. 술자리는 거의 하지 않아 쓸데없는 말이 줄었다. 사람들과 맑은 정신으로 대화한다."

화○○ : "무엇보다 자신감과 긍정적인 생각인 것 같습니다. 직장에서의 각종 문제의 벽에 부딪히거나 일상생활 중 해결이 난망한 상황을 만났을 때 자신감 또는 해결할 수 있다는 긍정적인 생각이 증가하였습니다.……"[26]

---

25) 〈마라톤 온라인〉, 2007년 1월 조사.
26) 〈마라톤 온라인〉, 2008년 2월 16일 조사.

규칙적인 생활과 계획적인 생활이 되고[27] 일에도 더욱 자신감이 생기고 직장에 충실해지면서 더욱 적극적이고 사교적 삶을 살게 되면서 활력소가 생긴다는 응답이 있었다.[28] 인간관계의 폭이 줄어들어도 더욱 알찬 관계가 된다. 자신의 성격에 맞는 인간관계로 잘 정비 되고, 마라톤을 통해 만난 지인들을 인생의 동반자처럼 느낀다는 응답도 있었다. 이러한 응답은 마라톤이 자기 정체성을 이루는 경우로 가장 달리기에 심취한 상태라고 볼 수 있다.

> 수○○○ : "…… 인간관계를 겪어보면 반수 이상은 불필요하거나 귀찮지만 어쩔 수 없이 어울리게 되더군요. 말톤맨들은 대체로 개성이 강하고, 어영부영 얼렁뚱땅을 싫어하고, 이해관계에도 분명한걸 좋아하는 그런 성격이 많은 거 같데요. 그래서, 마라톤 해서 달라진 점이라기보다. 자신의 성격에 맞는 인간관계로 잘 정비 된다고 보지만 (내 개인적인 추측) 그동안 분별없이 마구 친했던 관계로부터는 다소의 비아냥도 있지 않나 싶습니다."

---

27) 화○○ : "…… 계획적인 생활이 된다는 것입니다. 대회를 보통 한달에 2~3개는 참석하다 보니 3~4개월 후의 날짜와 요일은 흔히 꿰뚫고 있으며 (심지어 직장에서 3~4개월 후의 날짜를 얘기할때 요일을 바로 맞춰버리는 일이 자주 발생합니다.) 가정 행사와의 중복을 예방하고자 2~3개월 전부터 각종 행사(결혼식, 부모님 생일, 가족여행 등)를 충분한 시간을 가지고 예약하고 진행하니 행사를 잊어버리는 문제를 가지고 마찰이 크게 줄었습니다."(《마라톤 온라인》, 2008년 2월 16일 조사)

28) 늘○○ : "…… 매사에 적극적으로 대처하게 되고 일에 있어서도 자신감이 붙더군요. 개인적으로 술자리는 거의 마다않고(단, 풀코스 대회를 앞두고는 자제를 하는 편입니다)물론 대부분의 술자리가 달리기 하시는 분들과 함께고요.…… "(《마라톤 온라인》, 2008년 2월 16일 조사)

늘○○ : "성격이 활달한 편이기는 하나 달리기를 시작하고
는 더욱더 사교적이 되었습니다. 더구나 동호회 활동을 하면
서 지인들이 많이 생겼지요. 이제는 그 지인들이 인생의 동
반자처럼 느껴지고요.…… "[29]

브랜덴버그(Brandenburg)의 연구에 의하면, 특정한 여가활동에 참여하
는 데 필요한 조건은 다음과 같은 네 가지 정도이다(Brandenburg, 1982).
첫째 지리적인 접근과 교통편의성, 신체능력, 재정과 시간의 여유, 자원의
접근성, 생활상황의 변화 등의 기회가 있어야 한다. 둘째 특정 여가활동에
대해 흥미를 자극할 수 있는 어느 정도의 지식이 있어야 한다. 셋째 특정한
여가활동을 실천할 수 있는 사회적 환경과 가족과 친구 등 당사자와 관련된
주변 인물들의 승인이 있어야 한다. 넷째 새로운 경험을 자진해서 바라는
수용적 태도를 지녀야 한다. 마라톤의 경우도 이와 같은 조건을 충족시켜야
가능하다.

즉 우리나라에서 마라톤 인구가 증가한 배경에는 국민소득의 증가로 인
해 1980년대와 1990년대부터 확산된 중산층 의식의 보편화, 인터넷의 발
달로 마라톤에 대한 전문 지식 획득의 용이성, 건강에 대한 사회적 관심의
증대 등이 있었다고 볼 수 있다. 그러나 무엇보다 네 번째 요인, 즉 새로운
경험을 추구하는 자기 자신의 태도가 중요하다고 볼 수 있다. 이 점에 대해
서는 뒤에 가서 다시 살펴보기로 하자.

---

29) 〈마라톤 온라인〉, 2008년 2월 16일 조사.

2) 마라톤 실천의 유형: 즐달과 기록달[30]

브라이언트(Hobson Bryant)의 연구에 의하면 사람들은 여가활동을 하는데 몇 개의 전문화 단계를 거친다(Bryant, 1979).[31] 첫 번째 초보자의 단계에서는 어떤 여가활동을 선택하지만 몰입도와 참여도는 낮고 그 활동에 그렇게 큰 의미를 부여하지 않는 단계이다. 두 번째 단계는 특정한 여가활동에 몰입하면서 전문적인 지식을 습득하고 훈련하여 기술적 능력을 배양하는 것이다. 세 번째 단계는 특정 여가활동 그 자체를 좋아해서 그 활동을 중심으로 자신의 정체성을 이루어 나가는 것이다. 이러한 단계가 있다고 해서 모든 사람이 이 각각의 단계를 거치는 것은 아니다. 어떤 사람은 특정한 여가활동에 오랜 기간 참여를 했더라도 전문화되기를 바라지 않는 경우도 있다.

마라톤을 즐기는 경우에도 이와 유사한 과정을 거치게 된다. 먼저 초보자의 단계에서는 시간을 내거나 여유가 생기면 단순한 차림새로 인근에 있는 운동장이나 한적한 도로, 공원 등을 가볍게 달리며 연습한다. 그러나 점점 흥미를 느끼고 몰입해감에 따라 두 번째 단계로 접어든다. 즉 마라톤에 대한 전문지식을 추구하게 되고 전문적인 장비를 구비하며, 연습방식도 체계화된다. 이를 효율적으로 하기 위해 인터넷을 통해 자료를 수집하기도 하고 마라톤 동호회에도 가입한다. 연습장소도 인근 지역을 벗어나 좀 더 쾌적하고 훈련을 극대화할 수 있는 장소를 찾아 나서게 된다. 세 번째 단계로 접어들면 마라톤 자체가 생활의 중요한 중심축이 되고 인간관계도 마라톤 애호

---

30) '즐달(fun run)'은 달리기 자체를 즐기는 것이고, '기록달'은 기록을 중심으로 달리는 경우를 말한다.
31) 갓비(2005)의 150-151쪽에서 재인용.

가들을 중심으로 짜여지며, 기록을 매우 중시하는 달림이들이 많아진다.

이러한 단계를 단순화시켜 보면 두 가지 유형의 달림이가 형성된다고 볼 수 있다. '즐달중시파'와 '기록중심파'라는 유형의 달림이가 그것이다.[32] 즐달중시파는 기록보다는 달리는 것 자체에 매력을 느끼는 경우이고, 기록중심파는 기록 향상에 더 많은 비중을 두는 경우이다. 물론 이 두 가지 유형이 엄격하게 구분되는 것은 아니다. 단지 분석적 차원에서만 구분될 뿐이고 실제로는 이 두 가지 유형이 혼재한다. 즐달중시파에서 기록중심파로 변할 수도 있고,[33] 그 반대의 경우도 있다.[34] 또한 참가하는 마라톤 대회에 따라 즐달과 기록달을 다르게 적용하는 경우도 많다. 예컨대 자기가 마음에 두고 있는 특정 대회에서는 기록을 중시하고, 그 나머지 대회에서는 즐달로 참가하는 경우이다.[35] 이와 같이 즐달중시와 기록중심은 마라톤 경력에 따라 달라질 수 있고, 한 개인의 마음먹기에 따라 달라질 수도 있다. 그런데 이 두 가지 유형은 가끔 마찰을 일으키는 경우가 있어서 좀 더 자세히 살펴볼 필요가 있다. 특히 마라톤 동호회를 운영해 갈 때 조직 내부의 갈등으로까지 비화하기도 한다.

---

32) 즐달중심파와 기록중심파 외에도 다른 유형이 있을 수 있다. 예컨대 기록중심도 아니고 즐겁게 달리는 것도 아니면서 단지 체중감량을 위해 고통을 감수하며 달리는 경우도 있다. 다○○○: "달리는 것에 즐거움을 갖는 것도 아니고 기록을 낼 만한 실력도 없이 그저 건강을 위해 달리는 "건강달"도 있습니다."(《마라톤 온라인》, 2008년 2월 17일 조사)

33) 착○○○: "사실 저도 즐달파이긴 한데, 달리면 달릴수록.... 기록에 욕심이 나던데요. -.,-;;."(《마라톤 온라인》, 2008년 2월 17일 조사)

34) 수○○○: "처음엔 대체로 기록 쪽으로 가다가, 자신의 기록한계를 파악한 후부터는 즐달로 가는 것 같데요. 보통 주력이 5년 이상이고, 풀코스 30회 이상인 분들을 보니, 그날 입상 목표가 아니면, 그냥 즐달 합디다. 그분들 자봉도 좋아하고, 아주 늦은 페메도 기꺼이 하데요."(《마라톤 온라인》, 2008년 2월 17일 조사)

35) S○○○: "저도 일 년에 13번의 풀코스와 4~5번의 하프코스를 달리는데 그중에 동아,춘천,중앙은 기록도전이고 다른 대회는 즐런합니다 페메도하구요."(《마라톤 온라인》, 2008년 2월 17일 조사)

일반적인 조직의 생애주기와 마찬가지로 마라톤 동호회도 대체로 다음과 같은 과정을 거친다. 첫째, 창립기 단계에서는 전체 구성원들의 열정과 관심, 참여도가 매우 높다. 특히 집행부의 뜨거운 헌신에 의해 모임의 터전이 활성화된다. 둘째, 성장기에는 조직기구가 확대되면서 조직 내부에 분화 현상이 생긴다.[36]

특히 기록중심주의파와 즐달파와의 갈등이 부각되고 분파가 형성된다. 셋째, 과도기 및 쇠퇴기의 단계로 끼리끼리 모임이 확대되고, 개인적으로 혼자 연습하는 달림이들이 확대되면서 전체 조직의 위기가 도래한다.

> 다○○○○○ : "다른 동호회도 다 그래요~ ㅋㅋ 전 취미가 다양해서 동호회 여러 군데 활동하는데, 분야가 다 달라도 저 라이프 사이클은 또옥~같더라구요. 지금 하나는 ②성장기, 다른 하나는 ③쇠퇴기 거쳐 다시 ①창립기네요. ㅋㅋ 저희 동호회 경우는 집행부 갈등 때문이었습니다. 개인적인 반목을 동호회 전체로 확대시켜서... 회원들을 서로 자기 편으로 끌어모으기 시작하면서 모임이 반으로 쩌억~ 갈라졌죠. -_-; 저는 그게 지겨워서 혼자 하는 운동을 택하다보니 마라톤까지 오게 됐어요. *^^*"

---

36) 디○○ : "꼭 맞습니다 지금 우리클럽이 이지경이 됐습니다 첨에는 단합 그자체뿐이어습니다." 중○ : "저도 동호회 활동을 몇년째 하고 있는데 오랜 경험이 있어 보입니다. 동호회가 계속 유지될려면 집행부의 헌신적인 봉사가 절대적이라 오래 유지하기가 참 힘든것 같습니다. 큰 동호회는 잘 나가다가도 선거거도 한번 치루고 나면 위태위태 하는 경우도 있고 정말 큰 동호회를 오래도록 유지하는 그런분들은 존경받아 마땅...."(《마라톤 온라인》, 2008년 2월 16일 조사)

우리 : "동호회를 두고 하는 말 같아 얼굴이 홧근거립니다. 실은 몇 번의 내홍을 겪어 심각한 해체의 위기도 있었습니다. (기록중심주의와 즐달과의 갈등 -> 분파형성) 요거이 좀 심각한 편이지요. "끼리끼리 모임의 확대" 요기까정 왔습니다. 그래도 다수의 정중동파가 대세를 장악해서리 당분간은 태평성대(?)를 유지할 것도 같습니다. 우린 좀 띈다는 놈들이 하도 설쳐대는게 문제랍니다. 즈들끼리도 티격태격하고... 한심스런 인간들하고는 쯔쯔쯔..."[37]

스콧(D. Scott)와 갓비(J. Godbey)의 연구에 의하면 여가활동을 하는 데에는 두 가지 유형의 경기자가 있다(Scott, D. and Godbey, 1992).[38] 그들은 당구 게임 경기자를 분석하여 사교적 경기자(social players)와 진지한 경기자(serious players)로 구분하여 제시한다. 사교적 경기자는 다른 사람들과 어울리거나 친하게 지내는 것을 게임에 대한 지식이나 능력보다 더 중요하다고 여긴다. 술과 대화, 다과 등은 중요한 요소이다. 진지한 경기자는 특정 여가활동에 대한 지식과 경기 능력이 중요하다고 생각한다. 최소한의 교제와 불필요한 대화조차도 경기 중에는 허용되어서는 안 된다고 생각한다.

마라톤의 경우에도 이러한 두 가지 유형의 적용이 가능하다. 즉 즐달중시파는 비교적 사교를 중시하고 달리고 난 이후의 회식 자리를 좋아하며 다양한 대화를 즐기는 경향이 있다. 반면에 기록중시파는 사교보다는 마라톤에

---

37) 〈마라톤 온라인〉, 2008년 2월 16일 조사.
38) 갓비(2005)의 151쪽에서 재인용.

대한 전문 지식이나 정보가 중요한 화젯거리이고 기록에 대한 자긍심이 크며 자기만족도가 높다. 이러한 차이가 마라톤 동호회가 운영되는 과정에서 갈등의 불씨를 지피는 요인으로도 작용한 것으로 볼 수 있다.

4. 마라톤의 사회학적 함의

이재희는 우리나라에서 마라톤 인구가 급증한 원인으로 다음과 같은 다섯 가지를 들고 있다. 첫째, 가장 큰 요인은 소비사회가 대중들에게 건강한 신체를 끊임없이 신화화시키기 때문이다. 둘째, TV나 인터넷 등 다양한 미디어가 제공하는 심도 있는 정보 및 서비스가 마라톤 열풍을 뒷받침하는 역할을 했다. 셋째, 비록 IMF가 있었지만 경제적 안정이 마라톤 붐의 원인이다.[39] 넷째, 개인의 취향, 일종의 여가생활의 한 양식으로 마라톤이 대중화되었다. 다섯째, 마라톤이 주는 마케팅 효과는 기업 홍보와 마라톤 산업의 재생산뿐만 아니라 지역 홍보에도 크게 활용되었다(이재희, 2005: 279-283).

이와 같은 이재희의 분석은 나름대로 타당성이 있다. 그러나 이러한 다섯 가지 요인만으로는 마라톤이 함축하고 있는 의미를 추출하기가 미흡하다. 따라서 마라톤 인구가 증가하는 이유를 앞 절에서 논의한 자료와 필자의 체험을 바탕으로 보다 심도 있게 분석해보고자 한다.

---

39) 경제 전문가에 의하면 1인당 국민소득이 5천 달러일 때 마라톤에 대한 일반인의 관심이 일기 시작해서 1만 달러 때 마라톤 인구가 크게 증가하고, 1만 5천 달러에 달하면 전 국민의 5% 정도가 마라톤 인구로 자리 잡는다고 한다(러너스 편집부, 2001). 우리나라에서는 1989년에 1인당 국민소득(GNI)이 5천 달러를 넘어서고, 1995년에 1만 달러를 넘어서서 경제적 조건에서 볼 때 마라톤 인구가 증가할 수 있는 토대가 마련되었다고 볼 수 있다.

1) 중년층의 라이프사이클과 마라톤

중년기는 대략 40세부터 은퇴하는 시기까지를 의미한다. 이 시기는 생산성과 능력이 향상되고 사회적 경험이 성숙되어 개인적 성취나 경제적·사회적 보상이 기대되는 시기이기도 하다. 그렇지만 사춘기로 접어들면서 왕성한 육체적 발육을 경험한 이후 약화되는 신체적 변화를 경험하는 시기이기도 하다. 남성의 경우 테스토스테론이 감소하고, 여성의 경우에는 에스트로겐이 감소함으로써 갱년기로 접어든다. 중년기 여성들은 외모의 변화에 민감한 반면 중년기 남성들은 건강과 성적 능력에 대해 민감하다.

또한 심리적으로도 중년기에는 많은 변화를 경험한다. 자녀들은 성장해서 부모의 품을 떠나고, 동료나 부모의 죽음을 가까이 경험함으로 인해 지나간 삶을 되돌아보는 시기이기 때문이다. 따라서 중년기는 한편으로는 '인생의 황금기'라는 측면과, 다른 한편으로는 '중년의 위기'라는 양면적 성격을 지니고 있다.

앞에서 살펴본 바와 같이 마라톤을 주로 즐기는 연령층은 중년층이다. 이 연령층은 육체적인 변화를 경험하면서 건강도 생각하지만 무엇보다 저물어 가는 인생의 황혼기를 맞이하여 삶을 성찰하게 된다. 삶의 방식에서 새로운 도전을 하기에는 너무 나이가 들었고, 그렇다고 기존의 삶에 그리 만족하는 것도 아니다. 더욱이 고도성장의 주역이었던 중장년층이 제대로 된 여가향유능력을 갖추기에는 시대적 상황이 뒷받침해 주지 못했다. 이러한 배경으로 인해 별다른 훈련이 필요 없고, 저렴한 비용으로 쉽게 접근할 수 있는 마라톤이 친화성을 가지게 된다.

더욱이 일의 영역에서 가치 있는 삶, 창조적인 삶을 추구하기 힘든 현실에서 마라톤은 육체의 재발견을 선사한다. 즉 일에 찌들었던 자신의 삶에서 어느 날 갑자기 자기 자신의 육체에 내재되어 있는 잠재된 능력을 새삼스럽게 발견하고 나날이 향상되는 기록 속에 나르시시즘적 쾌락을 만끽하게 해 준다. 마라톤은 끊임없이 새로운 도전을 할 수 있고 새로운 목표를 설정할 수 있다는 강점이 있기 때문이다. 그리고 외부의 대상이 아니라 '자기 자신에 대한 도전'이라는 내재적 목표를 설정할 수 있게 해준다. 물론 마라톤의 활성화가 중년층이라는 연령 변수 때문만은 아니다. 건강과 육체에 대한 관심의 증가라는 시대적 요구와도 그 맥을 같이 한다는 것은 기본적인 사실이다.[40]

한편 앞에서 논의한 즐달과 기록달의 의미도 다시 한번 짚어볼 필요가 있다. 사실 어떤 의미에서 즐달과 기록달은 상호 보완적인 관계에 있다. 기록과 관계없이 단지 뛰기만 하면 재미가 없어진다.[41] 다이어트를 위해 체중을 줄이는 경우에도 체중계의 수치가 떨어지는 것을 보고 희열을 느끼듯이 달림도 지속하다 보면 자연스럽게 그 기록이라는 수치에 관심이 가게 마련이다. 스톱워치를 보고 랩타임을 재면서 조금씩 향상되는 기록에 점차 희열을 느끼게 되는 것은 당연한 일이다. 특히 공식적인 대회에 참여하여 비록 조그마한 종이 한 장이지만 향상된 기록증을 보면 더할 수 없는 즐거움에 빠져든다.

인간의 욕구와 필요는 고정된 것이 아니라 변증법적 과정을 거치면서 변

---

40) 몸에 대한 관심은 건강강박증이나 성형중독이라는 부정적 현상을 불러일으킬 정도로 보편화 되어 있다. 마라톤도 웰빙 열풍과 슬로우 라이프 운동과 같이 몸과 건강에 대한 관심사의 증대라는 시대적 소산의 산물이다.

41) ㅋ○: "건강엔 즐달이 좋지요. 다만 나태해지지 않기 위해 기록을 염두에 둡니다. 주변 분을 보면..일정 주기로 왔다갔다 하는 것 같습니다."(《마라톤 온라인》, 2008년 2월 17일 조사)
베○○: "즐달하면.. 출발할 때 긴장감, 골인 후 감격.. 이런 게 없어 완주에 대한 별 의미가 없더군요.. 진정한 즐달은 기록 신경 안 쓰며 후반부에 힘들면 걷는 것이 아니라 오히려 후반부에 페이스을 끌어올려 신나고 힘찬 주법이 나올 때의 그 희열감이 아닐까 생각합니다."(《마라톤 온라인》, 2008년 2월 17일 조사)

화한다. 르페브르는 "어떤 의미에서 볼 때 역사 전체는 필요의 성장과 발전에 의해 특징지어질 수 있다"고 말한다(르페브르, 1988: 39). 다시 말해 기존의 욕구와 새로운 필요는 끊임없는 변증법적 과정을 거치면서 진화한다. 즉 새로운 목표가 달성되면 자연필연의 영역으로 포섭되고, 새로운 필요가 생긴다. 마라톤을 즐기는 사람들의 경우에도 끊임없이 새로운 기록에 대한 유혹을 받는다. 이렇게 새로운 도전 목표가 있다는 점은 변화에 대한 가능성이 줄어든 중년층에게는 매력적인 요소이다. 그리고 현대문명이 가지고 있는 특성 중의 하나가 나르시시즘이라고 할 때, 마라톤 또한 외부 환경에 크게 의존하지 않고 자기만족을 추구할 수 있다는 점이 중년층이라는 생활주기와 친화성을 가지게 한다.

2) 마라톤과 새로운 자기체험

여가 경험 중 최상은 아마 자아 확장(ego-expansion)이나 영적 만족의 체험일 것이다. 이러한 경험은 과학기술이 발전하지 못했던 전 근대사회에서는 종교적 체험을 통해 가능했다. 물론 현대사회에서도 종교를 통한 영적 체험이 가능하지만 예전에 비해서는 몰입도가 떨어진다. 이러한 현상은 근대 과학기술의 발전과 산업화의 과정이 세속화의 경향을 가속화시킨 데 일차적으로 기인한다.

여가학자들은 종교 이외에도 영적 체험은 다음과 같은 여가활동을 통해서도 가능하다고 주장한다. 대표적인 것으로 '오지에서 야영하기', 식물재배, 조깅 등을 꼽는다(갓비, 2005: 247). 레오폴드는 오지 야영과 야외 레크리에이션 활동을 통해 다음과 같은 것을 얻을 수 있다고 한다.

"자연적 과정에 대한 인식, 즉 대지와 그 위에 존재하는 생명체들이 진화에 의해 자연적으로 그들 특유의 모습을 갖추고 생태학적 존재를 유지한다는 것을 알게 된다."(Leopold, 1949: 19)

또한 종교적 체험과 유사한 여가활동으로 조깅과 마라톤을 꼽을 수 있다. 갓비는 조깅하는 사람들에 대한 설문조사에서 응답자의 절반 이상이 달리는 동안 영적으로 고양되는 느낌을 받는다고 하면서, 달리기는 그 자체가 기도나 고백만큼 순수해지는 것을 지향한다고 한다. 이러한 맥락에서 그는 다음과 같은 말을 인용한다.

"달리기 전문가인 쉬한은 달리는 사람의 영성적 경험은 그가 말하는 달리기의 '초월단계'에서 일어난다고 한다. 쉬한(Sheehan, 1979)에 따르면 이러한 단계는 종종 달리기 시작한지 30분이 지나면서 '명상이 관상(觀賞) 상태가 될 때' 나타난다고 한다. 그때에 측정할 수 있는 것은 오로지 '신성한 존재에 대한 자각'이라는 것이다. 조깅하는 사람들에게 달리기는 정상적 자아를 보다 깊은 초자아 공간으로 데려가는 신비적 경험이 될 수 있다. 그 초자아를 경험하는 러너에게 삶은 신성한 존재와의 만남을 재현하는 장이 된다."(갓비, 2005: 247-248)

'러너즈 하이(runners high)'라는 현상에서 찾아볼 수 있듯이 사실 달리기를 지속적으로 해 본 사람은 어느 정도 달리고 나면 거의 무아지경으로 빠져드는 쾌감을 맛볼 수 있다. 달림이라는 단순 반복적 동작 속에 육체적 피로에 대한 반응으로 엔도르핀(endorphin)의 분비가 증가하면서 육체적 고통은 사라지고 자신도 모르게 점점 달리는 속도가 빨라진다. 이때 페이스 조절에 실패할 경우 중간에 달리기를 포기하거나 매우 고생을 하게 된다는 것은 주지의 사실이다.

그러나 이러한 육체적 반응 속에 정신적인 반응도 수반된다는 사실에 주목할 필요가 있다. 즉 육체적 피로에 따른 엔도르핀의 분비라는 신체적인 반응 외에도 복잡했던 머릿속의 사고가 단순화되는 것이다. 이러한 상태가 어떤 의미에서는 세속적인 자아의 범주를 초월하여 초자아를 경험하는 상태로 연결될 수 있다. 무수한 현실적 욕망과 이해관계는 단순성의 논리에 포섭되고 새로운 자기를 체험하는 계기가 되는 것이다. 즉 자기 성찰이 일어나고 자아 확장이 된다. 이러한 매력이 (무한)경쟁주의, 업적주의, 성취주의라는 공리주의 문화가 지배하는 우리나라의 현실에서 마라톤에 심취하는 인구 층이 두터워지는 토대를 형성할 수가 있다.

3) 금욕적 귀족주의의 속성

부르디외는 특정한 스포츠를 선택하게 되는 이유는 그 활동이 가져오리라고 예상되는 이익에 대한 지각이나 평가의 차이와 함께, 경제적, 문화적, 신체적 비용상의 차이(위험이 큰가 작은가, 체력의 소모가 심한가 그렇지 않은가 등)에서 발생한다고 본다. 이러한 맥락에서 특정한 스포츠를 실천할 수 있는 가능성은 경제자본과 문화자본 그리고 자유 시간에 따른 한계와 함께 아비투스의 성향, 더 정확히 말해, 그 아비투스의 한 차원인 신체 자체와의 관계라는 측면에서 각각의 실천의 내재적, 외재적 이익이나 비용을 어떻게 지각하고 평가하느냐에 달려 있다(부르디외, 1995: 341-342).

이러한 맥락에서 부르디외는 조깅이나 마라톤 같은 스포츠 활동은 전형적인 중산층의 운동으로 본다. 그는 중산층 중에서도 문화자본이 가장 풍부한 분파나 지배계급의 다양한 성향과 매우 친화력이 있는 관계를 맺고 있다고 파악한다. 그 이유에 대한 설명은 주목할 필요가 있다.

> "지위가 상승 중인 개인들, 즉 노력 자체만으로도 만족할 수 있으며 현재의 희생을 통해 약속되는 장래의 만족을 마치 현금처럼 받아들일 수 있는 사람들의 금욕주의적 성향 속에서 이러한 활동을 실천할 수 있는 조건을 찾을 수 있는 것은 얼마든지 납득할 만하다. 그 밖에도 이런 스포츠 활동은 타인에 대해 어느 정도 의식적으로 최대한의 거리를 두려고 하는 의도를 갖고, 정해진 시간과 장소에 구애받지 않고서 홀로 고독 속에서 행할 수 있고(예를 들어 숲속의 외딴 길을 따라 조깅하는 것 같은), 경쟁이나 경주 등의 요소를 일체 배제하기 때문에(이것이 경주와 조깅의 차이 중의 하나이다), 지배계급 내의 피지배 분파의 금욕적 귀족주의를 규정하는 무수한 윤리적-미학적 선택 속에 자연스럽게 자리잡는다."(부르디외, 1995: 344-345)

우리는 '금욕적 귀족주의'라는 개념에 주목하고자 한다. 사실 조깅과 마라톤은 혼자 하는 운동이고 자신과의 싸움이기 때문에 다른 사람의 영향을 별로 받지 않는다. 반면에 상대방과 같이하는 게임, 예컨대 테니스와 골프 같은 경우는 상대의 매너나 승부에 따라 마음의 상처를 입기도 하고 갈등 관계에 놓이기도 한다.

그런데 조깅이나 마라톤은 자존심이 상하지 않고, 또 '품위 있는' 인격을 손상하지 않고도 즐길 수 있는 운동이다. 앞서 살펴보았듯이 "개인주의가 지배하는 현실에서 타인과 갈등하지 않고 즐길 수 있는 종목이다"라는 응답이 있었듯이 복잡한 경쟁관계로 얽혀 있는 현실을 잊고, 운동 과정에서도 타인의 영향이 최소화된다는 점이 마라톤의 강점이다. 물론 스포츠를 하는 행위자들은 각자의 아비투스의 지각도식과 평가도식을 통해 대상을 파악하므로, 마라톤을 하는 사람들이 전부 자신의 실천에 대해 같은 의미를 부여한다거나, 또는 동일한 실천을 행하는 것은 아니다. 그럼에도 마라톤을 즐기는 이유 중의 하나로 '금욕적 귀족주의'라는 속성과 연관된다는 점은 인정될 수 있다.

4) 신부족주의

개인주의가 발달한 현대 사회에서 고독과 외로움이라는 현대병은 새로운 공동체를 추구하게 만들고, 이는 필연적으로 정서적 공감대를 공유할 수 있는 각종 클럽 활동과 계모임 같은 것을 더욱 확산시킨다. 이러한 현상에 대해 프랑스의 사회학자 미셸 마페졸리는 '신부족주의(neo-tribalism)'라는 개념으로 표현한다.[42] 부족적인 집단화는 그들 소수의 가치에 기초해서 응집한다. 끊임없이 서로 끌어당기고, 부딪히면서 집단으로 형성되지만, 그 경

---

42) 마페졸리의 신부족주의에 관한 자세한 내용은 Rojek(1995)의 151-152쪽, 김무경(2007)의 155-170쪽을 참조하라.

계는 매우 모호하고 유동적이다. 여기에 해당하는 예는 우리가 살펴본 마라톤 동호회나 붉은 악마, 예술축제, 콘서트, 야구장, 극장 등과 같이 정감적인 공동체 속에서 사람들이 일시적으로 응집하는 것을 들 수 있다. 여기에서 소비자들은 본질적으로 유랑하는 존재이면서도 부족적인 공감대를 인식한다. 신부족은 단지 일시적인 정서적 공동체를 이루기 때문에 매력적이다.

특히 마라톤은 많은 땀과 인내력을 요구하기 때문에 복잡한 이성적 계산 없이 감성적으로 쉽게 동질감을 형성할 수 있는 조건을 갖추고 있다. 현대 사회가 주로 이해타산을 중심으로 만남이 이루어지는 이익사회라는 점을 감안할 때 손쉽게 따뜻한 정서적 동질감을 형성할 수 있다는 것은 마라톤이 가지고 있는 강점이다. 또한 마라톤은 개개인 모두가 축제에 동참하는 주인공이 될 수 있다. 이는 대부분의 현대 축제가 스펙터클화 되어 관람자의 입장에서 구경하는 것에 그치는 경우가 많다는 점을 감안할 때 주체적인 참여가 가능하다는 점에서 독특한 매력이 있다.

그리고 마라톤은 혼자 연습하면서 즐길 수 있다는 이점이 있다. 이 점은 꽉 짜인 시간계획표에 따라 바쁘게 살아가는 현대인에게 여가동반자 문제를 해소시켜 준다. 즉 서로 약속 시간을 정하는 것 자체가 어려운 현실에서 자기 혼자 개인적 특성을 자유롭게 발현할 수 있다는 장점이 있다. 이러한 특성들 때문에 마라톤 동호회는 비교적 가입과 탈퇴가 자유롭고 다소 차이는 있지만 느슨한 조직으로 운영된다. 동호회 조직구조 역시 기존의 조직과 같이 회장단을 비롯한 지도부가 있지만, 이들은 단지 조직의 효율적 운영을 위해 일하는 실무자의 성격을 가질 뿐, 대부분의 중요한 활동들은 조직 구성원들의 의견을 모아 이루어진다. 주로 마라톤 대회를 중심으로 강한 에피소드적 만남이 있고 동질적인 연대감을 형성한다.

마라톤 동호회는 마페졸리가 말하는 신부족의 전형을 드러낸다. 마라톤 동호회는 비교적 짧은 시간에 회원들 간에 유대감이 돈독해진다. 이러한 점들은 탈권위와 탈중심을 지향하는 신부족의 특성을 잘 드러낸다. 그런데 이러한 신부족의 특성은 마라톤 동호회에만 국한되는 것이 아니다. 인터넷을 통해 자기의 관심과 취미에 따라 이루어지는 많은 동호회들도 이와 유사한 경향을 보이고 있다. 신부족주의는 어떤 의미에서는 현대사회에서 새로운 공동체의 출발점을 알려준다는 의미를 지니고 있다.

5. 마라톤의 함정

오늘날은 예전에 통용되었던 진선미(眞善美)라는 순차적인 위계서열이 붕괴되는 시대이다. 절대적인 것이라고 주창되어 왔던 진리와 허위에 대한 기준, 선과 악에 대한 기준은 이미 사라지고 상대적인 가치가 확산되는 시대이다. 절대적 가치에 기반한 신념은 역사적으로 무수한 피를 흘리는 이데올로기로 작동했고, 절대 진리와 절대 선이라는 신화는 이미 깨어진 지 오래이다. 이러한 맥락에서 이 시대에는 오히려 미학적 가치가 각광을 받는다. 이러한 현상들을 놓고 많은 학자는 오늘날의 사회를 포스트모던 사회라고 이름 붙이기도 한다.

미학적 가치는 육체의 재발견에도 적용된다. 이것이 서구의 경우에는 이미 르네상스를 통해 이루어진 적이 있지만 현대사회에서는 에어로빅과 헬스를 통해 또 다른 의미를 지니게 된다. 더욱이 우리나라에서는 고도성장의 그늘 아래 혹사되었던 육체가 새로이 발견된다는 것은 필연적인 역사적 과정이다. 이 육체가 제대로 된 여가향유능력을 갖추기에는 현실적 한계가 있었고, 80년대 이래 확산된 찬란한 밤 문화와 음주가무는 한 때 나름대로 삶의 리듬을 유지해주는 균형추 역할을 했다.

그러나 삶의 행로에서 새롭게 눈을 뜨는 계기를 맞는 중년의 시기에 마라톤은 또 다른 의미를 부여한다. 가치 있고 의미 있는 일을 찾기가 쉽지 않고, 매너리즘에 빠져 무력해지기 쉬운 중년층에게 마라톤은 자기 육체를 통해 새로운 도전과 새로운 의미를 추구할 수 있는 장으로 등장하기 때문이다. 또한 소모적인 상업적 여가문화를 탈피하여 주체적으로 삶의 의미를 추구할 수 있는 길이 마라톤에는 열려 있기 때문이다. 게다가 여가동반자에 대한 부담도 없고, 다른 사람과의 경쟁에서 오는 피곤도 덜면서 자족적 차원에서 '축제적 환희'를 맛볼 수 있는 이점이 있기 때문이다.

그런데 여기서 파생하는 문제도 있다. 마라톤을 즐기는 달림이들에게 내포된 개인적 의미 추구가 자칫 나르시시즘적인 소시민적 사생활주의로 귀착되어 공적인 문제에 소홀해질 수 있다는 점이다. 물론 이러한 점은 현대 민주주의 사회에 모두 포괄적으로 적용될 수 있는 문제점이다. 하지만 마라톤에 심취하면서 공공의 문제에 둔감해질 수 있다는 점은 지적될 필요가 있다. 아무튼 이 시대는 사적인 이해를 추구하면서도 공적인 문제에 민감한 인간형이 요구되는 시대이다. 이러한 점이 마라톤에 심취한 달림이들에게 어떻게 나타날지 관심을 기울일 필요가 있다.

그리고 이 연구는 주로 마라톤 인구의 증가라는 측면에 초점을 맞추어 논의하였기 때문에 마라톤이 지니고 있는 장점이 부각된 면이 없지 않다. 그러나 마라톤 중독으로 인한 폐해도 있을 수 있다는 점을 감안할 때 앞으로의 연구는 보다 다양한 차원에서 종합적으로 연구될 필요가 있다. 특히 마라톤 경력에 따른 일상생활의 변화가 새로운 연구과제로 던져진다.

제8장

술집: 기성세대의 가라오케에서
신세대 술집까지

제8장
술집: 기성세대의 가라오케에서 신세대 술집까지 [1]

1. 밤의 세계

술집이 인간의 삶에서 지니는 의미는 매우 크다. 그 공간은 일상적인 일에서 벗어나 휴식을 취하는 쉼터이자 놀이터이며, 인간관계의 교류가 펼쳐지는 장소이다. 또한 이곳은 낮의 문화가 아닌 밤의 문화가 펼쳐지는 장소이기도 하다. 낮의 공식적인 세계에서 이루어지지 못하는 각종 거래가 이루어지기도 하고, 이성의 그늘에 가리어졌던 억압된 감성이 분출되는 곳이기도 하다.

인간 삶의 총체성이 낮뿐만 아니라 밤과의 조화 속에서 이루어진다고 할 것 같으면 술집에 대한 조명은 그 중요성에 비해 너무나 학문적으로 주목받지 못했다. 이것은 비단 술집에 대한 문제에 국한되는 것은 아니다. 공식적인 용돈이 있다면 몰래 숨겨둔 비자금도 있고, 공식적인 수입이 있다면 뒷거래에 의해 이루어지는 수입도 있으며, 지상 경제가 있으면 지하 경제도

---

1) 이 장은 2012년 한국민속학회의 논문집 『한국민속학』 제57집에 실린 논문 「한국 유흥문화의 대전환과 그 의미: 노래주점을 중심으로」와, 1998년 부산대 사회과학대학에서 발간한 『사회과학논총』 제17권에 실린 논문 「술집의 사회사:1980년대 이후를 중심으로」를 종합·보완하여 재구성한 글이다. 이 장을 쓰는데 필요한 신문자료 수집은 주로 이 책의 공동저자인 이일래가 담당했다.

있다. 이 후자의 경우가 우리의 일상생활에 미치는 영향력을 무시할 수 있는 사람은 거의 없다. 이 영역에서는 공식적인 통제나 규범의 메커니즘에서 벗어나 자신의 자유의지를 더욱 융통성 있게 발휘할 수가 있기 때문이다. 이러한 여백이 인간의 삶에 미치는 영향은 누구라도 느낀다. 그럼에도 불구하고 여기에 대해서는 그동안 조사의 어려움 때문도 있지만, 부차적인 것으로 치부되어 학문적으로 그렇게 조명되지 못했다.

그런데 이러한 영역에 대한 관심은 이제 점차 커지고 있다. 후기 구조주의와 포스트모더니즘에서 그간에 행해진 허구적인 이분법적 대립의 세계를 해체하기 시작한 것이다. 이성과 감성, 남성과 여성, 중심과 주변, 중앙과 지방, 낮과 밤, 고급문화와 대중문화, 정상과 광기 등등은 모더니즘의 맥락에서는 전자가 후자에 비해 우위에 있는 것으로 파악되었다. 그러나 이제 후자에 대한 중요성이 인식되면서 이러한 위계적인 대립 구조는 해체된 것이다. 술집에 대한 관심도 이러한 문제의식에 기인한다. 특히 술집은 모더니즘적 관점에서는 종종 비난의 대상이 되어 왔다. 노동과 생산성, 진보라는 산업주의적 가치관이 팽배하던 근대화의 과정에서 술집은 이를 좀먹는 타락의 장소로까지 규정되었던 것이다. 심지어 이성의 세계를 좀먹는 악으로 규정되어 악명 높은 '금주법'까지 생기지 않았던가.

그러나 술집은 계몽주의 이후 이성과 합리성의 이름으로 억압받았던 감성의 세계를 조명하는 데 매우 적합한 연구 대상이다. 특히 대중소비사회로 접어든 오늘날의 시점에, 인간의 욕구는 미래를 위해 억압되거나 유보되어야 할 대상이 아니라, 현재의 시점에서 충족되고 즐겨야 한다는 가치관에 의해 지배된다. 이러한 맥락에서 술집은 변화된 욕구의 세계를 구명하는 데 더없이 좋은 연구 소재라고 할 수 있다. 또 나아가서는 인간의 실존적인 삶의 세계를 보다 입체적이고 총체적으로 파악하는 데 많은 시사점을 던져준다.

이 글에서 살펴보려고 하는 것은 우리나라에서 1980년대 이후에 나타난 특징적인 술집에 관한 것이다. 왜냐하면 1980년대 들어 한국 사회에는 커다란 변화가 일어났기 때문이다. 그 변화의 가장 중심축은 증대된 사회적 생산력을 바탕으로 소비주의가 접목하기 시작한 것이다. 여기에는 몇 가지 이유가 있다.

먼저 1960~1970년대 고도성장의 결실이 맺어지는 시점이기도 하지만, 3저 호황(저금리, 저유가, 저달러)이라는 국제적인 환경도 뒷받침되었다는 점을 들 수 있다. 또한 정당성이 결여된 제5공화국의 성립은 한편으로는 정권유지에 걸림돌이 되는 각종 비판 집단을 규제하기 위해 악법을 강화하기도 하지만, 다른 한편으로는 일반 대중의 지지를 확보하기 위해 억압된 욕구를 해소할 수 있는 출구를 마련해 주기도 한다. 이른바 3S 정책의 활성화가 그것이다. 프로 야구와 프로 씨름이 출범하고, 각종 향락퇴폐업소가 급증하게 된다. 더욱이 컬러텔레비전의 등장과 자가용의 보편화, 야간 통행금지의 폐지 등은 더욱 많은 여가 정보의 접촉 기회를 제공하고 지역적, 시간적 생활반경을 확장시켰다. 이와 같은 배경을 바탕으로 1980년대는 생활문화의 다양화 시대로 접어들고 이것은 술집의 역사에 큰 영향을 미친다.

특히 우리나라의 술집 문화에 가장 큰 영향을 미친 변수는 1982년도부터 시행된 야간 통행금지의 해제였다. 이것은 일상적인 생활시간구조를 새롭게 재편시켰고, 심야영업을 하는 술집을 크게 증가시켰다. 이러한 맥락에서 예전에는 볼 수 없었던 새로운 유형의 밤 문화가 생성된다. 그리고 1980년대 이후에는 대중들이 선호하는 술의 종류가 달라진다. 종래에 막걸리와 소주가 가장 대중적인 술로 인기를 모았다면, 1980년대로 접어들면서 막걸리는 연평균 10% 이상씩 감소한다. 이 자리에 맥주, 양주, 청주 등이 들어서고, 입맛은 점점 고급화 추세를 보인다. 여기에 발맞추어 술집의 종류 또한 다양해진다.

술집의 종류는 예전부터 지속되어 오면서 크게 변화가 없는 형태의 술집
이 있고, 이에 반해 사회적 환경과 시대의 변화에 발맞추어 새롭게 등장하
는 형태의 술집도 있다. 이 글에서는 1980년대 이후에 나타난 새로운 형태
의 술집에 주목한다. 그것도 필자가 보기에 몇몇 특징적인 술집의 형태에만
한정한다. 왜냐하면 1980년대 이후에 생성된 새로운 형태의 술집을 모두
살펴본다는 것은 필자의 능력을 넘어서는 것이기도 하고, 변화된 욕구의 세
계를 구명하는 데 그렇게 큰 필요성도 없기 때문이다.

한편 어느 사회든 그 사회에서 변화의 물결을 가장 먼저 몰고 오는 것은
기성세대보다는 청년 세대이다. 더욱이 근대사회 이후 대중문화에 가장 민
감하게 반응하는 것도 청년 세대이다. 따라서 이들의 의식구조와 가치관은
그들의 행동에 반영되고, 이것은 그들이 즐겨 찾는 술집의 형태에도 나타나
게 마련이다. 이러한 맥락에서 한 사회의 변화, 특히 취향 구조의 변화를 가
장 먼저 감지할 수 있는 장소로서 신세대들이 즐겨 찾는 술집을 살펴보는
것은 의의가 있다.[2]

2. 기성세대의 술집
1) 성인 쇼를 하는 술집과 카페의 확산

1980년대 들어오면 우리나라 술집 역사에 중요한 변화를 내포하는 현상

---

2) 그리고 이 장은 1997년 후반기부터 나타난 IMF의 영향은 고려하지 않는다. 술집뿐만 아니라 생활
문화 전반에 상당한 타격을 가한 IMF의 영향은 이 책의 제3장에서 다루었다.

이 나타난다. 그것은 카페라고 불리는 술집이 크게 확산된 것이다. 카페가 서구에서는 커피나 음료수를 마시거나 간단한 식사를 할 수 있는 곳이고, 영국이나 미국의 카페에서는 보통 술을 팔지 않는다. 하지만 우리나라에서는 여종업원을 두고 대부분 맥주나 양주를 파는 집으로 변모한다.

이러한 유형의 술집은 워낙 다양해서 일관된 기준으로 분류하기는 매우 어렵다. 최고급 룸살롱에 비견할 수 있는 술집이 있는가 하면, 값싼 호프집의 형태를 띠는 것도 있고, 파는 술 종류나 안주, 인테리어, 영업장소, 경영 방식, 종사하는 여종업원의 유형도 매우 다양하다. 그중 가장 특기할 만한 것은 여종업원과 영업장소에 관한 것이다.

카페라는 간판을 내건 술집의 경우, 대부분은 술시중을 드는 여종업원을 두고 있었다. 그런데 이 여종업원의 성격이 종래에는 비교적 저학력이거나 가정 형편이 어려운 경우가 많았으나 이제는 다양화된다. 고학력의 여성과 집안 형편이 그리 나쁘지 않은 젊은 여성, 직장을 가진 여성들도 부업 삼아 술시중을 드는 종업원으로 편입되기 시작하고 연령층도 낮아진다.

"1980년대 이후 번창해온 퇴폐 향락산업과 우리 사회의 타락한 도덕성이 맞물려 빚어낸 10대 매매춘은 이제 유흥업소와 사창가의 주된 '상품'이 되어버렸다. 타락한 기성세대의 '수요'에 맞추느라 인신매매·납치행위가 극성을 부려 큰 사회문제로 대두돼 있는 가운데 과소비풍조에 따른 허영심을 채우기 위해 스스로 찾아드는 탈선 10대가 늘어나 더 큰 충격을 던져주고 있다. … 방배동 카페 호스티스 최모 양 (16)은 "중3 때 친구들과 어울려 다니다 카페주인 아줌마가 '돈 벌고 싶지 않으냐'고 권유해 그날로 이 생활을 시작했다"며 "친구들과 함께 방 얻어 살면서 마음대로 돈을 쓸 수 있어 즐겁다"고 말한다. 최 양의 아버지는 교육 정도는 낮지만, 꽤 큰 슈퍼마켓을 갖고 있는 알부자이다. "공부만 강요하고 용돈을 거의 주지 않는 집이 싫었다"는 것이 최 양의 유일한 가출 이유이다. 이곳 카페주인 박모 씨(34)는 "인신매매로 여자를 구하던 것은 옛날얘기"라며 "요즘은 일 시켜 달라고 찾아오는 10대들을 달래서 돌려보낼 정도로 공급이 충분하다"고 말했다."(한국일보, 1991.8.12.)

더욱이 이런 유형의 카페는 일반 주택가까지 깊숙이 침투한다. 즉 영업장소가 유흥오락업소가 밀집되어 있는 지역뿐만 아니라 일상생활을 영위하는 장소로까지 확산된 것이다. 이것은 여종업원이 있는 술집이 대중화되었다는 것을 의미한다. 또한 일부의 카페에서는 룸살롱과 같이 매매춘을 하는 곳도 적지 않게 생긴다.

이러한 현상은 당시에 사회적 지탄을 받던 퇴폐이발소의 급증과 함께 성규범에 있어서 중요한 변화를 내포하고 있다. 성 개방 풍조가 일상의 영역에까지 확산된 것이다. 당시에 술집 여종업원들 사이에서는 결혼해서 아이를 낳고 사는 일반적인 생활을 부정하고 독신주의를 공공연히 표방하는 사람도 적지 않았다. 더욱이 낮에는 학교나 직장생활을 하고 밤에는 부업으로 술집 여종업원으로 진출하는 경우도 어렵지 않게 눈에 띄었다. 비록 이러한 행동과 가치관을 지닌 사람이 아직 대다수는 아니라 할지라도 변화된 가치관을 상징적으로 말해준다.

또한 성인들이 주로 출입하는 디스코텍이나 나이트클럽은 통행금지 해제 이후 심야영업이 활성화되면서 새로운 모습으로 변질된다. 각종 퇴폐적인 성인 쇼를 하는 것이 그것이다.[3] 뱀쇼, 샤워쇼, 황진이쇼, 각설이쇼, 어우동쇼, 홀딱쇼 등등 각종 명칭을 붙여 일종의 스트립쇼를 하는 곳이 우후죽순처럼 생겨난다. 이것은 사회적인 지탄의 대상이 되었지만, 소비성향이 높아진 1980년대 중반 이후 확산되면서 왜곡된 우리나라 밤 문화의 대명사가 된다.

> "몸 흔드는 것이 버릇이 되어버린 ㅅ양은 디스코 경력 4년의 스물네 살. 84년도 미인콘테스트에서 입상 경력도 있는 중류 가정 출신. 여고 때 배운 국악과 고전무용을 팽개치고 디스코 걸이 되었다. '좋아하는 춤을 실컷 추며 사는 화끈한 인생'이 오히려 즐겁다는 ㅅ양의 특기는 히프 율동. 그래서 '힙순이'로 통한다. 같은 디스코 걸 세 사람-잠잘 때 이를 간다는 '이갈이', 춤출 때 얼굴표정이 일품인 '클라이맥스' ㅇ양, 가슴 율동이 특기인 ㄱ양 등과 아파트를 빌려 함께 산다. '화끈한 인생'이기 때문에 사랑도 화끈한 단발형이어서 평범한 결혼은 체념한 상태. '디스코와 스트립쇼는 전연 별개'라는 것이 이들의 주장이지만 경쟁이 치열하다 보니 그 '한계가 모호해지는 것이 안타깝다'는 프로의식이 엿보이기도 한다."(경향신문, 1986.7.3.)

이렇게 1980년대 후반기에 급증한 각종 퇴폐적인 성인 쇼와 더불어 심야영업 술집은 1990년 10월에 선포된 '범죄와의 전쟁'에 의해 대대적인 단속의 대상이 된다. 이로 인해 심야영업을 하는 술집이 대폭 줄어들고 2차, 3차

---

3) 성인 쇼를 하는 곳은 성인 디스코텍이나 나이트클럽뿐만 아니라 1981년 말부터 생기기 시작한 극장식 스탠드바도 있다(중앙일보, 1983.3.2.).

로 이어지는 음주 관행에도 다소 변화가 온다. 그럼에도 불구하고 카페와 단란주점에서부터 대중화되기 시작한 여종업원이 있는 술집은 나중에 룸 단란주점이라는 형태로 진화한다. 이러한 진화 과정에서 한국사회의 밤 문 화를 획기적으로 바꾸어 놓는 특징적인 현상이 급부상한다. 그것은 노래하 는 술집의 등장이다.

2) 노래하는 술집 : 가라오케의 전성기

술집과 노래가 결합된 대중적인 술집은 1980년대 중반 이후의 무렵부터 성행하기 시작했다. 그 시발점이 된 술집의 형태는 가라오케이다. 당시에 노래 부를 수 있는 술집은 룸살롱이나 스탠드바, 일부의 나이트클럽 같은 데가 있었지만 이런 곳은 대부분 전문 악사들이 기타나 신시사이저를 연주 하는 데 맞추어 노래하는 곳이었다. 따라서 손쉽게 기계 반주에 맞추어 부 르는 가라오케만큼 대중적으로 확산되는 데는 한계가 있었다.

가라오케는 '가짜', '비어있음'을 뜻하는 일본어 카라(空)와 영어 오케스 트라의 합성어인 '카라오케(カラオケ)'에서 유래한 단어이다. 가라오케는 1978년 도쿄의 번화가인 긴자에서 처음 등장한 후 일본 전역에 선풍을 불 러일으켰다.[4] 일본의 가라오케가 부산에 상륙한 시기는 1979년경이다. 한 국의 가라오케는 부산의 남포동 술집골목과 호텔에서 첫선을 보인 뒤, 선풍 적인 인기를 모으며 전국으로 확산된다. 1980년대 전반기 엔고를 바탕으로 일본 중년 서민층 관광객과 보따리 행렬이 부산과 일본 시모노세키를 오가

---

4) 일본의 경우 가라오케 반주기는 1970년대 말에 녹음테이프의 형태로 '제일근상'이라는 회사에서 만들기 시작했다고 한다(노래마당, 1993. 1월호).

는 선박인 부관페리로 몰려오면서 일부 주점에서는 이들과 일본 바이어를 끌어들이기 위해 가라오케 바를 열었다(동아일보, 1992.1.17.). 처음에는 부산의 몇몇 곳에 불과하던 가라오케가 그 후 서울을 비롯한 인천, 대구 등 대도시의 관광호텔을 중심으로 급속히 퍼져나간다.

> "만인을 가수화한 일본의 가라오케는 이제 서울, 부산 등 대도시에서 빼놓을 수 없는 하나의 문화를 형성하고 있다. 서울의 몇몇 호텔과 명동의 호화살롱, 부산의 광복동, 서면 일대는 가라오케 주점들로 신흥유흥가가 형성됐다."(동아일보, 1984.10.19.)

1980년대 전반기 부산의 유흥가인 서면, 동래구 온천동, 남구 남천동 등지에는 '가요반주', '가요방', '사랑방'이라는 간판을 내건 가라오케 술집이 크게 번창한다. 이에 따라 한편으로는 비판의 목소리도 높아진다. 당시 일본문화를 여과장치 없이 받아들이는 데 대해 우려하는 목소리가 높았기 때문이다. "관문이자 일본문화의 접점지대인 항도 부산은 일본의 저급 대중문화에 가장 빨리 오염되어가고 있다"라는 것이다(동아일보, 1984.10.19.). 사실 1980년대 전반기 부산의 아파트 단지에서는 옥상에 안테나를 공동으로 설치하여 일본 방송을 시청하는 경우가 많았다. 부산에서 일본 NHK TV 방송은 KBS, MBC와 더불어 3대 방송으로 불리기도 했고, 주요 관광호텔에서는 이미 '채널5'로 공식화해 놓은 지 오래였다. 부산은 일본과 근접한 지리적 특수성 때문에 예전부터 일본문화 유입의 주요 통로였다. 이러한 맥락에서 일본의 가라오케 문화가 부산 지역에 먼저 상륙한 것은 어떤 점에서는 자연스러운 일이다. 다른 지역에서는 가라오케가 부산만큼 번창하지도 않았다. 서울과 대구 같은 경우는 가라오케보다 이른바 '회관'이라 불리는 스탠드바 형식의 주점이 오히려 성행했다.

　초기 원탁 가라오케 술집의 내부 형태와 운영 방식은 보통 다음과 같이 이루어진다. 각종 노래의 반주가 들어있는 '카트리지'라는 장치와 재생장치가 있고, 그것을 술손님의 요구에 따라 갈아 끼우는 마스터 여종업원과 보조 여종업원, 술과 안주를 운반하는 웨이터, 여러 사람이 둘러앉을 수 있는 대형 원탁 테이블, 노래가 연주되면 분위기를 고양하기 위해 마련된 실내조명 장치 등이 있다. 여기서 손님이 자리에 앉으면 기본으로 보통 맥주 5병과 안주 2접시가 나오고, 술을 마시면서 노래를 신청한다. 그러면 여종업원이 정해진 곡을 찾아 틀어주고, 손님은 마이크를 들고 큼지막하게 가사가 적혀 있는 노래책을 보면서 노래를 한다.

　이러한 과정에서 여종업원의 역할은 대단히 중요하다. 주어진 술집 공간 내부에서 전체 분위기를 장악하여 부드럽게 끌고 나가야 하기 때문이다. 노래 순서를 기다리는 손님들 간에 충돌이 일어나지 않아야 하며, 또 노래 제목을 모르는 손님에게는 약간의 흥얼거리는 멜로디를 듣고 노래 제목을 찾아 틀어주어야만 했다. 이렇게 하려면 손님들이 많이 찾는 곡들을 미리 숙지하고 있어야 했고, 이것은 매우 중요한 노하우였다. 아직 아날로그 방식의 노래반주기였기 때문이다. 또 탬버린 치는 장기로 노래하는 손님들의 흥을 돋우는 것도 한 가지 임무였다. 이렇게 해서 짭짤하게 팁을 챙기기도 하고, 자기 직업에 자긍심을 가지기도 했다.

　가라오케라는 술집이 생긴 초창기에는 여종업원들이 실내 분위기를 장악하는 데 별 어려움이 없었다. 왜냐하면 평소에는 잡아보지 못했던 마이크를 잡는다는 것과, 타인들 앞에서 노래를 부른다는 것, 완벽한 반주에 맞추어 노래를 해 본다는 것 등이 개인적으로는 다소 생소한 환경이었기 때문이다.

1980년대 전반기만 하더라도 타인들 앞에서 혼자 노래를 부른다는 것은 대단히 큰 용기를 필요로 했다. 이것은 각종 게임에서 노래시키는 것이 패자에게 주는 가장 보편적인 벌칙이었다는 사실에서도 입증된다. 그리고 그때까지만 하더라도 노래를 통해 자기감정을 밖으로 드러낸다는 것이 조금은 계면쩍고 부끄럽다는 정서를 가지고 있었다. 게다가 노래는 혼자 하는 것이 아니라 같이 부르는 것이 보편적이었다. 이러한 맥락에서 가라오케 초창기에는 주어진 술집 공간 내에서 화기애애한 공동체적 분위기가 조성되기 쉬웠다. 손님들 간에 마이크를 서로 잡으려고 하기는커녕, 다른 사람이 노래를 부를 때 장단을 맞추어 주거나 노래 부르고 나면 박수를 쳐주고, 노래 잘하는 사람이 있으면 앙코르를 신청하는 경우도 적지 않았다.

그런데 가라오케가 번창하면서 노래를 해 본 사람이 증가할수록 새로운 문제가 발생하기 시작한다. 연대감이 있는 전체 분위기를 조성하기가 어렵게 된 것이다. 처음에는 자신의 노래를 기계반주에 맞추어 본다는 호기심과 타인들 앞에서 마이크를 잡고 노래한다는 사실이, 듣기 싫은 타인의 노래를 들으면서도 자신의 순서를 기다리는 인내심을 발휘하는 데 별 무리가 없었다. 그런데 노래를 불러본 빈도수가 많아질수록 그 인내심에는 한계가 온다. 더욱이 가라오케는 보통 다른 데서 술을 마시고 2차나 3차로 가는 경우가 많았기 때문에 술 취한 손님들 간에 충돌이 빈번해진다. 심지어 대형 원탁 테이블 너머로 손님들 간에 술병을 집어 던지며 싸우는 경우도 있었다. 여기서 전체 분위기를 장악해야 하는 가라오케 여종업원의 역할이 더욱 중요해진다.

초기 여종업원의 기본적인 역할은 많은 곡의 번호를 외워, 손님들이 요구하는 곡을 찾아 재빨리 카트리지를 바꿔 끼우고, 손님들의 노래에 탬버린을 치며 장단을 맞추어 주는 것이었다. 그런데 이제는 노래 순서를 기다리는 데 인내심이 떨어진 손님들을 잘 추슬러야 하고, 한편으로는 술을 많이 팔아주는 테이블에는 눈치껏 다른 데보다 더 많은 곡을 부를 수 있도록 배려해야 한다. 또한 술자리를 파장하려는 테이블에는 노래 부를 수 있는 기회를 새롭게 제공함으로써 손님들이 일어서지 못하게 잡아두기도 하고, 때로는 매상을 올리기 위해 술 취한 손님의 테이블에서는 아직 마시지도 않은 술병을 갈아치우기도 한다. 요컨대 노래 부를 기회를 적절히 안배함으로써 매상을 올리고 팁도 챙겨야 하는 가중된 역할이 부여된다.

가라오케는 1980년대 후반기까지 번창 일로로 확산되다가 1990년도 10월 제6공화국이 시행한 이른바 '범죄와의 전쟁' 선포 이후 급격히 쇠퇴한다. 12시 이후 술 판매 자체를 금지하여 가라오케는 영업을 할 수가 없었다. 그러다가 1990년대 초반기에 등장한 '노래방'은 가라오케 술집에 치명타를 가한다.

3) 가라오케의 쇠퇴와 노래방의 전성기

가라오케가 쇠퇴하고 단란주점이 탄생하는 데 중요한 연결고리를 제공한 것은 노래방이었다. 1991년 무렵에 부산에서부터 등장한 노래방(노래연습장)은 급속도로 전국에 확산된다. 국세청 자료에 의하면 전국의 노래방은 1991년 2월 말 현재 5백 59군데, 4월 말 2천 56군데였고(세계일보, 1991.6.19.), 1992년 10월에는 공식적으로 등록된 것만 해도 6천 6백 80개 업소로 전년도에 비해 2배 이상 증가한다(경향신문, 1992.12.4.).[5] 그리고

---

5) 1992년 10월 동자부는 급속히 늘고 있는 노래방의 전기안전 점검을 위해 전국적인 실태조사를 실시했다. 당시의 전국 노래방은 모두 6천 6백 80개로 전년도에 비해 2배 이상 늘어난 것으로 집계됐다.

1993년에 이르면 전국의 노래연습장은 약 1만 5천 개로 폭증한다(한국콘 텐츠진흥원, 2006: 113). 1992년도 중반기에 노래방 업소의 폭발은 다음 과 같은 신문기사가 웅변으로 증명한다.

"…가히 파죽지세요 우후죽순이다. 하루라도 속히 개업하 고 싶은데, 기기 공급이 따라주지 않아 노심초사하는 예비 업자가 줄을 서 있다고도 한다. 노래 손님이 예약 없이는 두 세 시간씩 방이 나기를 예사로 기다리는 상황이라니 애가 타 도 보통 타겠는가. 마이크 차례 오기를 학수고대하는 그 노 래 손님들, 철이 덜 든 청소년들이겠거니 지레 어림한다면 천만의 말씀이다. 중고교생에서 대학생, 직장인, 주부, 노인 에 이르기까지 노래 손님은 성별, 연령, 세대 불문. 오피스 빌딩가의 점심시간, 노래방은 직장인들로 만원사례. 회식이 나 계 모임의 '2차'도 이제는 노래방이란다. 「국민오락장」이 라는 별칭이나 「국민개창운동이라도 벌어질 것 같은 착각을 느낀다」는 표현이 부풀린 말로 들리지 않는다."(세계일보, 1992.6.19.)

노래방이 확산된 일차적인 이유는 당시 유흥업소 최대의 장애물인 영업 시간 제한과 미성년자 출입제한으로부터 자유로웠기 때문이다. 노래방은 원칙적으로 술은 판매하지 못하는 곳이다. 그럼에도 불구하고 이곳이 술꾼

이들 노래방을 시도별로 보면, 서울이 2천 76개로 전체의 31%를 차지, 제일 많았고, 다음이 경기 9백 95개, 부산 5백 49개, 전남(광주 포함) 5백 6개 등의 순으로 나타났으며 관광지인 제주도는 95개로 가 장 적었다(경향신문, 1992.12.4.).

들에게 인기가 있었던 것은 몇 가지 이유에 연유한다. 가라오케와 마찬가지로 노래방은 2차나 3차의 장소로 주로 이용되었는데, 이곳은 심야영업의 단속에서 벗어나 있었기 때문이다. 여기서는 기존의 가라오케에서 강요되다시피 한 '기본'의 개념이 아직 성립되지 않았고, 5백 원짜리 동전을 넣거나 시간당 사용료를 내면 누구나 기계반주에 맞추어 원하는 노래를 부를 수 있었다. 또한 노래방은 내부 구조가 여러 개의 룸으로 구성되어 있기 때문에 노래 순서를 기다릴 필요가 없었다.

이러한 점은 커다란 하나의 홀로 구성된 대형 원탁 가라오케에서 다른 손님(집단)의 노래가 끝날 때까지 인내력을 발휘해야 했던 불편함을 해소시키기에 충분했다. 이제 자신들의 내집단에서 마음껏 떠들며 실컷 노래 부를 수 있다는 이점이 있었다. 뿐만 아니라 술을 마시고 2차나 3차로 노래방에 오는 손님은 주인 눈을 피해 술을 사 들고 와서 마시기도 하고, 심지어 주인이 직접 술을 판매하는 업소도 적지 않았다.

한편 노래방은 청소년과 부녀자층에게도 인기였다. 여가시설 혜택의 사각지대에 있다시피 한 이들에게, 노래방은 일종의 해방구였다. 평소에 억압된 감정을 손쉽게 분출하기에 여기만 한 곳이 없었다. 또 원칙적으로는 술 대신 각종 음료만 팔기 때문에 가족끼리 모여 적은 비용으로 즐기기에도 적합했다. 이와 같이 여러 계층의 사람으로부터 인기를 끌었던 노래방은 폭발적으로 증가하고, 이것은 당국의 심야영업 단속의 강화와 맞물려 한국인의 음주 풍속도를 일시적으로 바꾸어 놓기까지 했다. 즉 '마시는 문화'에서 '부르는 문화'를 창출한 것이다. 물론 가라오케에서 이미 부르는 술 문화가 생성되기는 했지만, 유흥업소의 술 소비량이 가정용보다 적어진 것은 1992년도의 일이다. 1990년 10월 범죄와의 전쟁 선포로 심야영업 단속이 이루어진 시점에 유흥업소 등 접객업소의 술 소비량은 51%였고 가정용 술 소비는 45%였으나, 92년 후반기에는 42%대 58%로 역전된다. 또한 당시 내무부에 의해 조사된 자료에 따르면,[6] 일반인들이 2차 장소로 선호하는 곳은 노래방이 24%로 랭킹 1위를 차지했고, 다음이 포장마차 19%, 나이트클럽 17% 순으로 나타나 '부르는 문화'의 성립을 증명해 주고 있다(경향신문, 1992.10.13.). 이처럼 노래방이 전국적으로 확산된 이유는 신종업종이다 보니 관련된 법규가 전혀 없어 세금을 내지 않으며, 심야영업 단속이 미치지 않아 개업만 하면 '황금알을 낳는 거위'로 인식되고 있었기 때문이다. 초기 노래방은 구청의 허가 없이 24시간 영업이 가능하며 미성년자 출입제한도 없었다(세계일보, 1992.5.26.).

노래방이 성업을 이룸에 따라 여기에 발맞추어 여러 가지 부작용도 노출되기 시작한다. 무엇보다 사회적으로 지탄을 받은 것은 청소년의 탈선이 부추겨진다는 것과 원칙적으로 반입 금지가 되어있는 술이 심야에 판매된다는 것, 접대부를 고용하는 변태영업이 성행한다는 것 등이다.[7] 여기에 관한 비판적 여론이 확산된 것은 1992년도 중반기 이후의 일이고, 급기야 정부에서는 관계 법령체제를 재정비하여 대대적인 단속에 나서기로 한다. 그 이전에는 노래방을 규제할만한 법령이 없어 그대로 방치되었기 때문이다.

노래방에 대한 비판 여론이 높아지자 당국이 최초로 방침을 세운 것은 1992년 6월 무렵에 '풍속영업규제에 관한 법률시행령'을 개정한 것이다. 여

---

6) 1992년 10월 12일 내무부는 '범죄와의 전쟁' 선포 이후 2년간 벌인 심야영업 단속 결과를 분석하면서, 음주풍속이 '귀가 음주문화' 형태로 바뀌고 있다고 발표한다. 또한 여기서 1차로 가는 술집은 음식점이 57%로 1위를 차지했고, 호프집 20%, 포장마차 17% 순으로 나타났다.

7) 노래방에 대한 일반인의 인식도 술과 여성도우미가 있다는 사실을 인지하고 하고 있다. "우리는 일반적으로 노래방을 노래연습장이라고 생각하나 실제 법상으로는 노래방은 술 마시고 도우미를 부르는 유흥주점을 노래방이라 한다. 단란주점은 국가에서 건전하게 술 마시고 즐기라고 만든 업체이다. 그런데 실제 단란주점에서는 도우미를 불러서 노래 부르고 즐기는 것이 현재의 실정이다. 한국의 노래방이나 단란주점은 술 마시고 도우미를 불러 즐기는 곳이 된 지 이제 오랜 관행이 되었다(남 51세)."

기서는 노래방 출입제한 연령을 18세 미만으로 하고 심야영업, 소음공해, 퇴폐행위 등을 단속하기로 한 것이다. 그러나 당시의 실정을 무시한 단속 방침의 표방은 업자들의 거센 반발을 불러일으켰다.

당시에 대구, 대전, 광주, 마산시 노래연습장협회는 정부의 노래방 규제 움직임과 관련하여, 성명을 내고 '극히 일부업소의 불건전한 모습을 전체 노래방의 실태인 것처럼 매도하고 각종 규제 법안으로 노래방을 단속하려는 것은 4천 5백여 업자들의 생계를 위협하는 처사'라고 비난한다. 이들은 또 '노래방을 단속하면서 선정적이고 퇴폐적인 방송을 규제하지 않는 것은 형평의 원칙에 어긋난다'고 주장하고, 노래방을 '풍속영업에 관한 법에 포함하려는 개정작업을 중단하지 않을 경우 헌법재판소에 위헌청구소송은 물론 국가를 상대로 손해배상청구소송을 낼 것'이라고 반발한다(국민일보, 1992.6.10.). 이러한 노래방 업소들의 반발도 있었지만, 일반 시민들의 노래방 예찬론도 만만치 않았다. 즉 일반인의 입장에서는 노래방 폐해가 없는 것은 아니지만 여가시설이 부족한 우리나라의 실정에서 유익한 측면도 많다고 여겼다.

4) 노래방의 쇠퇴와 단란주점의 전성기

노래방의 변태영업이 정점을 이루는 곳은 불법적인 술 판매와 접대부, 특히 여종업원 문제였다. 이것은 우후죽순처럼 번창한 노래방의 변태영업과 금지된 심야영업을 하는 가라오케 등이 아직 많이 있었다는 당시의 여건을 감안할 때, 당국은 새로운 법령의 제정을 서두르게 된다. 즉 접대부 없이 음식물과 술을 동시에 팔 수 있는 대중음식점 허가를 받은 뒤, 접대부를 고용하여 변태영업을 하는 업소가 급증함에 따라 이루어진 조처였다.

법 개정이 이루어지기 전인 1992년 중반기 때, 당시의 식품위생법 시행령에 따르면 식품접객업(외식산업 업종구분)은 대중음식점, 일반 유흥접객업, 무도 유흥접객업, 외국인전용 유흥접객업,[8] 과자점영업, 다방영업, 휴게실영업, 일반조리판매업, 이동조리판매업, 출장조리판매업 등 10가지로 세분되어 있었다. 그러나 개정안에는 술을 취급하는 단란주점 및 유흥주점 영업, 음식물을 취급하는 음식점, 다방영업, 휴게실영업 등 5가지로 줄이게 된다.

이 중 단란주점은 술을 팔면서 안주류로 음식물을 조리, 판매하는 영업으로 접대부 없이 노래 반주 시설을 갖추고 손님이 노래하며 즐길 수 있는 새로운 형태의 '건전술집'을 의미했다. 이것은 당시 총리실의 한 당국자가 인터뷰한 내용에서 잘 드러난다. 그의 말에 의하면, 단란주점과 유흥주점을 구분하는 이유는 과소비 억제와 호화사치 낭비풍조 추방을 위해 극장식당, 룸살롱, 요정 등 고급유흥업소의 증설을 강력하게 억제하고, 고급유흥업소의 단란주점으로의 업종전환을 유도하기 위한 것이라고 한다. 또한 정부는 단란주점과 유흥주점에 대한 과세를 대폭 차등화시켜, 단란주점은 현재의 대중음식점에 준하는 세금을 부과하되 유흥주점에 대해서는 중과세하는 방안을 추진하고, 단란주점도 주거지역에는 절대 불허한다는 원칙에 따라 현재 주거지역에서 변태영업을 하는 카페 등은 단란주점으로의 업종전환을 불허, 지속적인 단속을 통해 폐업을 유도한다고 밝혔다(세계일보, 1992.7.6.).

그러나 당국의 이러한 방침에도 불구하고 개정된 식품위생법 시행령이 발효한 1993년 6월 22일 무렵에는, 이미 주택가에 단란주점들이 우후죽순

---

8) '유흥접객업'은 노래와 연주 춤을 즐길 수 있는 극장식당, 바, 룸살롱, 요정 등 '일반유흥접객업'과 카바레, 나이트클럽, 디스코클럽 등의 '무도유흥접객업' 및 '외국인전용 유흥접객업'으로 세분돼 있었다.

처럼 들어서 불법, 변태영업을 일삼고 있었다. 당시 서울시 집계에 따르면, 서울시내에서 이미 영업 중인 단란주점은 무려 1천 9백 70여 개에 이르고, 이 가운데 보건사회부가 처음에 단란주점 허가요건에 맞는 곳은 28곳뿐이었다. 나머지 업소 중 2백 66곳은 상업지역 안 근린시설에 있으며, 1천 6백 80여 곳은 아예 유흥성 접객업소의 설치가 금지된 주거지역 안에 자리 잡고 있는 것으로 조사되었다(한겨레신문, 1993.6.23.).

> "단란주점에는 여자(호스티스)를 두지 못하게 돼 있다. 그러나 이미 법이 시행되기 전부터 우후죽순처럼 성업 중인 이들 업소에서 벌어지고 있는 갖가지 변태·불법영업의 행태에서 보듯 앞으로 단란주점의 퇴폐행위는 불을 보듯 뻔한 것이다. 단적인 예로 전국의 도시에 산재해 있는 퇴폐이발관들이 어디 당국의 허가를 받고 하는 업태들인가 묻고 싶다. ……이 추세대로 간다면 허가 이후 단란주점의 주택가 집중은 충분히 예측할 수 있는 일이다. 상업지역보다 주거지역으로 분류된 곳의 건물임대료가 훨씬 싸기 때문이다. 당국이 단란주점의 허가지역 범위를 상업지역으로 국한해 고시했을 때도 주거지역에서 영업을 시작하는 상인들의 의도는 일을 벌여 놓고 업자들끼리 집단민원을 제기하면 결국 당국이 허가해 줄 것이라는 배짱에서 비롯되었다. 당국의 허가지역 확대 조치는 결국 이들의 배짱에 굴복한 결과로밖에 비쳐지지 않는다."(중앙일보, 1993.6.23.)

단란주점 영업이 공식적으로 허가된 1993년 6월 이후, 이것은 더욱 폭발적으로 증가하고, 그 반면 노래방은 쇠퇴기로 접어든다.[9] 1994년 12월 부동산뱅크가 전국 42개 상권의 상가 전문 중개업소를 대상으로 조사한 결과 가장 쇠퇴해 가는 업종으로 노래방을 꼽은 것도 이를 방증한다.[10] 그에 비해 단란주점은 서울시내의 경우, 1994년 초에는 2천 7백여 곳이던 것이 11월 무렵에 오면, 4천 6백여 개 업소로 2천 개가량 증가한다(국민일보, 1994.12.29.).

이러한 단란주점이 1990년대 후반기 무렵으로 접어들면서부터는 또 다른 모습으로 변모한다. 룸 단란주점의 출현이 그것이다. 이것은 변형된 룸살롱의 형태로 여성 접대부를 제각기 파트너로 정하고 노래하고 춤추고 술 마시는 장소로서 많은 남성을 유혹한다. 이러한 형태의 룸 단란주점이 탄생하는 데에는 이미 1980년대부터 형성된 성 개방 풍조와 쾌락주의 가치관이 많은 젊은 여성들을 술집 접대부로 손쉽게 유인하는 사회적 환경도 한몫을 담당했다. 그러나 이러한 형태의 룸 단란주점과 기존의 단란주점은 1997년 IMF 환경하에서 치명적인 타격을 입는다. 휴·폐업하는 업소가 속출하게 되는 것이다.

5) 노래반주기의 발전:아날로그에서 디지털로

노래를 즐기는 생활문화는 우리의 전통 속에서도 발견되지만, 이것이 보

---

9) 단란주점과 노래방이 성업을 이루고, 룸살롱에까지 가요반주기계가 보급됨에 따라 기타나 신시사이저를 치며 생업을 유지했던 전문 악사들은 많은 수가 직장을 잃게 된다.

10) 이 조사에서 당시 장사가 가장 잘되는 업종으로 42개 상가 전문 중개업소 중 15개 업소가 '호프집'을 들었고, 다음으로 14개 업소가 커피전문점, 10개 업소는 캐주얼의류, 9개 업소는 비디오방을 들었다. 하락업종으로는 13개 업소가 노래방을, 5개 업소가 다방을 지목했다.

편적인 여가활동으로 확산된 데는 노래반주기의 발명이라는 기술적 요인이 뒷받침된 것이었다. 그런데 여기서 주목할 점이 하나 있다. 노래반주기가 기술적으로 우수하면 그것이 경쟁력을 가지고 시장을 장악하리라고 추측하기 쉽다. 그런데 현실은 그러하지 못했다. 우수한 음질과 영상물을 제공하는 시설이 오히려 시장 경쟁력을 가지지 못하고 퇴출당하게 된다. 노래반주기의 발전과정을 간략히 살펴보자.

한국의 노래문화를 개화시키는 데 선발 주자를 담당했던 가라오케는, 아날로그 반주 시대의 마지막을 장식한다. 롤 테이프가 감겨있는 카트리지는 여러 개의 곡이 녹음되어 있었고, 거기서 순서를 찾아 버튼을 누르면 원하는 곡이 연주되었다. 물론 초기 가라오케 시설에 영상시설은 없었고, 노래가 반주되면 큰 글씨체로 쓰여 있는 노래책을 보고 노래를 불렀다. 이러한 아날로그 시대의 기계장치는 컴퓨터를 동반한 디지털 기계시대에 맥없이 무릎을 꿇게 된다.

디지털 시대의 노래반주기는 크게 보아 이용자가 신청한 노래의 반주음악에 맞추어 나오는 '영상·음악 일체형'과 노래 반주곡과는 직접 관련이 없이 별도의 화면을 틀어주는 '영상·음악 분리형'의 두 가지로 나눌 수 있다(송도영, 1997: 261). 레이저 디스크 재생장치를 이용하는 영상·음악 일체형 반주기는 한 장의 디스크에 반주용 음악과 그 음악에 맞게 만든 영상물이 동시에 입력되어 있어서, 이것을 이용할 경우 컴퓨터 반주기에 비해 음질이 좋은 반주음악뿐만 아니라 노래의 분위기를 묘사할 수 있는 화면을 보면서 가사 자막을 읽고 노래할 수 있었다(송도영, 1997: 214). 그러나 이와 같이 우수한 레이저 디스크 방식 반주기는 시장 경쟁에서는 패배하고 만다.

1993년 연말이 지나면서 거대한 시장의 잠재력을 확인한 후 뒤늦게 금성, 삼성, 대우, 인켈 등 대기업들은 노래반주기 하드웨어 시장에 뛰어들어

레이저 디스크 방식의 기술을 도입하고 가격을 인하하면서 시장 확보를 위한 노력을 했음에도 불구하고 오히려 중소기업인 영풍과 금영, 태진과 아리랑 전자 등에서 생산하는 컴퓨터 반주기가 시장 경쟁에서 우위를 점한다(송도영, 1997: 215). 여기에는 몇 가지 이유가 있다.

우선 레이저 디스크 반주기를 설치할 경우 경제적 부담이 크다는 점[11], 컴퓨터 반주기 회사들이 기계의 질을 높이고, 이에 부수되는 서비스를 개선한 점, 노래의 유행 주기가 짧아짐에 따라 소프트웨어를 시의적절하게 효과적으로 제공할 수 있었던 점 등이다. 특히 대기업에서 생산하는 레이저 디스크 반주기는 노래의 유행 속도를 따라잡기에는 한계가 있었다. 즉 생명 주기가 짧은 최신 유행곡을 영상화면과 일치시키면서 레이저 디스크를 제작한 후, 전국적인 유통 경로를 통해 소비자에게 보급될 무렵에는 이미 새로운 유행가가 출현했기 때문이다. 이것은 사물의 라이프사이클이 단축되는 현대사회의 일반적 현상이다. 아날로그 시대에 친화성을 지녔던 고풍(古風)의 미학은 역사의 뒤 안으로 사라지고, 유행과 새로움의 미학이 지배하는 현대사회의 특징이 유행가라는 문화 텍스트에서는 더욱 두드러지게 부각된다. 이러한 틈새시장에서 중소기업이 노래반주기 시장을 장악하게 된 것이다.

그런데 이러한 점은 구조적인 문제이고 또 하나 주목할 점이 있다. 그것은 노래가사의 내용과 영상화면을 일치시키는 것이 별다른 효과를 주지 못했다는 점이다. 상식적으로 볼 때 노래가사와 영상의 내용이 일치하는 것이 더 발전된 형태라고 생각할 수 있다. 그러나 이 상식은 적어도 레이저 디스크 반주기에는 적용되지 않았다.

적지 않은 노래방과 가라오케에서는 노래가사의 내용과는 무관한 영상물

---

11) 레이저 디스크 시스템은 반주음악과 배경화면이 각 방에 따로 내보내져야 하기 때문에 방의 수만큼 레이저 디스크 플레이어를 갖추어야 한다.

을 틀어주었고, 특히 심야가 가까워질수록 비키니를 입은 여성이나 선정적인 내용을 담은 영상물을 틀어줌으로써, 성인 남성 고객들에게 '눈요기 거리'를 제공하였다. 때로는 노래도 노래지만 선정적인 영상물을 보기 위해 노래방을 찾는 경우도 있었고, 노래방 업주에게 따로 부탁해서 선정적인 영상물을 요구하는 사람들도 적지 않았다(송도영, 1997: 263). 이러한 현상은 다음과 같은 점을 시사한다. 노래반주시설 자체가 지니는 성능보다는 노래와 술, 함께 어울려 놀며, 선정적인 장면을 보면서 논다는 것 자체가 즐거움을 주었던 것이다.

그리하여 레이저 디스크식 반주기는 1993년과 1994년 초에 잠시 등장해서 일시적인 호황을 누리다가 시장에서 급속도로 밀려난다. 이때 많은 경비를 투자해서 새로운 시설을 갖추었던 여러 업소는 패배의 쓴잔을 들고 문을 닫거나, 또 다른 방식으로 시설을 개조하게 된다. 또 이 사업에 뛰어들었던 대기업들도 손을 들고 시장에서 사라진다. 이후 노래반주시설은 부산의 금영이나 태진 같은 중소기업들이 장악한다. 그리고 선정적인 영상물로 술 취한 남성들의 호기심을 유발했던 노래주점들은 룸식 단란주점으로 변모하면서, 직접적으로 서비스를 제공하는 여성 도우미들을 확산시킨다.

3. 노래주점에 대한 설문조사

이 글에서 사용하는 노래주점의 개념은 가라오케, 노래방(노래연습장), 단란주점 등을 포함한다. 노래방은 원칙적으로 술을 파는 곳은 아니지만 가라오케와 단란주점을 이어주는 중요한 연결고리 역할을 했고, 또한 비록 불법이지만 음성적으로 술을 마시는 장소이기도 하기 때문에 노래주점이라는 전체 범주에 포함시켜 논의하기로 한다.

한국 유흥문화의 판도를 일신시킨 노래하는 주점은 앞서 살펴본 바와 같이 1990년대에 정착되어 오늘날까지도 지속되고 있다. 가라오케, 노래방, 단란주점의 형태로 변모하는 데는 여러 가지 요인이 복합적으로 작용한 것이었다. 일차적으로는 이윤창출이라는 자본의 논리가 바탕에 깔려있다. 하지만 그 변화의 메커니즘 속에 주목해 보아야 할 요소가 두 가지 있다. 그것은 노래와 여성 도우미라는 요소이다. 노래가 우리나라 사람들에게 어떤 의미를 지니는지를 살펴보지 않고는 이처럼 범람하는 노래문화를 쉽게 설명할 수가 없다. 그리고 여성 도우미라는 현상이 오늘날처럼 보편화된 것도 이전에는 없었던 일이다. 물론 예전에도 여성 접대부는 있었다. 하지만 지금처럼 일반화되는 데는 한국사회의 주요한 구조적 변동, 특히 가치관을 내포하고 있다.

이와 같은 노래주점에 관한 내용을 확인하기 위해 설문조사를 실시했다. 조사는 2012년 1학기 때 필자의 과목을 수강하는 대학생들에게 자기 자신의 체험담과 부모님의 체험을 폐쇄형과 개방형 설문을 통해 조사했다. 연구대상은 20대 대학생과 40대, 50대 성인들이다.[12] 연구대상의 인구학적 특성은 〈표 1〉과 〈표 2〉에 제시되어 있다.

---

12) 표집방식이 유의 추출이라 자료해석의 일반화에는 어려움이 있다. 하지만 이 글의 성격이 엄격한 이론적 가설을 논증하는 것도 아니고, 한국사회에서 매우 일반화된 현상을 분석하는 것이기 때문에 나름대로의 타당성은 있다고 생각된다. 특히 자기기입식 개방형 설문조사는 통계처리에는 난점이 있지만, 여러 가지 다양한 체험담을 접할 수 있어서 오히려 한국의 노래문화를 폭넓게 이해하는 데는 도움이 되었다.

<표 1> 연령별 빈도표

		빈도(명)	퍼센트(%)
유효	20대	122	51.7
	40~50대	109	46.2
	합계	231	97.9
결측	결측값	5	2.1
	합계	236	100.0

<표 2> 성별 빈도표

성별		빈도(명)	퍼센트(%)
유효	남	119	50.4
	여	117	49.6
	합계	236	100.0

1) 한국인과 노래

노래방은 1992년과 1993년 사이에 폭발적으로 증가하고, 심지어 노래반주기가 제대로 보급되지 못해 영업하려는 사람들은 순번을 기다려야 하기까지 했다. 술과 노래를 즐기는 놀이문화는 다른 여러 나라에서도 흔히 찾아볼 수 있는 보편적인 현상이다. 그러나 이러한 보편성이 모든 사회에 같은 정도로 나타나는 것은 아니다. 한국인의 생활 정서 속에 녹아있는 노래문화는 다소 특이하다. 이러한 현상을 우리는 어떻게 설명할 수 있을까?

이 물음에 대한 답을 구하고자 다음과 같은 질문을 해 보았다. '노래방 가는 이유'와 '노래 부르기는 나에게 어떤 의미가 있는지'를 설문하였다. 먼저 노래방 가는 이유에 대해서 남녀 간에는 통계적으로 유의한 차이는 없었다.

남녀 모두 스트레스 해소(32.5%)와 친목도모(30.3%)가 가장 주된 이유이다. 단지 여성의 경우에는 노래 자체를 즐기러 가는 경우(12.1%)가 많은 반면 남성의 경우는 회식 후에 가는 경우(9.1%)가 많았다. 반면 연령별로 노래방 가는 이유는 통계적으로 유의한 차이가 있었다(카이제곱 $p < 0.005$). 즉 20대는 스트레스 해소(20.4%), 친목도모(14.6%), 노래를 즐기러(14.2%) 순으로 나타난다. 반면 기성세대는 친목도모(15.9%), 스트레스 해소(12.4%), 회식 후(11.9%)의 순으로 나타난다(〈표 3〉 참조).

　일반적으로 알려진 바와 같이 노래는 우리나라 사람에게는 스트레스 해소의 기능이 가장 크다는 점이 이번 조사에서도 나타났다. 이것은 치열한 경쟁에서 스트레스를 많이 받는 사회적 환경이 자리 잡고 있고. 스트레스를 해소할 다양한 여가활동도 미흡하다는 점을 방증한다. 한편 노래를 통해 친목도모를 한다는 점은 한국 여가문화의 중요한 특징을 나타낸다. 우리나라에서는 노래가 사람들 간의 중요한 커뮤니케이션 채널로 자리 잡고 있다는 점이 부각된다. 여기에 대해서는 뒤에 가서 상술하기로 한다. 그리고 특이한 점은 남성에 비해 여성이, 기성세대에 비해 20대가 '노래를 즐기러 간다'는 응답률이 높았다는 것이다. 이것을 단순히 여성과 20대는 노래를 더 좋아하기 때문에 노래 자체를 즐긴다고 해석하기에는 조심스럽다. 왜냐하면 '노래 부르는 의미'를 물어본 설문에서는 노래 자체를 즐긴다는 응답률이 현저히 떨어지기 때문이다. 여기에 대해서는 좀 더 자세한 조사가 필요하겠지만, 대체로 다음과 같은 해석을 할 수 있다. 즉 여성과 20대는 상대적으로 열악한 여가환경의 요인이 작용한 것으로 보인다. 다시 말해 다른 대안적 여가활동을 할 수 있는 여건이 주어지지 않는 사회적 상황이 영향을 미친 것이라고 추정된다.

〈표 3〉 연령대에 따른 노래방 가는 이유 교차표

| | | | 노래방 가는 이유 | | | | | | | 전체 |
			회식 후	스트레스 해소 (기분전환)	술깨기	친목도모 (주변요청)	노래를 즐기러	시간 때우러 (심심풀이)	대화 장소	
연령대	20대	빈도	3	46	2	33	32	3	0	119
		전체 %	1.3%	20.4%	0.9%	14.6%	14.2%	1.3%	0.0%	52.7%
	40~50대	빈도	27	28	1	36	12	2	1	107
		전체 %	11.9%	12.4%	0.4%	15.9%	5.3%	0.9%	0.4%	47.3%
전체		빈도	30	74	3	69	44	5	1	226
		전체 %	13.3%	32.7%	1.3%	30.5%	19.5%	2.2%	0.4%	100%

'노래부르기의 의미'는 성별/연령별 모두 통계적으로 유의하지는 않았다(〈표 4〉, 〈표 5〉 참조). 그럼에도 불구하고 노래방 가는 이유와 유사하게 연령과 관계없이 남녀 모두 스트레스 해소가 가장 주된 의미를 지닌다(39.9%). 다음이 자기표현의 수단(24.6%), 친목도모(11.0%)의 순으로 나타난다. 노래부르기의 의미에서 가장 주목할 점은 친목도모보다도 '자기표현의 수단'이라는 응답률이 매우 높다는 점이다. 또 통계적으로 유의하지는 않지만 20대에서 노래를 통해 자기를 표현한다는 응답비율이 높다는 것이 눈에 띈다.[13]

---

13) 대학생들에게 노래가 '자기표현'의 수단이라는 점에 관한 자세한 내용은 박소진(2012)의 34-37쪽을 참조하라.

〈표 4〉 성별에 따른 노래부르기 의미 교차표

			노래부르기 의미								전체
			스트레스 해소	의미 없음	추억 회상	친목도모 (인간관계)	노래를 즐김(여가)	업무연장 (사업상)	자기 표현	스트레스 대상	
성별	남	빈도	46	10	7	13	7	1	28	2	114
		전체 %	20.2%	4.4%	3.1%	5.7%	3.1%	0.4%	12.3%	0.9%	50%
	여	빈도	45	10	2	12	13	1	28	3	114
		전체 %	19.7%	4.4%	0.9%	5.3%	5.7%	0.4%	12.3%	1.3%	50%
전체		빈도	91	20	9	25	20	2	56	5	228
		전체 %	39.9%	8.8%	3.9%	11.0%	8.8%	0.9%	24.6%	2.2%	100%

〈표 5〉 연령대에 따른 노래부르기 의미 교차표

		노래부르기 의미								전체
		스트레스 해소	의미 없음	추억 회상	친목도모 (인간관계)	노래를 즐김(여가)	업무연장 (사업상)	자기 표현	스트레스 대상	
연령 대	20대	49	8	1	11	12	0	37	4	122
	40~50대	41	12	6	13	8	2	19	0	101
전체		90	20	7	24	20	2	56	4	223

'노래를 통해 자기를 표현한다'라는 응답률이 매우 높다는 것은 앞서 말한 바와 같이 노래는 한국인의 커뮤니케이션 수단으로서 매우 큰 비중을 차지한다는 것을 다시 한번 확인시켜 준다. 응답자가 진술한 구체적인 내용을 살펴보자.

"노래방에서 인격의 한 단면을 볼 수 있었고 부르는 노래의 성향에 따라 그 사람의 가려진 삶의 부분을 느낄 수 있었다. 나 역시 친한 친구일수록 나의 마음을 담은 노래를 부르고 약간 공식적인 모임에서는 일반적으로 무난한 주제와 리듬의 노래를 선택해서 부른다(여, 53세)."

"노래방과 단란주점은 우리나라만의 특색 있는 문화라고 생각한다.. 우리나라 사람들은 평소에도 물론이지만 술을 마시면 노래를 부르고 싶은 마음이 많이 드는 것 같다. 왜냐하면 노래가사가 감정을 대변하는 것 같은 느낌이 들기 때문이다(남, 41세)."

"한국적 사회에서 여가문화의 다양성이란 측면에서의 긍정적 측면이 있다고 본다. 이전에는 밤새도록 주거니 받거니 하며 술을 마셨으나 그나마 노래라는 매개로 자신을 표현하고 있어 긍정적인 측면도 있다. 자신의 목소리를 녹음하여 실력을 향상시키는 등 놀이의 중독성도 있고, 최신 유행곡 등의 인식 통해 의사소통의 역할도 담당하고 있다고 본다(남, 58세)."

이와 같이 노래를 통해 자기감정을 표현한다는 긍정적인 측면이 있는 반면에 그렇지 않은 면도 동시에 있다. 특히 〈표 5〉에서 주목해야 할 점은 적은 비율이지만 노래 부르기가 스트레스 해소가 아니라 오히려 '스트레스의 대상'이라는 점이다(2.2%). 유사한 맥락에서 노래 부르기가 '의미없음'이라고 응답한 비율은 8.8%나 된다. 이 둘을 합하면 11.0%로 친목도모와 같은 응답률을 나타낸다. 이 점은 중요한 의미를 내포한다. 노래문화가 확산되어 너무나 보편적인 한국인의 놀이문화로 정착된 것 같이 보이지만, 적지 않는 사람들은 오히려 이 때문에 고통받을 수도 있다는 점이다.

"노래를 잘 못 부르는 본인에게는 단체나 모임에서 노래방 같이 가서 차례로 부르라는 권유는 참으로 난처합니다(여, 56세)."

"노래방을 가도 노래를 부르지 않기 때문에 지루한 곳이 다. 모임 사람들끼리 가기 때문에 별수 없이 가는 곳이다(여, 42세)."

"직장동료와의 회식, 모임, 연수 후의 뒤풀이 등으로 노래 방을 가지만 행사 후에는 노래방을 간다는 고정관념이 깨져 야겠다. 노래를 부르고 싶지 않아도 억지로 불러야 하는 문 화. 별로 좋은 느낌이 안 든다(여, 52세)."

"시끄러운 반주 음에 맞춰 소리치고 노래하는 것은 조용한 성격의 특성상 별로 흥미가 없고 오히려 스트레스만 쌓였다. 굳이 반주 음을 시끄럽게 틀어야만 노래가 잘 불러지는지 의 문이다(여, 52세)."

이상에서 살펴본 바와 같이 한국사회에서 노래가 지니는 의미는 그 스펙트럼이 다양하다는 것도 알 수 있다. 이는 많은 사회현상이 통계적으로 정규분포 곡선을 이룬다는 점을 감안하면 당연하다고도 받아들일 수 있다. 항상 양극단은 존재하기 마련이기 때문이다.[14] 하지만 한국사회에서의 노래문화는 쉽사리 쇠퇴해 갈 것 같지는 않다. 노래 부르는 놀이문화의 지속성에 대한 설문에 다음과 같은 결과가 나왔다.

〈표 6〉에서 보듯이 노래 부르는 놀이문화의 지속성은 성별에 관계없이 모두 '매우 오래 갈 것이다'라는 응답률이 압도적으로 높았다(91.4%).

〈표 6〉 성별에 따른 놀이문화지속성 교차표

| | | | 노래부르는 놀이문화의 지속성 | | | 전체 |
			매우 오래 갈 것이다	조금 오래 간다	얼마 안 갈 것이다	
성별	남	빈도	107	11	1	119
		전체 %	45.9%	4.7%	0.4%	51.1%
	여	빈도	106	7	1	114
		전체 %	45.5%	3.0%	0.4%	48.9%
전체		빈도	213	18	2	233
		전체 %	91.4%	7.7%	0.9%	100%

그리고 〈표 7〉에서 보듯이, '노래부르는 놀이문화의 지속성 이유'는 성별에 관계없이 그 첫 번째 요인으로 한국인의 전통적인 음주가무 문화를 들었다(44.6%). 그런데 다음 이유로는 성별로 좀 색다른 답변이 나왔다. 노래

---

14) 음치라도 노래방을 다 기피하고 싫어하는 것은 아니다. "노래방은 우리 아이들이 어릴 적에 계중 겸 회식으로 자주 가게 됐습니다. 전 음치라서 노래를 마지못해 부르게 되고, 노래를 부를 때 참 쑥스럽습니다. 그래도, 다 같이 춤추고 노래를 부르는 것은 참 즐겁습니다(여, 55세)."

부르는 문화의 지속성 이유를 남성은 대안적인 놀이문화의 부재(11.7%) 때문이라는 응답률이 높은 반면, 여성의 경우에는 노래 자체를 즐기는 인간의 속성(11.7%) 때문이라는 것을 다음 순서로 꼽았다. 그리고 이것은 통계적으로도 유의한 것으로 나타났다(카이제곱 p⟨0.005).

<표 7⟩ 성별에 따른 놀이문화지속성 이유 교차표

			노래부르는 놀이문화의 지속성 이유								전체
			음주가무 문화	대안문화 부재	스트레스 해소 (기분전환)	친목도모 (소통)	대중문화 영향 (오디션)	회식문화 (접대문화)	취미 다양화	즐김 문화	
성별	남	빈도	52	25	10	7	9	2	1	1	107
		전체 %	24.4%	11.7%	4.7%	3.3%	4.2%	0.9%	0.5%	0.5%	50.2%
	여	빈도	43	20	8	4	2	2	2	25	106
		전체 %	20.2%	9.4%	3.8%	1.9%	0.9%	0.9%	0.9%	11.7%	49.8%
전체		빈도	95	45	18	11	11	4	3	26	213
		전체 %	44.6%	21.1%	8.5%	5.2%	5.2%	1.9%	1.4%	12.2%	100%

'노래부르는 놀이문화의 지속성 이유'에는 우리의 전통적인 음주가무 문화를 가장 많이 꼽았다. 그중 대표적인 것을 제시하면 다음과 같다.

"우리 민족은 한과 흥이 많은 특성을 갖고 있고 개인주의보다 우리라는 단체개념을 중요시한다. 그러한 특성으로 모여 일을 하거나 할 때도 농요를 불러 피곤함을 달래기도 하고 일의 능률을 올리기도 했다. 현대에는 직장인들이 술을 마시고 나면 스트레스를 풀기도 하는데 건전하게 노래하고 친목도모 하기도 하지만 일부 남성들은 여성 도우미를 끌여들여 노래하는 습성 때문에 처음 노래방의 순수이미지가 많이 퇴색되었다(여, 52세)."

노래는 인간의 원초적 본능이다. 이것은 인류의 문명과 함께해 온 오랜 역사성을 지닌다. 사람들 간의 소통에서 유용한 삶의 표현 수단이기 때문이다. 노래는 강력한 정서적 동원 능력을 가지고 있기 때문에 사람들 간에 유대감와 친밀감을 강화하는 기능이 있다. 각종 생활의례나 사회의례에 노래가 등장하는 것도 이러한 연유에 기인한다. 술이 어느 정도 들어가고 나면 노래를 부르는 것이 한국 사람들에게는 하나의 자연스러운 순서로 인식된다. 앞서 언급했듯이 술과 노래를 즐기는 놀이문화는 다른 여러 나라에서도 흔히 찾아볼 수 있는 보편적인 현상이다. 그러나 이러한 보편성이 모든 사회에 같은 정도로 나타나는 것은 아니다. 한국인의 생활 정서 속에 녹아있는 노래문화는 다소 특이하다. 이러한 현상을 우리는 어떻게 설명할 수 있을까?

흔히 한국 전통 민중문화의 특징을 '놀이'와 '신들림'이라는 두 가지 요소로 압축한다(조흥윤, 1990: 73). 이러한 특징은 음주가무를 즐기는 풍속으로 나타나고 오랜 역사성을 지니고 있다.[15] 고려시대 송나라에서 파견된 사신은 종교적 행사인 팔관회를 한국 고대사회에서 행해졌던 음주가무를 즐기는 제천의식과 연속 선상에서 파악하고 있다(유동식, 1978: 133-134). 또한 제정 러시아가 구한말 한반도에 대한 세력 확장을 위해 정책 자료로

---

15) 한국 전통사회에서 민중들의 놀이는 대부분 대동놀이였고 그 내용은 집단신명이었다. 이러한 놀이마당에는 거의 예외 없이 음주가무가 동반되었다. 이에 대한 더 자세한 내용은 김문겸(1993)의 268-271쪽, 유동식(1978)의 54-55쪽, 신용하(1984)의 40쪽, 한국정신문화연구원(1984)의 323-324쪽을 참조하라.

1900년도에 발간한 보고서에도 "한국인은 음악을 매우 즐기고, 청각이 매우 발달되어 있다"라고 쓰고 있다(한국정신문화연구원, 1984: 323-324). 이와 같이 외국 사람들의 눈을 통해, 노래를 즐기는 우리의 취향은 예로부터 있었음을 더욱 두드러지게 알 수 있다. 또한 정병훈은 한국과 중국, 일본에서 풍류라는 말의 쓰임에 대해 비교 연구를 하여 다음과 같은 결론을 도출한다. 즉 중국의 경우는 풍류라는 용어가 주로 '시문(詩文)', 일본의 경우는 '춤', 우리나라의 경우는 '음악'의 측면이 부각된다고 주장한다(정병훈, 2006: 114).

노래 부르기를 유난히 좋아하는 한국인의 취향은 노래와 결합된 술집이 번창할 수 있는 토대를 제공한다. 물론 여가산업은 자본의 투자가치라는 경제 논리에 의해 일차적으로 지배받는다. 그럼에도 불구하고 그 산업이 성공적으로 운영되기 위해서는 소비자의 취향과 결부되지 않으면 안 된다. 유난히 노래를 좋아하는 민족 습성이 노래 부르는 술집을 번창시키는 중요한 배경으로 작용한 것으로 보여진다.

2) 여성도우미에 대한 인식

초창기 노래주점인 가라오케에서는 노래 부르는 순서를 애타게 기다려야 했고, 여종업원과의 스킨십은 원천적으로 불가능했다. 왜냐하면 여종업원은 원탁 테이블 내부에 있었고, 그 외부에 손님들은 둘러앉아 술 마시고, 노래를 부르는 공간 구조였기 때문이다. 가라오케를 물리치며 새롭게 등장한 노래방은 내부 구조가 여러 개의 룸으로 구성되어 있었기 때문에 노래 순서를 기다릴 필요는 없었다. 비록 불법적이긴 하지만 술을 팔거나 손님이 직

접 가져와서 마시는 경우도 적지 않았다. 그런데 여기에 전혀 새로운 현상
이 부가된다. 여성 도우미의 등장이 그것이다.

여성이 술집에서 서비스한다는 것이 기성세대의 가치관에서는 좀처럼 용
납될 수 없는 것이었다. 어쩔 수 없는 생활고 때문에 다방과 술집에서 돈을
벌고, 매매춘을 하는 것은 이제 과거의 일이 되었다. 여성이 노래방과 단란
주점에서 도우미로 일한다는 것이 반드시 매매춘으로 연결되는 것도 아니
고, 아르바이트 수준에서 하나의 일거리로 받아들이는 것이 오늘날의 현실
이다. 이러한 여성 도우미에 대한 평가는 양면성을 지닌다. 대체적으로는
부정적이지만 긍정적으로 받아들이는 사람들도 있다. 본 설문조사에서 단
란주점과 여성 도우미에 대해 어떻게 생각하고 있는지에 대해 살펴보기로
하자. 구체적으로 여성과 남성의 입장에서 찬반론을 살펴보았다.

가. 여성의 입장에서 보는 찬반론

"보통 동창회에서 밥을 먹고, 술 한잔 걸친 뒤 단란주점을
3차로 가는 경우가 많다. 그때 이미 서먹한 기운이 많이 풀려
있고 기분 좋은 상태이기 때문에 부끄러움 없이 신나게 춤추
며 노래 부를 수 있는 기회의 장이 되는 곳이라 생각한다(여,
52세)."

"단란주점은 계 모임 같은 거 있을 때마다 남편 몰래 한 번
씩 가곤 합니다. 거기서 춤도 추고 노래도 하고 술도 좀 마시
다 보면 일상의 스트레스가 날아가죠. 친구들이랑 가끔 가면

너무 신납니다. 다만 저는 불법 단란주점 막 젊은 총각들 나오고 그런 데는 절대 가지 않습니다(여, 50세)."

"단란주점은 여자들끼리만 가 본 적은 없고 남편 부부 동반 모임에서 가 본 적 있고, 도우미 여성 몇 명 불러 같이 어울려 보았는데 크게 볼썽사납지는 않았고 불편하지는 않았음(여, 54세)."

여성의 입장에서 보는 이상과 같은 응답들은 단란주점이나 여성 도우미에 대해 비교적 긍정적으로 보는 입장이다. 물론 여성들은 남성들이 접하는 다양한 스펙트럼의 단란주점과 여성 도우미의 성격에 대해 잘 모르기 때문에 이러한 응답을 할 수도 있다. 하지만 이러한 진술들도 나름대로의 체험 세계에서 우러나오는 것이고, 노래주점의 형태도 다양하다는 점을 감안 한다면 충분히 이해할 만하다. 반면에 여성의 입장에서 단란주점의 여성 도우미에 대해 가장 극단적인 비판론을 들어보자.

"몇 년 전에 사무실에서 간만에 회식을 하였다. 여직원이 나 혼자뿐이라서 그다지 내키진 않았다. 1차로 고깃집을 갔다가 2차로 단란주점이라는 곳을 그때 처음으로 가봤다. 들어가니 여자애들이 쭉 줄을 서서 선택받기를 기다리고 있었다. 영화에서만 봤던 장면을 눈앞에서 보니 충격적이었다. 또 같은 여자로서 내가 너무 수치심이 느껴졌다. 나보다 나이가 더 어려 보이는 여자들이 부장님, 남자 사원들 옆에서 웃음을 팔고 술을 따르는 모습이 너무 씁쓸하고 기분이 좋지

않았다. 그곳을 나오면서 너무 마음이 찜찜했고 다시는 단란
주점이라는 곳을 가고 싶지 않았다(여, 42세).”

  “직장을 다닐 때 회식 자리로 단란주점을 처음이자 마지막
으로 가 보았었다. 그때 술 접대하시던 분이 성전환 수술을
받은 사람이었다. 아무렇지 않게 접대하는 성전환자와 그러
한 성전환자의 접대를 받던 남자 동료들의 모습이 너무나 큰
충격이었다. 또한 성전환자 이외에도 여자들이 술을 접대하
는 모습을 지켜보면서, 같은 여자 입장에서 보기에 좋지 않
았다(여, 45세).”

이상에서 살펴본 바와 같이 여성도우미에 대해서는 여성들의 입장에서도
양면적인 평가를 내린다는 것을 알 수 있다. 특히 일반적으로 직장 여성들
은 회식문화에서 접해본 단란주점에 대한 체험은 대체로 부정적이다. 유사
한 내용이 많아서 이 글에는 담지 않았지만, 이제 남성 중심의 회식문화가
새로운 국면으로 접어들 시대가 되었다는 점을 알 수 있다.

나. 남성의 입장에서 보는 찬반론

  “노래방이나 단란주점에 가는 건 단순히 노래를 부르러 간
다기보다는 일상생활에서 쌓여있던 것을 풀기 위해 간다는
생각이 든다. 접대부를 부르는 것도 선을 넘지 않는 한도에
서 분위기를 띄우면서 자신을 떠받들어준다는 점에서 사회

생활에서 오는 스트레스를 풀어주기 때문에 부르게 되는 것 같다. 단란주점에 가면 좀 더 대접받는 느낌이기도 하고 술을 마시면서 놀다 보면 비로소 그동안 쌓인 스트레스가 풀리는 느낌이다. 그러면서 함께 하는 사람들과도 더 끈끈해지는 것 같다(남, 49세)."

"단란주점도 노래방처럼 어른들의 하나의 놀이공간이고 따라서 필수적으로 있어야 한다는 생각을 가진다. 나이가 나이인 만큼 풍속점도 가 본 사람인데 남자는 욕구 해소를 직접적으로 풀 수 있는 방법이 필요하다. 각 나라마다 매춘이나 풍속점이 법으로 금지해도 성행하는 이유가 남성의 심리 때문에 그런 것이다. 그래도 나는 개인적으로 가정 때문에 2차까지는 나가지 않지만 그래도 술 마실 땐 여자가 옆에 있고 술 따라주고 해주는 게 더 맛있다. 그리고 남자들은 본능적으로 여성과의 스킨십에서 안도감을 느끼기 때문에 터치가 가능한 단란주점 같은 문화가 생겨난 것 같다. 솔직히 처자식 있는 직장인이 스트레스 풀 데가 별로 없다. 그래서 더욱 그런 곳을 찾는 것 같기도 하다. 별다른 이유는 없는 것 같다(남, 42세)."

남성들에게 여성도우미는 여성들이 바라보는 입장에 비해 좀 더 그 스펙트럼이 다양하다. '술은 여자가 따라야 맛있다'라는 통념에서부터, '대접받는다는 느낌', '어색한 자리를 메워주는 시멘트 역할', '스킨십을 통한 남성의 욕구해소' 등 다양하게 나타난다. 그러나 남성들에게 여성도우미의 의미는

매매춘에서 그 정점을 이룬다.[16]

　"처음에는 여성을 돈으로 사는 것 같아 마음이 불편하여
잘 놀지도 못했는데, 계속 가게 되면서 그런 생각이 차츰 사
라지더군요. 어느새 별다른 문제의식 없이 여자들과도 잘 노
는 저 자신의 모습을 발견할 수 있었습니다. 게다가 영업적
측면에서 아가씨들과 2차를 가지 않을 수 없는 상황도 많더
군요. 저도 처음에는 멋쩍어했지만 한 번은 거래처 직원이
상당히 기분 나빠하기에 이러다 일까지 그르치겠다 싶어서
같이 2차를 간 적도 있었습니다. 뭐, 좋기도 하고 안 좋기도
하더군요(남, 47세)."

　"노래방은 대게 보도방에서 오는 아가씨들이라 내 마음에
들지 않는 것을 감안하는 등의 다소 위험 요소가 있었지만
2000년도 후반부터는 아가씨들이 제법 상향평준화가 이루
어져 큰 신경을 안 써도 된다. 또 아가씨들의 상술도 늘어 룸

---

16) 여성도우미에 대한 비판적 시각은 단지 매매춘 때문만은 아니다. "노래방에서 우리는 양주를 시
켰고 도우미를 불러 놀게 되었는데 도우미마다 가격이 있다는 것이다. 나는 이때까지 노래방 가도 참석
인원과 관계없이 그냥 4~5명이면 도우미 2명 정도 주인에게 요구하는 게 끝이었는데 이곳에는 가격대
가 있다는 것이라 참 놀라운 일이었다. 분위기가 어느 정도 지나면서 도우미들의 본색이 드러나기 시작
했다. 그냥 술 따르고 노래 분위기 살려주고 하는 것이 아니라 자꾸만 팁을 달라는 것이다. 몇 번 거절
하기도 하고 다른 핑계로 순간을 모면하기도 했는데 그것이 다가 아니었다. 양주 술을 몰래 쓰레기통에
붓는 것이 아닌가. 후배들은 술에 취해 있어 잘 보지 못했지만, 너무 심한 것 같아 따지고 물었다. 다들
술 취한 줄 알고 덤탱이를 씌울 작정이었던 것이다. 주인을 불러 따졌고 우리는 그 집에서 매상 위주의
상술이 너무 기분 나빠 정리하고 그날 모임을 마쳤다. 그 이후로 대학 선후배 모임은 1차로 끝이 나고
2차 노래방은 가지 않는 모임이 되었습니다(남, 47세)."

에 들어와서 처음부터 흥분을 시키면서 2차를 제안해 오는 경우도 종종 있다. 유명한 단란주점이나 룸살롱 같은 경우에는 가격이 비싼 대신 기본 3~4그룹의 여성들 중에서 선택이 가능하다는 게 가장 큰 강점이다. 그리고 추가로 팁을 더 주고 싶을 정도로 마인드나 서비스가 맘에 든 경우도 있다(남, 43세)."

사실상 노래방과 단란주점에서 매매춘의 기회가 제공된다는 것은 이미 널리 알려진 사실이다. 물론 모든 업소가 그렇지 않다는 것은 주지의 사실이다. 그럼에도 예전에 매매춘은 특정한 지역이나 고급 술집에서 이루어진 데 반해 오늘날처럼 바로 우리의 생활환경 주변에서 공공연히 이루어진 적은 없다는 사실은 주목해 볼 필요가 있다.

술집은 보통 이성과 규범문화의 테두리에서 벗어나 감성적인 교감이 활발히 전개되는 곳이다. 여기에 노래라는 행위는 쉽게 접목된다. 그러나 외국의 경우에서 보듯이 술집에서 노래 부르는 것이 그렇게 보편화된 현상은 아니다. 여기서 우리는 한국인의 독특한 생활 정서를 찾아볼 수 있다. 즉 우리나라에서는 노래가 감성적인 자기표현의 중요한 커뮤니케이션 채널로 자리 잡고 있다는 것이다.

서구식의 합리적인 이성적 교감보다 우리식의 합리적인 교감 논리가 노래문화에서 발견된다. 이것은 우리의 일상생활에서 대화 문화나 토론문화는 미숙한 반면, 신명나는 흥의 문화, 정(情)의 문화가 자리 잡고 있다는 사실에서 입증된다. 우리 사회에서는 이성적 교감보다는 정서적 교감이 중시되는 사회 풍조가 있다. 한때 노동의 현장에서도 '신바람 문화'가 유행하지 않았던가. 물론 봉건적인 온정주의로 노동자를 착취한다는 비판도 있지만,

우리나라 사람들은 일할 때 신명나게 해주면 더 일을 잘한다고 알려져 있다. 각종 모임이나 기업체 회식에서 유대감을 강화하기 위해 2차나 3차 자리에 술과 노래가 동반되는 것도 거의 관례가 되어있다. 이러한 민족적 생활 정서는 복류되어 흐르다가 생활수준이 향상되고 노래반주기가 접목되면서 전 국민의 여가활동으로 개화한다.

1960년대와 70년대의 고도성장기에는 일벌레가 요구되었고, 여가는 단지 긴장 완화와 기분전환 하는 오락이 주종을 이룰 수밖에 없었다. 여가시설과 여가환경 자체도 미비했을 뿐만 아니라, 노동에 짓눌린 삶 속에서 여가를 즐길 수 있는 능력 자체를 계발하기도 어려웠기 때문이다. 여기에 고스톱이 국민보건체조라고 불릴 만큼 유행한다. 한때 고스톱은 공영방송에서 퇴치 캠페인을 벌일 정도로 부정적인 시각이 지배했었다. 그런데 1980년대 이후 소득수준이 높아지면서 소비능력이 향상되고, 야간 통행금지가 해제되고 여가시간은 증가한다. 여가시설도 부족하고 여가향유능력이 결여된 상태에서 술과 노래는 가장 용이한 자기표현의 수단으로 분출하면서 노래주점은 번창하게 된다.[17]

아무튼 술, 노래, 여성 도우미는 삼박자를 이루면서 다소 차이는 있지만, 가라오케, 노래방, 단란주점의 맥을 관통하며 지금까지 이어져 내려오고 있다. 여기서 우리는 이 세 가지 요소가 어떤 의미를 지니고 있는지에 대해 살펴볼 필요가 있다. 이 세 요소가 어우러져 발산하는 공통적인 효과는 감성

---

17) 본 설문조사에는 다음과 같은 응답도 있었다. "노래방과 단란주점은 우리나라만의 특색 있는 문화라고 생각한다. 평소에 받는 스트레스를 다른 여가생활이 아닌 술과 노래와 같은 유흥문화로 풀려는 경향이 있는 것 같다. 어려서부터 많은 여가생활을 경험하지 못했기 때문에 자연스럽게 유흥 쪽으로 발달할 수밖에 없었던 것 같다. 하지만 유흥적인 문화라고 해서 무조건 나쁘게 볼 것만은 아니라고 생각한다. 여가를 즐길 시간과 돈은 한정되어 있고 비교적 저렴한 돈과 다른 노력 없이 즐길 수 있는 노래방과 같은 문화는 나름대로 가치가 있다고 생각한다(남, 41세)."

적 차원에서 집합적인 동질적 연대감의 형성에 기여한다는 것이다. 즉 술은 합리적인 이성을 둔화시키고, 방안 가득히 메우는 노래는 논리적인 대화를 불가능하게 하고, 여성 도우미는 어색한 공간을 메워주는 역할을 한다. 여기에 힘입어 분위기는 더욱 고양되고 적어도 표면적으로는 서로의 친밀감을 강화하는 듯한 느낌을 준다.

노래 부르는 것도 자신이 좋아하는 노래를 부르기보다는 다른 사람이 알고 함께 즐길만한 노래를 부르거나, 그 앞뒤의 노래에 비추어 분위기를 가라앉히지 않고 계속해서 분위기를 띄워줄 수 있는 곡을 선택하기도 한다.[18] 김창남은 이것을 '타인과의 관계맺기'를 위한 노래행위라고 칭한다(김창남, 1995: 141). 그리고 박재환은 현대 한국사회를 구성하는 일상적인 삶의 원리 중의 하나로 '몰개성적 합일주의'를 든다(박재환 외, 2004: 60-64). 이것은 합리적인 판단보다는 주위의 분위기에 동조하는 방식으로 표출된다. 이러한 현상이 기성세대에게는 일반적인 생활윤리였다. 그러나 컴퓨터와 인터넷에 익숙한 신진세대는 이러한 생활방식에서 탈피하는 현상을 보인다. 이것은 기성세대와 신진세대들이 함께하는 회식자리에서 대표적으로 나타난다. 술잔 돌리는 문화도 거의 사라지고, 노래주점에 갔을 때도 상사의 눈치에 연연하지 않고 신진세대들은 자기 세대의 노래를 부른다. 그 결과 요즈음에는 서로 다른 세대가 함께 모여 노래주점에 가는 현상이 현저히 줄어들었다.

여가양식의 다양화는 세대 변수에 의해서도 나타나지만, 이것은 어떤 의미에서는 필연적인 현상이다. 생활수준의 향상은 생활양식의 다양화로 나

---

18) 물론 술을 잘 못 마시고, 노래를 싫어하는 사람은 또 다른 형태로 그 자리에 적응해야 한다. 이것이 성인 남성들의 세계에서는 보편적인 현상이다. 그 자리에 적응할 것이 요구되는 남성적 문화가 작동하기 때문이다.

타나고, 이것은 여가활동의 다양화로 이어진다. 물론 중산층 붕괴와 양극화 현상에 대해 비판의 목소리도 높다. 하지만 사람들의 취향은 점차 세련되고, 여가향유능력이 확장되어 간다고 볼 때, 우리의 음주 관습과 노래를 선호하는 사회 풍조도 앞으로는 적지 않게 변화할 것으로 보인다. 여기향유능력의 향상은 자기감정 표현방식의 다양화를 가져올 것이기 때문이다. 그럼에도 노래를 좋아하는 민족 습성은 비록 그 형태는 여러 가지 다양한 모습으로 변형되어 나타나겠지만,[19] 앞으로도 지속될 것으로 전망된다. 왜냐면 앞서 살펴보았듯이 노래라는 기제는 이미 한국인의 생활 정서 속에는 커뮤니케이션의 수단으로서 뿌리 깊게 자리 잡고 있기 때문이다.

4. 신세대의 술집

한 시대의 문화를 이끌어 가는 중요한 축으로 청년 세대가 등장한 것은 역사적으로 그렇게 오래되지는 않았다. 자본의 눈이 청년을 중요한 소비시장으로 주목한 것은 2차 세계대전 이후의 일이다. 1950년대의 미국 음반시장이 이것을 상징한다. 이때부터 소비능력을 갖춘 청년 세대는 급속도로 대중문화의 상권으로 편입되고, 청년들 또한 기성세대와는 또 다른 자기 나름의 삶을 위해 힘차게 도약한다. 이제 사회화의 주요 기제로는 부모 세대와 같이 전통에 얽매인 것이 아니라 매스컴과 동료집단의 영향력이 결정적인 것으로 등장한다.

---

19) 이미 7080세대를 겨냥한 술집과 라이브 카페는 편재해 있고, 색소폰 동호회나 직접 연주하며 노래하는 소모임들도 매우 다양하게 존재한다.

서구의 경우 1960년대부터 대중소비사회로 접어듦에 따라 다원주의 사회는 본격적인 궤도로 진입한다. 물론 르네상스 이후로 인간중심주의 사고와 개인주의를 확고하게 틀 짓는 자유주의가 이전부터 있었지만, 서구에서도 청년들이 본격적으로 자기 목소리를 내는 것은 2차 세계대전 이후부터이다. 이때부터 고리타분한 전통성과 획일성에 반기를 들고, 기존의 사회질서를 비판하는 목소리를 내기 시작하는 청년들은 각종 실험정신을 표출한다. 이에 따라 비트 제너레이션, 히피, 반전운동, 펑크족, 환경운동, 여성운동, 인종운동 등 다양한 목소리가 분출된다.

우리나라의 경우 이와 유사한 움직임이 보편적으로 나타나기는 1970년대 후반기부터이다. 유신독재에 억눌린 청년 세대의 가슴은 새로운 해방구로 통기타, 청바지, 장발에서 찾았다. 여기에는 현실도피적인 낭만이 있었다. 너무나 엄청난 부조리 앞에 계란으로 바위를 치는 격인 학생운동을 하는 청년에게는 무척이나 많은 용기가 필요했다.

이 시절 대학가의 청년 세대는 집단주의가 주도하는 시기였다. 아직 폭탄주는 없었지만 한참 집단적 분위기에서 술 마시고, 노래 일발 장전하면 모두 다 젓가락을 들고 두들기며 제창을 하는 것이 그 시대의 분위기였다. 이때는 개성보다는 모두라는 공동체가 중요했다. 따라서 술집 또한 여러 명이 한데 모여 마실 수 있는 넓은 공간이 필요했고, 칸막이로 폐쇄적인 공간을 마련하는 술집은 극히 드물었다. 1970년대 당시에 청년들이 주로 즐겨 찾는 술집은 막걸리를 파는 대폿집이나 소주를 파는 대중음식점이었고, 맥주를 마시는 경우는 특별한 경우에 한했다.

그 이후 1980년대 들어 청년들의 세계에는 새로운 환경이 펼쳐져 있었다. 3저 호황(저금리, 저유가, 저달러)에 힘입어 소비주의가 청년 세대의 술집 문화에도 접목된다. 물론 과외 금지조치로 대학가의 소비력이 다소 주춤

했지만, 단속의 손길은 멀었고 부모에게서 받은 땀 흘리지 않은 돈의 위력
은 대학가의 상권을 유지하기에 충분했다. 이때 청년 세대를 겨냥하며 나타
난 대표적인 술집이 디스코텍과 록카페이다.

1) 신세대 전용 술집

1980년대 전반기부터 나타난 가장 특징적인 술집은 과거의 고고장이 변형
된 디스코텍의 등장이다. 디스코텍은 1970년대 후반과 1980년대 초반에 걸
쳐 디스코 춤의 열풍이 밀려오면서 확산되기 시작한 새로운 유형의 술집이었
다. 1980년대 전반기에 확산된 이곳은 음반이나 테이프를 틀 수 있는 최소한
의 시설을 갖추고 비교적 저렴한 가격으로 술과 춤을 즐길 수 있는 장소였다.

그 이전에도 춤과 술을 동시에 즐길 수 있는 술집은 있었다. 나이트클럽
이나 카바레 등이 그 대표적이다. 그런데 이러한 술집은 청년들이 가기에는
가격이 비싸거나 연령층이 맞지 않았다. 거기에 비해 디스코텍은 가격이 비
싼 나이트클럽에 비해 경쟁력을 갖추고 있었고 청년들이 선호하는 춤을 추
기에 적합했다.[20]

초기에는 약간의 입장료를 내면 음료수를 주고 술 없이 춤만 추는 곳으로
서 청년층이 주류를 이루었다. 그러나 얼마 되지 않아 술을 판매하는 디스
코텍이 증가하면서 가격도 비싸지고 기성세대들이 점차 잠식해 들어가기
시작한다. 이에 따라 디스코텍은 10대 후반과 20대 초반의 청년들만 출입

---

20) 당시에 10대는 물론이고 20대 청년이 나이트클럽에 간다는 것은 특별한 날에 큰마음을 먹어야 가
능했다. 그래서 청년들은 야외에 놀러 갈 때 휴대용 축음기나 중형 녹음기를 들고 가서, 이것을 틀어 놓
고 춤추며 노는 것이 상례였다. 이 역시 기성세대의 눈에는 못마땅하게 비치기도 했다.

할 수 있는 특화된 업소가 생긴다. 이런 업소는 20대 후반 이상으로 보이는 연령층에게는 아예 입구에서부터 출입을 통제시킨다. 이것은 술집의 역사에 큰 변화의 의미를 내포한다. 예전에는 술집의 출입을 제한적으로 통제하는 곳은 소수 특권층만 출입이 가능한 멤버십 술집을 제외하고는 극히 찾아보기 힘들었기 때문이다.

그러나 청소년 전용 디스코텍의 등장은 대중적 차원에서 술집 출입을 제한하는 곳이 생겼다는 것을 의미하기 때문에 매우 중요한 의미를 함축한다. 청소년층을 위한 여가시설이 매우 부족한 당시의 상황에서 청소년 세대 전용의 디스코텍은 폭발적인 인기를 누리기에 충분했다. 이곳은 아직 나이트클럽에 가기에는 비용이 부담스럽고, 저렴한 가격으로 마음껏 춤을 추고 놀 수 있는 장소였기 때문이다. 물론 술도 팔지만 음료수를 마셔도 되었고, 무엇보다 거추장스러운 어른들의 눈길을 피할 수 있다는 것이 장점으로 작용했다. 이외에도 청년들의 전용 술집으로 대학가를 중심으로 해서 등장한 것이 록카페이다.

"디스코테크가 한때 젊은이들을 끌어들였으나 이내 기성세대가 물을 흐려놓았다. 그들은 퇴폐·저질의 음란한 무희를 요구했고, 경제력을 앞세워 가격만 올려놓았다. 젊은이들은 이 지저분한 곳으로부터 독립하길 원했다. 그래서 찾아낸 것이 록카페다. 록카페는 무대가 없다. 자기 자리가 곧 무대이다. 이는 사회적 권위로부터 벗어나려는 신세대들의 의식세계를 반영한 것이다."(한겨레신문, 1992.10.27.)

현재 일부 대학생과 청소년층 사이에 선풍적인 인기를 끌고 있는 록카페는 기존 카페의 테이블 사이에 공간을 넓히고 귀청을 찢을듯한 록음악과 사이키 조명으로 분위기를 조성해 싼값에 앉은 자리에서 술과 춤을 즐길 수 있도록 한 신종 업소(한국일보, 1992.3.18.).

10대 후반, 20대 초반의 청년들에게 폭발적 인기를 끌었던 록카페는 확실히 새로운 형태의 문화 유형이었다.[21] 비교적 적은 비용으로 술과 음악, 춤을 함께 즐기면서 동시에 이성과의 데이트 기회를 가질 수 있는 공간이 이전에는 거의 없었기 때문이다.

그러나 기성세대의 눈에는 이것이 못마땅했다. 귀청을 찢을 듯한 강렬한 음악, 환각적이라 할 만한 조명, 심한 노출과 기괴한 옷차림, 어둠 속에서 이루어지는 은밀한 부킹 등으로 이미지가 박힌 록카페에 대한 인식은 유흥가 일반의 폭력, 성적 문란행위 등과 맞물려 '젊은이들을 병들게 하는 퇴폐적 공간'이라는 비판으로 직결되기도 했다(한겨레신문, 1992.10.27.). 이러한 부정적 시각 때문에 대학생들은 자체적인 정화 운동을 벌이기도 한다.

"한양대생들은 최근 한 달 사이에 학교 앞에 록카페 2곳이
들어선 데 이어 인근 업소들도 업종전환의 움직임을 보이자
총학생회 주관으로 지난 10일부터 록카페 퇴치를 위한 서명

---

21) 고려대 공대 학생을 중심으로 조직된 '생활문화연구회'는 1992년 9월 무렵 고려대 주변을 조사하여 룸살롱 4곳, 록카페 7곳, 노래방 7곳이 있다는 것을 확인했다. 그리고 이들 업소가 대중음식점으로 허가를 받았지만, 실제로는 접대부를 고용하거나 술을 파는 등 탈법영업을 하고 있다고 주장하고, 이들 세 종류의 유흥업소들을 1차 추방대상으로 정했다(중앙일보, 1992.9.28.).

운동을 벌여 1천 5백여 명의 서명을 받았다. 학생들은 대표 50명을 선발, 16일 하오 이들 업소를 방문, 서명부를 전달하고 "퇴폐·불법영업 록카페를 추방하자" 등의 구호를 외치며 30여 분간 시위했다. … 총학생회는 … 당초 허가내역대로 대중음식점으로 업태를 바꿀 것을 요구하고 이를 거부할 경우 교수와 인근 주민들로부터도 지원을 얻어 폐쇄토록 하겠다고 경고했다. 동국대 총학생회도 생활문화 운동의 일환으로 지난주 학교 주변 록카페·노래업소들에 대한 실태조사를 마쳤다. … 특히 총학생회는 록카페·노래방 추방운동을 대학 간 연대운동으로 발전시키기 위해 19일 서울 남부지역 대학 학생복지위원회 대표자들의 모임에서 이 문제를 공식 거론할 방침이다. 중앙대, 숙대, 숭실대 등 다른 대부분 대학에서도 주변 록카페나 노래방에 대한 추방운동을 모색하고 있다."(한국일보, 1992.3.18.)

그런데 이러한 대학가의 자체 정화운동은 집행부를 장악하고 있던 당시 학생운동권이 처한 상황과도 직결된다. 1980년대를 거치면서 대중성이 약화된 학생운동권은 자체적인 이념 구축과 조직력은 탄탄해졌지만, 소수 정예부대로 전락함으로써 변화된 시대 상황에 걸맞은 대중적인 운동 목표를 모색하는 시기였다. 그러나 이들의 시각은 다소 경직되어 있었고, 변화된 욕구의 세계와 환경 앞에서는 역부족을 드러낸다.

한편 록카페에 대한 비판 일변도의 분위기를 제어하는 움직임도 대학가 자체 내에서 흘러나온다. 대표적인 예로, 연세대학교 사회학과 학생회의 주도로 1992년 10월 23일 '신촌문화의 올바른 자리매김을 위한 대안 모색'이라는 토론회가 개최된다. 이 토론회는 록카페의 주요 소비자인 학생들 스스로가 록카페에 대한 허와 실을 살펴보고 심층적인 진단을 통해 대안을 찾아본 최초의 자리였다는 점에서 의미가 있다.

여기서 학생들은 언론·행정당국 등 사회 일반의 록카페에 대한 비판이 다분히 과장돼 있고 심지어 조작된 '마녀재판'의 측면이 강했다고 현지조사 결과를 통해 밝힌다. 록카페에 대한 비판의 초점은 "향락·퇴폐 일변도로 외래·소비문화를 무조건 추종한다"라는 것인데 실제로 많은 부분이 그렇지 않았다는 것이다. 록카페가 '눈맞춤 → 합석 → 춤 → 여관행'이란 '부킹의 천국'으로 소문나 있으나 실제로 살펴본 결과 록카페의 부킹은 소문만큼 그렇게 많지 않은 것으로 나타났으며, 퇴폐란 측면에서 볼 때도 텔레비전 같은 언론 매체에서 실제 이상으로 부풀린 측면이 강했다고 주장한다. 물론 이 토론회에서 록카페의 부정적인 측면으로, 고립성과 규격성, 기계로 상징되는 새로운 권위체계로의 복속, 자본주의 문화상품에 의한 욕구의 왜곡 등도 지적하면서, 록카페를 청년들의 진정한 해방구로 상정하는 데는 부정적인 견해를 보인다. 그럼에도 불구하고 그들은 학생운동권에서 록카페를 찾는 청년들을 '의식없는 날라리'로만 폄하하지 말고, '대중'으로 끌어안을 수 있는 대안문화 찾기 운동을 통해 건전문화 육성 캠페인을 전개할 것을 제안한다(한겨레신문, 1992.10.27.).

이와 같은 항변은 당시에 학생운동권과 비학생운동권 간에 대중문화를 보는 시각의 한 단면을 여실히 보여준다. 즉 학생운동권의 시각은 리비스주의(Leavis主義)식의 엘리트주의 시각에서 크게 벗어나 있지 않다. 그럼에도 불구하고 이들이 취하는 비판의 목적은 각종 언론 매체나 기성세대의 비판과는 일정한 차별성을 보인다. 왜냐하면 기성세대의 비판은 전통 고수의 목적이 담겨있는 규범주의적 토대에서 발로하는 데 반해, 운동권의 비판은 2차원적 사유의 마비라는 삶의 본질에 대한 문제의식에서 발로하기 때문이다.

한편 1980년대 들어 소비주의와 접목한 가장 대표적인 현상은 오렌지족의 등장이다. 그들은 부모의 막강한 경제력과 사회적 지위에 힘입어 청년세대 중 가장 호화스러운 소비생활을 즐기게 된다. 이들은 몇몇 회원들만 출입이 가능한 폐쇄적인 멤버십 술집을 이용하기도 하지만, 그들 생활에서 그래도 보편적인 곳은 고급 나이트클럽이었다.

> "16일 밤 10시, 서울 강남 영동대로 변 주택가에 자리한 A
> 나이트클럽. 대리석 조각상 3개로 치장한 입구에 화려한 네
> 온사인이 번쩍였고, 주변 골목길은 손님들이 타고 온 승용차
> 1백여 대로 주택가 대문 앞까지 꽉 찼다. 대개 차 안팎을 요
> 란하게 장식한 중-대형 승용차들이었으며, BMW나 벤츠 같
> 은 외제승용차도 10여 대 눈에 띄었다. 그러나 이 업소의 고
> 객은 나이 지긋한 '사장님'들이 아니라 모두가 20세 안팎의
> 젊은 남녀들. 이곳은 고급승용차를 모는 「부잣집 따님」 고객
> 들이 남자보다 더 많고, 인기 연예인도 자주 찾아 요즘 강남
> 에서 가장 「물 좋은」 업소로 소문이 나 있다. 잠시 후 20대 후
> 반의 회사원들이 입구에서 승강이를 벌이다 건장한 청년들
> 에게 쫓겨났다. 한 종업원은 "업소 이미지 관리를 위해 젊은
> 여자라도 미모가 빠지면 이런저런 이유를 대서 돌려보낸다"
> 고 했다. …… 이들 업소는 10만~30만 원의 선금을 받거나,
> 단골손님들에게 무료로 「멤버십」을 발행하며, 강남 부유층
> 자녀를 일컫는 속칭 「압구정족」들은 멤버십 개수를 자기를
> 과시하는 수단으로 여기고 있다. "과소비요? 여기는 불황이

없어요. 이렇게 화려하고 「신분차별」을 하는 업소일수록 장
사가 더 잘 된답니다. 여기가 「소공자, 소공녀」 나라인지…"
A 나이트클럽에 기자와 함께 들어간 담당 경찰관은 … 혀를
찼다."(조선일보, 1992.6.18.)

이 신문기사에서 주목할 만한 것이 세 가지가 있다. 신세대 여성의 개방
성, 외모를 중시하는 풍토, 차별화 전략의 상업성 등이다. 그런데 이러한 경
향이 일부 부유층 신세대들이 즐겨 찾는 고급 술집에서 전형적으로 나타나
기는 하지만, 이것이 여기에만 국한되지는 않는다.

아무튼 이러한 청년 전용의 고급 나이트클럽은 1992년도에는 서울시내
에 4~5개 업소가 있었으나, 1994년도 2월 1일부터 '한국방문의 해'를 맞
이하여 외국 관광객을 위해 영업시간을 새벽 2시까지로 연장할 무렵에는
약 41개 업소에 달한다. 당시에 여기를 취재한 기자는 이들 유흥업소 거의
대부분의 손님은 내국인들로 20대가 주류를 이루고 있었고, 한 병에 20~30만
원씩 하는 양주와 한 접시에 10만 원이 넘는 안주를 시키는 게 예사이고, 부
유층 자녀들인 오렌지족 등 일부 계층의 향락장소로 변하고 있다고 보도한
다(동아일보, 1994.2.16.).

이러한 고급 나이트클럽의 출현에서 우리는 2가지 중요한 현상을 발견할
수 있다. 그것은 술집의 계층 차별화 현상과 연령 차별화 현상이다. 1980년
대 전반기 들어 부산대학교 앞에 속칭 부르주아 거리, 프롤레타리아 거리
로 불리는 2개의 차별적인 상권이 형성되는 것도 이를 방증한다. 프롤레타
리아 거리에는 아직 1970년대의 정서가 남아 있는 대중음식점이 주축을 이
루고, 막걸리와 소주를 파는 집이 대부분이었다. 반면에 부르주아 거리에는
경양식집이나 레스토랑, 또 당시로 볼 때는 고급스러운 실내장식을 갖추고

맥주를 파는 술집들이 들어서 있었다. 이런 집은 대부분 실내구조가 칸막이로 공간과 공간을 구분하는 형태를 갖추고 있었다. 프롤레타리아 거리의 술집 내부가 광장을 연상시킨다면, 부르주아 거리의 술집 내부는 사적인 공간의 개념을 가지고 있었다. 이러한 맥락에서 대학생들의 소비 성향도 이원화되는 경향을 보이게 된다.

2) 신세대 취향의 술집

1980년대와 1990년대 초반을 거치면서 가속화된 계층 차별화 현상과 연령 차별화 현상은 소비주의와 접목되면서 1990년대 중반기에 오면 더욱 다양한 형태의 술집을 탄생시킨다. 그것의 상징적인 것이 속칭 '신세대 카페'이다. 이 카페는 신세대층이 주 고객으로 주로 외제 면세품 맥주를 판매하는 술집이다.

> "24일 오후 신촌 S 카페. 최신 유행곡이 흐르고 카페안 곳곳에 설치돼 있는 비디오에서는 일본-미국 만화영화가 상영 중이었다. 손님 대부분은 대학생들로 보였으며 대개 잔 없이 병째로 마시고 있었다. 메뉴판에는 밀러, 버드와이저, 미켈롭, 쿠어스, J&B 등 낯선 술 이름들만 적혀 있었다. 이 카페의 특징은 국산 술을 팔지 않는다는 것. 같은 날 오후 강남구 청담동 P 카페. 재즈 음악이 흘러나오는 가운데 50여 개의 테이블이 20대 손님들로 가득 찼다. 이들이 마시는 밀러, 버드와이저, 라이트 맥주 등은 모두 바코드 첫 숫자가 0인 면

세품들. 병당 1만~1만 2천 원으로 국산 맥주에 비해 비싼 편
이다. 이 카페가 입주해 있는 복도에도 외제 면세 빈 맥주병
이 박스째 쌓여있었다. 김모 씨(27·회사원)는 "이국풍 실내
장식에다 외제 술 등 메뉴가 다양해 친구들과 종종 찾는다"
며, "적당량만 마시는 분위기여서 별 부담이 없다"고 말했
다."(세계일보, 1994.5.25.)

이 술집은 어떤 의미에서 신세대의 특징을 가장 상징적으로 나타내는 술
집이다. 신세대의 중요한 특징인 집단주의적인 구속에서의 탈피, 전통주의
의 거부, 개성 존중, 다원주의 등의 현상이 잘 드러난다. 이국풍의 실내장식
에다 외제 술을 선호한다는 점에서 경직된 국수주의에 대한 거부의식, 잔
없이 병째로 마신다는 점에서 전통적인 주도 관행의 파괴가 엿보인다. 이는
자연히 다원주의에 입각한 개성 존중, 자유주의라는 사고방식에 의해 뒷받
침된다.

신세대들의 즐겨 찾는 다양한 형태의 술집은 기성세대나 경직된 학생운
동권으로부터는 종종 비난의 대상이 되었다. 하지만 변화된 신세대의 취향
과 이들의 욕구는 자본의 눈에 포착되어 대학가를 중심으로 다양한 형태의
술집을 등장시킨다. 이러한 경향은 1990년대 중반으로 접어들면서 더욱 두
드러지게 나타난다. 그것의 대표적인 예를 우리는 대학가 앞에서 등장한 칵
테일 전문점, 편의방, 록 클럽, 재즈 클럽 등에서 찾아볼 수 있다. 그중에서
도 칵테일바의 등장은 변화된 신세대의 욕구 구조를 극명하게 보여준다.

"젊은이들이 모이는 대학가에는 칵테일 전문점이 늘어나
고 있고 능숙한 입담과 현란한 플레어(칵테일을 만드는 손동

작)묘기로 손님을 끄는 바텐더가 신종 인기 직종으로 등장했다. 신촌 압구정동 홍대 입구 화양리 등 유흥가에는 예전의 레게바, 스포츠바 등의 인기를 압도하며 칵테일바가 급속도로 늘고 있다. 수백여 종의 다양한 칵테일을 구비한 칵테일바에는 대학생과 20대 셀러리맨의 발길이 끊이지 않는다. 칵테일 가격은 3,000~1만 원 선까지로 다소 비싼 편. 그러나 반드시 안주를 시켜야 할 필요가 없어 오히려 부담이 덜하다는 사람도 많다. 대학생 신희원(22. 여)은 "술을 마실 기회가 있으면 향기를 즐길 수 있는 칵테일을 주로 마신다."며 "배도 부르지 않고 여럿이 함께 마셔도 각자 취향에 맞춰 주문할 수 있으니 주종을 통일할 필요가 없어 좋다."고 말했다. 신촌 M 칵테일바 주인 임승묵 씨(36)는 "칵테일바를 정기적으로 찾는 단골손님이 50여 명에 이른다"며 "자신이 원하는 술을 지정해 특별히 제조할 것을 요구하는 '개성파' 손님도 많다"고 말했다."(한국일보, 1996.2.8.)

칵테일바의 등장은 기존의 술 문화와는 대립적인 어떤 것을 보인다. 즉 전통적인 술 문화에 의하면, 술은 취할 때까지 2차, 3차를 가는 것이고, 술잔은 돌려가며 마시는 것이다. 그러나 칵테일바는 각자의 취향에 따라 술을 선택하고, 술잔은 돌릴 수 없다. 여기에는 청년들의 의식구조가 반영되어 있다. 다원주의 사회에서 자기 개성의 추구라는 일면이 들어 있는 것이다. 개성과 다양성을 추구하는 청년들의 술집은 이 외에도 여러 가지 유형으로 나타난다. 그중 하나가 다음과 같은 대학가 앞의 클럽이다.

비슷한 취향을 가진 젊은이들이 모이지만 취향 이외에 비슷한 점은 없다. 클럽은 소집단화·개인화의 새 문화를 생산한다. 음악과 춤이 있는 술집, 클럽이 성업 중이다. 록 밴드나 재즈음악인의 연주를 들을 수 있고, 전위예술가들의 퍼포먼스가 벌어질 때마다 '끼' 있는 젊은이들이 클럽을 가득 채운다. 클럽에서는 이른바 '클럽 문화', 신세대의 '노는 문화'가 만들어진다. 넓고 확 트인 '광장'에서 문화가 형성되던 80년대와는 다른 모습이다. … 이제 사람들은 자신의 방에서 컴퓨터 통신으로 모르는 이들과 대화하고, 시네마테크와 비디오방에 가서 보고 싶은 영화만 골라본다. 지하 소주방에 내려가서 술 마시고, 칸막이 노래방에 들어가서 노래를 부른다. 이런 경향을 잘 보여주는 곳이 바로 서울 홍익대 앞과 신촌, 대학로에 몰려있는 클럽들이다. … 클럽은 최근 2~3년 사이 급속히 늘어났다. 클럽은 일반적으로 록 클럽, 재즈 클럽처럼 음악이 있는 술집이다. 예전에는 음반을 트는 곳이 많았으나, 생음악을 들려주는 곳도 늘고 있다. 생음악을 들을 수 있는 클럽은 서울에만 30여 군데에 이른다. 심지어 요즘은 퍼포먼스, 전시회 등이 더해지기도 한다. … 그 안에서 마시고, 춤추고, 떠들고, 노래하고, 음악을 듣는 모든 것이 손님들의 자유다. 남의 자유를 해치지 않는 범위에서 무엇이든 할 수 있다. 그래서 '열려 있는 공간'으로 불린다(한겨레신문, 1996.11.30.).

이러한 클럽 중 특히 라이브 클럽은 경제적으로 많은 어려움에도 불구하고 장사를 계속한다. 그 이유는 음악을 하는 청년들의 다양한 실험정신이 표현될 수 있기 때문이다. 〈한겨레신문〉 김규원 기자는 1996년도에 홍익대 앞 펑크 록클럽 '드럭'의 사장 이석문을 만나 다음과 같은 인터뷰 기사를 남긴다.

Q. 클럽 운영의 어려움은 무엇인가?

A. 손님이 어느 정도 들어도 장사가 잘 안 된다는 것이다. 보통 라이브 클럽은 5천 원 정도를 내면 맥주나 음료수를 주는데, 손님들이 그 이상 주문하지 않는다. 그래서 그중 사정이 낫다는 드럭 경우도 수지 맞추기가 어렵다. 그리고 주말에만 손님이 들어 평일은 거의 공치는 것이나 다름없다. 법적인 규제도 심해 대부분 대중음식점 허가를 받아 영업을 하고 있다. 언제든 문제 삼으면 문을 닫아야 하는 처지다.

Q. 그런데 왜 클럽을 운영하나?

A. 물론 좋아서 하는 일이다. 이미 이쪽으로 마음을 먹었고, 이제는 고락을 함께 하는 밴드와 식구들이 있으니 그만둘 수 없다. 언젠가 라이브 클럽이 제자리를 찾을 때가 오리라고 본다. 지금도 조금씩은 나아지고 있다.

Q. 어떻게 하면 클럽들의 상황이 나아질까?

A. 무엇보다 소비자들의 클럽 밴드들에 대한 관심이 필요하다. 클럽 밴드를 기성 밴드와 비교해서는 안 된다. 아마추어 같은 신선함과 실험정신이 클럽 밴드의 매력이다. 클럽은 결국 대중음악 전체의 밑거름이 되는 것이다.(한겨레신문, 1996.11.30.).

5. 1980년대 이후 생성된 술집의 주요 특징과 의미

술집의 변천사에서 그 변화의 가장 주된 요인은 무엇보다 경제논리라고 할 수 있다. 이것은 두 가지 의미에서 그러하다. 술집을 운영하는 입장에서는 기존의 술집에 비해 경쟁력을 가져야 특정한 형태의 술집을 만들 수 있고, 술손님의 입장에서는 기존의 술집보다 가격경쟁력을 가져야 찾아가기 쉽기 때문이다. 물론 후자의 경우에는 더욱 많은 변수가 있지만, 술집 선택에 있어서 술값이 중요한 변수임에는 분명한 사실이다. 그런데 1980년대부터 우리 사회는 대중소비주의가 만연하면서 소비양식에 있어서 일대 혁명적인 변화가 일어났고, 술값에 대한 부담도 과거에 비해서는 상대적으로 줄어든다. 또한 사람들의 취향과 욕구의 세계도 크게 변하며, 이것은 대중이 선호하는 술집의 형태에도 영향을 미친다.

한국 술집의 역사에서 1980년대 이후에 두드러지게 나타나는 경향은 술집과 음향기계와의 결합, 술과 노래의 결합, 성인 쇼 술집의 확산, 여종업원 술집의 대중화, 술집의 주택가 침투, 청년 세대 전용 술집의 등장, 술집 인테리어의 고급화, 술집 공간구조의 변화 등이다. 물론 이러한 현상이 예전부터 없었던 것은 아니지만 현저하게 대중화되는 것은 1980년대부터이다. 특히 디스코텍, 가라오케, 단란주점 등과 같이 '기계와의 놀이'라는 현상은 더욱 부각되는 현상이다.

춤추거나 노래하는 술집이 1980년대 이전에는 전문 악사의 직접적인 반주에 의존하는 것이 대부분이었다. 그러나 음향기기의 발달은 기계반주에 맞추어 춤추거나 노래할 수 있는 술집의 출현을 가능하게 만들었다. 게다가 디스코 리듬의 빠른 박자나 댄싱뮤직의 유행은 기존의 전문 악사들이 가진 실력이나 빈약한 연주기계로는 고객들의 욕구를 충족시키기에는 한계가 있었다. 이러한 맥락에서 음향기계 장치 설비를 갖춘 나이트클럽이 증가하고, 나아가서는 전문 악사는 전혀 없고 디스크자키만 있는 디스코텍이 크게 확산된다. 그 과정에서 전문 악사들의 일자리는 급격히 줄어들고, 대신 디스코 걸이라는 신종 직업에 종사하는 여성들의 수가 증가한다. 또한 1980년대 이후에 등장한 가라오케나, 단란주점 등도 기계와의 놀이라는 점에 있어서는 전자와 유사하지만, 여기서는 노래라는 요소가 지니는 의미가 크다. 여기서 우리는 술집과 노래의 결합이 지니는 의미를 살펴볼 필요가 있다.

술집은 보통 규범적인 문화와 이성의 테두리에서 벗어나 상대적으로 감성적인 활동이 활발히 전개되는 곳이다. 여기에 노래라는 감성적 행위가 접목될 수 있는 개연성은 크다. 그러나 외국의 경우에서 보듯이 술집에서 노래 부르는 것이 보편적인 현상은 아니다. 여기에 한국인의 독특한 정서가 담겨있다. 우리나라에서는 노래가 감성적인 자기표현의 중요한 커뮤니케이션 채널로 자리 잡고 있다. 이러한 민족적 정서가 결핍으로부터 해방되기 시작한 1980년대에 노래 부르는 술집의 대중화라는데 일익을 담당했다고 해석할 수 있다. 다시 말해 1960년대와 1970년대의 고도성장의 과정에서 일벌레가 요구되던 시대에, 감성적인 욕구를 충족시킬 수 있는 다양한 훈련이 결여된 상태에서 노래라는 채널은 한국인에게는 가장 용이한 자기표현의 수단이었던 것이다. 또한 마이크가 주는 매력도 있다. 모래알처럼 원자화된 대중사회에서 마이크는 스타라는 환상을 심어주기에 적합하다.

한편 술집의 변천사에서 1980년대에 특징적인 것은 성의 상품화 현상이 현저해졌다는 것이다. 각종 퇴폐적인 성인쇼의 범람, 여종업원이 술시중을 드는 카페의 주택가 침투, 술집 여종업원의 출신 성분의 다양화 등의 현상이 나타난다. 이와 같이 성의 상품화가 현저해진 것은 여러 가지 요인이 복합된 결과였다.

야간 통행금지의 해제로 심야영업을 하는 술집이 확산될 수 있었던 이유도 있지만, 경제적인 소비능력의 향상, 정당성이 결여된 제5공화국의 3S 정책, 2차 3차로 이어지는 음주관행, 기업의 접대문화, 부동산 투기로 인한 불로소득의 증가, 여가향유능력의 결핍, 성 규범의 변화, 쾌락을 추구하는 가치관의 확산 등등의 요인이 복합된 것이었다. 특히 이 중에서 성 개방 풍조와 즐기는 가치관의 확산은 욕구의 변화와 밀접한 상관관계가 있다.

1960~1970년대 고도성장기에는 보다 나은 미래를 위해서 현재의 욕구는 억압하거나 지연시키는 것이 당연했다. 상품의 구매와 같은 소비행위도 노동의 결과에 의해서만 윤리적으로 정당화될 수 있었다. 그러나 1980년대의 시점으로 접어들면 소비주의가 접목되면서 욕구의 지연이 아니라 욕구의 즉각적 충족을 요구하는 사회적 압력이 높아진다.[22]

이러한 맥락에서 이제 욕구는 보다 나은 미래를 위해 유보되어야 할 대상이 아니라 현재의 시점에서 향유되어야 한다는 현재주의 가치관을 보편화시킨다. 이러한 사회적 분위기가 쾌락주의 가치관을 확산시키고 나아가서는 성 개방 풍조를 더욱 조장했으리라고 짐작하기는 어렵지 않다. 과거에는 여종업원을 구하기 위해 한때 인신매매가 성행하면서 커다란 사회문제를 야기 시켰으나 1990년대 들어와서는 자발적으로 술집을 찾아오는 여성들이 늘어나면서 공급의 범위가 10대와 심지어 초등학생, 가정주부로까지 확장된다.

또한 여성접대부가 있는 술집의 번창은 우리나라의 유교적인 성 억압 구조와도 관련이 있다. 예전에는 남녀 공학이 극히 드물었고, 한국의 학교 제도에서 이성 교제에 대한 감각을 성숙시킬 수 있는 기회는 구조적으로 차단

---

22) 이것의 대표적인 예는 할부판매제도의 발달과 신용카드의 대중화에서 찾을 수 있다.

되어 있었다. 이런 맥락에서 성에 대한 신비감은 기형적으로 더 커질 수 있다. 서구의 경우에는 일찍이 청소년 시기부터 남녀 교제에 대한 훈련이 시작되고 성에 대한 억압이 해소될 수 있는 사회적 여건도 조성되어 있다. 반면에 우리의 경우에는 이성 간의 교제 문화가 그렇게 성숙하진 못했다. 이러한 환경이 여성접대부가 있는 술집이 번창할 수 있는 한 요인으로도 작용했다고 보인다.

그리고 1980년대 이후에 일어난 중요한 특징 중의 하나는 술집의 범위가 일반 주거지인 주택가로까지 확장된 것이다. 술집의 주택가 침투는 비단 카페뿐만 아니라 가라오케나 단란주점의 경우에도 현저히 나타나는데, 이러한 현상이 나타나는 주된 이유 중의 하나는 1980년대 들어와 자가용이 보편화되면서 음주 단속에 대한 규제가 강화되었기 때문이다. 이것은 특히 중산층이 밀집해 있는 고급 아파트 지역 주변에서 흔히 찾아볼 수 있는 현상이었다.

다른 한편 빈곤과 결핍을 경험하지 못한 신세대에게 대중소비주의와 접목한 사회적 분위기는 새로움을 추구하는 그들의 감성과 결합되어 더욱 다양한 형태의 술집을 생성시킨 것으로 보인다. 앞 장에서 살펴본 바와 같이 젊은이 전용의 디스코텍, 록카페, 나이트클럽의 등장이 대표적이며, 외제 면세품 맥주를 파는 신세대 카페나 칵테일바 등도 있었다.

그런데 신세대들이 즐겨 찾는 술집이 기성세대의 술집과 일정하게 차별성을 보이는 것은 개별화와 사사화(私事化) 현상이 두드러진다는 것이다. 물론 성인들의 세계에서도 과거에 비해 이러한 경향이 증가하지만, 신세대들에게는 더욱 특징적으로 부각된다. 이것은 기성세대를 배제하는 젊은이 전용 술집의 등장에서도 찾아볼 수 있고, 대학가 앞 술집의 실내 공간구조의 배치에서도 찾아볼 수 있다. 즉 대학가 앞의 술집 실내 공간이 과거에는 많은 사람이 앉을 수 있도록 배치가 되었으나 이러한 유형의 술집은 점차 줄어들고 개별적으로 끼리끼리 앉아서 자기 취향대로 마시는 술집이 증가했다는 데서 나타난다. 또한 술잔을 돌리거나 권하는 기성세대의 음주 관행이 신세대에서는 거의 사라진다.

1980년대가 한국인의 생활문화에서 지니는 의미는 매우 크다. 중장년층에게는 가난과 결핍 및 성장 이데올로기 속에 복류되었던 잠재된 감성의 폭발을 맞이하는 시기이고, 신세대에게는 내면적인 감성의 표출이 자연스럽다는 감각을 보편화시키는 시기이기 때문이다. 특히 여가향유 능력에 대한 훈련이 결여된 기성세대에게는 술집이라는 것이 자아를 확장하는 재창조의 공간이기보다는 단지 스트레스 해소와 기분전환의 장소로서만 기능하는 측면이 적지 않았다. 또한 대화나 토론문화가 성숙되지 못한 현실에 주어진 공간을 꽉 채우는 시끄러운 노랫소리와 쇼걸(show girl)과 여종업원의 교태는 어색함의 빈 공간을 메워주기에 용이했다. 이렇게 단순 오락적이고 소비적인 술집 문화가 확산된 데에는 무엇보다 사회적인 스트레스가 그만큼 크다는 것을 방증한다.

치열한 경쟁 사회에서 일의 영역에서 오는 스트레스, 인구 밀도가 높고 수천 년의 역사 속에 예법 문화의 발달에서 오는 인간관계의 스트레스, 급격한 사회 변동으로 안정된 시민사회의 규범이 결여되는 데서 오는 스트레스 등은 한국의 중장년층들에게 자아계발을 위한 여백을 그렇게 많이 남겨 놓지 않았다. 일과 생활에서 오는 중압감이 커질수록 기분 전환의 방식은 더욱더 자극적이고 소모적인 방식으로 행해질 개연성이 크다.

라틴어인 심포지엄(symposium)이라는 용어가 원래 함께 술을 마시는 것이라는 뜻을 지닌 그리스어 심포지아(symposia)와 향연이라는 뜻을 지닌 심포시온(symposion)에서 유래했다는 점을 감안할 때,[23] 술집이라는 공간이 인간성 교류의 장으로서 보다 건강한 생활 문화의 장으로 기능할 수 있는 방안도 앞으로는 진지하게 모색되어 나가야 할 것이다. 이를 위해서는 무엇보다 일의 영역에서 오는 지나친 중압감에서 벗어나야 하고, 여가향유 능력이 성숙되어 억압된 욕구를 해소할 수 있는 다양한 채널이 개발되어 나가야 할 것이다.

---

23) 오늘날에는 이러한 의미보다도 화기애애한 분위기에서 진행되는 학술적인 토론회나 그밖에 신문·잡지 등에서 특정한 테마를 놓고 2명 또는 그 이상의 사람들이 각자의 견해를 발표하는 지상토론회의 뜻으로 널리 통용된다.

제9장

유흥문화:
성의 상품화와 대중화

제9장
유흥문화: 성의 상품화와 대중화[1]

1. 한국 유흥문화의 전반기

남성들 위주로 전개되어온 밤의 향락문화에서 술과 여자는 한 쌍을 이루는 필수요소로 여겨진 때가 있었다. 그리고 또 다른 한 쌍의 필수요소는 바로 춤과 노래이다. 한국은 예전에는 남녀가 껴안고 추는 춤이 없었다. 그런데 미군과 함께 수입된 새 풍속도가 댄스였다. 1950~1960년대에는 댄스를 모르면 문화에 뒤떨어진다는 농담도 나올 만큼 퍼져나갔다. 이러한 배경을 바탕으로 당시에 변화된 성도덕을 반영한 소설이 정비석의 『자유부인』이다. 1960~1970년대 대표적인 춤의 공간은 카바레와 고고클럽이었다. 카바레가 어른들의 전유물이라면 고고클럽은 젊은이들의 춤의 공간이었다(김명환 외, 2006: 80). 경제적으로 풍족하지 못했던 시절에 요릿집과 기생집은 극소수의 있는 사람들의 이야기이고 카바레와 고고클럽은 그나마 특별히 마음먹어야 갈 수 있었던 게 대다수 서민의 사정이었다. 일반적으로 평범한 서민들의 밤 문화는 동네 삼류극장과 라디오 연속극이 대세였다(김명환 외, 2006: 100).

---

1) 이 장은 2019년 서울역사편찬원이 기획한 시민강좌 〈근현대 서울사람들의 여가문화〉에서 필자가 강의하고, 이후 서울역사편찬원(2019)에서 출판한 책 중에서 필자가 쓴 글 「서울의 술과 유흥문화」를 대폭 수정 보완하여 재구성한 글이다.

그런데 술과 유흥문화가 결합된 가장 상징적인 것은 사창가에서 찾아볼수 있다. 한국의 사창가 문화는 일본 제국주의가 한국에 타율적으로 이식한일본식 향락 비즈니스에 연원한다. 오늘의 한국사회 향락문화와 밤 문화의여러 서비스업 중에서도 사창가만큼 한국인 정서에 위배되는 낯선 방식의성매매는 없다. 이유는 원래 우리 고유의 방식이 아니었기 때문이다(김명환외, 2006: 122). 드러내는 일본의 방식과 은근히 숨어서 즐기는 한국의 유흥문화의 차이는 오늘날까지 엄존한다.

과거 우리나라에도 관아에는 관기 제도가 있었고, 양반층을 주로 상대하는 기생이 있었다. 조선시대의 기생은 1패와 2패, 3패로 나뉘었는데 3패가보통 성매매를 전문으로 하는 기생이었다. 조선시대 당시 성매매는 엄연히불법이었으나, 일부 양반 관료의 요구에 따라 기생은 자신의 몸을 바쳐야하기도 했다. 일반 평민들 대상으로는 사당녀나 들병이(들병장수) 등이 있었다. 그러나 우리나라에서는 유교적인 전통에 의해 그렇게 노골적이고 공공연한 매음이 성행하지는 않았다. '남녀유별', '남녀칠세부동석'이란 말이있듯이 조선의 성 문화는 엄격히 사회적으로 통제되고 있었다. 이러한 유교적 전통의 은밀한 분위기가 깨어지는 것은 일제에 의해서였다. 강화도 조약이후 일본의 유곽업자들이 조선 내로 대거 진출하면서 근대 사창이 성립한다. 이러한 일본식 사창은 대한제국기를 거치면서 점차 성매매업으로 발전했다.

우리나라에 최초의 매음 영업을 하는 '유곽(遊廓)'이 등장한 것은 1883년도 남산과 진고개 일대, 회현동, 주자동에서였다. 이들 유곽을 당시 조선 사람들은 '좃또집'(우리말로 잠깐이란 뜻)이라고 불렀는데, 여기에 출입하는 일본 병사들을 가리켜 조선 사람들은 '개, 돼지만도 못한 것들'이라고 비난했다한다. 이때의 풍기 문란은 한양 사회에 큰 물의를 일으켜, 급기야 일본공사관 측에서는 위경조목을 만들어 단속하기도 했다(윤일웅, 1987: 25-26).

서울의 일본식 집창촌은 1894년 청일전쟁 당시에 생겨났다. 묵정동 일대 70평 부지에 일본군 전용 공창가가 생겼다. 일반인들도 출입이 가능한 유곽이 최초로 생긴 것은 1904년경이다. 일제는 1904년 10월 일본공사관 산하 '경성영사관련' 제3호로 사실상 공식적으로는 처음으로 매춘업을 허락하면서 자국의 공창제를 국내에 널리 퍼뜨린다. 일본인 중심의 요정업자 11명이 요리옥 조합을 결성해 사창가 쌍림관이 서울 신마치(新町) 한복판에 문을 연다. 골방 50개에 창녀 50명쯤을 두었다는 쌍림관은 17세 미만 소녀를 매춘시켰다는 죄로 영업정지를 받는다(김명환 외, 2006: 128). 이어 제일루, 개춘루, 청풍루, 월하루, 경성루 등의 윤락가들이 속속 생겨났다. 그리하여 1908년 2월 1일 자 〈대한매일신보〉에는 "서울시내 거류하는 일본녀자 중에 매음녀가 많아서 조선사람의 재산을 털어내며 사람들의 마음을 현혹하게 하므로 일본녀자의 매음괴습을 철저히 엄금해야 하겠다"라는 기사를 싣고 있다(김내창, 1978: 51-52).

한편 1909년도에는 관기 제도가 공식적으로 폐지된다. 이에 한국의 기생들은 '기생조합'을 만들게 되는데, 당시에 대표적인 것은 다동조합, 광교조합, 한성조합 등이 있었다. 이러한 기생조합은 국권침탈 이후, 1914년에는 '권번'이라는 일본식 이름으로 변경된다. 예컨대 다동조합은 다동권번으로, 한성조합은 한성권번으로 이름이 바뀌게 된다. 그리하여 일제는 한국의 기생들을 제도권 내로 편입시켜, 모든 기생은 당국으로부터 허가증을 받아 권번에 적을 두어야 영업을 할 수 있게 했다(윤일웅, 1987: 164-165).[2]

국권침탈 이후 일제의 조선총독부는 1911년 5월 9일 '예기창녀작부취체

---

2) 당시 모든 기생은 10원에서 20원 정도 입회비를 내고 권번에 가입한 뒤 매달 50전 정도의 회비를 내어야 했다. 참고로 말해보면 당시의 쌀 한 가마 값은 7원 50전이었다.

규칙'을 공포하여, 거기에서 '16살 이상의 여자는 작부나 창녀가 될 수 있다'
라고 규정한다. 1913년 당시 일제총독부의 보안과에서 발표한 자료에 의하
면, 조선에 창녀는 3,348명(조선인 1,091명, 일본인 2,245명, 기타 12명),
예기는 2,000명(조선인 766명, 일본인 1,234명) 작부는 1,616명이었다(김
내창, 1978: 52). 여기서 나타나는 바와 같이 일본인의 창녀 수는 조선인의
창녀 수보다 2배 이상이나 되며 예기도 1.5배가량 된다. 그리고 그 10년 뒤
인 1924년에 오면 1913년에는 3,348명이던 창녀 수가 8,304명으로 증대
한다. 그중 일본 여성이 4,891명(기생 1,651명, 창기 2,406명, 작부 834명)
이고, 조선 여성이 3,413명(예기 1,313명, 창기 1,042명, 작부 931명)이었
다(동아일보, 1924.5.9.). 이러한 통계자료에서 우리가 주목할 것은, 약 10년
간에 걸쳐 공창(公娼)의 수가 2배 이상 늘어났을 뿐만 아니라 일본인 창녀가
절대다수를 차지한다는 점이다. 여기서 우리는 일제가 지속적으로 일본 본
토에서 창녀들을 계속 끌어들여 왔다는 사실을 확인할 수 있다. 여기에 대
해 당시의 〈동아일보〉는 다음과 같이 전한다.

"조선전도에 몸과 노래를 파라서 남자의 지갑을 상대로 생
계를 세우는 기생 창기 등 화류촌의 식구가 몃사람이나 되겟
는가? 일본이 세계뎍으로 치욕을 밧는 소위 니혼무스메(日本
娘)의 세력은 얼마나 부식이되야 수만흔 무치한 남자들을 끄
러드리는 인육의 저자(人肉의 市)가 날마다 밤마다 열리는가
조선에 창기가 번창하기도 일본사람에게 밧은 덕택 중에 한
아이니 그 수를 살필때에 새로히 그늣김이 깁허진다. … 실
로히 조선에 잇서서 조선녀자보다 일본녀자의 수효가 일천
오백명 가량 더 만흐니 이것만하야도 일본녀성이 세계에 퍼

지어서 얼마나 화류계에 큰 세력을 가젓는지를 미루어 알 수
잇다."(동아일보, 1924.5.9.)

　우리는 여기서 일제에 의해 우리나라에 정착한 공창제도의 역사적 의미
를 다음과 같이 압축해서 말할 수 있다.[3] 일제에 의해 정착된 공창제도는,
전통적으로 폐쇄적인 우리의 성 문화를 부식시켜, 앞으로 한국사회에서 매
춘행위를 공공연한 사회의 장으로 끌어내도록 하는데, 결정적인 계기를 마
련했다고 볼 수 있다. 그리고 이것은 이후에 일본인들이 '기생관광'으로 한
국을 찾는 데로 그 맥이 이어진다.

2. 해방 이후 고도성장기의 유흥문화

　8.15해방 이후 우리나라에 주둔한 수십만 미군의 존재도 공창제도를 유지
하는 데 일조했다. 예전의 일본군 주둔지에 미군이 주둔하게 되면서, 일제강
점기에 형성된 일본군 주둔지 주위의 기지촌 또한 지속됐다. 기지 주변에는
주한 미군을 상대로 하는 소매업과 유흥업이 성행했고, 미군을 상대로 한 성
매매 또한 번창했다. 당시 미군정은 일제강점기에 제정된 접객 여성 등록 검

─────────

3) 일본의 성 문화는 우리의 전통적 시각에서 보면 납득하기 어려울 수 있다. 김용운에 의하면 일본에
서는 메이지 유신 때, 국가에 세금을 낼 수 없을 정도의 빈농 가정에서는 공식적으로 그 집의 딸을 세금
대신 바칠 수 있게 했다고 한다. 그리하여 국가에서는 그녀들에게, 이른바 우리식으로 말하면 기생교육
을 시켜, 외화 획득과 스파이 임무를 부여하여 다른 나라에 파견했다는 기록이 있다. 그리고 일본에서
는 며느리가 시아버지 등을 밀어주는 풍습이나 근친혼의 풍습이 있다던가, 아직까지 남녀 간의 '혼욕'이
남아있다던가, 수많은 일반 대중을 상대로 하는 일간 스포츠 신문에 공공연히 매춘광고를 싣는다던가
하는 등의 성에 대한 개방적 행태를 보인다는 점에서 우리의 성 문화와는 크게 구별된다.

진 규정을 유지했고, 공창 및 사창 폐지에는 별다른 관심이 없었다. 미군이 있는 곳에는 '유엔 마담', '유엔 사모님', '양공주', 심지어 '양갈보'라는 말을 들었던 성매매 여성들이 있었다. 1954년 치안국 보안과 통계로 전체 매춘여성은 17,300명이었으면 그중 상당수는 미군의 상대였다(위키백과, 2021a).

한편 미군과 함께 수입된 새 풍속도가 댄스였다. 한국은 예전에는 남녀가 껴안고 추는 춤이 없었다. 그런데 1950~1960년대에는 댄스를 모르면 문화에 뒤떨어진다는 농담도 나올 만큼 퍼져갔다. 여기저기 무허가 강습소가 생겨났다. 경찰에 의한 비밀댄스홀 습격도 종종 보도되었다. 당시 댄스홀은 불륜의 온상지로 부상하고 이를 대상으로 충격적인 사건이 하나 터진다. 유명한 박인수 사건이다.

박인수 사건이란, 대한민국 제1공화국 정부 시기였던 1950년대 중반에 대한민국 현역 해군 헌병 대위를 사칭한 박인수가 70여 명의 여성과 무분별한 성관계를 가졌던 성추문 사건을 말한다(위키백과, 2021b). 박인수는 단 한 명의 여성만이 처녀였다고 자신의 결백을 호소 및 주장하였으며 1심에서는 무죄, 2심과 3심에서는 1년의 징역형을 선고받았다. 박인수는 군에서 해병대 헌병 중사로 전역한 1954년 4월부터 불과 1년 남짓한 사이에 70여 명의 여성과 관계하였다. 훤칠한 키의 미남자였던 박인수는 헌병으로 복무 시절 익힌 사교춤 실력으로 여성들을 유혹했는데, 법정에서 검사가 '혼인을 빙자한 간음'이라고 주장했으나, 박인수는 이를 부인하였다. 박인수는 "자신은 결혼을 약속한 적이 없고, 여성들이 스스로 몸을 제공했다"라고 하면서 그 많은 여대생은 대부분 처녀가 아니었으며 단지 미용사였던 한 여성만이 처녀였다고 주장하였는데 이런 박인수의 주장은 '순결의 확률이 70분의 1이다'라는 유행어를 낳으며 세상의 큰 관심을 모았다. 이에 1심 법정은 "법은 정숙한 여인의 건전하고 순결한 정조만 보호할 수 있다"라고 하면서 혼인빙자간음죄에 대해서는 무죄를 선고하고, 단지 공무원 사칭에 대해서만 유죄를 선고하여 2만 환의 벌금형에 처하였다. 그러나 2심, 3심에서는 유죄가 선고, 1년의 징역형이 확정되었다. 1950년대 당시에 불륜의 대표적인 장소로 댄스홀이 부각되었고, 이 장소는 1954년 1월부터 8월까지 〈서울신문〉에서 연재된 정비석의 소설 「자유부인」의 주 무대로 등장한다.

한편 1960년대에 들어오면 한국사회에는 매우 큰 변화가 일어난다. 경제개발정책이 본격적으로 시행되면서 사회구조가 급격히 변하기 때문이다. 산업화와 도시화로 이촌향도(離村向都) 현상이 가속화되고, 이에 따라 한국의 유흥문화도 크게 변모한다. 한국 밤 문화의 변화를 선도한 곳은 서울, 부산과 같은 대도시였다. 현대사의 격변 속에 1960년대는 한 마디로 술 권하는 사회였다. 이때 일어난 향락·퇴폐업소의 팽창은 한국의 불균형 고도 경제성장 정책에서 일차적인 요인을 찾을 수 있다.

우리나라 경제개발정책의 주요 특징은 국가 주도, 대외의존적, 성장 위주, 대기업 중심 등의 특징을 갖고 있다. 정부는 수출 촉진을 위한 수출경쟁력 확보라는 명분으로 저임금을 강요하고, 이를 위해 저곡가 정책을 실시했다. 저임금 정책으로 인한 제조업 부문에서의 저임금 수준은 건전한 취업 기회를 부족하게 하여 젊은 여성들이 향락산업으로 몰리게 하는 주요한 요인으로 작용한다. 또한 저곡가 정책은 농촌을 낙후시킨 주요인이며, 이농을 촉진해 향락산업에도 풍부한 노동력을 제공할 수 있는 물적 토대로 작용한다. 어느 시대나 그렇듯 매매춘 여성들은 빈민층 여성들이 주를 이룬다. 식민지 시대엔 일제의 농지 수탈로 인해 정처 잃은 농촌 여자들이 광산촌 어촌 등지로 흘러들어 몸을 팔고 작부 노릇을 하기도 했다. 6·25전쟁 이후 빈민층이 많아지면서 무작정 상경한 빈농의 딸들이 서울 사창가로 대거 유입된다.

그런데 한국에서 향락·퇴폐업소의 증대는 이와 같은 구조적 요인뿐만 아니라, 정부 차원에서도 조장해 왔다는 점에, 그 특수성을 찾을 수 있다. 법률적으로 보면 대한민국 임시정부가 결성되자마자 공창제를 폐지한 적이 있다. 하지만 정작 대한민국 정부는 6·25전쟁이 발발한 이후 정부 차원에서 사창가를 운영하는 행위를 보여준 사례도 있고, 공창제와는 별개로 우리나라에서 1961년의 윤락 방지 및 풍속에 관한 법률이 생기기 전까지 매춘이 불법은 아니었다. 이승만 정부 때까지는 매춘 자체가 도덕적으로 문제가 되기는 하지만 법적 규제의 대상은 아니었다. 당시 고관대작들이 요정에 드나든다거나 하는 일이 법적으로는 문제가 되지 않았다.

그러나 1961년 5.16 군사쿠데타로 집권한 박정희 정부는 윤락행위 방지법을 만든다. 이 이전까지는 매매춘이 상당히 공공연히 드러나 있었지만, 법안 발효 이후로는 점점 변형되어서 술집을 가장한 유곽으로 변형된다. 이렇게 변형에 변형을 거듭해서 집창촌이 탄생한다. 그런데 1961년에 정부는 윤락행위 방지법을 제정해서 성매매를 법적으로는 금지했지만, 이걸 면제해주는 지역을 설정했다. 성매매를 허용하는 특수 지구를 여러 군데 설치했고, 이 중 상당수는 미군기지 인근이었다. 1960년대엔 기지촌 성매매 수입이 한국 국민총생산의 25%를 차지할 정도로 미군 위안부는 한국 경제에서 큰 비중을 차지했다(위키백과, 2021a). 박정희 정부 또한 외화를 벌기 위해 미군 위안부와 기지촌 여성을 직접 관리했다는 사실도 확인되었다.[4] 1960년대 중반 한국에는 대략 3만여 명의 기지촌 성매매 여성들이 존재했던 것으로 추정된다. 1962년 5.16 군사정변의 주요세력이 전국에 총 104개의 특정 윤락 지역을 설치했지만 10년 만에 폐지되고 오늘날 청량리588, 미아

---

4) 2013년 11월 국회 여성가족위원회 소속 민주당 유승희 의원에 의해 이날 1977년 박정희 대통령이 친필 결재한 '기지촌 정화대책'을 국가기록원으로부터 제출받아 분석한 결과, 박정희 정부가 외화를 벌기 위해 미군 위안부와 기지촌 여성을 직접 관리했다는 사실이 확인되었다.

리, 천호동 텍사스촌, 용산 등에 그 일부가 남아있다. 현재는 성매매 특별단속법의 철퇴를 맞아 서울의 윤락가는 공식적으로 거의 문을 닫은 상태로 음성적 영업만을 하고 있다(김명환 외, 2006: 130).

한편 정부의 묵인 아래 진행된 매매춘은 미군 기지촌뿐만 아니라 일본인을 주된 고객으로 한 '기생관광'에서도 찾아볼 수 있다. 기생관광을 전문으로 하는 대형 관광요정이 정부 지원으로 1980년까지 27개소가 번창했다. 또 정부 투자 기관인 국제관광공사가 후원하고 관광협회가 주최하는 관광기생 지원자들에 대한 대규모의 소양교육이 정기적으로 실시되었다. 이 소양교육에서 강사로 초청된 저명한 인사나 교수들은 매춘관광이 경제발전에 요긴한 외화를 벌어들이는 애국행위라고 칭송하였다고 한다(이덕승, 1990: 12-13). 또한 윤락행위 방지법까지 있는데도 불구하고 '접객원증명서'를 가진 아가씨들은 외국인에게 몸을 팔아도 법 집행이 보류되고 있었다(이덕승, 1990: 31).

이러한 기생관광에 대한 정부의 묵인 및 조장은 자연스럽게 '기생 수출'이라는 현상을 파생시킨다. 국내에서 정부가 조장하는 기생관광은 한국의 술집 여인들에게 또 다른 성의 상품시장을 해외, 특히 일본에서 구하게 한다. 한때 종로 바닥에서는 '고전무용 강습소'가 만원을 이루기도 했다. 왜냐하면 기생직은 해외여행의 이유나 목적이 되지 못하므로 예술인 취업활동이라는 명목을 붙여야 했기 때문이다. 그래서 당시 서울 중심가에서는 '예술인 해외취업 알선'이라는 간판이 붙은 사무실이 적지 않게 발견되었다(윤일웅, 1987: 182). 물론 당시에 일어 강습소도 일본으로 건너가기 위해 일본어를 익히는 술집 여성들로 붐비기도 했다. "한국 여성은 경제건설에 필요한 외화를 획득하기 위해서 몸을 바치고 있으며 특히 한국의 기생 호스티스가 대거 일본에 진출해서 몸을 바치며 분투하는 애국 충정은 훌륭한 것이다." 이 내용은 1973년 10월 26일 자 주간 〈아사히 신문〉이 「기생의 분투에 문교부 장관이 최대의 찬사」라는 제목으로 당시 문교부 장관이었던 민관식이 일본을 방문 중 동경에 있는 한국학원을 둘러보고 운영이사회에서 연설한 연설문을 인용 보도한 것이다(윤일웅, 1987: 181-82).

한편 정부의 묵인·방조 하에서 조장되는 향락·퇴폐업은 다음과 같은 점에서도 찾아볼 수 있다. 우리나라 세법에는 기업 매출액의 일정 부분을 공식적인 접대비로 인정해 주고 있다. 그러나 기밀비, 판공비, 광고비 등 갖가지의 명목으로 접대비를 위장하여 손비 처리하고 있기 때문에 실제의 접대비는 신고된 접대비를 훨씬 초과하고 있다는 것은 공공연한 비밀이다(이덕승, 1990: 10). 이와 같은 제 요인들, 즉 앞서 말한 불균형 고도 경제성장 정책이라는 구조적 요인 이외에도 외화 획득을 위한 정부의 '기생관광'의 묵인 및 조장, 기업의 접대 문화 등이 향락·퇴폐업을 확산시킨 주요한 한 요인이다.

또한 향락·퇴폐업소의 증대가 가속화되는 한 요인으로서는, 한국 자본주의의 왜곡된 발전 과정에서 파생된 건강한 노동윤리의 부재 현상도 들 수 있다. 즉 한국 재벌들의 형성과정이 건강한 기업 운영으로 형성된 것이 아니라 각종 금융 특혜나 부동산 투기로 부를 축적함으로써 건강한 노동관이 사회적으로 보편화될 수 있는 길을 위에서부터 차단해버림으로써 그 파급효과는 적지 않을 것으로 추정된다. 한 예로 1987년대 땅값 상승으로 발생한 이득은 34조 원으로서 같은 해의 근로소득의 85%에 달하였다(이덕승, 1990: 12). '쉽게 번 돈은 쉽게 써진다'라는 말이 있듯이, 부동산 투기 등으로 쉽게 벌인 돈이 유흥오락비로 지출될 개연성이 크다.[5]

─────────

5) 1980년대 중반에 향락업소 이용실태에 관한 대표적인 조사에 의하면 다음과 같은 결과가 나타난다. 현대사회연구소가 1984년 8월 공무원 634명과 회사원 204명을 대상으로 설문 조사한 결과 조사대상 회사원의 72.5%와 조사대상 공무원의 27.9%가 룸살롱을 이용한 경험이 있다고 했고, 퇴폐이발소의 경우 회사원의 44.1%, 공무원의 24.2%가 이용 경험이 있다고 답하였다.

나아가서는 이러한 현상이 근로의욕 감퇴의 주요 요인으로도 작용할 수 있다는 점이 문제의 심각성을 더해준다. 근로의욕의 감퇴는 어렵고, 더럽고, 위험한 일을 피한다는 이른바 3D 현상을 초래케 하는 한 요인으로 작용하게 된다.[6] 이러한 사회적 배경이 오늘날 한국의 여성들을 힘들고 어려운 2차 산업보다, 3차 산업인 퇴폐·향락업으로 더욱 손쉽게 흡수되는 하나의 요인으로 작용한다고 볼 수 있을 것이다.

다음에는 제3공화국 시절 최대의 섹스 스캔들로 남아있는 '정인숙 피살사건'에 대해 살펴보자. 왜냐하면 이것은 당시 한국 최고 권력자들의 이면 세계를 가장 상징적으로 말해주는 섹스 스캔들 사건이기 때문이다.

정인숙 사건은 제3공화국 당시의 의문사로 고급 요정 종업원인 정인숙이 1970년 3월에 교통사고를 가장하여 피살된 사건이다(중앙일보. 2010.9.9.; 위키백과, 2020). 피해자 정인숙(본명: 정금지)은 총상으로 사망하였고 그의 차를 운전하던 넷째 오빠 정종욱은 넓적다리를 관통당했으나 생존해 있었다. 당시 26세였던 정인숙에게는 3살 된 아들이 1명 있는 것으로 확인되었는데, 아이의 아버지에 대해서는 당시 정부의 한 유력인사가 지목되기도 했다. 정인숙은 당시 한일회담도 이루어진 선운각 등 최고급 요정에서 호스티스로 일하고 있었다. 그런데 수사 과정에서 정인숙의 자택에서 발견된 포켓용 수첩과 장부에 적힌 명단 때문에 희대의 정치스캔들로 확대된다. 당시 정인숙의 수첩에는 박정희 대통령, 정일권 국무총리, 김형욱 중앙정보부장, 박종규 대통령 경호실장 등 5.16 주체 세력들과 장관, 차관급 인사들, 대한민

---

6) 1990년도에 전국 제조업체 노동자 2천 명을 대상으로 조사한 결과에 의하면, 조사대상 노동자의 31.3%가 지난 3년과 비교해서 근로의욕이 감퇴하고 있다고 응답했으며, 근로의욕 감퇴의 주된 이유로 대부분의 노동자는 물가 불안, 투기 심리의 만연, 정치·사회 불안 등을 꼽고 있다(한겨레신문, 1990.11.30.).

국 국군 장성, 5대 재벌그룹 회장, 국회의원 등 주요 인사 27명을 포함한 권력 실세들 수십여 명의 이름과 연락처가 적혀 있었던 것이다. 당시 1주일 후에 나온 검찰 수사 결과에 따르면, 범인은 오빠 정종욱인 것으로 지목되었다. 정종욱은 정인숙의 운전기사 노릇을 하면서 정인숙의 문란한 행실을 지적했으나, 정인숙이 말을 듣지 않고 자신에게 심한 폭언을 가하자 가문의 명예를 위해 누이동생을 암살하고 강도를 당한 것처럼 위장하려 했다는 것이다.

정인숙의 아들 정성일은 1985년 도미했다가 1991년 전 국무총리 정일권을 상대로 친자확인소송을 제기하기도 하였으나 돌연 소를 취하한 후 미국으로 떠나 피살사건의 의혹은 밝혀지지 않고 있다. 사건에 대한 의혹은 지난 50년간 계속됐다. 당시 사건 수사가 정인숙 여인 주변에 대해서는 전혀 이뤄지지 않았다. 오빠의 범행동기가 석연치 않았으며 중요한 범행 현장인 사고 차량은 사건 발생 몇 시간 만에 다른 곳으로 치워버렸다. 무엇보다 범행도구인 권총조차 발견하지 못했다. 정인숙 살해 혐의로 1심에서 사형, 2심에서 무기징역을 받은 뒤 1989년 가석방으로 풀려난 정종욱은 당초의 진술을 번복했다. 2000년 MBC 다큐멘터리 〈이제는 말할 수 있다〉와의 인터뷰에서 그는 "'국무총리실에서 심부름 왔다'라는 저격수에게 동생이 살해당했다"라고 주장했다.

정인숙의 오빠 정종욱은 19년의 형기를 마치고 출옥하고 난 뒤 "동생과 관계했던 고위층이 뒤를 봐준다고 했다는 아버지의 회유로 거짓 자백을 했을 뿐, 집 앞에 있던 괴한들이 동생을 살해했다"라고 주장했다. 이런 숱한 의문점 때문에 정인숙 사건은 단순 살인사건이라는 수사기관의 발표에도 불구하고 '권력기관에 의한 살인'이라는 세간의 의혹을 잠재우지 못한 채 지금까지도 한국 현대사의 미스터리 사건으로 남아있다. 2010년 2월 〈중앙일보〉 측에서 어렵게 만난 오빠 정종욱은 "억울해서가 아니라면 수감생활까지 다 마치고 나와 '내가 쏘지 않았다'라고 얘기하겠냐"라며 그의 결백을 주장했다. 당시 70대 중반에 들어선 그는 "이제 시간이 얼마 남지 않았다"라며 "마지막으로 재심청구를 통해서라도 명예회복을 하고 싶다"라며 억울함을 호소하였다. 정인숙은 당대 최고 권력층과 염문을 뿌린 것으로 알려지게 됐으며 그녀의 숨겨진 아들의 아버지가 누구냐를 놓고 여러 설이 나돌면서 이 사건은 제3공화국 최대의 스캔들로 비화되었다. 정인숙 사건이 발생하게 된 주요 배경에는 당시에 수많은 정치적, 경제적 이권을 둘러싸고 은밀한 거래가 이루어지던 '요정 정치'라는 것이 있었다.

1950년대부터 1980년대에 이르기까지 우리나라는 이른바 '요정 정치'의 시대였다. 요정은 기생을 두고 술과 요리를 파는 집인데, 일제강점기에 일본의 영향을 받아 생겨났다. 한자로는 요정(料亭)이라고 하는데 원래 일본에서 쓰이던 한자어 '료테이(りょうてい)'를 한국식으로 읽은 것이다. 예전에 정치인들은 이곳에서 여자를 끼고서 정치와 관련된 비밀스러운 대화를 나누었다. 그래서 일명 '요정 정치'라고도 불리었는데, 현대의 룸살롱에 비견되는 곳이다. 이전부터 이런 고급 요릿집이 일종의 안전가옥 역할로서 정치판의 고급 정보 및 위험한 정보들이 오가는 곳이기도 했다.

역사적으로 유명한 요릿집(요정)으로는 대원각, 청운각, 삼청각, 선운각, 오진암, 명월관, 태화관, 동래별장 등이 있었다. 1980년대까지 밀실정치 3대 요정하면 대원각, 삼청각, 그리고 선운각이었다. 선운각은 원래 김재규의 내연녀였던 장정이가 1967년 개점했는데, 정인숙 피살사건의 정인숙이 근무했던 곳으로도 유명했다. 전성기 시절엔 국악전공 대학생들의 아르바이트 장소로도 각광받았다. 물론 접대부 말고 말 그대로 국악기 연주하는 일을 말한다. 접대부는 전통문화를 유지한다는 이미지도 있어, 한복을 입고 일한다는 것도 특징 중의 하나였다. 1970년대에는 이른바 '기생관광'의 육성을 위해 세금 혜택을 받기도 했으며, 서울시의 고급 요정에서 성매매를 한 것이 무더기로 적발되어 화제가 되기도 했다. 이러한 요정들은 1990년대까지도 정치인·기업인 등 유명 인사들의 사랑방 역할을 했다. 하지만 요정은 외국 관광객들이 몰려오면서 '기생 관광'으로 외화벌이를 한다고 국내외 언론의 도마 위에 오르기도 한다. 현대로 오면서 룸살롱의 시대가 열리자, 요정은 고급 요릿집이나 일반음식점으로 변신하기도 하고, 문화재 시설로 지정을 받은 곳은 요정 이미지에서 탈피해 전통문화 공간의 이미지로 변신하기도 한다. 아무튼 고급 요정은 한때 한국 최고의 권력자와 재벌들의 놀이터였고, 은밀한 거래와 성적인 욕구를 해소하는 장소였다.

3. 1980년대 유흥문화의 대중화

'유흥산업' '향락산업'이라는 용어는 1980년대부터 본격적으로 사용되었다. 두 단어는 법적, 학술적 용어의 지위를 차지하지는 못했지만, 1984~1985년부터 언론을 통해 광범위하게 유포되었다(박정미, 2016: 33). 유흥 및 향락산업은 당구장부터 룸살롱까지 비생산적인 서비스산업을 통칭하는 넓은 의미로 사용되기도 했지만, 대개는 남성이 화폐를 지불하고 여성의 접대와 시중을 받는 업종, 특히 여성의 성적 서비스가 포함된 업종을 지칭한다. 이러한 유흥향락산업이 본격적으로 대중화된 것은 그 용어의 확산에서 볼 수 있듯이 1980년대부터였다.

1980년대 유흥향락산업의 유행을 선도했고, 그로 인해 비난 여론의 집중 포화를 받은 곳은 서울 강남이었다. 당시에는 주로 영등포의 동쪽이라는 의미에서 영동(永東)으로 불렸던 강남 일대에는 룸살롱과 카바레, 디스코클럽 등이 범람하기 시작했다. 강남의 다양한 유흥 향락업소 중 가장 주목을 받은 것은 고급 룸살롱이었다. '미모와 교양'을 갖춘 호스티스가 접대하는 대형 룸살롱은 여론의 질시와 비난의 대상이 되었다. 요정, 바, 카바레가 주를 이루던 유흥음식점 업계에 서양식 인테리어와 밀실을 갖추고 '호스티스'를 고용하여 양주와 맥주를 판매하는 룸살롱이라는 새로운 형태의 업소가 등장한 것은 1960년대 말로 보인다.

명동이나 무교동 등 서울 중구에 집중되었던 룸살롱이 강남의 상징으로 부상한 것은 급속도로 추진된 강남 개발의 결과이다. 1970년대 초 정부는 강북 인구를 분산한다는 명목으로 건축물 신축과 개축을 금지하는 한편, 강남을 발전시키기 위해 다양한 특혜를 베풀었다. 이에 따라 강북 유흥음식점의 상당수가 규제가 적고 감세 혜택도 받을 수 있는 강남으로 이전했다. 1970년대 후반 강남 룸살롱은 다른 지역에 비해 시설과 규모 면에서 월등하다는 평판을 받았다. 또한 유흥음식점 주변에 고급 숙박시설과 안마시술소, 사우나탕이 입지하여 강남은 거대한 유흥가로 재탄생했다(박정미, 2016: 40-41).

한편 1980년대에는 서울 등 대도시뿐만 아니라 농어촌에도 유흥음식점과 다방이 신문과 잡지에서 집중적으로 보도될 정도로 '사회문제'로 부상했다. 서울의 룸살롱을 모방하여 접대부를 고용한 주점이 농어촌에서도 증가했을 뿐만 아니라, 다방이 룸살롱과 유사한 기능을 수행했음을 지적했다. 성매매를 주선하는 시골 다방은 '티켓다방'으로 불렸다(박정미, 2016: 42). 농촌의 보수적 분위기로 노골적인 전업형 성매매업소 대신 다방과 같은 위장이 필요했던 것이다. 이렇듯 1980년대 한국 사회는 대도시뿐만 아니라 농어촌 역시 남성의 성적 욕망으로 충만했다. 바야흐로 남성 대중을 위한

'쾌락의 시대'가 개막한 것이다. 그런데 대중적 차원에서 전국적으로 한국 유흥문화의 판도를 바꾸어버린 것은 가라오케와 노래방, 단란주점의 등장이다.

초창기 노래주점인 가라오케에서는 노래 부르는 순서를 애타게 기다려야 했고, 여종업원과의 스킨십은 원천적으로 불가능했다. 왜냐하면 여종업원은 원탁 테이블 내부에 있었고, 그 외부에 손님들은 둘러앉아 술 마시고, 노래를 부르는 공간 구조였기 때문이다. 가라오케를 물리치며 새롭게 등장한 노래방은 내부 구조가 여러 개의 룸으로 구성되어 있었기 때문에 노래 순서를 기다릴 필요는 없었다. 비록 불법적이긴 하지만 술을 팔거나 손님이 직접 가져와서 마시는 경우도 적지 않았다. 그런데 여기에 전혀 새로운 현상이 부가된다. 여성 도우미의 등장이 그것이다.

정부에서 단란주점에 관한 법령을 제정한 것 자체가 불법 변태영업을 한 노래방의 수가 그만큼 많았다는 것을 방증한다. 물론 단란주점은 '성인을 위한 건전 유흥문화 정착을 위해' 술을 마실 수 있는 노래방을 마련해 새로운 형태의 주점으로 신설할 수 있도록 한 것이었다. 그러나 룸식 단란주점이 확산되면서 여성 도우미를 찾는 곳이 많아진다. 특히 노래방과 룸식 단란주점의 여성 도우미는 개별적인 접촉이 가능했기 때문에 어떤 경우는 매매춘으로까지 이어지기도 했다.[7] 이러한 현상은 개인 통신수단인 삐삐 이후에 핸드폰이 보편화되면서 사적영역에서 연락이 가능해졌기 때문이기도 하고, 특히 IMF 이후에 곤궁한 살림살이를 보충하려는 유부녀, 중년 여성층이 중요한 배후지 역할을 했기 때문이기도 하다. 이른바 '아줌마 도우미'의 등

---

7) 노래방과 단란주점의 여성 도우미는 주로 '보도방'을 통해 공급된다. 그러나 개인 호출기(삐삐)와 핸드폰이 대중화되면서 사적인 영업도 가능해진다. 물론 보도방에 종속되어 있을 때는 시간적으로 엄격하게 통제된다.

장은 사회적으로 중요한 의미를 지닌다. 노래하는 술집의 확산과 함께 성의 상품화, 성의 대중화 현상이 현저해졌기 때문이다. 아줌마 도우미는 IMF 이후 노래방과 룸식 단란주점에서 만연하게 된다.

물론 노래주점이 성의 상품화와 대중화를 유발한 유일한 요인은 아니다. 일찍이 80년대 전반기에 이미 각종 퇴폐적인 성인 쇼의 범람, 여종업원이 술시중을 드는 카페의 주택가 침투, 퇴폐이발소의 생활 주거지 침투 등이 있었다.

> "지난해(1987년:저자 주)부터 일기 시작한 붐을 타고 고급아파트촌 일원에 앞다투어 생기고 있는 카페형식의 주점들이 접대부고용·밴드동원·바가지요금 등 변태영업을 일삼고 있다. 이들 주점들은 낮에는 음식과 코피류, 밤에는 간단한 주류를 팔게끔 허가된 대중음식점들이다. 그러나 최근 아파트촌 일원에 설립붐이 일어 손님끌기 경쟁이 심해지면서 밀실은 예사로 대학생접대부 까지 고용, 요리집보다 비싼 술값을 받는 등 사실상 유흥음식점 형태의 변태영업에 탈세까지 일삼고 있다. … 이 같은 변태영업은 남천동 아파트촌 일원·광안리·대연동 등 고급주택가 주변이 가장 심하다."(중앙일보, 1988.3.16.)

성의 대중화와 상품화가 현저해진 것은 여러 가지 요인이 복합된 결과였다. 야간 통행금지의 해제로 심야영업을 하는 술집이 확산될 수 있었던 이유도 있지만, 경제적인 소비능력의 향상, 정당성이 결여된 제5공화국의 3S

정책과 2차 및 3차로 이어지는 음주관행[8], 기업의 접대문화, 부동산 투기로 인한 불로소득의 증가, 여가향유능력의 미성숙, 성 규범의 변화, 쾌락을 추구하는 가치관의 확산 등등의 요인이 복합된 것이었다. 특히 이 중에서 성 개방 풍조와 즐기는 가치관의 확산은 우리나라 사람들의 욕구 변화와 밀접한 관계가 있다.

1960~1970년대의 고도 성장기에는 보다 나은 미래를 위하여 현재의 욕구는 억압하거나 지연시키는 것이 당연했다. 상품 구매와 같은 소비행위도 노동의 결과에 의해서만 윤리적으로 정당화될 수 있었다. 즉 현재의 욕구를 참고 땀 흘려 일한 뒤 받은 대가로 물건을 사는 것이 생활윤리로 정당성을 가졌다. 그러나 1980년대의 시점으로 접어들면 소비주의가 접목되면서 욕구의 지연이 아니라 욕구의 즉각적 충족을 요구하는 사회적 압력이 높아진다.[9]

이러한 맥락에서 이제 욕구는 보다 나은 미래를 위해 유보되어야 할 것이 아니라 현재의 시점에서 향유되어야 한다는 현재주의 가치관을 보편화시킨다. 이러한 사회적 분위기가 쾌락주의 가치관을 확산시키고, 나아가서는 성 개방 풍조를 더욱 조장했으리라고 짐작키는 어렵지 않다. 이것은 여종업원을 구하기 위해 한때 인신매매가 성행하면서 커다란 사회문제를 야기 했지만, 1990년대 들어와서는 자발적으로 술집을 찾아오는 여성들이 늘어나면서 술집 여종업원의 공급 범위가 10대와 심지어 초등학생, 가정주부로까지 확장된다.[10]

---

8) 2차, 3차로 이어지는 음주관행은 술 취한 손님들의 욕구를 더욱 자극적으로 해소하는 업소들을 증가시킬 개연성이 크다.

9) 이것의 대표적인 예는 할부판매제도의 발달과 신용카드의 대중화에서 찾을 수 있다.

10) 1991년에 기사화된 한 일간지 따르면, "인신매매로 여자를 구하던 것은 옛날얘기라며 요즘은 일시켜 달라고 찾아오는 10대들을 달래서 돌려보낼 정도로 공급이 충분하다"라고 보도한다(한국일보, 1991.8.12.).

1990년대 전반기에 술집 여종업원들 사이에서는 결혼해서 애 낳고 사는 일반적인 생활양식을 부정하고, 독신주의를 공공연히 표방하는 사람도 적지 않았다. '결혼은 바보짓이다'라는 말이 유행할 정도였다. 더욱이 낮에는 학교에 가거나, 직장생활을 하고 밤에는 부업으로 술집 도우미로 진출하는 경우도 어렵지 않게 눈에 띄었다. 이러한 배경 속에 1997년에 도래한 IMF는 전혀 새로운 여성 도우미 층을 급속히 확충한다. 앞서 말했듯이 아줌마 도우미가 현저해진 것이다. 이제 술집 여종업원의 출신성분의 다양화 현상이 일어난 것이다. 현재의 시점에서 볼 때도 노래방과 단란주점의 여성도우미는 매우 다변화되어 있는 것이 현실이다.

1960~1970년대 생성된 '윤락여성'에 대한 연구들에 따르면, 여성들의 과반수가 초등학교 졸업 이하이고, 전직 중 가장 높은 비율을 차지한 것이 식모와 여공이었으며, 성을 팔게 된 동기는 경제적 이유였다. 이러한 연구결과는 성판매여성의 상당수가 '빈곤하고 무지하며, 생계를 위해 어쩔 수 없이 몸을 판다'는 당시의 사회적 통념과 부합했다.

하지만 1980년대 연구는 성판매여성이 과거의 전형과 크게 달라졌음을 보여준다. 이들 연구에 따르면, 1980년대 '접대부'와 '호스티스'의 다수가 고졸이고, 중산층 출신이었다. 반면 취업 동기는 여전히 경제적 이유가 압도적 1위였다. 하지만 이들의 경제적 동기는 생계형이라기보다는 개인 소비형에 가깝다.

그러나 모든 여성이 '스스로 윤락행위를 선택한' 것은 아니었다. 사기와 기망, 폭력과 강제는 유흥향락산업에 여성을 충원하는 또 다른 경로였다. 특히 1988년부터 언론에는 소녀와 여성을 납치하여 유흥가에 매매했다는 기사가 폭증했다. 언론과 학계, 시민단체는 1980년대 말 인신매매의 증가를 유흥향락산업 팽창의 결과로 해석했다. 곧 유흥향락산업에 대한 남성의 수요에 비해 여성의 공급이 미달하자, 여성을 강제 모집하기 위한 수단으로 납치와 폭력이 증가했다는 것이다.

그러나 또한 인신매매 사건에서 성매매 관련 사례의 비율이 높다고 해서 유흥향락산업에 종사한 여성들의 절대다수가 인신매매되었다고 결론지을 수는 없다. 앞에서 언급한 대다수 연구가 보여주듯, 상당수 여성이 경제적 동기로 '자발적'으로 유흥향락산업에 진입했기 때문이다. 유흥향락산업은 사회적 낙인과 더불어 선불금과 사채, 벌금 등 여성을 통제하고 수입을 착취하는 각종 기술이 만연했음에도, 표면적으로는 고수입을 약속했기 때문에 일부 여성들에게 경제적 대안으로 인식되었던 것으로 추정된다.

그렇다면 유흥향락산업이 1980년대에 급격하게 팽창한 이유는 무엇일까? 그것은 당시 한국 경제구조 및 정부의 경제정책과 깊은 관련이 있다. 첫째, 1980년대 초의 경기 회복과 1980년대 후반의 삼저 호황으로 국민소득이 크게 증가했다. 1980년부터 1989년까지 국민소득은 2.2배 증가해 '단군 이래 최대 성장'을 구가했다. 국민소득의 증가는 유흥향락산업에 대한 수요 증가의 선결 조건이었다. 둘째, 1980년대 한국 경제는 1970년대의 만성적인 자본 부족 상황을 탈피함으로써 내수 확대로 전환했다. 박정희 정부는 중화학공업 투자를 위해 차관과 국민 저축에 절대적으로 의존한 반면, 전두환 정부는 무역흑자와 금융시장을 통해 투자금을 확보할 수 있었다. 소비를 억압하고 저축을 독려했던 박정희 정부와 달리, 전두환 정부는 민간 소비에 대한 규제를 완화하고 내수를 진작하는 정책을 채택했다. 그 결과, 민간 수요의 상당 부분을 차지하는 서비스업의 증가율이 국내총생산의 증가율을 초과할 정도로 서비스업이 팽창했다. 전두환 정부의 소비 규제 완화와 내수 확대 정책은, 1970년대 고도성장에도 불구하고 정부의 소비 억압 정책으로 인해 정체되었던 유흥향락산업이 폭발할 수 있는 조건을 마련했다. 요약하면, 국민소득의 증대는 유흥향락산업에 대한 수요를, 소비 규제 완화와 내수 확대 정책은 유흥향락산업에 대한 공급을 증가시켰다(박정미, 2016: 44).

그러나 소득 증가와 내수 확대로 인한 서비스산업의 팽창이 필연적으로 유흥향락산업의 성장으로 귀결되는 것은 아니다. 따라서 1980년대의 유흥향락산업의 팽창을 설명하기 위해서는, 전두환 정부의 소비 규제 완화 정책의 특징을 좀 더 자세히 살펴볼 필요가 있다. 12.12 군사쿠데타 직후인 1980년 8월, 국가보위비상대책상임위원회는 유흥업소와 접객업소의 할당제와 거리제한제를 철폐했다. 1982년에는 미군정기 이래 37년간 지속된 야간 통행금지가 해제되었다. 시민은 밤의 자유를 되찾았지만, 유흥향락산업 역시 활황을 맞았다. 또한 1983년 정부가 경기부양 대책의 일환으로 은행 금리를 4% 인하하자, 시설투자비용이 적고 단기에 고소득을 보장하는 부동산과 유흥향락산업으로 상당한 자본이 유입됐다. 아울러 아시안게임과 올림픽 대비를 명목으로 추진된 도시재개발은 상업용 건물의 신축을 촉진했고, 신축된 건물의 상당수에 역시 고소득을 보장하는 유흥향락업소가 입점했다(박정미, 2016: 45-46). 이러한 맥락에서 제5공화국에서의 야간 통행금지 해제와 내수 확대 정책은 유흥향락산업을 폭발적으로 증가시킨다. 다음에는 매매춘에 대한 규제 법령에 대해 간략히 살펴보자.

'윤락행위등방지법(淪落行爲 - 等防止法)'은 1961년 11월 9일 법률 제771호로 제정되어 1995년 1월 5일 법률 제4911호로 전문 개정되었다. 그러나 한국 정부는 미군 위안부들은 이 법률의 적용에서 제외시켰다. 성판매자와 성구매자에 대한 처벌이 강화된 것은 1996년 1월 6일에 시행된 '윤락행위방지법개정안'부터이다. 이전에는 판매자와 구매자에 대한 처벌은 실질적으론 벌금과 구류 수준이었다. 2004년도에는 성매매 방지 특별법이 제정됨에 따라 윤락행위등방지법은 완전히 폐지되었다(위키백과, 2021c). 그러나 이

법안은 위헌법률심판이 제청되어 2016년 3월 말 위헌/합헌 여부가 가려졌다. 헌법재판소의 간통죄 규정에 대한 위헌결정 근거가 성적 자기 결정권이었는데, 성매매 방지 특별법 역시 이 문제가 걸려있었기 때문이다.

헌법재판소는 2016년 3월 31일 자발적인 성매매 여성을 처벌하도록 한 성매매 방지 특별법 조항에 대해 재판관 9명 중 합헌 6명, 일부 위헌 2명, 전부 위헌 1명의 의견으로 합헌이라고 최종 결정됐다. 재판관 중 조용호 재판관은 유일하게 자발적으로 이루어진 성 판매자나 매수자는 둘 다 처벌할 수 없다는 가장 진보적인 입장을 취했다. 하지만 나머지 재판관들은 앞으로 변화의 소지는 있지만, 아직 현재 한국의 미풍양속에서는 합헌이라고 결정할 수밖에 없다고 판결했다(스포츠경향, 2016.3.31). 이때 성매매 금지법에 포함되는 새로운 법이 결정되었는데, 돈을 주고 성을 산 남성뿐만 아니라 착취나 강요 없이 자발적으로 성매매를 한 여성들도 법적 처벌이 가능하다고 한 특별법이 헌법에 어긋나지 않는다는 헌법재판소 측의 결정이 내려졌다.

이렇게 매매춘 방지에 관한 법령이 변천되는 과정에서 주목할 만한 일이 하나 생긴다. 그것은 2000년 서울 종암경찰서장으로 재직하던 김강자에 의해 미아리 텍사스 집창촌이 폐지된 것이다. 이로 인해 우리나라 첫 여성 경찰총경 출신인 그녀는 '미아리 포청천'이라는 별칭을 얻게 된다. 당시에 여성계는 쌍수를 들고 환영하였다. 그러나 그 후에 그녀는 입장을 바꾸게 된다. 2016년 '성매매방지특별법'에 대해 법원이 헌재에 위헌법률심판을 제청했을 때 김강자 전 서장은 "자발적 성매매 여성까지 법으로 처벌하는 것은 옳지 않다"라며 공창제를 옹호하는 듯한 발언을 한다. 그녀는 당시 인터뷰에서 "처음엔 성매매는 남녀를 가리지 않고 무조건 처벌해야 한다고 생각했는데, 집창촌 현장을 보고 생각이 180도 바뀌었다"라고 했다(노컷뉴스, 2012.9.15.). 공창제를 자신도 무턱대고 반대했지만 먹고 살기 위하여 스스로 어쩔 수 없이 매춘업을 하게 된 여성들도 소수라도 있다는 것을 알게 된 뒤로 무조건 반대는 금물이라고 생각을 바꿨다고 한다. 이로 인해 김강자 전 서장은 여성계로부터 거센 비판을 받게 된다.

유흥문화의 대중화는 노래주점에 일반화되면서 아줌마 여성 도우미가 대거 등장하면서부터이다. IMF라는 변곡점이 있었기 때문이기도 하지만, 성에 대한 사회적 관용의 증대는 역사적으로 필연적인 방향이다. 물질문화보다 정신문화는 더 늦게 변한다는 옥번(Ogburn)의 말을 굳이 인용하지 않더라도, 성에 대한 가치관의 변화는 한국사회의 구조변동을 상징적으로 나타낸다. '결혼은 필수가 아니라 선택이다'라고 생각하는 사람들이 증가하는 것도 변화된 윤리관의 한 단면을 나타낸다.

그동안 유교문화의 틀에 묶여 성에 대한 윤리가 비교적 엄격하게 적용되던 시대를 지나 이제는 성에 대한 쾌락적 가치도 확산되고 있다. 즉 섹스의 오락적 가치가 더욱 팽배한다. 이러한 현상이 남성들에게만 국한되는 것은 아니다. 호스트바와 같은 젊은 남성 도우미가 등장하는 술집도 있다는 것을 이젠 누구라도 안다. 비록 여성 도우미보다 남성 도우미가 등장하는 호스트바가 절대적으로 적지만 여성들도 성적 쾌락에 대해서는 점차 개방적으로 되어가는 것이 오늘날의 현실이다.

이러한 시대적 추세를 감안해 볼 때 성매매에 대한 합법화된 제도도 이제는 진지하게 검토해 보아야 할 시점에 이르렀다. 사실상 성매매 반대와 성매매 합법화에 대한 논쟁이 오늘날 첨예하다. 앞으로 이에 대한 사회적 논의는 더욱 활성화될 것으로 예견된다. 이것은 이 시대의 새로운 과제이기도 하다.

제10장

키덜트:
아이가 된 어른들

제10장
키덜트: 아이가 된 어른들

1. 들어가며

"당신은 키덜트입니까?"

2002년 영국의 일간지 〈가디언〉 홈페이지의 퀴즈 란에는 「당신은 키덜트입니까?(Are you a kidult?)」란 제목의 테스트가 소개되었다. 이 테스트는 여가, 소비, 구매정보, 영화취향 등에서 키덜트적인 취향과 지식을 묻는 총 8개의 객관식 문항으로 구성되어 있는데 이를 통해 자신이 '키덜트'인지 아닌지를 판별하게 해주는 것이었다. 멀리 서구에서뿐만 아니라 우리나라에서도 LG경제연구원이 2002년 초 그해 인기상품을 전망하면서 키덜트족을 겨냥한 상품이 유행할 것이라고 예측하였다. 이 예측대로 그해 우리나라에서도 키덜트 관련 상품의 판매가 호조를 보였으며 지금도 계속되고 있다.

키덜트는 2000년대에 들어 처음 등장한 것은 아니다. 아이(kid)와 어른(adult)을 합성한 키덜트란 신조어가 처음 등장한 것은 1980년대가 시작하면서부터다 [1]. IT업계에서 일하던 짐 워드니콜스(Jim Ward-Nicolos)란 사

---

1) 비슷한 용어로는 '어덜트슨트(adultescent)'가 있는데, 옥스퍼드 사전에는 젊은이의 문화를 즐기고 참여하기를 계속하려는 성인으로 정의하고 있다(송영경, 2007: 9)

람이 1980년 처음 사용한 것으로 알려져 있고, 1985년 〈뉴욕타임스〉에서 사용하면서 세간에 알려지기 시작했다(박효주, 2015: 3). 키덜트란 용어뿐 아니라 문화현상도 이전부터 나타나고 있었다.

먼저 대중문화 분야에서부터 등장하기 시작했는데, 특히 영화에서는 만화 영화나 '키덜트 영화'가 비교적 오래전에 하나의 장르로 자리 잡았다. 보통 어린이가 주인공으로 등장하는 오락영화로, 단지 아이들만 보는 것이 아니라 어른 관객들도 같이 보고 즐길 수 있다. 이 영화들은 유아 상태로의 퇴행적 욕구를 드러내어 어른들은 보면서 아무것도 책임질 필요 없는 유아기로 도피하며 즐거움과 카타르시스를 느낄 수 있다. 구체적으로는 1990년대 디즈니사의 만화영화를 많은 성인관객이 관람하면서 큰 반향을 일어나기 시작했다. 디즈니사의 만화영화 〈인어공주〉에 많은 성인 관객이 모여들었던 것이 큰 역할을 했는데, 〈인어공주〉의 흥행 이후 키덜트 장르에 속하는 많은 만화영화가 만들어졌다. 이러한 문화적인 흐름은 캐릭터 상품이나 팬시 상품의 소비와 연결되어 키덜트 소비자가 1990년 말부터 본격적으로 나타났다(이승진·유태순, 2007: 226). 또한 스스로를 키덜트족으로 규정하는 영화감독 스티븐 스필버그는 〈E.T〉나 〈구니스〉 등 자신의 감성을 잘 살린 영화를 만들었다. 이 영화들은 '키덜트 영화'가 하나의 장르로 자리매김하는 데 큰 몫을 했다고 평가받는다. 〈해리 포터〉 시리즈 역시 대표적인 키덜트 영화로 꼽힌다. 키덜트가 비록 영화에서 본격화되었지만, 그 이전부터 다른 대중문화 장르에서도 키덜트적인 작품이 존재해왔다. 〈어린 왕자〉나 〈모모〉 같은 어른들을 위한 동화 등도 오늘날의 관점에서 보면 키덜트적인 경향을 지닌 작품으로 볼 수 있다.

키덜트란 용어가 대중에게 알려지기 시작했을 때는 '피터팬 증후군'과 비슷한 것으로 여겨 일종의 심리적 퇴행으로 보는 경향도 있었고, 우리나라에서는 일본의 '오타쿠' 문화와 관련된 것으로 보아 일부 소수의 미성숙한 비주류 문화로 여기기도 했다. 그렇지만 오늘날에는 대중문화뿐 아니라 순수 예술 분야에 이르기까지 하나의 흐름으로 당당히 자리 잡는 추세다(송영경, 2007: 27-28; 조아라, 2017: 592). 이제는 키덜트를 긍정적으로 성인들이 스트레스를 풀기 위한 하나의 심리적 기제로 볼 뿐 아니라, 특정 취향과 취미를 가지고 자기 개성을 표현하고 행복을 추구하는 현대인의 한 모습으로 보고 있다.

2. 키덜트의 양상과 유형

앞서 말한 대로 더 이상 키덜트는 소수가 즐기는 하위문화라고 할 수 없다. 키덜트라는 신조어는 특히 소설 〈해리 포터〉의 인기에 힘입어 2001년부터 많이 사용되기 시작했고 2002년 국립국어원에 등록되었다(송영경, 2007: 9). 이후 키덜트 현상에 대한 논의는 꾸준히 증가했다. 2000년대 초반만 하더라도 키덜트에 관한 기사는 많지 않았으나, 2015년에는 일 년 동안 4,000여 건에 이를 정도였다고 한다(최지연·노전표·바담 냠돌람, 2019: 76).

실제로 키덜트 현상은 소비분야에서 두드러진다. 한 대형마트에서는 2015년 대비 2016년 피규어 판매량이 464% 증가했으며(세계일보, 2016. 3.24.), 현대백화점과 현대아이파크몰은 각각 키덜트 상품을 판매하는 매장을 입점시켰는데 이들 매장은 연 매출이 10% 이상씩 성장하는 것으로 나타났다(심완섭, 2017: 57). 또한 키덜트 관련 소비를 촉진하기 위해 '서울키덜트페어', '키덜트&하비(hobby) 엑스포' 등 다양한 대규모 전시행사가 열리기도 했다. 한국콘텐츠진흥원(2016)에 따르면 키덜트 관련 시장 규모는 2014년 5,000억 원대, 2015년 7,000억 원대로 급속히 성장하더니 2016년에는 1조 원을 넘긴 것으로 나타나고 있다.

키덜트 상품은 두 가지 유형으로 나눌 수 있다(윤가령, 2004). 첫째는 직접적인 키덜트 상품으로 캐릭터, 장난감과 같이 키덜트 취향을 가장 쉽고 확실하게 확인시켜주는 것들이다. 두 번째는 간접적인 키덜트 상품으로 이는 다시 두 가지로 분류할 수 있다. 하나는 키덜트 현상을 응용한 상품으로 소위 명품, 브랜드 상품, 화장품, 인테리어 제품 등에 키덜트 취향을 반영하는 것이다. 또 하나는 문화산업 분야에서 영화, 애니메이션, 전시회, 광고 등에 키덜트 취향이 반영된 것이다. 2017년 국내의 한 쇼핑회사가 성인을 대상으로 설문조사를 한 결과 응답자의 44%가 '아이 또는 조카를 핑계로 자신이 갖고 싶은 장난감을 구입한 적이 있다'라고 대답해서 많은 사람이 키덜트 상품을 구매하는 것으로 나타났다(심완섭, 2017: 56). 상품 구매뿐 아니라 실제로 자신을 키덜트라 생각하는 사람도 상당수에 이르는 것으로 나타났다. 2015년 한 조사업체가 성인을 대상으로 키덜트족에 대한 조사를 실시했는데, 응답자의 15.9%가 자신이 키덜트라고 응답했다(마이크로밀 엠브레인, 2015).

키덜트의 유형은 크게 두 가지로 나누어 볼 수 있다. 완구·패션·팬시용품 따위를 소비하면서 동심을 만끽하는 현재 지향형 키덜트와 어린 시절의 향수를 자극하는 물건에 애착을 보이는 복고지향형 키덜트다. 유행은 돌고 돈다는 말처럼 이전에도 디자인이나 패션 등에서는 복고풍이 존재해 왔다.[2] 그러나 1990년대 말부터 우리 사회에 나타나기 시작한 복고풍은 단순히 과

---

2) 복고유행은 단순히 옛날이 그대로 재현되는 것이 아니라 현재적 관점에서 재해석되어 나타난다. 즉 과거가 재현되는 것이 아니라 과거의 양식이 재현되는 것이다.

거에 유행했던 형식이 재해석되어 다시 유행할 뿐 아니라 과거를 연상하게 할 수 있는 물건 그 자체가 다시 관심의 대상이 되고 있다. 전 세계적으로도 1990년대 후반부터 복고풍이 유행하고 있다. 하지만 세계적인 추세로서의 복고유행은 유명 패션업체 등에서 지난 시절 유행했던 스타일을 다시 새롭게 내놓은 고급스러운 것인데 비해 우리나라에서는 칠팔십 년대의 '촌티'나는 스타일이 유행하고, 불량식품이나 딱지·종이인형 등 과거 시대의 물건들이 다시 팔리는 현상이 일어나고 있다.

그러나 복고현상의 모든 양상이 키덜트와 관련되지는 않는다. 복고현상의 사회적 심리인 '좋았던 과거에의 향수'가 키덜트 현상의 한 맥락을 이루지만 키덜트는 '어린아이화'라는 퇴행적 측면도 있기 때문이다. 즉 복고가 추구하는 것이 물리학적 시간의 퇴행이자 사회의 시간을 되돌리는 것이라면 키덜트가 추구하는 것은 생물학적 시간의 퇴행이며 개인의 시간을 되돌리는 것이다. 즉, 복고가 어린 '시절'로 돌아가는 것이라면, 키덜트는 '어린' 시절로 돌아가는 것이다.

키덜트는 그들이 추구하는 가치에 따라 메모리즘(memorism), 판타즘(fantasm), 큐티즘(cutiesm)의 세 가지 유형으로 나누기도 한다(제일기획, 2002). 먼저 메모리즘 유형은 말 그대로 단순히 '추억'을 추구하는 것으로서 키덜트적인 소비행위를 통하여 어린 시절의 정서를 다시금 재현하고자 한다. 복고지향적 키덜트가 여기에 해당하는데 이들은 과거 어린 시절에 사용했던 물건이나 상표들을 소비한다. 요 몇 년 사이 유행했던 '쫀디기', '아폴로', '뽑기' 같은 옛날 불량식품이나 '못난이인형', '종이딱지'같은 옛날 물건들이 대표적이다. 동심의 세계에 대한 막연한 동경과 노스탤지어는 그저 그리움으로 머물지 않는다. 노스탤지어는 소비를 통해 다시 부활하고 유행한다.

판타즘은 동심의 상상을 추구한다. 어린이가 꿈꾸는 꿈과 환상의 세계를 여전히 경험하기 위해서 이와 관련된 상품들을 소비한다. 대표적인 것이 대중문화와 완구다. 흔히 공상과학 만화라고 문화콘텐츠를 보거나 여기에 등장하는 캐릭터나 로봇, 기계 등을 구매하고 조립하는 것이다. 또한 그러한 세계 속에 등장인물 등을 코스프레함으로써 자신들의 상상을 재현하기도 한다.

큐티즘이 추구하는 것은 귀여움으로 이를 통해 시각적 만족감을 얻는다. 이들이 추구하는 '귀엽고 예쁘다'는 가치는 어른의 아름다움이 가지는 성숙함, 우아함, 아름다움과 다르다. 어린이가 가지는 시각적 특성인 미성숙하며 작고 귀여우며 부드러운 외양이 큐티즘 성향의 소비자들을 매료시킨다. 이들이 추구하는 동심이란 과거의 추억거리가 아니라 현재 자신의 모습이다. 이러한 큐티즘이 잘 드러나는 분야가 패션과 캐릭터 관련 상품이다(윤가령, 2004: 29-40).

메모리즘이 복고지향형 키덜트와 관련된다면 판타즘과 큐티즘은 현재 지향형 키덜트라고 할 수 있다.

3. 키덜트의 사회심리

1) 현실에 대한 일시적인 도피[3]

무엇보다 키덜트 현상은 복잡한 사회 속에서 꽉 짜인 일상을 거부하고 환

---

3) '현재를 부정하려는 심리'라는 측면에서 보면 복고현상 역시 같은 맥락에서 이처럼 볼 수 있다. 우리나라에서 복고 바람이 분 것은 1990년대 말부터인데 이 시기는 IMF로 심각한 사회경제적 어려움을 겪고 있던 시기였다. 미국에서도 1970년대 후반 경제후퇴를 겪으면서 잘 나가던 50·60년대를 배경으로 하는 영화들이 유행했었다.

상의 세계를 동경하는 성인들의 일탈 심리에서 비롯됐다고 볼 수 있다. 성인이 되면서 갈수록 심해지는 생존경쟁과 사회의 각박함에 식상해져서 맑고 순수했던 동심의 세계로 도피하고자 하는 심리를 담고 있다는 것이다. 이러한 성인들의 퇴행적 심리와 관련하여 이야기되었던 것이 피터팬 증후군이다.

1970년대 미국 심리학자 댄 카일러(Dan Kiley)는 사회에 적응하지 못하는 남성들이 대량으로 발생하는 원인을 분석하면서 피터팬 증후군(Peter Pan syndrome)이라는 용어를 처음 사용했다. 신체적으로는 어른이 되었지만 그에 따른 책임과 역할을 거부하고 어린이의 심리 상태에 머무르고자 하는 심리적 퇴행 상태에 빠진 어른들을 영원히 늙지 않는 동화 속 주인공에 비유한 것이다. 따라서 피터팬 증후군이라는 용어는 무책임·불안·지나친 자기애·사회적 무능력 같은 부정적 가치들을 함축하고 있었다.

이에 반해 키덜트족은 동심의 세계에서 심리적인 안정과 휴식을 얻는 감성의 소유자를 지칭한다. 피터팬 증후군이라는 말에 깔려 있던 정신병리학적 혐의가 키덜트에서는 없다. 경쟁이 치열하고 불안한 사회일수록 이 같은 키덜트적 감성은 영혼을 치유하는 수단으로 오히려 각광받기도 한다. 따라서 피터팬 신드롬과 키덜트는 어린 시절을 그리워한다는 심리적 측면에서 비슷하지만, 책임감 없고 보호받기만을 원하는 피터팬 신드롬과 달리 키덜트는 정상적인 심리 상태와 현실적인 행동을 바탕으로 한다. 키덜트는 어린 시절로 완전히 후퇴하는 것은 아니며 이들이 동심의 세계에서 얻고자 하는 것은 심리적 안정과 휴식이며 이는 다시 세상에서 살아나가기 위한 힘을 회복하는 것이다. 즉, 키덜트가 추구하는 것은 어린 시절로의 영원한 퇴행이 아니라 일시적 도피인 것이다. 또한 일시적으로 동심으로 돌아감으로써 스트레스 해소나 정신적 힘을 얻게 되는 긍정적인 측면이 있다.

2) 어른 가치의 쇠퇴와 젊음의 추구

키덜트 현상은 젊음을 지향하는 사회적 흐름과도 관련되어 있다. 근대 이후 산업사회가 도래하면서 노인층의 지위는 하락한 반면 청년층의 지위는 상승하게 되었다. 농업으로 대표되는 전근대사회에서는 노인에게 은퇴란 것이 없으며, 신체적 약화에 맞게끔 계속해서 일이 주어진다. 아울러 기록수단의 저발달로 인해 노인의 경험적 지식이 중요한 정보원으로서 권위를 지니고 있었다. 그러나 공업으로 대표되는 산업화가 진행됨에 따라 새로운 지식과 기술이 중요하게 되고, 젊은 세대가 새로움의 담지자로서 등장하게 되었다. 따라서 세대 간의 경쟁에서 노인이 밀려나고, 청년들이 중심이 된다. 미국의 노년학자 피셔(Fisher)에 의하면 이러한 청년의 지위상승은 프랑스와 미국의 혁명기간 중에 시작되었다고 한다. 19세기 미국에서는 청년예찬이 발달하기 시작했으며, 특히 2차 세계대전 이후 빠르게 진전되었다.

세대 간의 사회적 지위변화는 또한 연령에 대한 사회적 가치 역시 변화시켰다. 젊음은 추구해야 할 긍정적 가치가 되는 한편, 늙음은 추함과 마찬가지로 회피하거나 감추어야 할 부정적 가치가 되었다. 이제 대부분의 사람들에게 있어 인생의 최고 시기는 청년기이고, 이후는 내리막단계라고 인식된다.

한국사회 역시 급격한 변화를 겪으면서 어른이라는 가치·권위가 빠르게 무너지고 있다. 치열한 경쟁에서 살아남아야 하는 생존의 급박성은 도덕적 불감증을 조장하고, 한국의 지도층은 부정과 부패의 고리에서 자유롭지 못했다. 또한 전통적 가치가 폐기된 자리에는 자본주의의 물질만능주의가 자리 잡았다. 근대화의 역사 속에서 한국의 기성세대들은 처절한 삶을 살아왔다. 그 과정에서 품위 있고 세련된 삶을 살아간다는 너무 힘든 것이었고, 자라나는 세대에게 보여줄 바람직한 삶의 자세를 구성하기에는 현실의 중압감이 컸다. 특히 IMF 구제금융 사태 이후 강퇴·명퇴 등이 횡행하면서, 윗사람·어른이 지닌 사회적·경제적 권위도 실추된 지도 오래되었다(김문겸, 2004: 240-241).

실제 키덜트족은 기존의 어른은 어른다워야 한다는 강박관념에서 벗어나 어른이 되어서도 남의 시선을 의식하지 않고 자신의 감수성을 적극적으로 표현하고, 진지하고 심각한 것 대신 유치할 정도로 천진난만하고 재미있는 것을 추구하는 경향을 보인다(차지하·홍금희, 2007: 1373). 아울러 더 젊게 좀 더 어리게 보이고 싶어 하는 전략과도 맞닿아 있다. 앞서 이야기했던 큐티즘을 추구하는 키덜트가 전형적인 사례이다.

독일의 철학자 하우크(Haug, 1994)는 이러한 젊음 추구를 '강제적인 청년화'라고 하면서, 자본주의의 상품미학에 의해 이용되는 것으로 설명하고 있다. '강제적 청년화'는 두 가지 방식으로 추진되는데, 첫 번째는 '재빠르게 새로운 것에 반응하며 능동적으로나 수동적으로나 모양내기와 조형에 민감한' 청년층을 모델로 내세움으로써 상품의 미적 혁신에 의한 소비를 강화하는 것이다. 따라서 자본은 여기서 '항상 반복해서 유행의 갱신재료들을 창조해낼 수 있게' 된다. 두 번째는 산업화로 인해 '연령을 근거로 한 자본으로부터의 탈락에 대한 불안'이 나타나게 되고 이 '불안은 젊은이의 외모를 매개해 줄 것을 약속하는 상품 제공에 통해 자본주의적으로 치유된다'는 것이다. 따라서 '성적 노화와 그로 인한 고립의 우려 때문에 사람들이 자신뿐만 아니라 자기 집안 내부까지도 화장해야 하는 보편적 강제'가 생겨나게 된다는 것이다.

4. 키덜트의 사회적 배경

1) 감성의 시대와 즐거움의 복권

근대적 사유를 연 철학자 데카르트는 '생각한다. 고로 존재한다'는 말을 통하여 진리의 유일한 근거로서 이성을 강조하며 절대적 권위를 부여하는 한편, 감성을 통한 느낌·이미지 등은 환상이나 공상에 불과한 것으로 치부하였다. 이성 중심주의는 철학적 사유에서만 아니라 사회적 차원에서도 근대사회의 핵심 원리로 자리 잡았다. 독일의 사회학자 막스 베버는 근대사회를 합리화가 진행되는 사회로 설명하면서, 합리성이 사회 모든 영역에 침투하고 관철되는 것으로 보고 있다. 합리성은 좀 더 효율적인 것, 좀 더 생산적인 것이 추구하는 수단이자 근거다.

근대사회를 비판하며 근대성을 해체할 것을 주장하는 탈근대주의(post-modernism)에서는 근대적인 것을 구성하는 이성의 위계적 권위를 부정하고 감성의 복권과 수평적 관계를 강조한다. 이러한 논의는 단순히 선언적 수준에서 나오는 주장이 아니라 탈근대적 상황의 출현이라는 사회적 흐름에 근거를 두고 있다. 근대적 질서와 그 속에서의 인간관계가 이성-아버지-수직적 위계라는 권위적 관계였다면 탈근대사회에서는 감성-어머니-수평적 평등이라는 민주적 관계로 변화가 나타나고 있다는 것이다.

한편 감성주의는 '즐거움'의 추구라는 사회적 흐름과도 연결된다. '엽기', '코믹'으로 표현되는 이런 흐름은 근대사회에서 이성의 이름으로 부과되는 '무거움', '비장함', '진실의 세계'를 지양하고 '가벼움', '재미', '상상의 세계'를 지향한다. 여러 정치 패러디물에서 보듯 이젠 정치조차도 진지하고, 엄숙하고, 논리적인 것이 되지 못한다.

한편, 이와 관련하여 김문겸(2004: 239)은 부성 원리의 쇠퇴와 모성 원리의 비대라는 맥락에서도 키덜트 현상을 바라본다. 기든스(Giddens, 1992: 41-47)는 모성은 근대화과정에서 발명되었다고 본다. 핵가족 제도의 발전과 더불어 근대사회에서 엄한 아버지상(像)은 다정다감한 어머니상과 동전의 양면처럼 기능적 보완성을 갖는다. 그러나 전통적인 권위의 쇠퇴와 더불어 엄부(嚴父)의 상은 더 이상 위력을 발휘하지 못한다. 특히 신세대의 가정에서 엄한 아버지는 거의 찾아보기 힘들다. 이성의 이름으로 미화된 부성(父性)은 법과 질서, 권위의 상징으로 수직적·권위적 인간관계의 구성원리를 제공하면서 남성성의 가치를 부각시켰다. 그렇지만 그것은 친밀한 인간관계의 감수성을 희생한 대가였다. 친밀한 인간관계의 감수성은 감성적인 어머니의 영향력이 주도한다. 감성의 이름으로 비하된 모성(母性)은 오히려 수평적·호혜적 인간관계의 구성원리로 작동하면서 가정의 기능을 강화시켰다. 공적인 노동의 세계에서 시달린 남성들은 사적인 가정에서 따뜻한 위로를 받는다. 이러한 기능적 보완성이 근대사회에서 탄생한 핵가족 제도의 핵심이었다.

그러나 점차 부모와 자식 간의 따스한 감정 교류가 중시되고, 아동 양육에 대한 여성의 통제권이 증대하면서 모성 원리에 의한 인간관계의 장이 확장된다. 이것은 인간관계를 구성하는 데 있어서 한편으로는 기존 질서의 붕괴를 의미하고, 다른 한편으로는 새로운 질서의 창출을 의미한다. 여기서 새로운 질서란 일상적 삶의 민주화, 사적 세계의 민주화를 뜻한다. 즉, 친밀성에 근거한 수평적인 인간관계 맺음이 인간관계의 중요한 구성 원리로 등장한 것이다. 남녀의 관계도 그렇고, 부모와 자식의 관계도 마찬가지다. 여기에는 부성 원리보다 감성적인 모성 원리가 지배적으로 작동한다. 남성성과 여성성의 경계도 붕괴하고, 어른과 아이의 경계도 붕괴하면서, 감성적인 키덜트 현상이 자리 잡을 수 있는 공간을 마련하게 되는 것이다. 이성의 권위에 제자리를 빼앗겼던 감성은 이제 더 큰소리를 내며 상업적인 대중문화 시장에 포섭된다. 키덜트 현상의 확산은 이러한 맥락에서 이해할 수 있다(김문겸, 2004: 240).

2) 어린이 문화의 성립과 동심의 상품화

프랑스의 학자 아리에스(Aries, 2003)는 '아동'은 처음부터 존재해 온 것이 아니라 근대에 오면서 '발견'된 것으로 본다. 중세에는 지금과 같은 아동기에 대한 의식이 없었으며 아동이란 용어가 오늘날과 같은 의미로 정립된 것도 17세기 중반에 일어난 변화였다. 근대 초까지 7세가량만 되면 아이들은 어른들 세계에 뒤섞여서 교제, 놀이뿐 아니라 일까지도 성인들과 공유했다는 것이다. 즉 근대사회에 들어서면서 어른들의 세계와 구별되는 어린이의 독자적인 세계가 형성되었다.

한편 산업사회 초기까지 존재했던 어린이의 경제적 역할이 사라지면서 어린이들은 어른들에게 종속되는 의존적 존재로 바뀌게 되었다. 이러한 변화는 근대적 핵가족의 출현과 밀접하게 관련된다. 서로 사랑하는 남편과 아내, 그리고 그 가운데에서 태어나 사랑과 보살핌을 받으며 자라나는 어린이로 이루어진 '근대적 가정'의 풍경이 완성되었다. 자본주의가 발달하면서 일터와 주거가 분리된 근대 가족이 형성되었고, 남녀 간의 성역할 분업에 따라 남자는 공장에서 노동함으로써 경제적 수입을 획득하는 사회경제적 역할이 강조되며 여성은 가정에서 가사와 육아를 담당하는 모성적 존재로 그려지게 되었다.

키덜트 상품의 주요 소비층은 앞서 지적했던 대로 20대에서 50대 초반에 이르는 연령집단이다. 한국사회에서 이들 연령집단은 과거 1990년대 초반 대학가를 뜨겁게 달구었던 '신세대'와 대체로 일치한다. 신세대는 1980년대 말부터 사회 일각에서 나타나 90년대 초반 당시 새롭게 성인이 된 20대 초반의 젊은이를 지칭하던 말이었다. 이전에도 세대 차이 현상은 있었지만 이들은 '신세대론'이라는 하나의 담론으로까지 부각되었다. 이들 세대가 보여주는 세대 차가 이전 시기보다 두드러지고 단절적이었을 뿐만 아니라, 이전의 세대론이 '4·19세대'니 '유신세대'니 하는 정치적 차원에 주로 한정된 것이었다면 신세대를 둘러싼 논의에는 문화적 차이라는 새로운 측면이 포함되어 있기 때문이었다.

당시 20대였던 1990년대 초의 신세대가 이제 거의 오십에 이르렀으니, 키덜트는 신세대의 연장선에 서 있는 것으로 파악할 수 있다. 사회학자 주은우(1994)는 신세대를 영상매체의 확산과 결합된 소비문화라는 맥락 속에서 규정될 수 있다고 본다. 1970년을 전후하여 TV의 대중적인 보급이 이루어지고, 1980년대에 들어서면서부터 컬러방송과 VTR이 보급되면서 신세대들은 영상문화 속에서 태어나고 자라면서 그들의 감수성을 형성하였다.

다양한 영상매체 중에서 영향력이 큰 것이 단연 TV이며, 그중 어린이들을 위한 TV 프로그램에서 가장 큰 비중을 차지하는 것은 만화영화이다. 따라서 TV와 함께 자라온 세대에게 만화영화는 어린 시절에 있어 매우 중요한 의미를 지니게 된다. 또한 만화영화는 그 자체로도 문화산업의 상품으로도 기능하지만 완구 산업의 주요 소재로도 사용되었다. 만화영화에 등장하는 캐릭터나 기계 등 프라모델이나 장난감이 1970년대부터 본격적으로 등장하기 시작했는데 이는 한편 1960년대 이후 발달하기 시작한 내수산업에 힘입은 것이었다. 리스먼(Reisman, 1999: 495-497)도 풍요경제, 즉 소비사회에서 어린이를 위한 시장이 해방되는 것을 지적하면서 아이들 스스로를 위한 책, 음악, 사탕, 만화 등을 즐길 수 있는 소비경제 모델을 언급한다. 키덜트 현상은 영상이나 대중매체를 기반으로 어린이를 대상으로 하는 대중문화의 형성이라는 사회적 흐름 속에 있다. 따라서 우리보다 일찍 어린이 대중문화가 형성·보급되었던 미국이나 일본에서는 노년층 사이에서도 키덜트 현상이 나타나고 있다.

5. 나오며

키덜트 현상은 성인들이 거대한 조직사회에서의 치열한 생존경쟁 속에서 오는 불안감을 해소하기 위한 하나의 대응 방식으로 어린 시절로 일시적으로 도피하는 것으로 볼 수 있다. 그러나 이러한 불안감은 2000년대 들어 새롭게 나타나는 것이 아니라 과거에도 존속하는 것이었다. 기존의 성인세대들이 고향 친구나 동창회 등 어린 시절 형성하였던 사회적 관계를 통하여 어린 시절로의 회상과 일시적 도피를 맛보는 반면, 키덜트들은 이를 상징하는 상품을 소비함으로써 과거 시절로 빠져드는 것이다.

2차 세계대전 이후 대중소비사회로 진입하면서, 더 이상 소비는 상품이 가지는 물리적 기능이나 효용만으로 이루어지지 않는다. 더 많은 소비를 위해서 상품은 기호나 상징과 결합하여 시장에 등장하였으며, 소비행위는 사람들이 상품을 사는 것이 아니라 꿈을 실현하는 것이 되었다. 사람들은 키덜트 상품을 통해 일시적이나마 즐겁던 어린 시절을 다시 한번 맛볼 수 있게 된다.

과거 신세대라고 불리던 20~30대들이 키덜트가 된 데에는 어린이를 위한 대중문화의 형성과 밀접하게 관련되어 있다. 영상매체라는 환경 속에서 성장한 신세대는 과거의 추억 역시 이미지가 매개되어 회상한다. 이러한 이미지는 상품미학에 의해 상품과 결합함으로써 '물상화'된 어린 시절을 가지게 되는 것이다.

한편 키덜트 현상 속에서 '어린이다움', '어른다움'이라는 구분이 이젠 무의미해지고 있다.[4] 과거에는 만화나 만화영화 등은 어린이용이라는 인식이 강했지만 요즈음 성인용 만화나 만화영화 등이 속속 등장하고 있다. 완구나 과자 등도 어린이들의 전유물로 여겨졌었지만, 이제는 '성인용'이라는 이름을 달고 판매되고 있는 것이다. 따라서 키덜트 현상에서 우리 사회에서 엄하게 규정되던 연령 지위에 따른 역할 규범과 행위 양식이 무너지고 있음을 볼 수 있다.[5]

연령 규범의 붕괴의 다른 한편에는 어린이의 '조기 성인화' 현상이 자리잡고 있다. 즉 '애늙은이'가 늘어나고 있는 것인데, 여기서도 대중문화가 어린 아이들의 조기 성인화를 부추기는 장본인이 되고 있다. 미국의 미디어학자 닐 포스트만(Neil Postman)은 '어린이의 소멸'을 우려하며 노소의 구분이 없이 즐길 수 있는 TV의 영향 때문에 어린이의 독특한 세계가 사라지고 있다고 말한다. 실제로 요즘 아이들은 컴퓨터를 포함한 다양한 대중매체를 통해 과거 성인들이 어린 시절에 경험할 수 없었던 문화적 경험을 한다. 심지어 다이어트, 이성교제에 대해 소개하는 책이 초등학교 고학년들 사이에서 인기를 끌고, 어린이용 화장품이 등장하기도 한다.

---

4) 포스트모더니즘은 이분법적 사고를 지양한다. 남자, 여자라는 구분을 해체하듯이 어린이와 어른이라는 구분이 해체된다는 측면에서 키덜트 현상도 포스트모더니즘의 관점에서 생각해 볼 수도 있다.

5) 한편 최근에는 만혼 현상과 맞물려 평균 초혼 연령이 늦어지고 있을 뿐 아니라 결혼 적령기란 말이 모호해져 가고 있다. 과거에는 어느 나이가 되면 결혼하는 것이 당연하게 여겨졌으나, 이제는 결혼 그 자체에 대한 필연성이 약화되기도 하며, 결혼 시기의 편차도 매우 커지고 있다.

따라서 키덜트 현상은 어른과 어린이가 함께 즐기는 소비상품을 생산한다는 점에서 '성인 상품'과 '아동 상품'의 경계에서 양쪽을 모두 흡수하는 제3의 상품의 원천으로서 기획된 문화라고 할 수 있다(이동연, 2005: 218). 즉, 어린이와 어른 모두를 소비자로 규정해서 철저하게 기획된 '소비조작'의 산물일 수 있다는 점을 유의해서 상품소비에만 매몰되지 않고 무거운 사회규범의 압박에서 벗어나 여가와 취향의 자유를 추구할 수 있도록 해야 할 것이다.

참고문헌

제1장 프롤로그: 자본주의 발달과 여가소외

김문겸. 1993. 『여가의 사회학: 한국인의 레저문화』. 한울.
동아출판사백과사전부. 1983. 『동아원색세계대백과사전』. 동아출판사.
로제크, 크리스. 2000. 『자본주의와 여가이론』. 김문겸 역. 일신사.
로젝, 크리스. 2002. 『포스트모더니즘과 여가』. 최석호·이진형 역. 일신사.
맑스, 칼. 1987. 『자본』. 김영민 역. 이론과실천.
박재환·김문겸. 1997. 『근대사회의 여가문화』. 서울대학교출판부.
박지향. 1989. "최근의 산업국가와 노동계급 – 영국노동사에 대한 일고찰." 『노동계급의 형성』. 이민
　　호 외. 느티나무. pp.73-96.
보드리야르, 장. 1991. 『소비의 사회』. 이상률 역. 문예출판사.
갓비, 제프리. 2005. 『여가학으로 초대』. 권두승·권문배·김정명·오세숙·조아미 역. 학지사.
쉬나이더, 헬무트 외. 1983. 『노동의 역사』. 한정숙 역. 한길사.
엘리아스, 노르베르트. 1996. 『문명화과정 Ⅰ』. 박미애 역. 한길사.
전경갑. 1993. 『현대와 탈현대의 사회사상』. 한길사.
파커, 스탠리. 1995. 『현대사회와 여가』. 이연택·민창기 역. 일신사.
피에르 쌍소. 2000. 『느리게 산다는 것의 의미』. 김주경 역. 동문선.
하비, 데이비드. 1994. 『포스트모더니티의 조건』. 구동회·박영민 역. 한울.
해리슨, J.F.C. 1989. 『영국민중사』. 이영석 역. 소나무.

吉見俊哉. 1992. 『博覽會の政治學』. 東京: 中公新書.
大河內一男. 1982. 『余暇の すすめ』. 東京: 中央公論社.
新津晃一. 1986. "余暇論の 系譜." 『余暇の 科學1: 余暇社會學』. 松原治郎 編. 東京: 垣內出版株式會
　　社. pp.233-288.
川島昭夫. 1992/1987. "曆のながの 娛樂." 『非勞動時間の生活史』. 川北稔 編. 東京: 明和印刷.
　　pp.5-32.
Akira, A. 1989. "Infantile Capitalism and Japan's Post-Modernism: A Fairy Tale." in Masao
　　Miyoshi and H. D. Harootunian(eds). *Post-Modernism and Japan*. Durham and
　　Londen: Duke University Press. pp. 273-278.

Bailey, P. 1978. *Leisure and Class in Victorian England: Rational recreation and the contest for control*, 1830~1885. London: Routledge & Kegan Paul.

Berger, P. and Kellner, H. 1973. *The Homeless Mind*. Harmondsworth: Penguin.

Braverman, H. 1974. *Labor and Monopoly Capital*. New York: Monthly Review Press.

Caceres, B. 1973. *Loisir et Travail: Du Moyen Age A Nos Jours*. Paris: Seuil.

Cohen, S. and Taylor, L. 1992. *Escape Attempts*. London: Routledge.

Cunningham, H. 1980. *Leisure in the Industrial Revolution*. London: Croom Helm.

Dumazedier, J. 1967. *Toward A Society of Leisure*. New York: Free Press.

Edwards, R. 1979. *Contested Terrain: The Transformation of the Workplace in the Twentieth Century*. London: Heinemann.

Ewen, S. 1976. *The Captains of Consciousness*. New York: McGrawHill.

Ewen, S. and Ewen, E. 1982. *Channels of Desire*. New York: McGrawHill.

Featherstone, M. 1991. *Consumer and Culture and Postmodernism*. London: Sage.

Harrison and Hobsbawm. 1964. "Work and Leisure in Industrial Society." *Past and Present* 29.

Hinman, Laurence M. 1978. "Marx's Theory of Play, Leisure and Unalienated Praxis." *Philosophy and Social Criticism*. 1978, 5, 2, July. pp.191-228.

Jameson, F. 1991. *Postmodernism, or The Cultural Logic of Late Capitalism*. London: Verso.

Jhally, S. 1990. *The Codes of Advertising*. London: Routledge.

Lafargue, P. 1960. "The Right to Be Lazy." in E. Larrabee and R. Meyershon(eds). *Mass Leisure. Glencoe Ill*: Free Prss. pp. 105-118.

Lanfant, Marie-Françoise. 1972. *Les Théories Du Loisir: Sociolgie du loisir et idéologies*. Paris: Presses Universitaires de France.

Lash, S. and Urry, J. 1994. *Economies of Signs and Space*. London: Sage.

Linder, S. 1970. *The Harried Leisure Class. New York*: Colombia University Press.

Maffesoli, M. 1991. *Les Temps des Tribus*. Paris: Livre de Poche.

Mead, M. 1957. "The Patterns of Leisure in Contemporary American Culture." in E. Larrabee and R. Meyershon(eds). *Mass Leisure*. Glencoe Ill: Free Press. pp. 10-15.

Medick, H. 1982. "Plebeian culture in the transition to capitalism." in R.S. Samuel and G.S. Jones(eds). *Culture, Ideology and Politics*. London: Routledge & Kegan Paul. pp. 84-113.

Simmel, G. 1991. "The Berlin Trade Exhibition." *Theory, Culture and Society* 8(3). pp.119-124.

Urry, J. 1990. *The Tourist Gaze: Leisure and Travel in Contemporary Societies*. London: Sage.

Williams, R.H. 1982. *Dream Worlds: Mass Consumption in Late Nineteenth-Century France*. Berkeley: University of Califonia Press.

Willis, P. 1990. *Common Culture*, Milton Keynes: Open University Press.
Wolfenstein, M. 1960. "The Emergence of Fun Morality." in E. Larrabee and R. Meyersohn(eds). *Mass Leisure*. Glencoe Ⅲ: Free Press. pp. 89–96.
Yeo, S. 1976. *Religion and the Voluntary Sector*. Beckenham: Croom Helm.

신문·인터넷 자료
경향신문. 2004.8.10. "伊서 게으름뱅이 세미나."
연합뉴스. 2004.08.11.
한겨레신문. 1999.3.27. "울음바다 된 질식사 오누이 위령제."
한겨레신문. 2013.1.16. "심신이 지친 당신 감옥으로 초대합니다."
pmg 지식엔진연구소. 2017. "멍때리기 대회." 네이버 지식백과. 『시사상식사전』. https://terms.naver.com/entry.naver?docId=3432565&cid=43667&categoryId=43667.

제2장 한국 여가문화의 변곡점

강내희. 1998. "노동거부의 사상: 진보를 위한 하나의 전망." 문화과학사. 『문화과학』 제16호. pp.15-38.
김명환·김중식. 2006. 『서울의 밤문화』. 생각의나무.
김무경. 2007. 『자연회귀의 사회학』. 살림출판사.
더닝, 앨런 테인. 2001. 『소비사회의 극복』. 구자건 역. 도서출판 따님.
송석하. 1960. 『한국민속고』. 일신사.
아메드, 와카스. 2020. 『폴리매스: 한계를 거부하는 다재다능함의 힘』. 이주만 역. 안드로메디안.
인정식. 1989. "향토오락과 농악." 『노동과 굿』. 전철승 역. 학민사.
최재붕. 2019. 『포노 사피엔스』. 쌤앤파커스.
통계청. 각 연도. 『농가경제통계』. 통계청.
──── . 각 연도. 『도시가계연보』. 통계청.
──── . 각 연도. 『한국의 사회지표』. 통계청.
한국관광공사. 1986. 『국민 여가생활의 실태 분석과 대책』. 한국관광공사
홍웅선. 1989. 『한국교육이 추구하는 인간특성』. 한국정신문화연구원.

Crimmins, E.M. et al. 1991. "Preference Changes Among American Youth: Family, Work, and Goods Aspirations, 1976-86." *Population and Development Review*, March.
Dumazedier, J. 1960. "Current Problems of Sociology of Leisure." *International Social Science Journal* 4. pp.522-531.
──────── . 1974. "Leisure." *International Encyclopedia of Social Sciences* 9, Macmillan Company and Free Press. pp.248-254.

Easterlin, Richard A. and E. M. Crimmins. 1991. "Private Materialism, Personal Fulfillment, Family Life, and Public Interest: The Nature, Effects, and Causes of Recent Changes in the Values of American Youth." *Public Opinion Quarterly* 55.

Lynd R.S. and Lynd H.M. 1929. *Middletown: A Study in Contemporary American Culture*. New York: Harcourt Brace.

Marx, K. and Engels, F. 1965/1846, *The German Ideology*. London: Lawrence & Wishart.

신문·인터넷 자료

동아일보. 1994.2.16.

영남일보. 2020.9.10. "[문화산책] '자유부인'."

조선일보. 1990.2.16. "日曜日 근무 기피 새 風潮: 공장가게음식점까지 '휴일이면 人力難'."

———. 1992.9.7.

중앙일보. 2004.3.10. "'중공군 50만명에 해당하는 적' 자유부인."

———. 2011.9.18. "세상 뒤흔든 '자유부인'...특무대 끌려가 고초."

한겨레신문. 1990.06.03.

———. 1990.11.11.

———. 1991.02.27.

국사편찬위원회. 2021. "사료로 본 한국사 – 정비석의 소설 자유부인을 둘러싼 논쟁." http://contents.history.go.kr/front/hm/view.do?treeId=010804&tabId=01&levelId=hm_164_0010.

네이버지식백과. 2014. "오렌지족." https://terms.naver.com/entry.naver?docId=2180455&cid=43667&categoryId=43667.

위키백과. 2020a. "정비석." https://ko.wikipedia.org/wiki/정비석.

———. 2020b. "여로." https://ko.wikipedia.org/wiki/여로.

———. 2021a. "부곡하와이." https://ko.wikipedia.org/wiki/부곡하와이.

———. 2021b. "온보현." https://ko.wikipedia.org/wiki/%EC%98%A8%EB%B3%B4%ED%98%84.

———. 2021c. "지존파 사건." https://ko.wikipedia.org/wiki/지존파 사건.

체인지그라운드. 2020.10.5. "한 가지 일만 하는 시대는 끝났다(f.폴리매스)." https://www.youtube.com/watch?v=5J_5QvGiwp0.

제3장 IMF와 소비·여가생활의 변화

김문겸. 1993. 『여가의 사회학: 한국의 레저문화』. 한울.

문화체육부. 1995. 『국민여가활동참여실태조사』. 문화체육부.

박재환. 1990. "전통문화에 있어서의 한국인의 커뮤니케이션관." 부산대학교. 『사회과학논총』 9(1). pp.21-46.

박재환·김희재·김문겸·윤일성·박광준·문소정. 2002. 『한국과 일본의 일상생활』. 부산대학교출판부.

박재환·일상성 일상생활연구회. 2004. 『현대 한국사회의 일상문화코드』. 한울.

박태일·안옥경. 1998. "IMF 시대 중산층의 생활과 의식." 현대경제연구원.

송태정. 2002. "차별화되는 시장, 대중화되는 시장." 『LG 주간경제』 7월 3일.

신용하. 1984. "두레 공동체와 농악의 사회사." 『한국사회연구 2』. 한길사.

앤더슨, C. 1979. 『새로운 사회학』. 김동식·임영일 역. 돌베개.

유동식. 1975. 『한국무교의 역사와 구조』. 연세대학교출판부.

정건화·남기곤. 1999. "경제위기 이후 소득 및 소비구조의 변화." 『산업노동연구』 5(2). pp.91-121.

조흥윤. 1990. 『巫와 민족문화』. 민족문화사.

통계청. 1995. 『통계로 본 광복이후 한국인의 문화생활』. 통계청.

_____. 1997. 『사회통계 조사보고서』. 통계청.

_____. 각 연도. "도시가계조사." 『도시가계연보(Annual Report on the Household Income & Expenditure Survey)』. 통계청.

통계청. 각 연도. 『한국의 사회지표(Social Indicators in Korea)』. 통계청.

한국관광공사. 1986. 『국민 여가생활의 실태 분석과 대책』. 한국관광공사.

한국문화정책개발원. 1997, 2000, 2003. 『문화향수실태조사』. 문화정책개발원.

_____. 1998. 『경제위기 이후 문화향수 실태조사』. 문화정책개발원.

한국소비자보호원. 1997. 『소비문화에 관한 연구』. 한국소비자보호원.

_____. 1998. 『IMF 체제 전후의 소비자 의식 및 행태 비교』. 한국소비자보호원.

_____. 1999. 『국민소비행태 및 의식구조 조사』. 한국소비자보호원.

한국정신문화연구원. 1984. 『국역 한국지』. 한국정신문화연구원.

Gans, H. J. 1965. *The Urban Villagers*. New York: The Free Press.

Medick, Hans. 1982. "Plebeian culture in the transition to capitalism." in R. S. Samuel and G. S. Jones(eds). *Culture, Ideology and Politics*. London: Routledge & Kegan Paul. pp.84-113.

餘暇開發セソター. 1996. 『レジャー白書 96』. 餘暇開發セソター.

신문·잡지 자료

조선일보. 1990.2.16.

한겨레신문. 1998.7.22.

한국경제신문. 1998.10.13.

주간조선. 2003년 6월. 1757호.

한겨레21. 2002년 5월. 20호.

제4장 공휴일제도: 양력설과 음력설의 갈등

김문겸. 1993.『여가의 사회학』. 한울.

김영모. 1967. "이씨 왕조시대의 지배층의 형성과 이동에 관한 연구(下)."『중앙대학교 논문집』 12. pp.127-178.

김한초. 1991. "근대 국민국가 건설의 사회사적 연구."『한국의 사회와 문화』 15. pp.207-279.

리스먼. 1977.『고독한 군중』. 류근일 역. 동서문화사.

박재환. 1984. "일상생활에 대한 사회학적 조명."『사회과학논총』 3(1). pp.241-257.

서종원. 2014. "근대에 등장한 이중과세의 지속과 변용." 단국대학교 동양학연구원 엮음.『세시풍속의 지속과 변용』. 채륜. pp.159-181.

송진우. 1930. "음력제사를 양력으로."『별건곤』 20. 재인용.

안주영. 2010. "일제강점기 경성의 이분화 된 설-양력설과 음력설을 둘러싼 갈등을 중심으로." 한국민속학회 동계학술대회 발표논문.

앤더슨, C. 1979.『새로운 사회학』. 김동식·임영일 역. 돌베개.

염원희. 2014. "크리스마스의 도입과 세시풍속화 과정에 대한 연구." 단국대학교 동양학연구원 엮음.『세시풍속의 지속과 변용』. 채륜. pp.235-264.

이단구. 1931. "이중과세 기타."『신민 64호』. 재인용.

이창익. 2012.『조선시대 달력의 변천과 세시의례』. 창작과비평사.

임옥재. 1985. "세시풍속에 관한 인식도 조사연구: 국민학교 아동을 중심으로."『논문집』 4. pp.221-242.

최태육. 2015. "남북분단과 6.25전쟁 시기(1945-1953) 민간인집단희생과 한국기독교의 관계연구." 목원대학교 박사학위논문.

_____. 2018.『어떻게 그럴 수가 있는가: 학살의 문화에 대한 어느 목회자의 수기』. 작가들.

한국갤럽조사연구소. 1981.『한국인의 설쇠기 패턴』. 한국갤럽조사연구소.

_____. 1983.『한국인의 설쇠기 패턴』. 한국갤럽조사연구소.

_____. 1984.『한국인의 설쇠기 패턴』. 한국갤럽조사연구소.

_____. 1987.『한국인의 설쇠기 패턴』. 한국갤럽조사연구소.

_____. 1989.『한국인의 설쇠기 패턴』. 한국갤럽조사연구소.

한국정신문화연구원. 1984a.『국역 한국지』. 한국정신문화연구원.

_____. 1984b.『국역 한국지: 부록·색인』. 한국정신문화연구원.

홍웅선. 1989.『한국교육이 추구하는 인간특성』. 한국정신문화연구원.

Gans, Herbert J. 1965. *The Urban Villagers*. New York: The Free Press.

Medick, Hans. 1982. "Plebeian culture in the transition to capitalism." pp. 84-113 in Rapael S. Samuel and Gareth S. Jones (eds). *Culture, Ideology and Politics*. London: Routledge & Kegan Paul.

신문·잡지·인터넷 자료

동아일보. 1954.2.4. "껑충 뛰어 오른 고기값."

─────. 1956.2.11. "풍성대는 시장(市場)-음력(陰曆)섯달금음날."

─────. 1985.1.4. "신정연휴(新正連休)풍속 달라져."

부산일보. 1971.1.28. "[사설] 구정과세(舊正過歲)를 지양(止揚)하자."

─────. 1975.2.13. "구정민속(舊正民俗)이 사라져간다."

─────. 1991.1.3. "새해연휴 관광지는 「북새통」."

서울신문. 1981.12.20. "신정(新正)단일화는 백년대계(百年大計)."

─────. 1985.2.16. "문명한 나라에서는 모두 양력을 지킨다."

─────. 1985.2.19. "「90년만의 설」 재현되는 세시풍속."

세계일보. 2018.9.22. "'명절 폐지해달라' 가족 잔소리·부부싸움·명절 증후군까지…청와대 청원 늘어."

스포츠서울. 1987.1.23. "포근한 명절 즐거운 고향길: 백화점 시장선 제수품 '불티'."

─────. 1988.2.14. "「민속의 날」 명예회복: 고유명절로 자리잡는다."

─────. 1989.1.28. "한복인기 되살아난다: 연휴 지정된뒤 아동복등 주문 평소 2배."

조선일보. 1960.1.26. "신정(新正)은 관절(官節)? 구정(舊正)은 민절(民節)?"

─────. 1962.1.2. "틀려버린 단일과세(單一過歲)."

─────. 1965.2.3. "구정 공휴일 불가 정책'."

─────. 1981.10.28. "구정 공휴일 안한다."

─────. 1985.2.15. "첫 공휴(公休), 이번엔 구정(舊正)바람."

한겨레신문. 1991.1.4. "신정연휴: 명절 분위기 퇴색."

한국일보. 1984.2.3. "구정(舊正) 혹한(酷寒)속 분위기 주춤."

주간경향. 2018.10.08. "[문화내시경]서울올림픽 30년, 주제가에 얽힌 사연."

롯본기 김교수 2021.04.19. "미국 민주당이 항상 일본편을 들어주는 이유는?" https://www. youtube.com/watch?v=BZcj5Sgppfw.

민병욱. 2011. "추석, '민족대이동'의 탄생." https://blog.naver.com/soo5122/ 20167524792.

이재봉. 2018. "5.16쿠데타, CIA의 '가장 성공적인' 해외 공작? [한반도 문제와 미국의 개입] 5.16쿠데타와 미국의 역할(4)." 프레시안. 2018.05.31. https://www.pressian.com/pages/ articles/198617#0DKU.

한국콘텐츠진흥원. 2006. 『문화원형백과 한국의 24절기』. 「설날의 유래」 (2019.01.10) https://tip. daum.net/question/83538912.

한국학중앙연구원. 1999. 『한국민족문화대백과사전』. 「안두희」. (2021/05/01) http://encykorea. aks.ac.kr/Contents/SearchNavi?keyword=안두희&ridx=0&tot=1346.

─────. 2010a. 『한국민족문화대백과사전』. 「설」. (2019/01/10) http://encykorea. aks.ac.kr/Contents/SearchNavi?keyword=%EC%84%A4&ridx=5&tot=761.

─────. 2010b. 『한국민족문화대백과사전』. 「호주제폐지」. (2019/01/10) http:// encykorea.aks.ac.kr/Contents/SearchNavi?keyword=%ED%98%B8%EC%A3%B C%EC%A0%9C%20%ED%8F%90%EC%A7%80&ridx=0&tot=5964.

한홍구. 2019. "한국 보수정치와 기독교의 야합: 보수도 모르는 진짜 보수 이야기 04." (03/18). https://www.youtube.com/watch?v=gpRP-5FV1il.

pmg 지식엔진연구소. 2019. "북한의 명절."『시사상식사전』. 박문각. https://terms.naver.com/entry.naver?docId=68734&cid=43667&categoryId=43667.

제5장 관광: 한국 관광의 역사적 변화과정

래쉬, 스코트·어리, 존슨. 1998『기호와 공간의 경제』. 박형준·권기돈 역. 현대미학사.

리차드, 그렉. 2000.『문화관광론』. 조명환 역. 자유출판사.

문화관광부. 1980, 1990, 2000, 2002, 2005, 2006, 2008. 2009.『관광동향에 관한 연차보고서』. 문화관광부.

———. 2007.『우리나라 축제현황과 발전』. 문화관광부.

맥캐널, 딘. 1994.『신유한계급론』. 오상훈 역. 일신사.

보드리야르, 장. 1992.『시뮬라시옹』. 하태환 역. 민음사.

인태정. 2004. "한국 관광의 형성과정에 관한 비판 사회과학적 연구." 부산대학교 사회학과 박사논문.

———. 2007.『관광의 사회학: 한국관광의 형성과정』. 한울아카데미.

———. 2009. "한국 문화관광 연구의 현황과 사회학적 시론."『경제와사회』.82. pp.266-293.

———. 2010. "포스트모더니즘과 관광에 관한 시론적(試論的) 연구."『경제와사회』. 88. pp.205-207.

톰린슨, 존. 2004.『세계화와 문화』. 김승현·정영희 역. 나남.

하비, 데이비드. 1994.『포스트모더니티의 조건』. 구동회·박영민 역. 한울.

통계청. 1995.『통계로 본 한국의 발자취』. 통계청.

———. 2002.『2001 한국의 통계조사』. 통계청.

한국관광공사. 1994.『세계화 정보화시대의 중장기 전략 경영계획(1995-2001)』. 한국관광공사.

———. 1995-2008.『국민여행실태조사』. 한국관광공사.

한국문화관광연구원. 2009-2017.『국민여행실태조사』. 한국문화관광연구원.

한국은행. 1975-1990.『국민계정』. 한국은행.

Boorstin. D. J. 1964. *The Image - A Guide to Pseudo Events in America*. New York : Atheneum.

Butler, R. & Wall, G. 1985. "Introduction: Themes in Research on the Evolution of Tourism." *Annals of Tourism Research*. 12(3). pp.287-296.

Doren. C.S.V. & Lollar. S.A. (1985). "The Consequences of Forty years of Tourism Growth." *Annals of Tourism Research*. vol. 12. pp.467-486.

Feifer, M. 1985. *Going Places*. London: Macmillan.

Giddens, A. 1991. *Modernity and self-identity: self and society in the late modern age*. Stanford University Press.

Hewison, R. 1987. *The Heritage Industry*. London.

Liska, A. 1997. "'McDisneyization' and 'Post-tourism'." In C. Rojek and J. Urry(eds). *Touring Culture: Transformations of Travel and Theory*. London: Routledge.

Pearce, D. 1989. *Tourist Development*. Harlow: Longman.

Poon, A. 1989. "Competitive stragies for a "new tourism"." in C. Cooper(eds). *Progress in Tourism, Recreation and Hospitality Management*. Vol. 1. London: Belhaven Press.

Rojek, C. 1993. *Ways of Escape: Modern Transformations in Leisure and travel*. London: Macmillan.

Towner. J. 1985. "The Grand Tour A Key Phase in the History of Tourism." *Annals of Tourism Research* Vol. 12.

Urry, J. 1995. "Tourism, Travel and the Modern Subject." *Consuming places*. London: Routledge.

인터넷자료

위메이크뉴스. 2020.10.26. "항공업계 '목적지 없는 비행' 상품 인기." https://post.naver.com/viewer/postView.nhn?volumeNo=29795547&memberNo=11029869&vType=VERTICAL.

한국문화관광연구원. 2021. "관광정보시스템 통계." https://www.tour.go.kr/.

제6장 축구: 근대 스포츠와 새로운 여가양식의 출현

김문겸. 1993. 『여가의 사회학』. 한울.

김상순. 1992. 『스포츠사상사』. 보경문화사.

로제크, 크리스. 2000. 『자본주의와 여가이론』. 김문겸 역. 일신사.

박재환·김문겸. 1997. 『근대사회의 여가문화』. 서울대학교출판부.

스가와라 레이(菅原禮). 1988. 『스포츠사회학의 기초이론』. 조명렬·부기원 역. 교육과학사.

하남길. 1996. 『영국신사의 스포츠와 제국주의』. 21세기교육사.

하남길·오동섭. 1996. 『영국 엘리트 교육과 애틀레티시즘』. 21세기교육사.

唐本國彦·上野卓朗 譯. 1980. 『近代スポーツの 社會史』. 東京: ベースボール.マガジン社.

成全十次郎. 1988. 『スポーツ教育の 歴史』. 東京: 不味堂出版.

村岡健坎. 1992(1987). "サッカーとラグビーフットボールの發達史." 川北稔 編. 『非勞動時間の生活史』. 東京: 明和印刷.

Bailey, Peter. 1978. *Leisure and Class in Victorian England: Rational recreation and the contest for control, 1830-1885*. London: Routledge & Kegan Paul.

Briggs, Asa. 1965. *Victorian People*. London: Penguin Books.

Chandos, John. 1985. *Boy's Together*. Oxford: Oxford University Press.

Dunning, E. and Sheard, K. 1979. *Barbarians, Gentleman and Players*. Oxford: Martin Robertson.

Dunning, Eric. 1967. "The Concept of Development: Two Illustrative Cace Studies." in P. Rose (eds). *The Study of Society*. New York: Random House.

_____. 1986. "Social Bonding and Violence in Sport." in Elias, N. and E. Dunning (eds). *Quest For Excitement*. Oxford: Basil Blackwell.

Elias, N. and Dunning, E. 1969. "The Quest For Excitement in Leisure." *Society and Leisure* 2 December. pp.50–85.

_____. 1986. "Folk Football in Medieval and Early Modern Britain." in Elias, N. and E. Dunning (eds). *Quest For Excitement*. Oxford: Basil Blackwell.

Elias, Norbert. 1978. *The Civilizing Process vol. 1.: The History of Manners*. (trans. E. Jephcott). Oxford: Basil Blackwell.

_____. 1982. *The Civilizing Process vol. 2.: State Formation and Civilization*. (trans E. Jephcott). Oxford: Basil Blackwell.

Guttman, A. 1978. *From Ritual to Record*. New York: Columbia University Press.

Harrison and Hobsbawm. 1964. "Work and Leisure in Industrial Society." *Past and Present* 29.

Holt, R. 1989. *Sport and British : A Modern History*. Oxford: Clarendon Press.

Jamieson, D. A. 1943. *Powderhall and Pedestrianism: The History of a Famous Sports Enclosure, 1870–1943*. Edinburgh.

Mangan, J. A. 1981. *Athleticism in the Victorian and Edwardian Public School*. London: Cambridge University Press.

_____. 1987. "Liberal Education and the Ancient Universities: Ideology and Change in Victorian and Edwardian Oxbridge." *International Journal of the History of Sport* 4. September.

McIntosh, P.C. 1987. *Sport in Society*. London: West London Press.

Perkin, Harold. 1989. "Teaching the Nations How to Play : Sport and Society in the British Empire and Commonwealth." *The International History of Sport*. 6(2) sept.

Rogers, E. 1983. *Diffusion of Innovations*. New York: Free Press.

Rojek, Chris. 1985. *Capitalism and Leisure Theory*. London & New York: Tavistock pub.

Timothy, J. and Chanler, L. 1991. "Games at Oxbridge and the Public Schools: 1830–1880." *The International Journal of the History of Sport* 8(2). pp.171–184.

Walvin, James. 1975. *The People's Game: a Social History of British Football*. London: Allen Lane.

Young, P. M. 1962. *Football in Sheffield*. London: Stanley Paul.

_____. 1969. *A History of British Football*. London: Stanley Paul.

방송·잡지 자료

KBS·BBC·KBS 영상사업단. 1998. "격동의 세계사 100년 26부작 – TV로 보는 20세기 희망과 절망: 제6편 스포츠와 민족주의(1900-1939)."

리뷰앤리뷰. 1996. 『EVIEW』 가을호, 제8호.

제7장 마라톤: 육체의 재발견과 축제적 환희

갓비, 제프리. 2005. 『여가학으로 초대』. 권두승·권문배·김정명·오세숙·조아미 역. 학지사.

김무경. 2007. 『자연회귀의 사회학』. 살림출판사.

르페브르, 앙리. 1988. 『마르크스의 사회학』. 이영목 역. 한마당.

문화관광부 체육국. 2007. 『2006 체육백서』. 문화관광부.

문화관광부 한국문화관광정책연구원. 2006. 『2006 여가백서』. 문화관광부.

부르디외, 피에르. 1995. 『구별짓기: 문화와 취향의 사회학』. 최종철 역. 새물결.

이재희. 2002. "마라톤 권하는 사회." 『문화과학』 33호.

이재희·유용상. 2006. "한국사회의 마라톤 붐(boom) 현상 분석." 『한국체육학회지』 45(1). pp.249-260.

장진우·김영범. 2004. "마라톤 동호인의 참여동기 분석." 『한국스포츠리서치』 15(3). pp.263-272.

장진우·손영일. 2004. "마라톤 동호인들의 참여 정도와 여가 만족도의 관계." 『한국스포츠리서치』 15(4). pp.317-328.

Brandenburg, J. 1982. "A conceptual model of how people adopt recreation activities." *Leisure Studies* 1(3).

Bryant, H. 1979. *Conflict in the great outdoors*. University. AL: The University of Alabama.

Leopold, A. 1949. *A Stand County almanac*. New York: Oxford University Press.

Rojek, C. 1995. *Decentring Leisure: Rethinking Leisure Theory*. London: SAGE Pub.

Scott, D. and Godbey, G. 1992. "An analysis of adult play groups: Social Versus serious participation in contract bridge." *Leisure Sciences* 14(1).

Sheehan, G. 1979, May. "Dr. Sheehan on running." *Runners World* 35.

잡지·인터넷 자료

러너스 편집부. 2001. "마라톤대회의 열풍을 해부한다." 『runnerskorea』 창간호. 2001년 6월.

마라톤 온라인(http://marathon.pe.kr/). 2001년 5, 6, 8, 9, 10, 11월 설문조사; 2004년 2월 설문조사; 2006년 6월 설문조사; 2007년 1월 설문조사; 2008년 2월 14일 설문조사; 2008년 2월 16일 설문조사; 2008년 2월 16일 설문조사; 2008년 2월 17일 설문조사; 2008년 2월 20일 설문조사 (검색일: 2008. 2. 4-3. 25).

제8장 술집: 기성세대의 가라오케에서 신세대 술집까지

김문겸. 1993. 『여가의 사회학:한국의 레저문화』. 한울.

――――. 1998. "술집의 사회사:1980년대 이후를 중심으로." 부산대학교 사회과학대학. 『사회과학논총』 17(25).

――――. 2013. "한국 유흥문화의 대전환과 그 의미: 노래주점을 중심으로." 한국민속학회. 『한국민속학』 57. pp.239-276.

김창남. 1995. 『대중문화와 문화실천』. 한울.

박소진. 2012. "대학생의 노래방 체험." 한국문화사회학회. 『문화와사회』 13.

박재환. 1990. "전통 문화에 있어서의 한국인의 커뮤니케이션관." 부산대학교. 『사회과학논총』 9(1). pp.21-46.

――――. 1998. "술, 노동, 커뮤니케이션." 부산대 언론정보연구소. 『언론과 정보』 4.

박재환·일상성 일상생활연구회. 1999. 『술의 사회학』. 한울.

――――――――――――. 2004. 『현대 한국사회의 일상문화코드』. 한울.

송도영. 1997. "문화산업의 구조와 일상적 문화소비 양식:노래방의 사례." 문옥표 편. 『한국인의 소비와 여가생활』. 한국정신문화연구원.

신용하. 1984. "두레 공동체와 농악의 사회사." 『한국사회연구 2』. 한길사.

유동식. 1978/1975. 『한국무교의 역사와 구조』. 연세대학교 출판부.

정병훈. 2006. "풍류의 시대적 전개와 변양." 민족미학연구소 『민족미학』 5. pp.100-121.

조흥윤. 1990. 『巫와 민족 문화』. 민족문화사.

한국정신문화연구원. 1984. 『국역 한국지』. 한국정신문화연구원.

한국콘텐츠진흥원. 2006. 『2006 음악산업백서』. 한국콘텐츠진흥원.

신문·잡지 자료

경향신문. 1986.7.3.

――――. 1992.10.13.

――――. 1992.12.04.

――――. 1994.10.6.

국민일보. 1992.6.10.

――――. 1994.12.29.

동아일보. 1984.10.19.

――――. 1992.1.17.

――――. 1994.2.16.

서울신문. 1993.8.5.

세계일보. 1991.6.19.

――――. 1992.5.26.

――――. 1992.7.6.

_____. 1994.5.25.

조선일보. 1992.6.18.

_____. 1992.9.7.

중앙일보. 1983.3.2.

_____. 1988.3.16.

_____. 1992.9.28.

_____. 1993.6.23.

한겨레신문. 1990.2.16.

_____. 1992.10.27.

_____. 1993.6.23.

_____. 1996.11.30.

한국일보. 1991.8.12.

_____. 1992.3.18.

_____. 1996.2.8.

노래마당. 1993. 1월호.

제9장 유흥문화: 성의 상품화와 대중화

김내창. 1978. 『조선강점시기 일제가 감행한 미풍량속말살책동』. 평양: 과학·백과사전출판사.

김명환·김중식. 2006. 『서울의 밤문화』. 생각의나무.

김문겸. 1993. 『여가의 사회학:한국의 레저문화』. 한울.

_____. 2013. "한국 유흥문화의 대전환과 그의미: 노래주점을 중심으로." 한국민속학회. 『한국민속
학』 57. pp.239-276.

박재환·일상성 일상생활연구회. 1999. 『술의 사회학』. 한울.

박정미. 2016. "쾌락과 공포의 시대: 1980년대 한국의 '유흥향락산업'과 인신매매." 『여성학논집』
33(2). pp.31-62.

서울역사편찬원. 2019. 『근현대 서울 사람들의 여가생활』. 경인문화사.

윤일웅. 1987. 『매춘』. 동광출판사.

이덕승 편. 1990. 『항락문화추방 시민운동 보고서』. 서울YMCA시민자구운동본부.

신문·인터넷 자료

노컷뉴스. 2012.9.15. "김강자 전 총경 '우리 나라, 공창제 필요하다'."

동아일보. 1924.5.9.

스포츠경향. 2016.03.31. "헌재 '성매매특별법 성판매자 형사처벌 조항 합헌'…재판관 3인 위헌 의견도."

중앙일보. 1988.3.16.

_____. 2010.9.9. "70~80년대 '요정정치' 본산 오진암, 역사 속으로 퇴장."

한겨레신문. 1990.11.30.

한국일보. 1991.8.12.

위키백과. 2020. "정인숙 피살사건." https://ko.wikipedia.org/wiki/정인숙 피살사건.

———. 2021a. "미군위안부." https://ko.wikipedia.org/wiki/미군 위안부.

———. 2021b. "박인수 사건." https://ko.wikipedia.org/wiki/박인수 사건.

———. 2021c. "윤락행위등방지법." https://ko.wikipedia.org/wiki/윤락행위등방지법.

제10장 키덜트: 아이가 된 어른들

김문겸. 2004. "키덜트·사주카페·로또." 박재환·일상성·일상생활연구회 편. 『현대 한국사회의 일상문화코드』. 한울.

리스먼, 데이비드. 1999. 『고독한 군중』. 이상률 역. 문예출판사.

마이크로밀 엠브레인. 2015. 『키덜트족 관련 인식조사』. 마이크로밀 엠브레인.

박효주. 2015. "현대패션에 나타난 키덜트 패션의 미적 특성." 성신여자대학교 의류학과 석사논문.

송영경. 2007. "키덜트 패션의 미적 특성에 관한 연구." 세종대학교 패션디자인과 박사논문.

심완섭. 2017. "키덜트족 부상에 따른 유통업계 대응전략 탐색." 『유통경영학회지』 20(5). pp.53-60.

아리에스, 필립. 2003. 『아동의 탄생』. 문지영 역. 새물결.

윤가령. 2004. "키덜트(kidult)를 활용한 광고 표현에 관한 연구: 로모(LOMO) 카메라 광고 디자인을 중심으로." 이화여자대학교 디자인대학원 석사논문.

이동연. 2005. 『문화부족의 시대-히피에서 폐인까지』. 책세상.

조아라. 2017. "성인의 놀이, 키덜트 문화에 대한 고찰: 유아교육적 논의를 중심으로." 『학습자중심교과교육연구』 17(18). pp.589-611.

주은우. 1994. "90년대 한국의 신세대와 소비문화." 『경제와 사회』 21. pp.70-91.

차지하·홍금희. 2007. "키덜트 패션구매자의 특성과 구매 행동-키덜트 패션감정과 사회심리적 특성을 중심으로." 『한국의류학회지』 31(9). pp.1373-1383.

최지연·노전표·바담 남돌람. 2019. "사회적 감정이 키덜트 구매에 미치는 영향." 『연세경영연구』 56(3). pp.75-91.

하우크, 볼프강 프리츠. 1994. 『상품미학비판』. 김문환 역. 이론과 실천.

한국콘텐츠진흥원. 2016. 『2016년 콘텐츠산업전망』. 한국콘텐츠진흥원

신문·잡지 자료

세계일보. 2016.3.24. "영화개봉작과 키덜트족, 연결고리가 있다."

제일기획. 2002. "디지털 시대의 행복한 왕따들 키덜트족을 아십니까?" 『파란통신』 2002년 1호.

김문겸 교수의 저술목록

1983년   [논문] 김문겸. 1983. "單獨住宅地域과 아파트地域의 近隣關係 形成과 社會的 孤立과의 關係." 부산대학교 사회학과 석사학위논문.

1987년   [논문] 김문겸. 1987. "여가사회학의 역사에 관한 지식사회학적 접근."『사회조사연구』제6권 1호. 부산대학교 사회조사연구소. pp.69-99.

1991년   [논문] 김문겸. 1991. "북한의 남한문화에 대한 인식."『한국민족문화』제2권. 부산대학교 한국민족문화연구소. pp.79-108.

    [논문] 김문겸. 1991. "韓國人의 餘暇文化 : 勞動과 餘暇에 대한 社會史的 接近." 부산대 사회학과 박사학위논문.

1993년   [단행본] 김문겸. 1993.『여가의 사회학: 한국의 레저문화』. 도서출판 한울.

1994년   [논문] 김문겸. 1994. "산업사회에서의 여가연구와 여가관 변천."『관광레저』제1권. 관광레저연구소. pp.1-23.

1995년   [논문] 김문겸. 1995. "북한의 생활문화와 여가."『한국민족문화』제4권. 부산대학교 한국민족문화연구소. pp.75-98.

1996년   [기고문] Moon-Kyum, Kim. 1996. "A Diagnosis of Conspicuous Consumption in Korea." *Korea Focus* 4(5). Korea Foundation. pp.96-102.

    [단행본] 김문겸. 1996.『현대사회와 여가』. 부산대출판부.

1997년   [단행본] 김문겸·박재환 공저. 1997.『근대사회의 여가문화』. 서울대출판부.

1998년   [단행본] 김문겸 외. 1998.『민족의 동질성 회복』. 부산대출판부.

    [단행본] 김문겸 외. 1998.『한국인의 삶과 미의식』. 부산대출판부.

    [논문] 김문겸. 1998. "술집의 사회사: 1980년대 이후를 중심으로."『사회과학논총』제17권. 부산대학교 사회과학대학. pp.127-152.

    [논문] 김문겸. 1998. "풋볼의 사회사를 통해 본 근대스포츠의 사회학적 의미."『사회조사연구』제13권 1호. 부산대학교 사회조사연구소. pp.111-133.

[보고서] 김문겸·박재환·오재환 공저. 1998.『기업의 지역사회 기여도 및 주민만족도 조사』.

1999년　[단행본] 김문겸 외. 1999.『술의 사회학』. 도서출판 한울.

[보고서] 김문겸·오재환·박재환 공저. 1999.『뉴밀레니엄을 위한 부산의 과제와 비전 시민의식 조사』.

2000년　[단행본] 김문겸 역. 2000.『자본주의와 여가이론』. 일신사(Rojek, Chris. 1985. *Capitalism and Leisure Theory*. Routledge).

[논문] 김문겸. 2000. "여가 연구의 몇 가지 패러다임."『사회조사연구』제15권. 부산대학교 사회조사연구소. pp.159-185.

2001년　[단행본] 김문겸 외. 2001.『탈근대세계의 사회학』. 정림사.

2002년　[단행본] 김문겸 외. 2002.『주5일 근무제 시행에 대비한 문화정책방향』. 문화관광부.

[단행본] 김문겸 외. 2002.『월드컵, 신화와 현실』. 한울.

[논문] 김문겸. 2002. "축구의 대중화와 세계화의 사회학적 의미."『경제와 사회』54호. 한국산업사회학호. pp.9-34.

[단행본] 김문겸 외. 2002.『한국과 일본의 일상생활』. 부산대출판부.

[논문] 김문겸. 2002. "자본주의와 여가."『사회연구』제4권. 한국사회조사연구소. pp.11-42.

[논문] 김문겸. 2002. "여가의 역사와 여가사회의 신화."『사회조사연구』제17권. 부산대학교 사회조사연구소. pp.1-22.

2003년　[단행본] 김문겸 외. 2003.『2002 문화정책백서』. 문화관광부.

[논문] 김문겸. 2003. "한국 여가문화 형성의 사회적 조건 변화: 사회경제적 지표와 생활시간구조를 중심으로."『사회과학논총』제22권 30호. 부산대학교 사회과학대학. pp.55-76.

2004년　[단행본] 김문겸 외. 2004.『여가』. 일신사.

[보고서] 김문겸 외. 2004.『주5일 근무제 확산에 따른 정책과제 및 실행방안』. 부산발전연구원.

[단행본] 김문겸 외. 2004.『현대 한국사회의 일상문화코드』. 도서출판 한울.

[논문] 김문겸. 2004. "IMF가 일상생활에 미친 영향: 소비와 여가생활을 중심으로."『사회조사연구』제19권 1호. 부산대학교 사회조사연구소. pp.1-32.

[보고서] 김문겸 외. 2004. "부산시민의 여가시간 및 여가생활의 변천."『부산학 연구논총: 부산학 연구 2004』. 부산발전연구원. pp.233-308.

| 2005년 | [논문] Moon-Kyum, Kim. 2005. "The 1997 Financial Crisis and Changing Patterns of Consumption and Leisure in Korea." *KOREA JOURNAL* 45(3). Korean National Commission for UNESCO. pp.58-85. (A&HCI) |

2005년 [논문] Moon-Kyum, Kim. 2005. "The 1997 Financial Crisis and Changing Patterns of Consumption and Leisure in Korea." *KOREA JOURNAL* 45(3). Korean National Commission for UNESCO. pp.58-85. (A&HCI)

2006년 [단행본] 김문겸 외 공저. 2006. 『현대 울산인의 삶과 문화』. 울산발전연구원.

2007년 [보고서] 김문겸 외. 2007. 『부산사회: 진단과 처방』. 경성대학교출판부.

[논문] 김문겸. 2007. "근대화와 새로운 여가양식의 형성: 19C 영국의 뮤직홀을 중심으로." 『사회과학연구』 제23권 3호. 경성대학교 사회과학연구소. pp.23-48.

2008년 [단행본] 김문겸 외 공역. 2008. "1장 고전 사회 이론에서의 문화." 『문화이론: 사회학적 접근』. 이학사.

[논문] 김문겸. 2008. "한국 중년층의 새로운 여가양식: 마라톤." 『한국민족문화』 제31권. 부산대학교 한국민족문화연구소. pp.499-532.

[단행본] 김문겸 외. 2008. 『일상생활의 사회학적 이해』. 도서출판 한울.

[보고서] 김문겸 외. 2008. 『부산의 산동네』. 부산발전연구원.

2009년 [단행본] 김문겸 외. 2009. 『일상과 음식』. 도서출판 한울.

2010년 [논문] 김문겸·유종숙. 2010. "프랑스 음악축제의 현대적 의미." 『프랑스문화연구』 제20집. 한국프랑스문화학회. pp.93-116.

[논문] Moon-Kyum, Kim, Erwei Dong, et al., 2010. *Korean Leisure: from tradition to modernity*. Australia: Rawat Publications.

[단행본] 김문겸 외. 2010. 『사건과 기록으로 본 부산의 어제와 오늘』. 부산발전연구원.

2013년 [보고서] 김문겸 외. 2013. 『부산·울산·경남지역의 일상생활: 삶의 지형과 문화지평』. 부산대출판부.

[논문] 김문겸. 2013. "한국 유흥문화의 대전환과 그 의미: 노래주점을 중심으로." 『한국민속학』 제57권. pp.239-277.

2014년 [단행본] 김문겸 외. 2014. 『한국인의 일상과 문화유전자』. 스토리하우스.

[단행본] 김문겸 외. 2014. 『부산의 노래 노래 속의 부산』. 부산발전연구원.

2019년 [논문] 김문겸. 2019. "설날 이중과세(二重過歲)에 내포된 사회학적 함의." 『문화와 사회』 27권 1호. 한국문화사회학회. pp.159-203.

[단행본] 김문겸 외. 2019. 『근현대 서울 사람들의 여가생활』. 경인문화사.

저자소개

김문겸

부산고등학교를 졸업(29회)하고 부산대학교 사회학과에서 학사, 석사를 거친 뒤 동 대학원에서 「한국인의 여가문화 : 노동과 여가에 대한 사회사적 접근」에 대한 연구로 박사학위를 받았다. 1996년 12월 부산대 사회학과 전임강사를 거쳐 1999년부터 부산대학교 사회학과 교수로 재직했다. 일상성·일상생활연구회 회장, 한국문화사회학회 부회장, 부산대 사회조사연구소 소장, 부산대 한국민족문화연구소 사회문화연구실장을 역임했다.

이일래

부산대학교 사회학과에서 「전자게임의 일상화와 사회적 의미」에 대한 연구로 박사학위를 받았고, 부산대학교 사회학과, 부경대학교 국제학부, 경상대학교 일반사회교육과 등에서 강사로 재직 중이며, 게임물관리위원회 규제입증위원을 맡고 있다. 주요 공저로는 『사건과 기록으로 본 부산의 어제와 오늘』(2012), 『일상과 주거』(2018), 『정보문화와 현대사회』(2019), 『부산학-거의 모든 부산』(2021)이 있으며, 논문으로는 「매체환경과 마니아 문화: 한국과 일본의 게임문화를 중심으로」(2015), 「놀이의 동양적 사유와 전자게임」(2020), 「의례문화의 변화와 공동체성: 유교적 관점에서」(2020), 「대학가의 역사적 변동과 공간의 재현을 둘러싼 갈등: 부산대 '정문 앞 거리'를 중심으로」(2021)가 있다.

인태정

부산대학교 사회학과에서 「한국 관광의 형성과정에 관한 비판 사회과학적 연구」에 대한 연구로 박사학위를 받았다. 전남대학교 인류학과 연구원, 부산대학교 사회과학연구소 Post Doctor, 부산대학교 사회학과 BK21 연구교수를 거쳐 부산대학교 사회학과 강사로 재직 중이다. 주요 논문으로는 「피지 관광산업의 민족적(ethnic) 위계구조: 호텔산업을 중심으로」(2005), 「영국의 인도인 힌두 디아스포라의 관광소비와 문화적 정체성-BAPS 사원의 인도인 힌두 디아스포라의 모국방문현황을 중심으로」(2007), 「관광 연구의 비판적 고찰」(2007), 「한국 문화관광 연구의 현황과 사회학적 시론」(2009), 「포스트모더니즘과 관광에 관한 시론적 연구」, 「한국인 관광소비의 계급별 특징에 대한 시론: 부산지역의 질적 조사를 중심으로」(2017) 등이 있다.

"세상 모든 것에 감탄하는 지혜로운 사람들의 공간"
도서출판 호밀밭 homilbooks.com

여가의 시대-문화사적 관점에서 본 자본주의와 여가
ⓒ 2021, 김문겸·이일래·인태정

지 은 이	김문겸·이일래·인태정
초판 1쇄	2021년 8월 24일
편 집	정현일^{책임편집}, 박정오, 임명선, 허태준
디 자 인	스토리머지 정종우
미 디 어	전유현, 최민영
마 케 팅	최문섭
종 이	세종페이퍼
제 작	영신사
펴 낸 이	장현정
펴 낸 곳	㈜호밀밭
등 록	2008년 11월 12일(제338-2008-6호)
주 소	부산 수영구 광안해변로 294번길 24 B1F 생각하는바다
전 화	051-751-8001
팩 스	0505-510-4675
이 메 일	anri@homilbooks.com

Published in Korea by Homilbooks Publishing Co, Busan.
Registration No. 338-2008-6.
First press export edition August, 2021.
Author Kim, Moon-kyum · Lee, Yil-lae · In, Tae-jeong
ISBN 979-11-90971-62-1 93330